新编21世纪金融学系列教材

证券投资学

Security Investment

主 编 沈 悦
副主编 王小霞 李 坤 张学峰

中国人民大学出版社
·北京·

作 者 简 介

沈悦，经济学博士，西安交通大学经济与金融学院教授，博士生导师，MBA 中心主任，教学委员会委员。美国康奈尔大学高级访问学者、美国加州大学（圣克鲁兹分校、伯克利分校）富布莱特研究学者。研究方向为：投资学、项目评估、金融市场理论、衍生金融、风险投资、投资银行管理、公司投融资、房地产金融。主要讲授课程为：金融市场与投资、项目评估、投资学、证券投资学、金融市场学、货币与资本市场、行为金融学等。

内 容 简 介

本书作者在多年的教学经验基础上，结合当前证券市场的发展现状，对证券市场的相关理论和实务进行了分析。全书共十六章，分为五大部分：第一部分介绍了证券的相关概念，并对各类证券投资工具进行了分析；第二部分对证券发行及交易市场进行了详细介绍和分析；第三部分对证券投资的基本分析、技术分析和财务分析进行了介绍；第四部分对证券投资组合理论、套利定价理论、资产定价理论、有效市场假说以及行为金融理论进行了分析；第五部分对证券市场监管进行了探讨。本书主要有以下特色：

（1）案例引导。每章以案例导入主题，增加读者对将要讲述的内容的感性认识；并引用大量案例，以此提出需要思考的问题，便于读者对所学知识的总结和检验。

（2）语言平实、内容全面。本书写作原则是能够引导初学者对证券市场有一个基本的把握，对内容的学习层层深入，不断提高。为避免理论阐述的晦涩难懂，文中插入了大量例题和专栏知识，以便引起读者的阅读兴趣。

本书既可作为金融专业学生的教材使用，也可供希望了解证券知识的一般读者阅读和参考。

前言

对于中国股民来说，2014 年可谓是值得留恋的一年，原因是正当中国经济发展减速，宏观经济基本面步入下行通道的“新常态”之时，中国的股票市场却“异军突起”，出现持续、大幅上涨，上证综合指数从 2 400 点高调步入 3 200 点之上，从而使市场欢欣鼓舞，人心大振。进入 2015 年，尽管宏观经济基本面并没有明显改善，但股票市场却是“再接再厉”，直接上摸 3 400 点。股票价格指数的“急速”拉升也激励了中国证监会的发股热情，一改往日在新股发行方面“谨小慎微”的工作作风，于 2015 年新年伊始的第一个交易日（1 月 5 日）便按法定程序核准了 20 家企业的首发申请，直接引发了新年第二个交易周的新股发行数量高达 22 家。尽管如此，股市也没被“折服”，仍然“盘踞”在 3 200 点之上。由此可见，中国式股票市场确实有其不同于成熟市场的发展特点。

回顾中国证券市场发展的历史可以发现，在以股票市场为龙头的中国证券市场中，从一开始就存在着“牛短熊长”的市场格局。“股市是经济的晴雨表”这句股市格言在中国并不一定奏效。那么，到底应当如何认识股票市场？股票市场是否等于证券市场？如果不是，还应当包含哪些市场？证券的发行、交易是如何进行的？要进行证券投资至少需要进行哪些方面的分析？掌握多少理论？最后，证券市场是自由发展的吗？

带着这些问题，我们编写了这本《证券投资学》教材，试图对初步学习证券市场基本知识的人士提供帮助。在本教材中，主要内容包括：证券及其分类、证券发行及交易市场、证券投资分析、证券投资理论以及证券市场监管等五个部分，共十六章内容。与其他教材相比较，这本教材的特点可总结为以下方面：

1. 以案例导入为切入点，方便提高感性认识。以往的教材一般都是从介绍理论或基本知识开始，学生在学习的过程中往往感觉内容比较抽象，难以理解。为了克服以往教材的不足，在本教材的每一章内容开始部分，都首先通过一个案例进行导入，让学生对本章所学内容有一个感性认识，方便学生在学习具体内容时吸收消化知识。

2. 语言平实，内容全面。作为面向初学者的教材，对内容的描述必须做到既好理解又不失理论性和完整性。本教材坚持的写作原则是能够引导初学者对证券市场有一个基本的把握，对内容的学习层层深入，不断提高。尽量避免语言艰涩，读者越读越不想读的情况。为此，我们在每章的内容编写中适当插入了一些例题、经典案例等内容，以补充相关知识，活跃学习气氛。

作为主编，我首先感谢中国人民大学出版社给予我们的这个好机会，能够使我们在充分交流思想的前提下各司其职，认真编写好每一章的内容。特别应当感谢的是崔惠玲编辑，正是她的及时联系和有效沟通使得本书的出版工作效率很高，进展顺利。

需要说明的是，虽然本书较全面地介绍了《证券投资学》这门课程的基本知识和理论体系，但由于编者的知识、水平所限，书中可能还存在许多需要完善的地方，恳请读者见谅并提出批评。

全书共分为十六章。在编写中各章的具体分工如下：王小霞（西安财经学院）负责第一、二、三、四、五章；张学峰（嘉兴学院）负责第六、七、十六章；李坤（西安财经学院）负责第八、九、十章；沈悦（西安交通大学）负责第十一、十二、十三、十四、十五章。

沈　悦
2015 年元月
于西安交大财经校区

目 录

第一部分 证 券

第二部分 证券市场

第三部分 证券投资分析

第四部分 证券投资理论

第五部分 证券市场监管

第一部分

证　　券

第一章

证券概述

本章要点：

- 证券的基本概念、分类及其特征
- 证券市场起源与发展
- 投资与证券投资

导入案例

南海泡沫

南海公司成立于1711年，成立之初，为支持英国政府债券信誉的恢复，该公司认购了总价值为1 000万英镑的政府债券。作为回报，英国政府对该公司经营的酒、醋、烟草等商品实行了永久性退税政策，并把对南美的贸易垄断权给了该公司。

1719年，英国政府允许中奖债券与南海公司股票进行转换。同年末，南美贸易障碍的扫除，加上公众对股价上扬的预期，促进了债券向股票的转换，进而带动了股价上升。从1720年1月起，南海公司的股票价格直线上升，从1月的每股价格128英镑上升到7月份的每股1 100英镑以上，6个月涨幅高达700%。

在南海公司股票价格扶摇直上的示范效应下，全英170多家新成立的股份公司的股票以及所有的公司股票都成为投机对象，股票价格暴涨，平均涨幅超过5倍。

1720年，为了制止各类“泡沫公司”的膨胀，英国国会通过了《反泡沫公司法》。自此，许多公司被解散。从7月开始，外国投资者首先抛出南海股票，军队下达了要求军人回到岗位的命令。随着投机热潮的冷却，南海股价一落千丈，9月份直跌至175英镑，12月份跌至124英镑。“南海泡沫”终于破灭。

第一节　证券概念与特征

一、证券的概念与特征

证券是指各类记载并代表一定权利的法律凭证。它用以证明持有人有权依其所持凭证记载的内容而取得应有的权益。从一般意义上来说，证券是指用以证明或设定权利所做成的书面凭证，它表明证券持有人或第三者有权取得该证券拥有的特定权益，或证明其曾经发生过的行为。证券按其性质不同，可分为凭证证券和有价证券。凭证证券又称无价证券，是指本身不能使持有人或第三者取得一定收入的证券，如收据、借据、保险单、供应证和购物券等。

证券具备两个最基本的特征：一是法律特征，即它反映的是某种法律行为的结果，本身必须具有合法性，同时，它所包含的特定内容具有法律效力。二是书面特征，即必须采取书面形式或与书面形式有同等效力的形式，并且必须按照特定的格式进行书写或制作，载明有关法规规定的全部必要事项。凡同时具备上述两个特征的书面凭证，才可称之为证券。

二、有价证券的定义、分类与特征

（一）有价证券的定义

有价证券是指标有票面金额，证明持有人有权按期取得一定收入并可自由转让和买卖的所有权或债权凭证。

有价证券有广义与狭义两种概念。广义的有价证券包括商品证券、货币证券和资本证券。

商品证券是证明持有人有商品所有权或使用权的凭证，取得这种证券就等于取得这种商品的所有权，持有人对这种证券所代表的商品所有权受法律保护。属于商品证券的有提货单、运货单、仓库栈单、房产证等。

货币证券是指本身能使持有人或第三者取得货币索取权的有价证券。货币证券主要包括两大类：一是商业证券，主要包括商业汇票和商业本票；另一类是银行证券，主要包括银行汇票、银行本票和支票。

资本证券又称公共有价证券，是指依法发行，可供众多自然人、法人投资的证券。它与一般有价证券的主要区别在于其公共性，没有特定的授受者，可在广大的范围内流通。资本证券是有价证券的主要形式，狭义的有价证券即指资本证券。日常生活中，人们通常把资本证券直接称为有价证券或证券。本书即在此种意义上使用这一概念。它包括股票、债券、衍生证券和基金。

（二）有价证券的分类

1. 按证券发行主体的不同分类

按证券发行主体的不同，有价证券可分为政府证券（中央政府债券、地方政府债券、政府机构债券）、公司证券和金融证券。

政府证券通常是由中央政府或地方政府发行的证券。中央政府债券也称国债，通常由一国财政部发行。地方政府债券由地方政府发行，以地方税或其他收入偿还，我国如今尚不允许除特别行政区以外的各级地方政府发行债券。政府机构债券是由经批准的政府机构发行的证券，我国如今也不允许政府机构发行债券。公司证券是公司为筹措资金而发行的有价证券，公司证券的范围比较广泛，有股票、公司债券及商业票据等。此外，在公司证券中，通常将银行及非银行金融机构发行的证券称为金融证券，其中金融债券尤为常见。

2. 按是否在证券交易所挂牌交易分类

按是否在证券交易所挂牌交易，有价证券可分为上市证券和非上市证券。

上市证券又称挂牌证券，是指经证券主管机关批准，并向证券交易所注册登记，获得在交易所内公开买卖资格的证券。

非上市证券也称非挂牌证券、场外证券，指未申请上市或不符合在证券交易所挂牌交易条件的证券。

3. 按募集方式的不同分类

按募集方式的不同，有价证券可分为公募证券和私募证券。

公募证券是指发行人通过中介机构向不特定的社会公众投资者公开发行的证券，其审批较严格并采取公示制度。

私募证券是指向少数特定的投资者发行的证券，其审查条件相对较松，投资者也较少，不采取公示制度。私募证券的投资者多为与发行人有特定关系的机构投资者，也有发行公司、企业的内部职工。

4. 按证券的经济性质分类

按证券的经济性质的不同，有价证券可分为基础证券和金融衍生证券两大类。

股票、债券和投资基金都属于基础证券，它们是最活跃的投资工具，是证券市场的主要交易对象，也是证券理论和实务研究的重点。金融衍生证券是指由基础证券派生出来的证券交易品种，主要有金融期货与期权、可转换证券、存托凭证、认股权证等。

5. 按证券收益是否固定分类

按证券收益是否固定，有价证券可分为固定收益证券和变动收益证券。

固定收益证券是指持券人可以在特定的时间内取得固定的收益并预先知道取得收益的数量和时间，如固定利率债券、优先股股票等。

变动收益证券是指因客观条件的变化其收益也随之变化的证券。如普通股，其股利收益事先不确定，而是随公司税后利润的多少来确定，又如浮动利率债券也属此类证券。

一般说来，变动收益证券比固定收益证券的收益高、风险大，但是在通货膨胀条件下，固定收益证券的风险要比变动收益证券大得多。

（三）有价证券的基本特征

1. 产权性

证券的产权性是指有价证券记载着权利人的财产权内容，代表着一定的财产所有权，拥有证券就意味着享有财产的占有、使用、收益和处分的权利。

2. 收益性

收益性是指持有证券本身可以获得一定数额的收益，这是投资者转让资本使用权的回报。但证券投资的收益存在风险，购买者需要谨慎考虑。

3. 流通性

证券的流通性又称变现性，是指证券持有人可按自己的需要灵活地转让证券以换取现金。流通性是证券的生命力所在。

4. 风险性

证券的风险性是指证券持有者面临着预期投资收益不能实现，甚至本金也受到损失的可能。这是由证券的期限性和未来经济状况的不确定性所致。

5. 期限性

债券一般有明确的还本付息期限，以满足不同投资者和筹资者对融资期限以及与此相关的收益率需求。债券的期限具有法律约束力，是对双方融资权权益的保护。而股票等证券是无限期的法律凭证，具有永久性。

第二节　证券起源及发展

一、证券及证券市场

（一）证券的起源

证券源于意大利威尼斯、热那亚发行的军事公债。证券的产生与发展基于以下原因：

（1）股份制的形成和发展为证券产生提供了现实的物质基础。

（2）证券业的兴起与发展进一步完善了证券制度。

（3）自由放任政策导致了市场的欺诈性、投机性和操纵性。

1551年，英国建立了全世界第一家股份公司——俄罗斯公司（又称MUSCOW公司），该公司向公众发行了面值25英镑、总价值6 000英镑的股票。

1581年，英国“土耳其公司”发行股票集资。

1602年，英国“东印度公司”成立。

1837年，美国康涅狄格州推出《公司法》。

1844年，英国颁布《公司法》。

1694年，英格兰银行成立，这是最早的股份制银行。

1568年，英国出现了第一次有记录的股票交易，并产生了证券经纪人的雏形。

1611年，位于荷兰阿姆斯特丹市内达姆广场附近的阿姆斯特丹证券交易所创立，它是公认的世界上最古老的证券交易所。

1773年，伦敦的股票经纪商们聚集在“乔纳森”（New Jonathan's）咖啡馆，并且打出了“证券交易所”的牌号。此交易所即为伦敦证券交易所的前身。

专　栏

纽约证券交易所

1792年5月17日，24位股票经营者在纽约华尔街的一棵梧桐树下聚会，议定一项“君子协定”，规定每周有几天在这个梧桐树下进行股票交易，商定交易价格和最低佣金标准，这便是纽约证券交易所的前身。这项“君子协定”后来被称为《梧桐树协议》（The Button-Wood Agreement）。1793年这种树下交易改在沙迪咖啡馆室内进行。

1817年，这些股票经纪商通过一项正式章程，将他们的交易活动定名为“纽约证券交易会”（New York Stock Exchange Board），1863年，正式确立“纽约证券交易所”（New York Stock Exchange，NYSE），1871年迁到华尔街40号，1903年又迁到华尔街11号。纽约证交所是美国的金融心脏，也是美国经济的晴雨表。

郁金香风潮

1607年在阿姆斯特丹股票市场开始了一场郁金香投机狂潮，当一位维也纳植物学家把他培育的郁金香带到荷兰，爱花的荷兰人对这种花推崇备至，也令其价格不断上涨，荷兰人把对郁金香球茎价格看涨的需求转化为期权工具，开始了以小博大的博弈，这种对于郁金香的狂热一直持续到 1638 年。然而，几十年疯狂炒作郁金香球茎的结果，是将荷兰带入了其后几十年的经济萧条。

黑色星期一

1929 年 1 月 2 日，纽约证券交易所新年开市的第一天，股市价格大涨，华尔街沉浸在一片兴奋和狂热之中。

9 月 5 日，股市出现了一次严重的下挫，使投资者信心开始动摇。

10 月 24 日，恐慌性抛售高达 1 300 万股。纽约数家主要银行迅速组成"救市基金"，纽约证券交易所总裁查德·韦尼亲自购入股票，希望力挽狂澜。但大厦将倾，独木难支。

1929 年 10 月 28 日，星期一，连续狂涨了 10 个月的纽约证交所的所有股票开盘后刮起了抛售风潮，一日之内行情下挫 50 点，跌幅达到 12.82%。

10 月 29 日，道琼斯指数一泻千里，股价指数已从最高点 386 点跌至 298 点，跌幅为 23%。

11 月，股市跌势不止，滑至 198 点，跌幅高达 48%，从 9 月初到 11 月中旬，纽约证交所的股票市值总值损失了 300 亿美元。

翌年，股市凭借残存的一丝牛气，在 1—3 月大幅反弹，并于 4 月重新登上 297 点。此后又急转直下，从 1930 年 5 月到 1932 年 11 月，出现了 6 次暴跌，道琼斯指数跌至 41 点。

与股灾前相比，美国钢铁公司的股价由每股 262 美元跌至 21 美元，通用汽车公司的股价从每股 92 美元跌至 7 美元。道琼斯指数下跌达 87.4%。此次股市大崩溃一直持续到 1933 年。

这场金融界的危机迅速蔓延，不仅给美国带来空前的大萧条，也快速席卷资本主义世界的所有国家，使整个资本主义世界工业生产降低了 40%。

直到 1954 年，道琼斯指数才回到 1929 年的高点。这次股灾使资本主义国家开始意识到对证券行业进行严格监管的重要性。《1933 年证券法》、《1934 年证券交易法》以及《持股公司法》等等一系列证券法规陆续出台。

十月大屠杀

1987 年 10 月 6 日，美国华尔街股市大幅度滑落 108 点。10 月 19 日道琼斯工业平均指数暴跌 508 点，下跌幅度高达 22%。美联社用"十月大屠杀"来描述此次股灾。

（二）世界证券市场的三个发展阶段

1. 自由放任阶段（17 世纪初至 20 世纪 20 年代末）

随着市场经济和股份制的发展，证券市场的规模和影响也在不断扩大。1891—1900 年世界证券发行金额为 1 004 亿法郎。20 世纪初，资本主义由自由竞争阶段过渡到垄断阶段，证券市场适应了资本主义经济发展的需要，有效地促进了资本的积累，从而获得了巨大发展。证券市场的结构也发生了很大变化，在证券市场中占主要地位的已不再是政府公债，而是股票和公司债券，它们占证券发行总额的 60%。

当时的证券市场缺乏相关的法律、法规，证券的发行和交易基本上处在自由放任的阶段。证券业呈现出无序竞争的局面，证券交易所纷纷成立，各种证券鱼龙混杂，证券价格远离其实际价值，证券欺诈和证券投机现象十分严重。

1929 年资本主义经济大危机，证券市场发生了 1929 年 10 月 29 日的"黑色星期一"，股票市场的暴跌对经济危机起到了推波助澜的作用。在危机过后的相当长时间内，证券市场仍然处在萧条之中。

2. 法制建设阶段（20 世纪 30 年代初至 60 年代末）

危机过后，各国政府意识到了对证券市场加强监管的重要性，于是，证券业的法律、法规纷纷出台，对证券发行和交易活动进行了全面的规范和限制。这些证券法律和法规的制定，为证券市场的健康发展奠定了坚实的基础，证券市场逐步走上了规范发展的道路。

美国在这一阶段对证券市场实行了统一立法，颁布了一系列联邦证券法，包括《1933 年证券法》、《1934 年证券交易法》、《公共事业控股公司法》（1935 年）、《信托契约法》（1939 年）、《投资公司法》（1940 年）和《投资顾问法》（1940 年）等。英国也颁布了《反欺诈（投资）法》（1958 年）、《公司法》（1948 年和 1967 年）等法律、法规。

3. 迅速发展阶段（20 世纪 70 年代至今）

从 20 世纪 70 年代开始，世界证券市场进入了高速发展阶段。从西方发达国家到新兴的发展中国家，各国的证券市场都呈现出蓬勃发展的景象，证券市场在经济发展中的作用和地位愈加突出。

股票市场的规模迅速扩大。1996 年，全球股票市场市值达到了 20.29 万亿美元，股票市场交易也日趋活跃，1995 年股票交易金额达到了 11.66 万亿美元。发达国家的股票市值与各自国家市场总值的比率基本都达到了 80%以上，而一些新兴的发展中国家的这一比率也达到了较高的程度，有些国家甚至超过了发达国家的水平。同时，国际债券市场也有了长足的发展，1995 年，各国新发行的国际债券为 3 132 亿美元，国际债券的未偿还金额达到了 2.8 万亿美元。各国的国内债券市场比国际债券市场的规模更大。1995 年，仅经济合作与发展组织（OECD，简称经合组织）成员国的国内债券发行金额就达到了 1.34 万亿美元，其国内债券的未偿还金额达到 19.53 万亿美元。

二、中国证券市场发展

（一）旧中国的证券市场

证券在我国属于“舶来品”，最早出现的股票是外商股票，最早出现的证券交易机构也是由外商开办的“上海股份公所”和“上海众业公所”。上市证券主要是外国公司股票和债券。从 19 世纪 70 年代开始，清政府洋务派在我国兴办工业，随着这些股份制企业的兴起，中国自己的股票、公司债券和证券市场便应运而生了。1872 年设立的轮船招商局是我国第一家股份制企业。1914 年北洋政府颁布的《证券交易所法》推动了证券交易所的建立。1917 年北洋政府批准上海证券交易所开设证券经营业务。证券市场分析研究显示，1918 年夏天成立的北平证券交易所是中国人自己创办的第一家证券交易所。1920 年 7 月，上海证券物品交易所得到批准成立，是当时规模最大的证券交易所。此后，相继出现了上海华商证券交易所、青岛市物品证券交易所、天津市企业交易所等，逐渐形成了旧中国的证券市场。

（二）新中国的证券市场

1. 新中国成立初期的证券市场

经济体制改革前的证券市场主要围绕两条线索来展开：

（1）新中国成立初期鉴于证券市场仍有一定的存在基础，在先后接收官僚资本的基础上，天津证券交易所于 1949 年 6 月 1 日成立；1950 年 2 月 1 日成立了北京证券交易所。其中，天津交易所的经纪人有 39 家，资本总计 845 万元；北京证券交易所经审查合格的法人经纪人有5家，个人经纪人有17家。至1952年，因两家证券交易所交易量极度萎缩，经纪人亏损严重，天津证券交易所并入天津市投资公司，北京证券交易所宣告停业。津京证券交易所的历史虽然不长，但它们不仅在吸收游资、稳定市场方面发挥了积极作用，而且为我们今天证券市场的发展提供了宝贵的经验：要发展我国的证券市场必须首先发展商品经济、股份制和信用制度。

(2) 鉴于经济建设的需要，利用国债市场筹措了一定数量的财政资金。此间利用国债市场筹措资金又大体上分为两个阶段：第一阶段是1950—1958年，发行了人民胜利折实公债和国家建设公债；第二阶段是1959—1978年，全国性的公债停止发行，但允许省、自治区、直辖市在必要的时候发行地方建设公债。

2. 改革开放后的证券市场

1978年，中共十一届三中全会确立了改革开放的大政方针政策，由此开启了中国经济快速发展的新局面。在中国经济发展与快速增长的情况下，中国当代证券市场适应我国市场经济发展的需求应运而生。1981年财政部首次发行国库券，揭开了新时期中国证券市场新发展的序幕。

20世纪80年代，随着国民经济发展对社会资金的巨大需求，国家开始了股份制改革试点工作，并率先在上海、深圳等地展开。改革开放后国内第一只股票——上海飞乐音响于1984年11月诞生。1986年9月26日，新中国第一家代理和转让股票的证券公司——中国工商银行上海信托投资公司静安证券业务部宣告营业，从此恢复了我国中断了30多年的证券交易业务，开始上海股票的柜台交易。1990年，国务院批复上海浦东新区开发政策，同意在上海设立证券交易所。同年11月，上海证券交易所（简称上交所）经国务院授权，人民银行批准，正式宣告成立。第二年，即1991年4月，深圳证券交易所（简称深交所）得到批准正式成立。沪深交易所成立后，本地发行的股票开始进场交易，这就是所谓的上海“老八股”和深圳“老五股”。之后国内其他地方发行的公司股票开始陆续在沪深两个证券交易所上市交易，国内证券交易开始逐步规范化。1992年8月10日，是中国证券市场发展史上一个重要的日子。在邓小平南方谈话的激励下，中国证券市场的合法地位正式确立，沪深股票市场走出了一轮气势磅礴的牛市行情，其中深圳股市涨幅超过2倍，股票供不应求。为平抑股价，增加供给，8月7日深圳市宣布当年发行5亿股公众股，发售500万张抽签表，中签率为10%，每张抽签表可以购1 000股。但是当时市场反应极度热烈，对股票的需求量极其巨大，5亿股股票无疑是杯水车薪，于是出现了百万人争购抽签表的局面，并且引发了内部人营私舞弊暗中套购认购表的行为，结果多数人因为没有买到中签表而到市政府示威，从而引发了震惊全国的“8·10事件”。该事件的爆发，引发了国家管理高层对社会稳定的担忧，并触发了公众投资者对证券市场存废问题的忧虑，导致沪深股市深幅狂泻，上海市场三天之内暴跌400余点。

而“327国债事件”是中国证券市场上又一个重要的历史事件。1993年，为抑制经济过热和通货膨胀，国家开始进行宏观调控，沪深股票市场开始反复走低，投资者关注的重点开始转移到国债期货市场。国债期货市场是上交所于1992年12月建立，开始只允许部分券商进行自营买卖。1993年10月25日，上交所向个人投资者开放了国债期货交易，国债期货交易日渐活跃。到了1994年秋天，国债期货发展的政策环境出现了重大的变化，面对高达两位数的通货膨胀率，央行出台储蓄保值贴补政策，国债的固定利率也变成了浮动利率，国债期货的价格波动加大，全国各地投资者趋之若鹜，成交额明显放大，交易所国债期货清算保证金高达140亿元。与此同时，上交所管理层对经济与政策环境变化后的风险扩大缺乏足够的认识，没有作出相应的调整，终于在1995年2月发生了“327国债期货事件”。与此同时，在1994—1995年，国家采取各种政治、经济措施反通货膨胀并取得重要成果。到1995年下半年，物价逐步稳定并慢慢回落至正常水平。市场开始预期宏观调控将要结束，央行将采取降息等措施以刺激经济发展，于是在1996年第二季度沪深证券市场开始恢复性上涨。到12月中旬，在9个月的时间内沪深股市累计上涨300%以上，涨幅惊人。由于担心股市过快上涨冲击实体经济危害社会安全与稳定，1996年12月14日，《人民日报》发表题为《正确认识当前股票市场》的特约评论员文章，批评股市存在的严重过度投机，同时沪深交易所开始实行涨跌幅限制，导致沪深股市暴跌，部分投机者损失惨重。其后股票开始一轮又一轮冲高与回落，周而复始。2001年6月14日，国务院出台《减持国有股筹集社会保障资金管理暂行办法》，引发了投资者对股票市场股权分置等内在结构性缺陷的担忧，由此引发股市下跌，结束了长达5年的牛市。在其后的4年中沪深股市进入漫漫熊途，受企业经营业绩下滑、大股东或实际控制人占款甚至侵害上市公司利益、股权分置等众多不利因素的影响，上证指数一度击穿1 000点的整数关口，一些公司的股票价格跌至前期高点的十分之一，证券市场极为萧条，投资融资功能遭受了极大的破坏。一些投资者信心遭受严重打击，投资者甚至喊出了“远离毒品、远离股市”的口号，证券市场投融资等基本功能几乎丧失殆尽。

在这种情况下，为促进证券市场的健康发展，国务院发布了《关于推进资本市场改革开放和稳定发展的若干意见》，大力发展资本市场。2005年5月，在经过全面讨论与广泛认证之后，股权分置改革工作终于全面推出。三一重工、清华同方等纳入第一批股改试点范围。在股改对价，证监会加强上市公司监管提高清欠力度，贸易资本双顺差而导致的流动性过剩、人民币升值，上市公司业绩提升等一系列利好因素的影响下，中国证券市场开始步入新一轮牛市。截至2007年5月，沪深股市累计升幅达到300%以上，部分个股更是上升10倍以上。一些缺乏业绩支撑的股票在所谓整体上市、资产注入、重组等题材的刺激下大幅上升，涨幅惊人。2007年下半年，股票市场又进入了一个下降通道。受2008年金融危机等因素影响，我国宏观经济增长速度放缓，资本市场行情也出现大幅下挫情况。随着宏观经济逐渐复苏以及资本市场改革的不断深入，国内证券市场将继续健康、稳定发展。

专　栏

橡皮风潮

1903年春天，有一个叫乔克的美国人来到上海开了一家拓植公司，称公司经营的橡胶业是开拓型事业，在南美有大批橡胶庄园。人们戏称“橡皮公司”。开业五六年，业务并无多大进展。

1909年，恰逢世界性橡胶涨价，国外一些橡胶园主和投资人大获其利。乔克抓住这一千载难逢的时机，利用上海市民“眼见为实”的心理，挖空心思组织一些人赴南美参观，将某个大庄园主丰茂的橡胶林谎称是公司的产业，同时拍成电影，在上海大做广告，引得上海滩人人以为投资橡皮公司一本万利，可获高额利润。

梦想发财但对股票经营一窍不通的人争先恐后到上海众业公所抢购橡皮公司的股票，

一时涨风猛刮，买者如痴若狂。为了搜刮到更多钱财，乔克将橡皮公司股票定价为每股10元，一般百姓甚至老人小孩都掏口袋争购。这样过了几个月，乔克在骗到大批钱财之后，竟携带巨款逃之夭夭，转眼间股价大跌。橡皮公司股票几成废纸。

这次风潮使当时的上海钱庄倒闭了近一半，连英国大地皮商兆丰也为之倾家荡产，不得不将他的私产兆丰花园拍卖抵债，一半卖给圣约翰大学，一半卖给工部局改作花园，即现在的中山公园。

中国证券市场发展大事记

1924年，在京沪证券市场上爆发了一次严重的公债风波。由于股票信誉扫地，人们转而炒作公债，投机式的公债价格日益上涨。而当市场上盛传即将爆发战争时，由于担心公债不能兑现，人们纷纷抛售手中的公债结果公债价格一落千丈。

1920年，由孙中山倡议的“上海证券物品交易所”经北洋政府批准开业，1934年9月15日，该交易所停止交易。

1950年，中央人民政府正式开始发行以实物为计算标准的人民胜利折实公债，这是新中国成立之后首次发行公债。

1952年，北京和天津证券交易所相继关闭，中国证券市场在长达二十多年的时间里基本消失了。

1981年7月，国务院决定恢复发行49亿元国库券，揭开了中国证券市场发展的序幕。

1982年7月，财政部首次向个人发行国库券。

1983年7月，深圳宝安企业（集团）股份公司成立并发行股票。

1984年8月23日，经北京市崇文区政府批准，北京市天桥百货股份有限公司成立。这是第一家经地方政府批准成立的股份有限公司。

1984年11月14日，经中国人民银行上海市分行批准，上海飞乐音响股份有限公司向社会和本公司职工发行面值50元的人民币普通股1万股，首次筹资50万元。这是第一家经批准向社会公开发行股票的公司。

1986年，改革开放总设计师邓小平特意选了一张飞乐音响的股票赠送给当时的纽约证交所主席约翰·范德林先生。

1990年11月和1991年4月，上海证券交易所、深圳证券交易所相继成立，我国才真正形成集中的股票交易市场，我国股票交易方式开始由场外分散交易进入场内集中交易阶段。

1998年12月29日，《中华人民共和国证券法》出台，1999年7月1日开始施行。

2003年10月26日，《中华人民共和国证券投资基金法》出台，2004年6月1日开始施行。

第三节　投资与证券投资

一、投资的概念及类别

（一）投资的含义

投资指的是用某种有价值的资产，其中包括资金、人力、知识产权等投入到某个企业、项目或经济活动，以获取经济回报的商业行为或过程。可分为实物投资、资本投资和证券投资。前者是以货币投入企业，通过生产经营活动取得一定利润。后者是以货币购买企业发行的股票和公司债券，间接参与企业的利润分配。

（二）投资的分类

1. 直接投资与间接投资

直接投资是指投资者将货币资金直接投入投资项目，形成实物资产或者购买现有企业的投资，通过直接投资，投资者便可以拥有全部或一定数量的企业资产及经营的所有权，直接或间接参与投资的经营管理。直接投资包括对现金、厂房、机械设备、交通工具、通讯、土地或土地使用权等各种有形资产的投资和对专利、商标、咨询服务等无形资产的投资。其主要形式有：(1) 投资者开办独资企业，直接开店等，并独自经营；(2) 与当地企业合作开办合资企业或合作企业，从而取得各种直接经营企业的权利，并派人员进行管理或参与管理；(3) 投资者参加资本，不参与经营，必要时可派人员任顾问或指导；(4) 投资者在股票市场上买入现有企业一定数量的股票，通过股权获得全部或相当部分的经营权，从而达到购买该企业的目的。

间接投资是指投资者以其资本购买公司债券、金融债券或公司股票等各种有价证券，以预期获取一定收益的投资，由于其投资形式主要是购买各种各样的有价证券，因此也被称为证券投资。与直接投资相比，间接投资的投资者除股票投资外，一般只享有定期获得一定收益的权利，而无权干预被投资对象对这部分投资的具体运用及其经营管理决策；间接投资的资本运用比较灵活，可以随时调用或转卖，更换其他资产，谋求更大的收益；可以减少因政治经济形势变化而承担的投资损失的风险；也可以作为中央银行为平衡银根松紧而采取公开市场业务时购买或抛售的筹码。

直接投资与间接投资同属于投资者对预期能带来收益的资产的购买行为，但二者有着实质性的区别：直接投资是资金所有者和资金使用者的合一，是资产所有权和资产经营权的统一运动，一般是从事生产事业，会形成实物资产；而间接投资是资金所有者和资金使用者的分离，是资产所有权和资产经营权的分离运动，投资者对企业资产及其经营没有直接的所有权和控制权，其目的只是取得其资本收益或保值。

除了区别，直接投资和间接投资还有着非常密切的联系：通过间接投资，可以为直接投资筹集到所需资本，并监督、促进直接投资的管理。随着现代经济的发展，生产规模急速扩大，仅靠一般的个别资本已很难从事技术高、规模大的项目的投资，而以购买证券及其交易为典型形式的间接投资使社会小额闲散资金集合成为企业所需要的长期的较为稳定的巨额投资资金，解决了投资需求的矛盾，是动员和再分配资金的重要渠道。因此，间接投资已逐渐成为主要和基本的投资方式。可以说，直接投资的进行必须依赖间接投资的发展；而直接投资对间接投资也有重大影响，这主要是企业的生产能力的变化会影响到投资者对该企业发行的证券前景的预期，从而使间接投资水平发生波动。

2. 实物投资与金融投资

实物投资就是指投资者将资金用于实物生产即用于购置和建造固定资产和流动资产并以此获得未来收益的行为。实物资产主要指以实物形态存在的资产，如汽车、房屋、各种原料、材料等；金融投资就是指投资者将资金用于金融资产即用于存款、贷款，或购买股票、债券、基金等各种有价证券，以期获得未来价值增值收益的行为。二者的区别主要有以下几点：

第一，投资主体不同。实物投资主体是直接投资者，也是资金需求者，他们通过运用资金直接从事生产经营活动，如投资办厂、购置设备或从事商业经营活动。金融投资主体是间接投资者，也是资金供应者，他们通过向信用机构存款，进而由信用机构发放贷款，或通过参与基金投资和购买有价证券等向金融市场提供资金。

第二，投资客体或者说对象不同。实物投资的对象是各种实物资产，即资金运用于购置机器设备、厂房、原材料等固定资产或流动资产；金融投资的对象则是各种金融资产，如存款或购买有价证券等。

第三，投资目的不同。实物投资主体进行实物资产投资，目的是从事生产经营活动，获取生产经营利润，着手于资产存量的增加和社会财富的增长，直接形成社会物质生产力，从投入和产出的关系看，实物投资是一种直接投资，可称为“实业性投资”；金融投资主体进行金融资产投资，目的在于金融资产的增值收益，如存款目的在于获取存款利息，贷款目的在于取得贷款利息，购买有价证券（如股票、债券等）目的在于获取股利、利息收入等，它们并不直接增加社会资产存量和物质财富，从投入和产出的关系看，金融投资是一种间接投资，可称为“资本性投资”。

实物投资与金融投资的联系主要有以下几点：

第一，投资媒介物或者说投资手段相同。实物投资与金融投资都是对货币资金的运用，即以货币作为投资手段或媒介物，只是对象物及目的不同。因此，金融投资总量和实物投资总量同属于全社会货币流通总量的范围，二者均为社会货币流通总量的重要组成部分。第二，金融投资为实物投资提供了资金来源，实物投资是金融投资的归宿。一方面，尽管金融投资并不直接增加社会资产存量，但通过金融投资活动，为实物投资筹集到了生产经营资金，从而间接地参与了社会资产存量的积累。在现代市场经济条件下，假如没有金融投资的存在和发展，实物投资的资金来源将大大受到限制，许多耗资巨大的建设项目都难以迅速兴办甚至根本无法兴办，为此，金融投资成为促进资本积累、集中和扩大生产能力的重要手段。另一方面，金融投资是把社会闲置的货币资金转化为生产资金，而最终归宿也是进行实物投资，只不过它是通过一个间接的过程实现的。此外，金融投资的收益也来源于实物投资在再生产过程中创造的物质财富。

3. 短期投资与长期投资

长期投资，简单地讲，是指投资期在一年以上的各类投资事项，如对企业固定资产和设备等投资，对长期金融资产的投资等等。长期投资耗费多，回收期长，短期变现能力较差，故风险较高，但其长期的盈利能力强。

短期投资是指预期在一年内收回的各种投资业务，如企业的各种流动资产及各类短期证券等等。短期投资周转快，流动性较好，风险也较低，从长远来讲，其盈利能力低于长期投资。

二、证券投资

（一）证券投资的含义

证券投资是指投资者（法人或自然人）购买股票、债券、基金等有价证券以及有价证券的衍生品，以获取股利、利息及资本利得的投资行为和投资过程，是直接投资的重要形式。

（二）证券投资与证券投机的区别及联系

证券投资是指投资者把资金投放于有价证券，即取得股票、债券，以实现其资金增值的行为；投机是指在证券市场上短期内买进或者卖出一种或多种证券，以赚取差价，它是证券市场中常见的一种证券买卖行为。投资与投机是资本市场运作的两种理念、两种手段。两者有着共同的目的：将本求利。在实际市场操作中，都要面临一定的风险，经常是难以区分的。

1. 证券投资与证券投机的区别

从投机的基本表现看，投机风险是由预期与未来实际的差异而形成的。投机回报直接来自于投机工具的市场价格波动，结果体现为市场交易过程中的利得和损失。利得是指买卖价格的差价。在投资或投机中都会存在。

（1）证券投机者参与证券交易是在预测未来证券价格变动的基础上进行的交易，他们甘愿用自己的资金冒险，不断地买进卖出证券。当然这种投机并不是欺骗伪造、违法乱纪地在市场上交易，而是在遵从交易法规的基础上，利用自己对价格变动的预测来进行交易，并试图赚取较大的收益。

（2）投资与投机的区别还表现在持有证券的时间长短上。一般来说，投资者买进证券往往是着眼于长远利益，买进后就长期持有，而不被短期的获利所动摇；但是投机者就不同，他们热衷于快进快出，加快资金的周转，从买卖中及时获取差价。

（3）投资与投机的区别还表现在所使用的分析方法上也不同。投资者买卖证券是为了获取利息、股利及长期性资本升值，他们十分重视对证券发行人的分析考察，较为重视基础价值的分析，对证券的质量和数量因素进行评价，并关注股利、利息等日常收益，以此作为投资决策的依据；而投机者正好相反，他们根本就不注重证券本身有没有价值，只求短期资本升值，他们更多地考察证券价值短期的动向，因而十分重视对证券市场行情的分析研究，特别是注重尽早了解各种可能影响证券市场行情的信息，以便能正确地预测出证券市场可能发生的变化，从而利用这一变化买进卖出，以获取差价收益。而对股利等日常收益考虑较少。证券投机者预测未来收益的能力以及详细分析形势的业务水平比证券投资者高。

（4）承担的风险程度不同。一般来说，投资者往往都是风险回避者，对投资的安全性较为关注，与投机者相比他们更注重财务分析和证券价值，主要购买那些质量较高、风险较小、收益保障较大，即股利和利息相对稳定的证券，不愿意过分承担风险，希望把风险降到最低程度；而投机者往往是风险偏好者，他们就是在以自己对未来价格变动预测的基础上主动承担风险以获取投资者主动回避的风险收益。投机者主要购买那些收益高而又极不稳定的证券，这种行为的特点虽短期内可能获得较大收益，但必须承担较大风险，因为一旦预测有误，便可能遭受巨大的损失。总体讲，证券投机者失败的概率要远远高于证券投资者。

（5）二者持有证券的时限不同。投资者和投机者都可以购买同一种证券，但投资者为了获得稳定的股利或利息收益，一般愿意长期持有这种证券；而投机者希望在证券交易上取得短期收益，对证券的持有时间很短，一般为几周或几天，有时候甚至只有几个小时。

当然，投机也是有一定积极作用的，投机是证券市场中不可缺少的重要组成部分，可以这样说，没有证券投机，就不会有证券市场的存在。当然，证券市场中的投机必须本着诚实、信用、平等的原则，尤其要保证在法律限定的范围之内进行。尽管大规模的买空卖空等投机行为容易造成证券市场的行市扭曲，出现大幅度的上升或下跌，给很多小股民带来危害。但是，在通常情况下，投机行为不仅不会危害证券市场，还会有很大的积极作用。这主要表现在以下三个方面：

（1）投机承担了新股票的一部分风险，从而在一定程度上推动了新股票的发行。证券投机者参与交易有利于分散价格变动风险，从而成为风险承担者。投资者往往是风险回避者，因而不愿承担风险，通过期货、期权交易来套期保值以回避风险，但这种交易若没有人主动出来承担风险就不会成交，从而会进一步导致证券价格向原有的方向变动。正因为买卖双方对价格波动的预期不同而产生了获取价差的机会，所以投机者就会挺身而出主动承担风险以获取额外收益。可以设想，如果大家都是投资者，对风险较大的证券不予理睬，那么，信用级别低的企业就没有希望采用证券工具筹集到资金了。

（2）投机促进证券交易的活跃，增强证券市场上的流动性。可以说，一个证券市场上流动性的大小主要取决于投机行为的多少。投机者只要有利可图，就会频繁地买卖，从而能够增加市场上的流动性。当市场上都对一种或多种证券看好时，如果缺乏投机者，那么将要投资的人就会不断地买进，从而抬高价格，而已经买进的人又会因为看好此证券不愿意抛售，结果必然导致价格异常上涨，而且缺乏流动性。但是有了投机者的快进快出，就会提高证券交易的流动性。正是由于有从证券价格的短期变动中谋利的投机行为的大量存在，才有高频率的卖出和买进，才活跃了证券市场。

（3）投机也有调节证券供求、稳定证券市场、平衡市场价格的作用。投机者力图通过自己对未来价格的变动预测来进行买卖。当他们认为证券价格被低估的时候，就会趁机买进证券，从而增加了对证券的需求，抑制价格进一步下跌；当他们认为证券价格被高估的时候，就会趁机高价卖空证券，从而增加了对证券的供给，缓和价格继续上涨的压力。这种操作使证券的市场价格最终能大致稳定在投资价值左右，在客观上对证券市场行情的大起大落起着抑制作用。

当然，恶性投机也具有消极的作用，有时甚至对市场产生破坏性的作用。例如，投机者利用某种信息或时机来哄抬证券价格，从而造成市场混乱，有时甚至出现市场操纵、内外勾结、垄断市场的违规现象，损害中小投资者的利益。对这种恶性投机，证券管理机构应该严加管理，维护市场上中小投资者的利益。我国当前的证券市场，投机风比较盛行，同期换手率比国外要高几十倍，而且市场操纵的现象比较严重，中小投资者的利益不能得到切实保护，因而证券监管部门应该加大力度，通过证券法律、法规来规范市场投机行为。投机行为只是投资过程中的一部分、一个阶段、一种操作技巧而已。其实，不论投机或投资，其最终目标都是一样的：获取利润！但我们应该清醒地认识到，如果社会上存在大量的过度的投机，就会引起泡沫经济现象的发生，并对社会经济的发展造成极大的危害。投机者一旦被非理性的狂热的投机动机所支配，就会受各种期望、谣言甚至是恐惧所迷惑，使投机失控，并最终引起社会的经济动荡乃至政治动荡，这在很多国家是有前车之鉴的。

2. 证券投资与证券投机的联系

投机是市场经济的常态，是理性的投资人寻求其利益最大化的行为过程，并在不同的制度背景和组织环境下具有不同的表现形式。现实中投资与投机的界限很难划清，在许多情况下二者可能会相互转换，比如，购买证券，本来准备长期投资的，但由于行情的急剧变化而马上脱手；相反本来准备转手谋利，但行情不利或预期公司有更大的盈利水平而长期持有等。但如果把投资与投机对立起来加以考虑时，可能就蕴含了一种价值判断的观念，例如，认为投资是“好的”或认为投机是“不好的”，等等。这样的理解当然带有较大的主观成分。

证券市场既是投资的良好场所，也是投机的好地方，在投资实务中很难把两者区分开。例如，普通证券投资者既希望获得利息或股利，也希望获得因价格涨落而带来的资本收益。在证券市场价格波动较大的时期，他们也会频频进行交易，而不会将证券持有较长的时间。

本章小结

证券是指各类记载并代表一定权利的法律凭证。它用以证明持有人有权依其所持凭证记载的内容而取得应有的权益。证券按其性质不同，可分为凭证证券和有价证券。有价证券有广义与狭义两种概念。广义的有价证券包括商品证券、货币证券和资本证券。有价证券按证券发行主体的不同分为政府证券、金融证券和公司证券；按是否在证券交易所挂牌交易分为上市证券和非上市证券；按募集方式的不同分为公募证券和私募证券；按证券的经济性质可分为基础证券和金融衍生证券；按证券收益是否固定分为固定收益证券和变动收益证券。

投资可分为实物投资、金融投资。实物投资与金融投资在投资主体、投资客体、投资目的上有不同之处。证券投资与证券投机也有一定的区别与联系。

关键术语

有价证券　　上市证券　　非上市证券　　商品证券

货币证券　　资本证券　　证券投资　　证券投机

直接投资　　间接投资

习题

1. 什么是证券？简述证券的种类。
2. 简述证券的特征。
3. 简述证券投资的定义、类型和特点。
4. 简述证券投资与证券投机的区别与联系。

第二章

股权类投资工具

本章要点：

- 股票的概念与特点
- 股票的分类
- 股票价值的评估
- 股票的收益
- 私募股权投资

导入案例

巴菲特的股票投资理念

沃伦·巴菲特（Warren E. Buffett）于1930年出生在美国内布拉斯加州奥马哈市。1947年，巴菲特进入宾夕法尼亚大学攻读财务和商务管理，1949年转入哥伦比亚大学攻读金融学。

1956年，巴菲特在奥马哈市创办了巴菲特有限公司，从事股票的投资。到1964年，他的个人财富已经达到400万美元。

1965年，巴菲特收购了一家纺织企业，并取得了很大的成功。到1994年，这家企业已经演变为价值230亿美元的工业王国。

巴菲特在股票投资和企业经营中表现非凡，获得了数百亿美元的收益，在20世纪成为了世界富豪。在《福布斯》一年一度的世界富豪排行榜上，他连续多年居前三位。

巴菲特在股票投资方面的表现更是令人惊异。在40多年的时间里，巴菲特在股票市场上不断获取高额利润的同时，居然没有遭遇过大的失误，甚至没有出现过亏损的年度，这在股票市场上是一个奇迹。不论股票是牛市或是熊市，不论经济是繁荣还是衰退，巴菲特在股票市场上的表现总是令人瞩目。

华尔街股票投资的年均收益率通常在10%左右，而巴菲特的年均收益率却达到了28.6%。按照这样的收益率计算，只要在40年前投入1万美元，在40年后财富将会达到8亿美元。正因为这样，巴菲特在证券投资界被誉为“股神”。巴菲特股票投资的独特理念和方法，已成为股票投资者们的金科玉律。投资者们像圣徒朝圣一样每年一次涌向奥马哈聆听巴菲特的演讲。金融界人士把巴菲特的著作视为《圣经》，犹如念经文一样背诵巴菲特的格言。

巴菲特的投资理念是：①因为我把自己当成是企业的经营者，所以我成为优秀的投资人；因为我把自己当成投资人，所以我成为优秀的企业经营者。②在股票投资中，选择好的企业比选择好的价格更重要。③在好的企业的股票中，应该选择垄断消费型企业的股票。④最终决定股票价格的是公司的实质价值。⑤在任何时候都不应放弃最优秀企业的股票。

巴菲特非常强调选择好企业的股票并且长期持有的重要性，他指出：作为一个投资者，应该以理性的价格买入一家你所了解的公司的股权，在从现在开始的5年、10年、20年里，这家公司的股票的收益肯定大幅度增长。他还指出，如果你不愿意拥有一种股票10年，那就不要考虑持有它10分钟。

巴菲特具体的股票投资方法是：①选择垄断消费型企业的股票。②该企业的产品简单、易懂、前景看好。③该企业有稳定的经营历史。④该企业的经营者理性、忠诚，始终把股东利益放在首位。⑤该企业财务稳健。⑥该企业经营效率高、收益好。⑦该企业资本支出少、现金流量充裕。⑧该企业股票价格合理。

沃伦·巴菲特的投资理念比资本资产定价模型等投资理论要简单得多。但简单的东西不一定不深刻。在不少人眼里，巴菲特的股票投资理念是绩优加长线。其实，事情并不是那么简单。

有人说，一旦你掌握了最聪明的投资方法——把自己当成你所持有股票的公司的老板，这是有史以来关于股票投资最重要的一句话，将注意力放在你所选择的公司的经营、销售和利润上，如同了解自己的公司那样了解它的运行情况，那么你就可能成为第二个巴菲特。

第一节　股票的概念与特点

一、股票的定义、性质和特征

（一）股票的定义

股票是一种有价证券，它是股份有限公司发行的、用以证明投资者的股东身份和权益并据以获得股利的凭证。它有三个基本要素：发行主体、股份、持有人。

（二）股票的性质

股票是一种有价证券。

股票是一种要式证券。股票应记载一定的事项，其内容应全面真实，这些事项往往通过法律形式加以规定。

股票是一种证权证券。证权证券是指证券是权利的一种物化的外在形式，它是权利的载体，权利是已经存在的。

股票是一种资本证券。股份公司发行股票是一种吸引认购者投资以筹措公司自有资本的手段，对于认购股票的人来说，购买股票就是一种投资行为。

股票是一种综合权利证券。股票持有者作为股份公司的股东享有独立的股东权利。股东权是一种综合权利，包括出席股东大会、投票表决、分配股利等。

（三）股票的特征

1. 收益性

股票的收益性主要表现在股票的持有人都可按股份公司的章程从公司领取股利，从而获取购买股票的经济利益，这也是股票购买者向股份有限公司投资的基本目的，也是股份有限公司发行股票的必备条件。

如我国就规定，一个公司的股票在证券交易所挂牌前三年必须是连续盈利的，这就为新上市股票的收益性提供了一定的保障，因为盈利是股票收益的必要前提条件。但应注意的是，股票挂牌后公司能否继续盈利且盈利多少是无法预测的。在上市公司中，虽然亏损的比例很小，但企业间的盈利水平却相差很大。

2. 风险性

任何一项投资都伴随着风险，股票投资也不例外。股票的风险主要表现在以下几点：其一，影响股份公司经营的因素繁多且变化不定，其每年的经营业绩都不确定，而股票的股利是根据公司具体盈利水平确定的。盈利多，股利就可多发；经营不佳盈利少，股东的收益就少甚至无利可分；若公司破产，则股票持有者就可能血本无归。其二，当投资者购买的是二级市场上流通的股票时，股票的价格除受公司的经营业绩影响外，还要受众多其他因素的影响。当股票的价格下跌时，股票持有者会因股票的价格波动而蒙受损失。但二级市场股价的波动并不影响上市公司的经营和业绩，如股民购买股票的目的是取得上市公司的股利，则二级市场上股价的波动对其经济利益并无实质性的影响。

3. 流通性

经国家证券管理部门或证券交易所同意后，股票可以在证券交易所流通，股票的持有者就可将股票按照一定的价格转让给第三者，将股票所代表着的股东身份及各种权益出让给受让者。当持有的股票是可流通股时，其持有人可在任何一个交易日到市场上将其变现，这就是股票的流通性。但不论在哪一国家或地区，能上市流通的股票所占的比例都很小，并不是所有的股票都能在市场上流通转让。

4. 参与性

根据《中华人民共和国公司法》（简称《公司法》）的规定，股票的持有者就是股份有限公司的股东，他有权出席股东大会、参加公司董事机构的选举及公司的经营决策。也正因为如此，股东的投资意志和经济利益才能通过其行使的股东参与权而得到强化。如 1995 年中，沪深股市上市公司的多起分红方案和配股议案被股东大会推翻，从而维护了股东的经济利益。虽然股东参与股东大会的权利不受所持股票多寡的限制，但参与经营决策的权利大小是要取决于其持有的股票份额的。

一般来说，当股东持有的股票数额达到决策所需的相对多数时，他就成为股份有限公司的决策者。如我国上市公司中，虽然有的公司配股并不为广大的中小股东所接受，但由于占总股本 2/3 以上的国家股东或法人股东控制了董事会，他们虽然自己拿不出资金配股，但仍可通过决议而强制中小股东配股以追加对公司的投资。

5. 稳定性

股票是一种无期限的法律凭证，它反映的是股东与股份公司之间比较稳定的经济关系。在向股份公司参股投资而取得股票后，任何股东都不能退股，股票的有效存在是与股份有限公司的存续相联系的，即股票是与发行公司共存亡的。对于股票持有者来说，只要其持有股票，其股东身份和股东权益就不能改变。如要改变股东身份，要么将股票转售给第三人，要么等待公司破产清算。

二、股票的票面内容

股票凭证是股票的具体表现形式。股票不但要取得国家有关部门的批准才能发行上市，而且其票面必须具备一些基本的内容。股票凭证在制作程序、记载的内容和记载方式上都必须规范化并符合有关的法律法规和公司章程的规定。

一般情况下，上市公司的股票凭证票面上应具备以下内容：

（1）发行该股票的股份有限公司的全称及其注册登记的日期与地址。

（2）发行的股票总额、股数及每股金额。

（3）股票的票面金额及其所代表的股份数。

（4）股票发行公司的董事长或董事签章，主管机关核定的发行登记机构的签章，有的还注明是普通股还是优先股等字样。

（5）股票发行的日期及股票的流水编号。如果是记名股票，则要写明股东的姓名。

（6）印有供转让股票时所用的表格。

（7）股票发行公司认为应当载明的注意事项。如注明股票过户时必须办理的手续、股票的登记处及地址，是优先股的说明优先权的内容等。

由于电子技术的发展与应用，我国沪深股市股票的发行和交易都借助于电子计算机及电子通讯系统进行，上市股票的日常交易已实现了无纸化，所以现在的股票仅仅是由电子计算机系统管理的一组组二进制数字而已。但从法律上来说，上市交易的股票都必须具备上述内容。

第二节　股票的类型

一、按股东权利分类：普通股和优先股

（一）普通股

所谓普通股股票，就是持有这种股票的股东都享有同等的权利，他们都能参与公司的经营决策，其所分得的股利随着股份公司经营利润的多寡而变化。而其他类型的股票，其股东权益或多或少都要受到一定条件的限制。

1. 普通股股东权利

普通股股东按其所持有股份比例享有以下基本权利：

（1）公司决策参与权。

普通股股东有权参与股东大会，并有建议权、表决权和选举权，也可以委托他人代表其行使其股东权利。

（2）利润分配权。

普通股股东有权从公司利润分配中得到股利。普通股的股利是不固定的，由公司的盈利状况及其分配政策决定。普通股股东必须在优先股股东取得固定股利之后才有权享受股利分配权。

(3) 优先认股权。

如果公司需要扩张而增发普通股股票时，现有普通股股东有权按其持股比例，以低于市价的某一特定价格优先购买一定数量的新发行股票，从而保持其对企业所有权的原有比例。

(4) 剩余资产分配权。

当公司破产或清算时，若公司的资产在偿还欠债后还有剩余，其剩余部分按先优先股股东、后普通股股东的顺序进行分配。

2. 普通股的特点

一般可把普通股的特点概括为如下四点：

(1) 持有普通股的股东有权获得股利，但必须是在公司支付了负债利息和优先股的股利之后才能分得。普通股的股利是不固定的，一般视公司净利润的多少而定。当公司经营有方，利润不断增加时普通股能够获得比优先股更多的股利，股利率甚至可以超过50%；但公司经营不善的年份，也可能连一分钱都得不到。

(2) 当公司因破产或结业而进行清算时，普通股股东有权分得公司剩余资产，但普通股股东必须在公司的债权人、优先股股东之后才能分得财产，财产多时多分，少时少分，没有则只能作罢。由此可见，普通股股东与公司的命运更加息息相关、荣辱与共。当公司获得暴利时，普通股股东是主要的受益者；而当公司亏损时，他们又是主要的受损者。

(3) 普通股股东一般都拥有发言权和表决权，即有权就公司重大问题进行发言和投票表决。普通股股东持有一股便有一股的投票权，持有两股者便有两股的投票权。任何普通股股东都有资格参加公司最高级会议即每年一次的股东大会，但如果不愿参加，也可以委托代理人来行使其投票权。

(4) 普通股股东一般具有优先认股权，即当公司增发新普通股时，现有股东有权优先（可能还以低价）购买新发行的股票，以保持其对企业所有权的原百分比不变，从而维持其在公司中的权益。比如某公司原有1万股普通股，而你拥有100股，占1%，当公司决定增发10%的普通股，即增发1 000股，那么你就有权以低于市价的价格购买其中1%即10股，以便保持你持有该公司股票的比例不变。

在发行新股票时，具有优先认股权的股东既可以行使其优先认股权，认购新增发的股票，也可以出售、转让其认股权。当然，在股东认为购买新股无利可图，而转让或出售认股权又比较困难或获利甚微时，也可以听任优先认股权过期而失效。公司提供认股权时，一般规定股权登记日期，股东只有在该日期内登记并缴付股款，方能取得认股权从而优先认购新股。通常这种登记在登记日期内购买的股票又称为附权股，相对地，在股权登记日期以后购买的股票就称为除权股，即股票出售时不再附有认股权，在股权登记日期以后购买股票的投资不再附有认股权。这样在股权登记日期以后购买股票的投资者（包括老股东）便无权以低价购进股票，此外，为了确保普通股的权益，有的公司还发认股权证，即能够在一定时期（或永久）内以一定价格购买一定数目普通股份的凭证。一般公司的认股权证是和股票、债券一起发行的，这样可以更多地吸引投资者。

综上所述，由普通股的前两个特点不难看出，普通股的股利和剩余资产分配可能大起大落，因此，普通股股东所担的风险最大。既然如此，普通股股东当然也就更关心公司的经营状况和发展前景，而普通股的后两个特性恰恰使这一愿望变成现实，即保证了普通股股东关心公司经营状况与发展前景的权利。然而还值得注意的是，在普通股和优先股向一般投资者公开发行时，公司应使投资者感到普通股比优先股能获得较高的股利，否则，普通股既在投资上冒风险，又不能在股利上比优先股多得，那么还有谁愿购买普通股呢？一般公司发行优先股，主要是以“保险安全”型投资者为发行对象，对于那些比较富有“冒险精神”的投资者，普通股才更具魅力。总之，发行这两种不同性质的股票，目的在于更多地吸引具有不同兴趣的人进行投资。

（二）优先股

优先股是股份公司发行的在分配股利和剩余财产时比普通股具有优先权的股份。优先股也是一种没有期限的所有权凭证，优先股股东一般不能向公司要求退股（少数可赎回的优先股除外）。

1. 优先股的主要特征

优先股的主要特征有三：一是优先股通常预先确定股利收益率。由于优先股股利率事先固定，所以优先股的股利一般不会根据公司经营情况而增减，而且一般也不能参与公司的分红，但优先股可以先于普通股获得股利，对公司来说，由于股利固定，它不影响公司的利润分配。二是优先股的权利范围小。优先股股东一般没有选举权和被选举权，对股份公司的重大经营无投票权，但在某些情况下可以享有投票权。

2. 优先股的优先权

即优先股的索偿权先于普通股，而次于债权人，优先股的优先权主要表现在以下两个方面：

（1）股利领取优先权。股份公司分派股利的顺序是优先股在前，普通股在后。股份公司不论其盈利多少，只要股东大会决定分派股利，优先股就可按照事先确定的股利率领取股利，即使普通股减少或没有股利，优先股亦应按约定分派股利。

（2）剩余资产分配优先权。股份公司在解散、破产清算时，优先股具有公司剩余资产的优先分配权，不过，优先股的优先分配权在债权人之后，在普通股之前。只有还清公司债权人债务之后，有剩余资产时，优先股才具有剩余资产的分配权。只有在优先股索偿之后，普通股才参与分配。

3. 优先股的主要分类

（1）累积优先股和非累积优先股。累积优先股是指在某个营业年度内，如果公司所获的盈利不足以分派规定的股利，日后优先股的股东对往年未付给的股利，有权要求如数补给。对于非累积的优先股，虽然对于公司当年所获得的利润有优先于普通股获得分派股利的权利，但如该年公司所获得的盈利不足以按规定的股利分配时，非累积优先股的股东不能要求公司在以后年度中予以补发。一般来讲，对投资者来说，累积优先股比非累积优先股具有更大的优越性。

（2）参与优先股与非参与优先股。当企业利润增大，除享受既定比率的股利外，还可以跟普通股共同参与利润分配的优先股，称为参与优先股。除了既定股利外，不再参与利润分配的优先股，称为非参与优先股。一般来讲，参与优先股较非参与优先股对投资者更为有利。

（3）可转换优先股与不可转换优先股。可转换的优先股是指允许优先股持有人在特定条件下把优先股转换成为一定数额的普通股。否则，就是不可转换优先股。可转换优先股是近年来日益流行的一种优先股。

（4）可收回优先股与不可收回优先股。可收回优先股是指允许发行该类股票的公司，按原来的价格再加上若干补偿金将已发行的优先股收回。当该公司认为能够以较低股利的股票来代替已发行的优先股时，就往往行使这种权利。反之，就是不可收回优先股。

二、按票面形态分类：记名股、无记名股

（一）记名股

这种股票在发行时，票面上记载有股东的姓名，并记载于公司的股东名册上。

记名股的特点就是除持有者和其正式的委托代理人或合法继承人、受赠人外，任何人都不能行使其股权。另外，记名股不能任意转让，转让时，既要将受让人的姓名、住址分别记载于股票票面，还要在公司的股东名册上办理过户手续，否则转让不能生效。显然这种股票有安全、不怕遗失的优点，但转让手续烦琐。这种股票如需要私自转让，例如发生继承和赠予等行为时，必须在转让行为发生后立即办理过户等手续。

（二）无记名股

此种股票在发行时，在股票上不记载股东的姓名。其持有者可自行转让股票，任何人一旦持有便享有股东的权利，无须再通过其他方式、途径证明自己的股东资格。这种股票转让手续简便，但也应该通过证券市场的合法交易实现转让。

三、按票面形态分类：面值股、无面值股

（一）面值股

面值股指有票面金额股票，简称金额股票或面额股票，是指在股票票面上记载一定的金额，如每股人民币 100 元、200 元等。金额股票给股票定了一个票面价值，这样就可以很容易地确定每一股份在该股份公司中所占的比例。

（二）无面值股

无面值股也称比例股票或无面额股票。股票发行时无票面价值记载，仅表明每股占资本总额的比例。其价值随公司财产的增减而增减。因此，这种股票的内在价值总是处于变动状态。这种股票最大的优点就是避免了公司实际资产与票面资产的背离，因为股票的面值往往是徒有虚名，人们关心的不是股票面值，而是股票价格。发行这种股票对公司管理、财务核算、法律责任等方面要求极高，因此只有在美国比较流行，而不少国家根本不允许发行。

四、按投资主体分类：国有股、法人股和社会公众股

（一）国有股

国有股指有权代表国家投资的部门或机构以国有资产向公司投资形成的股份，包括以公司现有国有资产折算成的股份。由于我国大部分股份制企业都是由原国有大中型企业改制而来的，因此，国有股在公司股权中占有较大的比重。

（二）法人股

法人股指企业法人或具有法人资格的事业单位和社会团体以其依法可经营的资产向公司非上市流通股权部分投资所形成的股份。目前，在我国上市公司的股权结构中，法人股平均占 20％左右。根据法人股认购的对象，可将法人股进一步分为境内发起法人股、外资法人股和募集法人股三个部分。

(三) 社会公众股

社会公众股指我国境内个人和机构，以其合法财产向公司可上市流通股权部分投资所形成的股份。我国国有股和法人股目前还不能上市交易。国家股东和法人股东要转让股权，可以在法律许可的范围内，经证券主管部门批准，与合格物机构投资者签订转让协议，一次性完成大宗股权的转移。

由于国家股和法人股占总股本的比重平均超过70%，在大多数情况下，要取得一家上市公司的控制股权，收购方需要从原国家股东和法人股东手中协议受让大宗股权。除少量公司职工股、内部职工股及转配股上市流通受一定限制外，绝大部分社会公众股都可以上市流通交易。

五、按上市地点分类：A 股、B 股、H 股等

我国上市公司的股票有 A 股、B 股、H 股、N 股、S 股等的区分。这一区分主要依据股票的上市地点和所面对的投资者而定。

(一) A 股

A 股正式名称是人民币普通股票。它是由我国境内的公司发行，供境内机构、组织或个人（不含台、港、澳投资者）以人民币认购和交易的普通股股票。

(二) B 股

B 股正式名称是人民币特种股票。它是以人民币标明面值，以外币认购和买卖，在境内（上海、深圳）证券交易所上市交易的。它的投资人限于：外国的自然人、法人和其他组织，香港、澳门、台湾地区的自然人、法人和其他组织，定居在国外的中国公民，中国证监会规定的其他投资人。现阶段 B 股的投资人，主要是上述几类中的机构投资者。

B 股公司的注册地和上市地都在境内，只不过投资者在境外或在中国香港、澳门及台湾。

(三) H 股

H 股即注册地在内地、上市地在香港的外资股。香港的英文是 Hong Kong，取其首字母，在港上市外资股就叫做 H 股。

依此类推，纽约的第一个英文字母是 N，新加坡的第一个英文字母是 S，纽约和新加坡上市的股票就分别叫做 N 股和 S 股。

专　栏

大小非解禁

大小非是指大额小额限售非流通股。

解禁就是允许上市流通。

大小非解禁就是限售非流通股允许上市。

大非指的是大规模的限售流通股，占总股本 5%以上。

小非指的是小规模的限售流通股，占总股本 5%以内。

当初股权分置改革时，限制了一些上市公司的部分股票上市流通的日期。也就是说，有许多公司的部分股票暂时是不能上市流通的。这就是非流通股，也叫限售股，或叫限售

A 股。其中的小部分就叫小非，大部分叫大非。

中国证监会 2005 年 9 月 4 日颁布的《上市公司股权分置改革管理办法》规定，改革后公司原非流通股股份的出售，自改革方案实施之日起，在 12 个月内不得上市交易或者转让。

持有上市公司股份总数百分之五以上的原非流通股股东，在前项规定期满后，通过证券交易所挂牌交易出售原非流通股股份，出售数量占该公司股份总数的比例在 12 个月内不得超过 5%，在 24 个月内不得超过 10%。

旧规定意味着持股在 5%以下的非流通股份在股改方案实施后 12 个月即可上市流通。

2008 年 9 月 5 日，证监会颁布新规：10 月 1 日后所有新发行股票上市的公司，大小非解禁时间表缩短。大非可随时实施：过桥减持。可以随时通过一次过桥或多次过桥，毫无阻碍地变卖手中的股票。

第三节　股票价值的评估

一、与股票价格有关的几个概念

股票价格是指货币与股票之间的对比关系，是与股票等值的一定的货币量。股票是一种虚拟资本，它本身并没有价值。股票之所以有价格，是因为它是一种所有权的凭证。

股票的价格有狭义与广义之分，狭义的股票价格就是指股票的市场价格，也就是股票在交易过程中的价格；而广义的股票价格是从不同的角度来分析股票的，广义的股票价格有票面价格、发行价格、账面价格、内在价格、清算价格、市场价格等 6 种。

（一）票面价格

股票的票面价格也就是股票的面值，股票的面值，是股份公司在所发行的股票上标明的票面金额，股票票面价格是根据上市公司发行股票的资本总额与发行股票的数量来确定的。它以元为单位，其作用是用来表明每一张股票所包含的资本数额。股票的面值一般都印在股票的正面且基本都是整数，如佰元、拾元、壹元等。在我国上海和深圳证券交易所流通的股票，其面值都统一定为壹元，即每股一元。

股票的票面价格＝上市公司的资本总额÷上市公司发行股票的总股数

股票票面价值的最初目的在于保证股票持有者在退股之时能够收回票面所标明的资产。随着股票的发展，购买股票后将不能再退股，所以股票面值现在的作用一是表明股票的认购者在股份公司投资中所占的比例，作为确认股东权利的根据。如某上市公司的总股本为 1 000 万元，持有一股股票就表示在该股份公司所占的股份为千万分之一。第二个作用就是在首次发行股票时，将股票的面值作为发行定价的一个依据。

一般来说，股票的发行价都将会高于面值。当股票进入二级市场流通后，股票的价格就与股票的面值相分离了，彼此之间并没有什么直接的联系，股民爱将它炒多高，它就会有多高，如前些年上海股市有些股票的价格曾达到 80 多元，但其面值也就仅为 1 元。

（二）发行价格

股票的发行价格是指股份有限公司将股票公开发售给投资者所采用的价格。根据股份有限公司发行价格与其票面价格的关系，股票的发行价格有平价发行、折价发行、溢价发行三种情况。

股票的发行价格就是发行公司与证券承销商议定的价格。股票发行价格的确定有三种情况：

（1）股票的发行价格就是股票的票面价值。

（2）股票的发行价格以股票在流通市场上的价格为基准来确定。

（3）股票的发行价格在股票面值与市场流通价格之间，通常是对原有股东有偿配股时采用这种价格。

国际市场上确定股票发行价格的参考公式是：

股票发行价格＝市盈率还原值×40%＋股利还原率×20%＋每股净值×20%
＋预计当年股利与一年期存款利率还原值×20%

这个公式全面地考虑了影响股票发行价格的若干因素，如利率、股利、流通市场的股票价格等，值得借鉴。

（三）账面价值

股票的账面价值又称为净值，即股票的每股净资产，其含义就是股东持有的每一股份在理论上所代表的公司财产价值。

其计算方法是用公司的净资产（包括注册资金、各种公积金、累计盈余等，不包括债务）除以总股本，得到的就是每股的净值。股份公司的账面价值越高，则股东实际拥有的资产就越多。由于账面价值是财务统计、计算的结果，数据较精确而且可信度很高，所以它是股票投资者评估和分析上市公司实力的重要依据之一。具体计算公式为：

股票净值总额＝公司资本金＋法定公积金＋资本公积金＋特别公积金＋累计盈余
－累计亏损

每股净值＝净值总额÷发行股份总权

股票净值与股票真值、市值有密切关系。由于股票净值表示的是公司过去年份的经营和财务状况，因此可作为测算股票真值的主要依据。如某股票净值高，表示该公司经营财务状况好，股东享有的权益多，股票未来获利能力强，该股票的真值一定较高，市值也会上升；反之亦然。相对于股票真值、市值而言，股票净值更为确切可靠，因为净值是根据现有的财务报表计算的，所依据的数据相当具体、确切，可信度高；同时净值又能明确反映出公司历年经营的累积成果；净值还相对固定，一般只有在年终盈余入账或公司增资时才变动。因此，股票净值具有较高的真实性、准确性和稳定性，可作为公司发行股票时选择发行方式和确定发行价格的重要依据，也是投资分析的主要参数。

简单地说，股票净值总额高（股东在发行时购买该股票后，市场经济变化所收获的总额）是公司发行股票时选择发行方式和确定发行价格的重要依据，也是投资分析的主要参数。

在股票市场中，股民除了要关注股份公司的经营状况和盈利水平外，还需特别注意股票的净资产含量。净资产含量越高，公司自己所拥有的本钱就越大，抗拒各种风险的能力也就越强。

（四）内在价格

股票的内在价格就是在某一时点股票的理论价格，也就是股票未来收益的现值。股票的内在价格取决于股票的收益和市场利率。

股票代表的是持有者的股东权益。这种股东权益的直接经济利益表现为股利、资本利得。股票的理论价格就是为获得这种权益收入的请求权而付出的代价，是股利资本化的表现。

静态地看，股利收入与利息收入具有同样的意义。投资者是把资金投资于股票还是存于银行，这首先取决于哪一种投资的收益率高。按照等量资本获得等量收入的理论，如果股利率高于利息率，人们对股票的需求就会增加，股票价格就会上涨，从而股利率就会下降，一直降到股利率与市场利率大体一致为止。按照这种分析，可以得出股票的理论价格公式为：

股票理论价格＝股利收益/市场利率

计算股票的理论价格需要考虑的因素包括：预期股利和必要收益率。

（五）清算价值

股票的清算价值，是指股份公司破产或倒闭后进行清算之时每股股票所代表的实际价值。从理论上讲，股票的每股清算价值应当与股票的账面价值相一致，但企业在破产清算时，其财产价值是以实际的销售价格来计算的，而在进行财产处置时，其售价都低于实际价值。所以股票的清算值就与股票的净值不相一致，一般都要小于净值。股票的清算价值只是在股份公司因破产或因其他原因丧失法人资格而进行清算时才被作为确定股票价格的根据，在股票发行和流通过程中没有什么意义。

（六）市场价格

股票的市场价格是指股票在交易过程中交易双方达成的成交价，也称为股票行市。股票的市价直接反映着股票市场的行情，是股民购买股票的依据。但由于受股票供求、股民心理等众多因素的影响，股票的市场价格经常处于变化之中。

股票的市场价格即股票在股票市场上买卖的价格。股票市场可分为发行市场和流通市场，因而，股票的市场价格也就有发行价格和流通价格的区分。

股票市价表现为开盘价、收盘价、最高价、最低价等形式。其中收盘价最重要，是分析股市行情时采用的基本数据。

二、影响股票市场价格变动的因素

（一）经济因素

经济周期、国家的财政状况、金融环境、国际收支状况、行业经济地位的变化、国家汇率的调整等都将影响股价的变化。

（二）政治因素

国家的政策调整或改变、领导人更迭、国际政治风波、国家间发生战争、某些国家发生劳资纠纷，甚至罢工风潮等都经常导致股价波动。

（三）公司由身因素

股票自身价值是决定股价最基本的因素，而这主要取决于发行公司的经营业绩、资信水平，以及连带而来的股利派发状况、发展前景、股票预期收益水平等。

（四）行业因素

行业在国民经济中地位的变更，行业的发展前景和发展潜力，新兴行业引来的冲击等以及上市公司在行业中所处的位置、经营业绩、经营状况、资金组合的改变及领导层人事变动等都会影响相关股票的价格。

（五）市场因素

投资者的动向、大股东的意向和操纵、公司间的合作或相互持股、信用交易和期货交易的增减、投机者的套利行为、公司的增资方式和增资额度等，均可能对股价形成较大影响。

（六）心理因素

投资者的心理变化对股价变动影响很大。大多数投资者对股市抱乐观态度时买进股票，促使股价上涨；反之，大多数投资者对股市前景过于悲观时大量抛售股票，致使股价下跌。投资者在受到各个方面的影响后产生心理状态改变，往往导致情绪波动，这也是引起股份狂跌暴涨的重要因素。

三、股票价值的评估模型

进行股票估值是为了确定股票的内在价值，并将其与股票市价进行比较，视其低于、高于或等于市价，决定买入、卖出或继续持有股票。

股票带给持有者的现金流入包括两部分：股利收入和出售时的售价。股票的内在价值由一系列的股利和将来出售股票的售价的现值所构成。

有价证券的内在价值（或称为理论价格）是根据现值理论而来的。现值理论认为，人们之所以愿意购买证券，是因为它能够为持有者带来预期收益、因此它的“价值”取决于未来收益的大小。如果我们能预测股票的未来收益流量，并按合理的贴现率和有效期限将其贴现，就得到股票的内在价值，这就是股利贴现模型。

（一）股票估值的基本模型

永久性持有该公司股票，则股票价值计算的基本模型为：

$$\text{股票价值} = \sum_{t=1}^{n} \frac{D_t}{(1+R)^t} \tag{2.1}$$

式中，R 为投资人要求的必要投资收益率；D_t 为第 t 期的预期股利；n 为预计持有股票的期数，当永久持有时，n 趋于无穷大。

若投资者不打算永久地持有该股票，而在一段时间后出售，他的未来现金流入是 n 次股利和出售时的股价之和，则模型为：

$$\text{股票价值} = \sum_{t=1}^{n} \frac{D_t}{(1+R)^t} + \frac{P_n}{(1+R)^t} \tag{2.2}$$

式中，P_n 为第 n 年的市场价格，即投资者出售时的市场价格。

（二）零增长股票的估值模型

零增长股是指发行公司每年支付的每股股利额相等，也就是假设每年每股股利增长率为零。每股股利额表现为永续年金形式。零增长股票的估值模型为：

$$\text{股票价值} = \frac{D}{R_s} \tag{2.3}$$

［例 2—1］ 某公司股票预计每年每股股利为 1.8 元，市场利率为 10%，则该公司股票内在价值为多少？

解：股票价值＝1.8÷10%＝18（元）

若购入价格为 16 元，因此在不考虑风险的前提下，投资该股票是可行的。

零增长模型的应用受到限制，毕竟假定对某一种股票永远支付固定的股利是不合理的。但在特定的情况下，在决定普通股股票的价值时，这种模型也是相当有用的，尤其是在决定优先股的内在价值时。因为大多数优先股支付的股利不会因每股收益的变化而发生改变，而且由于优先股没有固定的生命期，预期支付显然是能永远进行下去的。

（三）固定增长股票的估值模型

设最近一期（第零期）支付的股利为 D_0，预计第一期支付的股利为 D_1，股利增长率为 g，则：

$$\begin{aligned}
\text{股票价值} &= \sum_{t=1}^{n} \frac{D_t}{(1+R_s)^t} \\
&= \frac{D_1}{(1+R_s)^1} + \frac{D_2}{(1+R_s)^2} + \cdots + \frac{D_n}{(1+R_s)^n} + \cdots \\
&= \frac{D_0\ (1+g)^1}{(1+R_s)^1} + \frac{D_0\ (1+g)^2}{(1+R_s)^2} + \cdots \frac{D_0\ (1+g)^n}{(1+R_s)^n} + \cdots \\
&= \frac{D_0(1+g)}{R_s-g} \\
&= \frac{D_1}{R_s-g} \qquad (2.4)
\end{aligned}$$

如果要计算该类股票投资的预期报酬率，则只要求出上述公式中的 R_s 即可。

$$R_s = \frac{D_1}{P} + g \qquad (2.5)$$

式中，R_s 表示股票的预期报酬率，其他字母含义同前。

［例 2—2］ 某公司发行的股票，经分析属于固定增长型，预计获得的报酬率为 10%，最近一年的每股股利为 2 元，预计股利增长率为 6%，则该种股票的价值为多少？

解：$\text{股票价值} = \frac{2\times(1+6\%)}{10\%-6\%} = 53(\text{元})$

若购入价格为 46 元，在不考虑风险的前提下，投资该股票是可行的。

［例 2—3］ 去年某公司支付每股股利为 1.80 元，预计在未来日子里该公司股票的股利按每年 5%的速率增长。预期下一年股利为多少？假定必要收益率是 11%。则该公司当前的理论股价应为多少？

解：$D_1 = 1.80\times(1+0.05) = 1.89(\text{元})$

$P = 1.89\div(0.11-0.05) = 31.50(\text{元})$

若当时每股股票价格是 40 元，因此该股票被高估 8.50 元，建议当前持有该股票的投资者出售该股票。

［例 2—4］ 某企业股票目前的股利为每股 4 元，预计年增长率为 3%，市场收益率为 8%，小王以每股 80 元的价格购买了该股票。判断小王购买该股票是否合适，并计算小王持有该股票的投资报酬率。

解：$V = \frac{D_0(1+g)}{(k-g)} = \frac{4(1+3\%)}{8\%-3\%} = 82.4(\text{元})$

小王的买价低于股票的价值，该投资合适。

小王持有该股票的收益率为：

$$R_s = \frac{D_1}{P} + g = 4\times(1+3\%)\div 80 + 3\% = 8.15\%$$

零增长模型实际上是固定增长模型的一个特例。假定增长率恒等于零。这时固定增长模型就是零增长模型。从这两个模型来看，虽然固定增长的假设相比零增长的假设有较小的应用限制，但在许多情况下仍然被认为是不现实的。但是，固定增长模型却是多元增长模型的基础，因此这个模型极为重要。

（四）多元增长模型

多元增长模型是最普遍被用来确定普通股票内在价值的贴现现金流模型。这一模型假设股利的变动在一段时间内并没有特定的模式可以预测，在此段时间以后，股利按不变增长模型进行变动。因此，股利流可以分为两个部分：第一部分包括在股利无规则变化时期的所有预期股利的现值 V_T；第二部分包括从时点 T 来看的股利以不变增长率变动时期的所有预期股利的现值 V_{T+}。因此。股票在时间点 T 的价值可通过多元增长模型的方程求出。

［例 2—5］ 假定 A 公司上年支付的每股股利为 0.75 元，今年预期支付的每股股利为 2 元，下一年预期支付的每股股利为 3 元，从第三年起，预期在未来无限时期，股利按每年 10%的速度增长。假定该公司的必要收益率为 15%，试计算该公司股票的内在价值。

解：$V_T = 2/(1+0.5)+3/(1+0.15)^2 = 1.7391+2.2684 = 4.007$(元)

$V_{T+} = 3\times(1+0.1)/(0.15-0.1)(1+0.15)^2 = 49.905$(元)

$V = 4.007+49.905 = 53.91$(元)

该公司股票的内在价值为 53.91 元股。

［例 2—6］ 股票市场预期某公司的股票股利在未来的 3 年内高速增长，增长率达到 15%，以后转为正常增长，增长率为 10%。已知该公司最近支付的股利为每股 3 元，投资者要求的最低报酬率为 12%。试计算该公司股票目前的市场价值。

解：首先，计算前 3 年的股利现值，具体见表 2—1。

表 2—1　　前 3 年股利现值计算表

年份	股利（D_t）（元）	现值系数（12%）	股利现值（V_T）（元）
1	$3\times(1+15\%)$	0.892 9	3.080 5
2	$3\times(1+15\%)^2$	0.797 2	3.162 9
3	$3\times(1+15\%)^3$	0.711 8	3.247 6
合计			9.491 0

然后，计算第 3 年末该股票的价值：

$V_1=D_4/(K-g)=3\times(1+15\%)^3\times(1+10\%)/(12\%-10\%)=250.94$(元)

再计算其第 3 年末股票价值的现值：

$V_2 = 250.94/(1+12\%)^3 = 178.619$(元)

最后，将上述两步所计算的现值相加，便能得到目前该股票的价值，即

$V = 9.4910+178.619 \approx 188.11$(元)

即该公司股票目前的市场价值为 188.11 元。

（五）市盈率估值模型

P/E 比率：即股票的每股市价与每股收益的比率，又称市盈率。

市盈率＝每股市价（P）÷每股收益（E）

股票价格＝该股票市盈率×该股票每股收益

股票价值＝行业平均市盈率×该股票每股收益　　(2.6)

用股票价值与股票价格比较，可以看出该股票是否值得投资。

［例 2—7］　某公司的市盈率为 20，该公司的每股收益为 0.8 元，行业同类企业股票的平均市盈率为 24，试计算股票价值和价格。

解：股票价值＝24×0.8＝19.2（元）

股票价格＝20×0.8＝16（元）

市盈率指标在证券投资中是一个非常重要的概念。一般认为，股票的市盈率高，则表明投资者对公司的未来充满信心，愿意为每 1 元盈余多付买价；股票的市盈率低，则表明投资者对公司的未来缺乏信心，不愿意为每 1 元盈余多付买价。但市盈率过高或过低都不好，意味着该股票的风险增大。决定和影响市盈率的因素有股利增长率、贴现率、利率等。

经典案例

百兴商业集团的股票价值

张伟是东方咨询公司的一名财务分析师，应邀评估百兴商业集团建设新商场对公司股票价值的影响。张伟根据公司情况做了以下估计。

(1) 公司本年度净收益为 200 万元，每股支付现金股利 2 元，新建商场开业后，预计净收益第 1 年、第 2 年均比上年增长 15%，第 3 年比上年增长 8%，第 4 年及以后将保持第三年的净收益水平。

(2) 该公司一直采用固定支付率的股利政策，并打算今后继续实行该政策。

(3) 公司的 β 系数为 1，如果将新项目考虑进去，β 系数将提高到 1.5。

(4) 无风险收益率（国库券利率）为 4%，市场要求的收益率为 8%。

(5) 公司股票目前市价为 23.60 元。

张伟打算利用股利贴现模型，同时考虑风险因素进行股票价值的评估。百兴商业集团的一位董事提出，如果采用股利贴现模型，股利越高，则股价越高，所以公司应改变原有的股利政策，提高股利支付率。

资料来源：秦志敏、牛彦秀：《财务管理习题与案例》，大连，东北财经大学出版社，2013。

思考

请你协助张伟完成以下工作：

(1) 参考固定增长股票的估值模型，分析这位董事的观点是否正确。

(2) 分析服利增加对可持续增长率和股票的账面价值有何影响。

(3) 评估公司股票价值（价值计算结果保留两位小数）。

点评

(1) 该董事的观点是错误的。该公司一直采用固定支付率的股利政策，由于第 4 年及以后的净收益水平保持不变，所以从第 4 年后每年股利是固定的。在固定增长股票的估值模型 $V=D_1/(R-g)$ 中，当股利较高、贴现率及增长率不变的情况下，价格也会较高。但是，如果公司提高了股利支付率，股利的增长率就会下降，股票的价格就不一定会上升。

(2) 提高股利支付率，把更多的利润分配给股东，留在企业的利润就会相对减少，从而减少企业再投资的机会，这样就会降低公司的可持续增长率，从而降低公司股票的账面价值。

(3) 根据已知条件，有：$K=R_f+\beta\ (R_m-R_f)\ =4\%+1.5\ (8\%-4\%)\ =10\%$。

由股票价值计算表的计算结果可以看出，目前公司股票的价值为 27.92 元/股，高于其市价 23.60 元/股。这一结果表明，上新项目会使公司股价上升，同时公司的 β 系数和风险溢价也会上升。

表 2—2 中有关数据计算如下：

第 3 年末该股票的价值：$V_1=D_4\div K=2.86\div 10\%=28.60$（元）

第 3 年末股票价值的现值：$V_2=28.60\div\ (1+10\%)^3=21.49$（元）

目前该股票的价值：$V=6.43+21.49=27.92$（元）

表 2—2　　股票价值计算表

年　份	第 0 年	第 1 年	第 2 年	第 3 年	合　计
每股股利（元）	2.00	2.30	2.65	2.86	
现值系数（$K=10\%$）		0.909 1	0.826 4	0.751 3	
前 3 年股利现值（元/股）		2.09	2.19	2.15	6.43
第 3 年末股票价值（元/股）				28.60	
第 3 年末股票价值的现值（元/股）				21.49	21.49
股票价值（元/股）					27.92

第四节　股票的收益

一、基本概念

股票收益即股票投资收益，是指企业或个人以购买股票的形式对外投资取得的股利，转让、出售股票取得款项高于股票账面实际成本的差额，股权投资在被投资单位增加的净资产中所拥有的数额等。

(一) 股票升值

股票升值是股票市价的升值部分，根据企业资产增加的程度和经营状况而定，具体表现为股票价格所带来的收益。

(二) 股利和红利

股利（dividend）就是股票的利息，是指股份公司从提取了公积金、公益金的税后利润中按照股利率派发给股东的收益。获取股利是股民投资于上市公司的基本目的，也是股民的基本经济权利。

1. 股利收益的形式

股利的具体表现形式有现金股利、股票股利、财产股利、负债股利、建业股利等多种。

(1) 现金股利。

现金股利是以货币形式支付的股利，是最普通、最基本的股利形式。

(2) 股票股利。

股票股利是以股票的方式派发的股利，通常是由公司用新增发的股票或一部分库存股票作为股利，代替现金分派给股东。股票股利是股东权益账户中不同项目之间的转移，对公司的资产、负债、股东权益总额毫无影响。

(3) 财产股利。

财产股利是公司用现金以外的其他财产向股东分派股利。最常见的是公司持有的其他公司或子公司的股票、债券，也可以是实物。

(4) 负债股利。

负债股利是公司通过建立一种负债，用债券或应付票据作为股利分派给股东。

(5) 建业股利。

建业股利又称建设股利，是指经营铁路、港口、水电、机场等业务的股份公司，由于其建设周期长，不可能在短期内开展业务并获得盈利，为了筹集到所需资金，在公司章程中明确规定并获得批准后，公司可以将一部分股本还给股东作为股利。建业股利不同于其他股利，它不是来自于公司的盈利，而是对公司未来盈利的预分，实质上是一种负债分配，也是无盈利无股利原则的一个例外。

2. 股利分派

最常见的股利支付方式为股票股利和现金股利。

上市公司在实施分红派息时，必须符合法律规定且不得违反公司的章程，这些规定在一定程度上也影响着股利的发放数量。这些原则如下：

第一，必须依法进行必要的扣除后才能将税后利润用于分配股利。其具体的扣除项目和数额比例要视法律和公司章程的规定。上市公司的股东大会和董事会通过的分红决议是不能与法律和公司章程的规定相抵触的。

在上市公司的税后利润中，其分配顺序如下：

(1) 弥补以前年度的亏损。

(2) 提取法定盈余公积金。

(3) 提取公益金。

(4) 提取任意公积金。

(5) 支付优先股股利。

(6) 支付普通股股利。

(7) 分配红利。

在公司按规定的比例缴纳所得税后，将依照注册资本的数额（也就是总股本）提取10%的法定盈余公积金，但当法定的盈余公积金达到注册资本的50%以上时，可不再提取。公益金比例一般为5%～10%，任意公积金和股利由公司董事会根据当年的盈利情况报请公司股东大会批准实施。

第二，分红派息必须执行上市公司已定的股利政策。上市公司一般都要将公司的长远发展需要与股东们追求短期投资收益有机地结合起来，制定相应的股利政策，作为分配股利的根据。

第三，分红派息必须执行同股同利的原则。具体表现在持有同一种类股票的股东在分红派息的数额、形式、时间等内容上不得存在差别，但公司章程另有规定的例外。如沪深股市的一些上市公司在分红派息时，给个人股或职工内部股送红股，而给法人股或国家股派发现金股利。这实际上是一种不公平行为，它侵犯了法人股和国家股的权益，是同股不同权的表现，所以国有资产管理局多次发文制止同股不同权的分红方式。

第四，上市公司在依上述原则分红派息时，还必须注意有关的法律限制。一般包括：

（1）上市公司在无力偿付到期债务或者实施分红派息后将无力偿付债务时，不得分派股利。即使是公司的总资产额超过了公司所欠债务总额，但是当其流动资金不足以抵偿到期债务时，公司亦不得分派股利。

（2）上市公司分配股利，不得违反公司所签订的有关约束股利分配的合同条款。

（3）上市公司分派股利，依法不得影响公司资产的结构及其正常的运转。如此，公司为了分派股利或收回库藏股票而支出的金额，不得使公司的法定资本（股本）有所减少。

（4）公司董事会的自行限制。其主要表现在分派股利时，不得动用公司董事会为了扩大再生产或应付意外风险而从公司利润中提取的留存收益部分。

二、与股利发放相关的几个概念

（一）股利宣告日

公司董事会提出股利分配的预案交由股东大会讨论通过后，由董事会将股利支付情况正式予以公告的日期即为股利宣告日。

（二）股权登记日

股权登记日是上市公司在分派股利或进行配股时规定的一个日期。

在此日期收盘前的股票为“含权股票”或“含息股票”，即有权领取股利的股东有资格登记截止日期。只有在股权登记日前在公司股东名册上登记的股东，才有权分享股利。在该日收盘后持有该股股票的投资者没有享受分红配股的权利，通常该日称为登记日或R日，在登记日下午收盘时（下午3点）持有该公司的股票就由券商系统自动帮你登记。交易所在该日收盘之后将认真核对有关资料，对享受分红配股权利的投资者进行核对后登记，全部过程均由交易所主机自动完成，而不需要投资者去办理登记手续，这也是证券无纸化交易的一个优点。股权登记日当天收盘前买入股票，可以享受分红派息。

（三）除权除息日

除权除息日是指上市公司发放股利的日子，股权登记日下一个交易日即是除权除息日。

除权除息日买进的股票不再享有送配公告中所登载的各种权利。如果在股权登记日已拥有该股票，在除权除息日将该股票卖出，仍然享有现金股利、送红股及配股权利。XR：意为除权；XD：意为除息；DR：意为除权除息。

如果是派发股利，称作除息，大盘显示XD××；如果是送红股或者配股，称为除权，大盘显示XR××；如果是既分股利又配股，称为除权除息，大盘则显示DR××。这时，大盘显示的前收盘价不是前一天的实际收盘价，而是根据股权登记日收盘价与股利现金的数量、送配股的数量和配股价的高低等结合起来算出来的价格。具体算法如下：

（1）计算除息价：

除息价＝股利登记日的收盘价－每股所分股利现金额　　　　(2.7)

例如：某股票股利登记日的收盘价是4.17元，每股送股利现金0.03元，则其次日股价为：4.17－0.03＝4.14（元）。

（2）计算除权价：

送红股后的除权价＝股权登记日的收盘价÷（1＋每股送红股数）　　　　(2.8)

［例2—8］ 某股票股权登记日的收盘价是24.75元，每10股送3股，即每股送红股数为0.3，则次日股价为多少？

解：24.75÷(1+0.3)=19.04(元)

配股后的除权价=(股权登记日的收盘价+配股价×每股配股数)÷(1+每股配股数)

［例 2—9］ 某股票股权登记日的收盘价为 18.00 元，10 股配 3 股，即每股配股数为 0.3，配股价为每股 6.00 元，则次日股价为多少？

解：(18.00+6.00×0.3)÷(1+0.3) =15.23(元)

(3) 计算除权除息价：

除权除息价=(股权登记日的收盘价－每股所分股利现金额+配股价×每股配股数)÷(1+每股送红股数+每股配股数)　　(2.9)

［例 2—10］ 某股票股权登记日的收盘价为 20.35 元，每 10 股派发现金股利 4.00 元，送 1 股，配 2 股，配股价为 5.50 元/股，即每股股利 0.4 元，送 0.1 股，配 0.2 股，则次日除权除息价为多少？

解：(20.35－0.4+5.50×0.2)÷(1+0.1+0.2)=16.19(元)

(四) 股利发放日

将股利正式发放给股东的日期。

三、股利分配政策

股利分配是公司向股东分派股利，是企业利润分配的一部分，而且股利属于公司税后净利润分配。

股利分配涉及的方面很多，如股利支付程序中各日期的确定、股利支付比率的确定、股利支付形式的确定、支付现金股利所需资金的筹集方式的确定等。其中最主要的是确定股利的支付比率，即：用多少盈余发放股利，将多少盈余为公司所留用（称为内部筹资），因为这可能会对公司股票的价格产生影响。

(一) 股利分配政策制定的影响因素

1. 法律限制

(1) 资本保全的限制。

法律规定公司不能用资本（包括股本和资本公积）发放股利。股利的支付不能减少法定资本，如果一个公司的资本已经减少或因支付股利而引起资本减少，则不能支付股利。

(2) 企业积累的限制。

为了制约公司支付股利的任意性，按照法律规定，公司税后利润必须先提取法定公积金。此外还鼓励公司提取任意公积金，只有当提取的法定公积金达到注册资本的 50%时，才可以不再提取。提取法定公积金后的利润净额才可以用于支付股利。

(3) 净利润的限制。

规定公司年度累计净利润必须为正数时才可发放股利，以前年度亏损足额弥补。

(4) 超额累积利润的限制。

由于股东接受股利缴纳的所得税高于其进行股票交易的资本利得税，于是很多国家规定公司不得超额累积利润，一旦公司的保留盈余超过法律认可的水平，将被加征额外税额。我国法律对公司累积利润尚未作出限制性规定。

(5) 无力偿付的限制。

基于对债权人的利益保护，如果一个公司已经无力偿付负债，或股利支付会导致公司失去偿债能力，则不能支付股利。

2. 股东因素

（1）稳定的收入和避税。

一些股东的主要收入来源是股利，他们往往要求公司支付稳定的股利。他们认为通过保留盈余引起股价上涨而获得资本利得是有风险的。若公司留存较多的利润，将受到这部分股东的反对。

（2）控制权的稀释。

公司支付较高的股利，就会导致留存盈余的减少，这意味着将来举借新债或发行新股的可能性加大。公司若举借新债，除要付出资本成本的代价外，还会加大企业的财务风险；若要通过再发行新的普通股的方式筹集资金，企业的老股东虽然有优先认股权，但必须拿出可观的现金，否则企业的控制权就有被稀释的危险。另外，随着新普通股的发行，流通在外的普通股股数必将增加，最终导致普通股的每股盈利和每股市价的下降，这些都是公司老股东所不愿意看到的局面。

（3）避免双重课税。

因为税后支付股利，而股东获得股利后又需要缴纳所得税，存在双重课税的问题。一些股利收入较多的股东出于避税的考虑（股利收入的所得税高于股票交易的资本利得税），往往反对公司发放较多的股利。

（4）股东的投资机会。

如果公司将留存盈利用于再投资所得报酬低于股东个人单独将股利收入投资于其他投资机会所得的报酬，则该公司不应多留存盈利，而应多支付现金股利给股东。但公司难以对每位股东的投资机会及其报酬率加以评估。

3. 公司因素

（1）盈余的稳定性。

公司能否获得长期稳定的盈余，是其股利决策的重要基础。盈余相对稳定的公司相对于盈余相对不稳定的公司而言具有较高的股利支付能力，因为盈余稳定的公司对保持较高股利支付率更有信心。收益稳定的公司面临的经营风险和财务风险较小，筹资能力较强，这些都是其股利支付能力的保证。

（2）资产的流动性。

较多地支付现金股利会减少公司的现金持有量，使资产的流动性降低。而保持一定的资产流动性是公司经营所必需的。

（3）举债能力。

具有较强举债能力（与公司资产的流动性有关）的公司因为能够及时地筹措到所需的现金，有可能采取高股利政策；而举债能力弱的公司则不得不多滞留盈余，因而往往采取低股利政策。

（4）投资机会。

有着良好投资机会的公司，需要有强大的资金支持，因而往往少发放股利，将大部分盈余用于投资。缺乏良好投资机会的公司，保留大量现金会造成资金的闲置，于是倾向于支付较高的股利。正因为如此，处于成长中的公司多采取低股利政策；处于经营收缩中的公司多采取高股利政策。

（5）资本成本。

与发行新股相比，保留盈余不需花费筹资费用，是一种比较经济的筹资渠道。所以，从资本成本考虑，如果公司有扩大资金的需要，也应当采取低股利政策。

（6）债务需要。

具有较高债务偿还需要的公司，可以通过举借新债、发行新股筹集资金偿还债务，也可直接用经营积累偿还债务。如果公司认为后者适当的话（比如，前者资本成本高或受其他限制难以进入资本市场），将会减少股利的支付。

4. 其他限制

（1）股票市价。

如果企业股票市价具有下跌趋势，为了防止有人乘机达到控制企业的目的，可采用多发股利来刺激股票市价的上升。在已发放的可转换债券即将到期的情况下，企业也可以通过多发股利来促使股票市价上升，以期达到使债券早日转换成企业股票的目的。有时，为了缓解企业管理者与股东之间的矛盾，阻止股价的下跌，也可以通过增发股利的方法，争取股东对企业管理方针的支持。

（2）契约性限制。

当公司以长期借款协议、债券协议、优选股协议以及租赁合约等形式向外部筹资时，常常应对方的要求，接受一些有关股利支付的限制条款。这些条款可能会影响公司的股利政策。

（3）通货膨胀限制。

企业的资产按原始成本计价，在其消耗时则按原始成本转销，所求得的利润是按现时价格计量收入与已耗资产的原始成本相匹配的结果。这样，在物价上涨时，较高的收入与较低的原始成本相配比，产生出较高的利润。而事实上，较高的利润中有一部分是物价上涨的结果，而不是企业的经营业绩。但由于通货膨胀使企业购买力下降，股东也要求得到更多的货币补偿，往往对企业施加发放更多股利的压力。

此外，企业的经营状况、经营环境以及国家的税收政策，都会对股利政策产生影响，企业必须综合考虑这些因素来制定股利政策。

（二）常见的股利政策

股利分配政策是上市公司对盈利进行分配或留存用于再投资的决策问题，在公司经营中起着至关重要的作用，关系到公司未来的长远发展、股东对投资回报的要求和资本结构的合理性。合理的股利分配政策一方面可以为企业规模扩张提供资金来源，另一方面可以为企业树立良好形象，吸引潜在的投资者和债权人，实现公司价值即股东财富最大化。因此，上市公司非常重视股利分配政策的制定，通常会在综合考虑各种相关因素后，对各种不同的股利分配政策进行比较，最终选择一种符合本公司特点与需要的股利分配政策予以实施。

股利分配政策的发布也会对市场产生重要影响。既然股利分配政策与公司价值有很强的相关性，那么其中必然传递着某些价值信息。“信号传递”理论认为，公司股利分配政策不仅是一种分配方案，同时还是一种有效的信号传递工具。股利分配政策的变化往往是公司经营状况发生变化的信号，这些信号既有积极的也有消极的市场影响。资本市场的效率越强，这种传递方式越有效、成本越低。因为投资者相信作为内部人的管理层拥有公司目前最真实全面的经营发展信息，他们会通过发放股利向投资者证明其经营能力。投资者由于具有不同的股利偏好特性，会选择在适合自己股利偏好的上市公司群落周围集聚。因此，公司可能通过设计和修改股利分配政策、在股利分配政策中包含更丰富的信息来吸引投资者。

1. 剩余股利政策

股利分配与公司的资本结构相关，而资本结构又是由投资所需资金构成的，因此实际上股利政策要受到投资机会及其资本成本的双重影响。剩余股利政策就是在公司有着良好的投资机会时，根据一定的目标资本结构（最佳资本结构），测算出投资所需的权益资本，先从盈余当中留用，然后将剩余的盈余作为股利予以分配。

采用剩余股利政策时，应遵循四个步骤：

（1）设定目标资本结构，即确定权益资本与债务资本的比率，在此资本结构下，加权平均资本成本将达到最低水平；

（2）确定目标资本结构下投资所需的股东权益数额；

（3）最大限度地使用保留盈余来满足投资方案所需的权益资本数额；

（4）投资方案所需权益资本已经满足后若有剩余盈余，再将其作为股利发放给股东。

奉行剩余股利政策，意味着公司只将剩余的盈余用于发放股利。这样做的根本理由是保持理想的资本结构，使加权平均资本成本最低。

其优点是可以充分利用最低成本的资金来源。但缺点是股利发放额波动性大、不稳定。

2. 固定或持续增长股利政策

这一股利政策是将每年发放的股利固定在某一相对稳定的水平上并在较长的时期内不变，只有当公司认为未来盈余会显著地、不可逆转地增长时，才提高年度的股利发放额。

固定或持续增长股利政策的主要目的是避免出现由于经营不善而削减股利的情况。采用这种股利政策的理由在于：

（1）稳定的股利向市场传递着公司正常发展的信息，有利于树立公司良好形象，增强投资者对公司的信心，稳定股票的价格。

（2）稳定的股利额有利于投资者安排股利收入和支出，特别是对那些对股利有着很高依赖性的股东更是如此。而股利忽高忽低的股票，则不会受到这些股东的欢迎，股票价格会因此而下降。

（3）稳定的股利政策可能会不符合剩余股利理论，但考虑到股票市场会受到多种因素的影响，其中包括股东的心理状态和其他要求，因此为了使股利维持在稳定的水平上，即使推迟某些投资方案或者暂时偏离目标资本结构，也可能要比降低股利或降低股利增长率更为有利。

该股利政策的缺点在于股利的支付与盈余相脱节。当盈余较低时仍要支付固定的股利，这可能导致资金短缺，财务状况恶化；同时不能像剩余股利政策那样保持较低的资本成本。

3. 固定股利支付率政策

固定股利支付率政策是公司确定一个股利占盈余的比率，长期按此比率支付股利的政策。在这一股利政策下，每年股利额随公司经营的好坏而上下波动，获得较多盈余的年份股利额高，获得盈余少的年份股利额就低。

主张实行固定股利支付率的人认为，这样做能使股利与公司盈余紧密地配合，以体现多盈多分、少盈少分、无盈不分的原则，才算真正公平地对待了每一位股东。但是，在这种政策下各年的股利变动较大，极易造成公司不稳定的感觉，对于稳定股票价格不利。

4. 低正常股利加额外股利政策

低正常股利加额外股利政策是公司一般情况下每年只支付固定的、数额较低的股利，在盈余多的年份，再根据实际情况向股东发放额外股利。但额外股利并不固定化，不意味着公司永久地提高了规定的股利率。

(1) 这种股利政策使公司具有较大的灵活性。当公司盈余较少或投资需用较多资金时，可维持设定的较低但正常的股利，股东不会有股利跌落感；而当盈余有较大幅度增加时，则可适度增发股利，把经济繁荣的部分利益分配给股东，使他们增强对公司的信心，这有利于稳定股票的价格。

(2) 这种股利政策可使那些依靠股利度日的股东每年至少可以得到虽然较低但比较稳定的股利收入，从而吸引住这部分股东。

三、股票收益率的计算

衡量股票投资收益的指标主要有股利收益率、持有期收益率、持有期回收率和股份调整后的持有期收益率等。

(一) 股利收益率

股利收益率又称获利率，是指股份有限公司以现金形式派发的股利与股票购买价格的比率。该收益率可用于计算已得的股利收益率，也可用于预测未来可能的股利收益率。其计算公式为：

$$\text{股利收益率}=(\text{每股股利}\div\text{每股原市价})\times 100\% \qquad (2.10)$$

股利收益率是挑选收益型股票的重要参考标准，如果连续多年年度股利收益率超过1年期银行存款利率，则这只股票基本可以视为收益型股票，股利收益率越高越吸引人。

股利收益率也是挑选其他类型股票的参考标准之一。决定股利收益率高低的不仅是股利和股利发放率的高低，还要视股价来定。例如两只股票，A股价为10元，B股价为20元，两家公司同样发放每股0.5元股利，则A公司5%的股利收益率显然要比B公司的2.5%诱人。

(二) 持有期收益率

持有期收益率指投资者持有股票期间的股利收入与买卖价差占股票买入价格的比率。股票没有到期日，投资者持有股票的时间短则几天、长则数年，持有期收益率就是反映投资者在一定的持有期内的全部股利收入和资本利得占投资本金的比率。持有期收益率是投资者最关心的指标，但如果要将它与债券收益率、银行利率等其他金融资产的收益率比较，需注意时间的可比性，可将持有期收益率化为年收益率。

持有期收益率是投资者投资于股票的综合收益率。

持有期收益率计算公式为：

$$r=[D+(P_1-P_0)]\div P_0 \qquad (2.11)$$

式中，D——现金股利；

P_0——股票买入价格；

P_1——股票卖出价格。

(三) 持有期回收率

持有期回收率是指投资者持有股票期间的现金股利收入和股票卖出价格之和与买入价格的比率。如果投资者买入股票后由于股价下跌或操作不当，均有可能出现股票卖出价低于买入价，甚至出现持有期收益率为负值的情况，此时持有期回收率可作为持有期收益率的补充指标，计算投资本金的回收比率，反映投资者回收本金的比率。其计算公式为：

$$r=(D+P_1)\div P_0 \tag{2.12}$$

式中，D——现金股利；

P_0——股票买入价格；

P_1——股票卖出价格。

［**例 2—11**］ 某投资者以 20 元的价格买入某公司股票，持有 1 年，分得现金股利 1.80 元。若投资者在分得现金股利两个月后以 15.80 元一股的价格将股票售出，则其持有期收益率和持有期回收率分别为多少？

解：持有期收益率 $r=[D+(P_1-P_0)]/P_0=[1.80+(15.80-20)]/20\times100\%$

$=-12\%$；

持有期回收率 $r=(D+P_1)/P_0=(1.80+15.80)/20\times100\%=88\%$。

说明投资者发生亏损后，尚能回收本金的 88%。

(四) 调整后的持有期收益率

投资者在买入股票后，有时会发生该股份公司进行拆股、送股、配股、增发的情况，它们会影响股票的市场价格和投资者的持股数量。因此有必要在股份变动后作相应的调整，以计算调整后的持有期收益率。

调整后的持有期收益率＝(调整后的资本收益或损失＋调整后的现金股利)/调整后的购买价格×100%

假设上例中，投资者买入股票分得现金股利后，该公司以 1∶2 的比例拆股。拆股决定公布后，公司股票市价涨至 22 元一股，拆股后的市价变为 11 元一股，若此时投资者以市价出售，则调整后的持有期收益率为：

调整后的持有期收益率＝(11－10)＋0.90)/10×100%＝19%

四、股票投资的风险

股票投资风险根据其影响的范围及可控程度可分为系统性风险和非系统性风险两大类。

(一) 系统性风险

系统性风险也称为不可避免风险，是指某些因素能够以同样的方式对所有证券的收益产生影响而引起的投资收益的可能变动。系统性风险包括政策风险、宏观经济风险、利率风险、购买力风险、汇率风险、市场风险等。

政策风险是指政府有关证券市场的政策发生重大变化或是有重要的举措、法规出台，引起证券市场的波动，从而给投资者带来的风险。

宏观经济风险主要是由于宏观经济因素的变化、经济政策变化、经济的周期性波动以及国际经济因素的变化给股票投资者可能带来的意外收益或损失。经济政策如产业政策、财政政策、货币政策、税收政策等的出台及变化对上市公司的发展及经济效益的提高都会产生直接的影响，从而影响投资者的投资收益。经济的周期性波动也会给投资者带来较大的收益的不确定性。在经济复苏和繁荣时期，证券市场筹资与投资十分活跃，证券投资收益看好。然而，在经济萧条特别是危机时期，由于社会经济活动处于停滞不前甚至萎缩和倒退状态，经济秩序不稳定，证券市场也必然受到冲击。随着经济国际化程度的不断提高，国际经济因素的变化对证券市场的影响日益显著。世界各国尤其是那些经济大国，它们的经济发展状况，汇率、利率的变化，对外贸易政策，以及它们证券市场的动荡也都会对我国资本市场产生间接或直接的影响。

利率风险是指市场利率变动引起证券投资收益变动的可能性。一般来说，市场利率与证券价格之间成反向变动，市场利率上升，证券价格下跌；市场利率下跌，证券价格上涨。

购买力风险又称通货膨胀风险，是由于通货膨胀、货币贬值给投资者带来实际收益水平下降的风险。通货膨胀的不同阶段对证券价格有不同的影响。一般来说，在通货膨胀之初，股票的市场价格上涨；然而，当通货膨胀持续上升一段时期以后，股票价格会显著下降。

汇率与证券投资风险的关系主要体现在两方面：一是本国货币升值有利于依赖进口原材料从事生产经营的企业，不利于产品主要出口的企业。本国货币贬值的效应正好相反。二是对于货币可以自由兑换的国家来说，汇率变动也可能引起资本的输出与输入，从而影响国内货币资金和证券市场供求状况。

市场风险是指证券市场的价格波动给投资者带来损益的可能性。要降低市场风险的影响，一方面是认清市场变动趋势并顺势而为，通过分析判断，是牛市就入市投资，是熊市就远离股市；另一方面是选择大企业和业绩优良的企业投资，因为这类企业对客观经济环境变化的承受能力和适应能力较强。

（二）非系统性风险

非系统性风险是指只对某个行业或个别公司的证券产生影响的风险，它通常是由某一特殊的因素引起，与整个证券市场的价格不存在系统、全面的联系。非系统性风险的主要形式有以下几种：

（1）信用风险。信用风险又称违约风险，指证券发行人在证券到期时无法还本付息而使投资者遭受损失的风险。公司资本结构不合理、融资不当是导致证券发行人出现信用风险的一个重要原因。我们可以通过观察一个公司的资本结构来估计该公司股票的信用风险。资本结构中负债较少的公司，其股票的信用风险低；负债比重大的公司，其信用风险高。

（2）经营风险。经营风险是指由于公司经营状况的变化而导致公司盈利水平变化，从而产生投资者预期收益下降的可能。当公司收入突然下降时，由于普通股持有者在进行现金分配时排在最后，他们会遭受重大损失。与公司的债券持有者相比，普通股票持有者处于一个风险大很多的地位。当公司经营情况不好，收入迅速扩散时，公司在支付债务利息和到期本金后，可用于支付股利的收益已所剩无几，从而导致股东们所得股利的减少或根本没有股利，与此同时，股票的市场价格一般也会随之降低，使股东们蒙受双重损失。

第五节　私募股权投资

一、私募股权投资

私募股权投资（private equity，PE），是指通过私募基金对非上市公司进行的权益性投资。在交易实施过程中，PE会附带考虑将来的退出机制，即通过公司首次公开发行股票（IPO）、兼并与收购（M&A）或管理层回购（MBO）等方式退出获利。简单地讲，PE投资就是PE投资者寻找优秀的高成长性的未上市公司，注资其中，获得其一定比例的股份，推动公司发展、上市，此后通过转让股权获利。

二、私募股权投资的特点

（1）在资金募集上，主要通过非公开方式面向少数机构投资者或个人募集，它的销售和赎回都是基金管理人通过私下与投资者协商进行的。另外在投资方式上也是以私募形式进行，绝少涉及公开市场的操作，一般无须披露交易细节。

（2）多采取权益型投资方式，绝少涉及债权投资。PE投资机构也因此对被投资企业的决策管理享有一定的表决权。反映在投资工具上，多采用普通股或者可转让优先股，以及可转债的工具形式。

（3）一般投资于私有公司即非上市企业，绝少投资已公开发行公司，不会涉及要约收购义务。

（4）比较偏向于已形成一定规模和产生稳定现金流的成形企业，这一点与风险投资（VC）有明显区别。

（5）投资期限较长，一般可达3～5年或更长，属于中长期投资。

（6）流动性差，没有现成的市场供非上市公司的股权出让方与购买方直接达成交易。

（7）资金来源广泛，如富有的个人、风险基金、杠杆并购基金、战略投资者、养老基金、保险公司等。

（8）PE投资机构多采取有限合伙制，这种企业组织形式有很好的投资管理效率，并避免了双重征税的弊端。

（9）投资退出渠道多样化，有IPO、售出（trade sale）、兼并与收购、标的公司管理层回购等等。

三、私募股权投资模式

私募股权投资模式主要有以下几种方式：

（一）增资扩股投资方式

增资扩股就是公司新发行一部分股份，将这部分新发行的股份出售给新股东或者原股东，这样的结果将导致公司股份总数的增加。

（二）股权转让投资方式

股权转让是指公司股东将自己的股份让渡给他人，使他人成为公司股东的民事行为。

（三）其他投资方式

除了上述两种投资模式外，还可以两者并用，与债券投资并用，实物和现金出资设立目标企业的模式。

四、私募股权投资的运作方式

私募股权投资的运作是指私募股权投资机构对基金的成立和管理、项目选择、投资合作和项目退出的整体运作过程。每个投资机构都有其独特的运作模式和特点，其运作通常低调而且神秘，从某种程度上看，私募股权投资的不同运作模式直接影响了投资的回报水平，是属于不能外泄的独占机密。虽然我们可能无法知道各个投资机构在具体的投资运作中的许多细节，但通常私募股权投资具有一些共同的基本流程和基本方法。

（一）主要参与者

参与私募股权投资运作链条的市场主体主要包括被投资企业、基金和基金管理公司、基金的投资者以及中介服务机构。

1. 被投资企业

被投资企业都有一个重要的特性——需要资金和战略投资者。企业在不同的发展阶段需要不同规模和用途的资金：创业期的企业需要启动资金；成长期的企业需要筹措用于规模扩张及改善生产能力所必需的资金；改制或重组中的企业需要并购、改制资金的注入。面临财务危机的企业需要相应的周转资金渡过难关；相对成熟的企业上市前需要一定的资本注入以达到证券交易市场的相应要求；即使是已经上市的企业仍可能根据需要进行各种形式的再融资。

2. 基金管理公司

私募股权投资需要以基金方式作为资金的载体，通常由基金管理公司设立不同的基金募集资金后，交由不同的管理人进行投资运作。基金经理人和管理人是基金管理公司的主要组成部分，他们通常是有丰富行业投资经验的专业人士，专长于某些特定的行业以及处于特定发展阶段的企业，他们经过调查和研究后，凭借敏锐的眼光将基金投资于若干企业的股权，以求日后退出并取得资本利得。

3. 私募股权投资基金的投资者

只有具备私募股权投资基金的投资者，才能顺利募集资金成立基金。投资者主要是机构投资者，也有少部分富有的个人，通常有较高的投资者门槛。在美国，公共养老基金和企业养老基金是私募股权投资基金最大的投资者，两者的投资额占到基金总资金额的30％～40％。机构投资者通常对基金管理公司承诺一定的投资额度，但资金不是一次到位，而是分批注入。

4. 中介服务机构

随着私募股权投资基金的发展和成熟，各类中介服务机构也随之成长和壮大起来。其中包括：

（1）专业顾问公司。专业顾问公司为私募股权投资基金的投资者寻找私募股权投资基金机会，专业的顾问公司在企业运作、技术、环境、管理、战略以及商业方面卓越的洞察力为它们赢得了客户的信赖

（2）融资代理商。融资代理商管理整个筹资过程，虽然许多投资银行也提供同样的服务，但大多数代理商是独立运作的

（3）市场营销、公共关系、数据以及调查机构。在市场营销和公共事务方面，有一些团体或专家为私募股权投资基金管理公司提供支持，而市场营销和社交战略的日渐复杂构成了私募股权投资基金管理公司对于数据和调研的庞大需求。

（4）人力资源顾问。随着私募股权投资产业的发展，其对于人力资源方面的服务需求越来越多，这些代理机构从事招募被投资企业管理团队成员或者基金管理公司基金经理等主管人员的工作。

（5）股票经纪人。除了企业上市及售出股权方面的服务，股票经纪公司还为私募股权投资基金提供融资服务。

（6）其他专业服务机构。私募股权投资基金管理公司还需要财产或房地产等方面的代理商和顾问、基金托管方、信息技术服务商、专业培训机构、养老金和保险精算顾问、风险顾问、税务以及审计事务所等其他专业机构的服务。中介服务机构在私募股权投资市场中的作用越来越重要，它们帮助私募股权投资基金募集资金，为需要资金的企业和基金牵线搭桥，还为投资者对私募股权投资基金的表现进行评估，中介服务机构的存在降低了私募股权投资基金相关各方的信息成本。

（二）私募股权投资的操作流程

1. 寻找项目

私募股权投资成功的重要基础是如何获得好的项目，这也是对基金管理人能力的最直接的考验，每个经理人均有其专业研究的行业，而对行业企业的更为细致的调查是发现好项目的一种方式。另外，与各公司高层管理人员的联系以及广大的社会人际网络也是优秀项目的来源之一，如投资银行、会计师事务所和律师事务所等各类专业的服务机构，都可能提供很多有价值的信息。当然，通常最直接的方式是获得由项目方直接递交上来的商业计划书。在获得相关的信息之后，私募股权投资公司会联系目标企业表达投资兴趣，如果对方也有兴趣，就可进行初步评估。

2. 初步评估

项目经理认领到项目后，正常情况下应在较短期内完成项目的初步判断工作。项目经理在初步判断阶段会重点了解以下方面：注册资本及大致股权结构（种子期未成立公司可忽略）、所处行业发展情况、主要产品竞争力或盈利模式特点、前一年度大致经营情况、初步融资意向和其他有助于项目经理判断项目投资价值的企业情况。初步判断是进一步开展与公司管理层商谈以及尽职调查的基础。在初步评估过程中，需要与目标企业的客户、供货商甚至竞争对手进行沟通，并且要尽可能地参考其他公司的研究报告。通过这些工作，私募股权投资公司会对行业趋势、投资对象所在的业务增长点等主要关注点有一个更深入的认识。

3. 尽职调查

通过初步评估之后，投资经理会提交《立项建议书》，项目流程也进入了尽职调查阶段。因为投资活动的成败会直接影响投资和融资双方公司今后的发展，故投资方在决策时一定要清晰地了解目标公司的详细情况，包括目标公司的营运状况、法律状况及财务状况。尽职调查的目的主要有三个：发现问题，发现价值，核实融资企业提供的信息。

在这一阶段，投资经理除聘请会计师事务所来验证目标公司的财务数据、检查公司的管理信息系统以及开展审计工作外，还会对目标企业的技术、市场潜力和规模以及管理队伍进行仔细的评估，这一程序包括与潜在的客户接触，向业内专家咨询并与管理队伍举行会谈，对资产进行审计评估。它还可能包括与企业债权人、客户、相关人员如以前的雇员进行交谈，这些人的意见会有助于投资机构作出关于企业风险的结论。

4. 设计投资方案

尽职调查后，项目经理应形成调研报告及投资方案建议书，提供财务意见及审计报告。投资方案包括估值定价、董事会席位、否决权和其他公司治理问题、退出策略、确定合同条款清单等内容。由于私募股权投资基金和项目企业的出发点和利益不同，双方经常在估值和合同条款清单的谈判中产生分歧，解决分歧的技术要求很高，需要谈判技巧以及会计师和律师的协助。

5. 交易构造和管理

投资者一般不会一次性注入所有投资，而是采取分期投资方式，每次投资以企业达到事先设定的目标为前提，这就构成了对企业的一种协议方式的监管。这是降低风险的必要手段，但也增加了投资者的成本。在此过程中不同投资者选择不同的监管方式，包括采取报告制度、监控制度、参与重大决策和进行战略指导等，另外，投资者还会利用其网络和渠道帮助企业进入新市场、寻找战略伙伴以发挥协同效应和降低成本等方式来提高收益。

6. 项目退出

私募股权投资的退出，是指基金管理人将其持有的所投资企业的股权在市场上出售以收回投资并实现投资的收益。私募股权投资基金的退出是私募股权投资环节中的最后一环，该环节关系到其投资的收回以及增值的实现。私募股权投资的目的是获取高额收益，而退出渠道是否畅通是关系到私募股权投资是否成功的重要问题。因此，退出策略是私募股权投资基金者在开始筛选企业时就需要注意的因素。

从寻找项目开始到退出项目结束，完成了私募股权投资的一个项目的全过程。在现实生活中，投资机构可能同时运作几个项目，但基本上每个项目都要经过以上几个流程。

本章小结

股票是一种有价证券，它是股份有限公司公开发行的、用以证明投资者的股东身份和权益、并据以获得股利的凭证。股票的要素包括面值、股权、股利和市值。股票是证券投资的主要工具之一，又是投资者向股份有限公司投资入股的凭证和股份的书面表现形式，因而股票具有不可返还性、高风险性、潜在的高收益性和可流通性等特征。从不同的角度看，股票可以分为不同的种类，这些分类可以互相交叉。最后还介绍了私募股权投资的主要特点和投资模式。

关键术语

普通股	优先股	记名股	无记名股	发行价格
内在价格	股利	股利政策	估价模型	私募股权投资

习题

1. 股票有什么基本特征？

2. 比较普通股和优先股。

3. 假定 ABC 公司在未来无限期内，每股固定支付 1.5 元股利，公司必要收益率为 8%，求其每股价值。

4. ABC 公司去年每股支付股利为 0.5 元，预计未来的无限期内，每股股利支付额将以每年 10%的比率增长，该公司的必要收益率为 12%，求该公司的每股价值。

5. 假定 ABC 公司上一年支付的每股股利为 0.45 元，本年预期每股支付 0.1 元股利，第 2 年支付 0.9 元，第 3 年支付 0.6 元，从第 4 年之后股利每年以 8%的速度增长，假定 ABC 公司的必要报酬率为 11%，试求该公司的每股价值。

案例分析

2008年中国股市十大怪

怪状一：13亿国民有1亿多股民。

怪状二：按市值排序，世界前十大公司，中国占了多席。

怪状三：公司圈钱力度有增无减，千亿圈钱方案也能出炉。

怪状四：小非砸盘惹祸，大非背黑锅。

怪状五：调控股市，印花税成为常规性秘密武器。

怪状六：维稳旗帜下机构疯狂出货。

怪状七："牛市下半场"、"慢牛"等论调大行其道。

怪状八：对于大蓝筹，机构始乱终弃。

怪状九：基金经理都成了经济学家。

怪状十：高校教授频频出手一夜暴富不再是童话。

思考

（1）试总结2008中国股市波动的原因。

（2）这些"怪状"给你带来了哪些启示？

第三章

债权类投资工具

本章要点：

- 债券的基本要素与特征
- 债券的分类
- 债券价值的评估
- 债券的收益与风险
- 可转换公司债券和可分离交易债券

导入案例

湖广铁路债券案

1911 年，清政府为修建湖北至广东等地的铁路，向美、英、法、德等国的银行财团借款，签订了总值为 600 万英镑的借款合同。合同规定，上述外国银行以清政府名义在金融市场上发行债券，即“湖广铁路五厘利息递还英镑借款债券”，年息五厘，合同期限为 40 年。但该种债券从 1938 年起停付利息，1951 年本金到期也未归还。一些美国人在市场上收购了这种债券。1979 年，美国公民杰克逊等人在美国亚拉巴马州地方法院对中华人民共和国提起诉讼，该法院受理此案并向中华人民共和国发出传票，要求中华人民共和国在收到传票 20 日内提出答辩，否则将作出缺席判决。

杰克逊等人要求中华人民共和国政府偿还湖广铁路债券的本息，指称这笔债券是清朝政府发行的商业债券，清政府被推翻后，国民政府在 1938 年以前曾付过利息。因此，中华人民共和国政府有义务继承这笔债券。中国政府拒绝接受传票和出庭，并照会美国国务院，声明中国是一个主权国家，享有司法豁免权，不受美国法院管辖。1982 年 9 月 1 日，亚拉巴马州地方法院作出缺席裁判，判决中华人民共和国偿还原告 41 313 038 美元，外加利息和诉讼费等，并声称：如果中国政府对该判决置之不理，美国法院将扣押中国在美的财产，以强制执行判决。其理由是：根据现行国际法原则，一国的政府更迭通常不影响其原有的权利解读，作为清朝政府和国民政府的继承者的中华人民共和国政府有义务偿还其前政府的债务。此外，根据美国 1976 年《外国主权豁免法》第 1605 段的规定，外国国家的商业行为不能享受主权豁免。湖广债券是商业行为，不能享受国家主权豁免。

中国政府拒绝接受美国法院的判决，指出："主权豁免是一项重要的国际法原则，它是以联合国宪章确认的国家主权平等原则为基础的。中国作为一个主权国家，无可争辩地享有司法豁免权。美国地方法院对一项以一个主权国家为被告的诉讼行使管辖权，作出缺席判决，甚至威胁要强制执行这项判决，这完全违反了国家主权平等的国际法原则和联合国宪章。中国政府坚决反对把美国国内法强加于中国的这种有损于中国主权和国家尊严的做法。如果美国地方法院无视国际法，强制执行上面提出的判决，扣押中国在美国的财产，中国政府保留采取相应措施的权利。"1983 年 8 月 12 日，中国通过聘请当地律师特别出庭，提出撤销缺席判决和驳回起诉的动议。同时，美国司法部和国务院向亚拉巴马州地方法院出具了美国利益声明书，表示支持中国的动议。在此情况下，1984 年 2 月，该法院重新开庭，以 1976 年《外国主权豁免法》不溯及既往为理由，裁定撤销上述判决；10 月，判决驳回原告起诉。1986 年 7 月，杰克逊等人不服，提出上诉，被上诉法院驳回。1987 年 3 月，美国最高法院驳回原告复审此案的请求。湖广铁路债券案至此终结。

第一节　债券的基本要素与特征

一、债券的定义

（一）债券的定义

债券是一种有价证券，是社会各类经济主体为筹集资金而向债券投资者出具的、承诺按一定利率定期支付利息并到期偿还本金的债权债务凭证。债券上规定资金借贷的权责关系主要有三点：第一，所借贷货币的数额；第二，借款时间；第三，在借贷时间内应有的补偿或代价是多少（即债券的利息）。

债券包含四个方面的含义：第一，发行人是借入资金的经济主体；第二，投资者是出借资金的经济主体；第三，发行人需要在一定时期付息还本；第四，债券反映了发行人和投资者之间的债权、债务关系，而且是这一关系的法律凭证。

债券的基本性质：

（1）债券属于有价证券。首先，债券反映和代表一定的价值。其次，债券与其代表的权利联系在一起。

（2）债券是一种虚拟资本。

（3）债券是债权的表现。

（二）债券的票面要素

1. 债券的票面价值

债券的票面价值是债券票面标明的货币价值，是债券发行人承诺在债券到期日偿还给债券持有人的金额。

债券的票面价值要标明的内容主要有：币种、票面金额。票面金额大小不同，可以适应不同的投资对象，同时也会产生不同的发行成本。票面金额定得较小，有利于小额投资者，购买持有者分布面广，但债券本身的印刷及发行工作量大，费用可能较高；票面金额定得较大，有利于少数大额投资者认购，且印刷费用等也会相应减少，但使小额投资者无法参与。因此，债券票面金额的确定也要根据债券的发行对象、市场资金供给情况及债券发行费用等因素综合考虑。

2. 债券的到期期限

债券的到期期限是指债券从发行之日起至偿清本息之日止的时间，也是债券发行人承诺履行合同义务的全部时间。

决定偿还期限的主要因素：资金使用方向、市场利率变化、债券变现能力。

一般来说，当未来市场利率趋于下降时，应发行期限较短的债券；而当未来市场利率趋于上升时，应发行期限较长的债券，这样有利于降低筹资者的利息负担。

3. 债券的票面利率

票面利率指债券利息与债券票面价值的比率，通常年利率用百分数表示。

影响票面利率的因素有：第一，借贷资金市场利率水平。第二，筹资者的资信。第三，债券期限长短。

一般来说，期限较长的债券流动性差，风险相对较大，票面利率应该定得高一些；而期限较短的债券流动性强，风险相对较小，票面利率就可以定得低一些。

4. 债券发行人名称

这一要素指明了该债券的债务主体。

需要说明的是，以上四个要素虽然是债券票面的基本要素，但它们并非一定在债券票面上印制出来。在许多情况下，债券发行人是以公布条例或公告形式向社会公开宣布某债券的期限与利率。此外，债券票面上有时还包含一些其他要素，如，附有赎回选择权、附有出售选择权、附有可转换条款、附有交换条款、附有新股认购条款等等。

二、债券的特征

（一）偿还性

偿还性是指债券有规定的偿还期限，债务人必须按期向债权人支付利息和偿还本金。这一特征与股票的永久性有很大的区别。

（二）流动性

流动性是指债券持有人可按需要和市场的实际状况，灵活地转让债券，以提前收回本金和实现投资收益。流动性首先取决于市场为转让债券所提供的便利程度；其次取决于债券在迅速转变为货币时，是否在以货币计算的价值上蒙受损失。

（三）安全性

安全性是指债券持有人的收益相对稳定，不随发行人经营收益的变动而变动，并且可按期收回本金。

一般来说，具有高度流动性的债券同时也是较安全的，因为它不仅可以迅速地转换为货币，而且还可以按一个较稳定的价格转换。

债券投资不能收回的两种情况：

第一，债务人不履行债务，即债务人不能按时足额履行约定的利息支付或者偿还本金。

第二，流通市场风险，即债券在市场上转让时因价格下跌而使债券持有者承受损失。

（四）收益性

收益性是指债券能为投资者带来一定的收入，即债券投资的报酬。

在实际经济活动中，债券收益可以表现为三种形式：一是利息收入；二是资本损益，即债权人到期收回的本金与买入债券或中途卖出债券与买入债券之间的价差收入；三是再投资收益。

三、债券的偿还方式

（一）到期偿还、期中偿还和展期偿还

到期偿还也叫满期偿还，是指按发行债券时规定的还本时间，在债券到期时一次全部偿还本金的偿债方式。

期中偿还也叫中途偿还，是指在债券最终到期日之前，偿还部分或全部本金的偿债方式。

展期偿还是指在债券期满后又延长原规定的还本付息日期的偿债方式。

（二）部分偿还和全额偿还

部分偿还是指从债券发行日起，经过一定宽限期后，按发行额的一定比例陆续偿还，到债券期满时全部还清。

全额偿还是指在债券到期之前，偿还全部本金。

（三）定时偿还和随时偿还

定时偿还亦称定期偿还，它指债券发行后待宽限期过后，分次在规定的日期，按一定的偿还率偿还本金。

随时偿还也称任意偿还，是指债券发行后待宽限期过后，发行人可以自由决定偿还时间，任意偿还债券的一部分或全部。

（四）抽签偿还和买入注销

抽签偿还是指在期满前偿还一部分债券时，通过抽签方式决定应偿还债券的号码。买入注销是指债券发行人在债券未到期前按照市场价格从二级市场中购回自己发行的债券而注销债务。

四、债券与股票的比较

（一）相同点

债券与股票都属于有价证券，两者都是筹措资金的手段。

两者都是可以通过公开发行募集资本的融资手段，体现着资本信用。它们既能为投资者带来收益，又能为公司筹集到生产经营所需的资金；两者都是有价证券的形式，都属于流通证券，可以在证券市场上买卖和转让，两者同在一级市场上发行，又同在二级市场上转让流通。其流通价格都要在不同程度上受到银行利率的影响。同属有价证券中的资本证券；其所代表的公司债务和公司资本都属于公司资本的范围；股票的收益率和价格与债券的利率和价格互相影响，往往在证券市场上发生同向运动，即一个上升另一个也上升，反之亦然，但升降幅度不一定一致。

（二）区别

（1）二者权利不同：债券是债权凭证。股票则不同，是所有权凭证。股票持有人与公司之间形成的是社团法人与成员之间的内部关系，而债券持有人与公司之间形成的是债权债务外部关系。股票持有者享有的是综合性的股东权，即有权从公司的利润中获得收益，有权参与公司的经营决策，使公司在盈利的情况下支付股票股利，在公司解散或者破产的情况下，从公司剩余财产中归还股金。公司债券持有者享有的是债权，包括到期收取本金

和利息的权利、债务人破产时优先分取财产的权利，以及在证券市场转让债券的权利。债券代表的财产是临时性的公司资产，股票代表的财产是永久性的公司资产。

（2）二者在本金的偿还上不同：股票代表的入股资金一般情况下不退还，而债券一般情况下在约定的期限内偿还。

（3）二者发行主体不同：股票的发行主体是股份有限公司。债券的发行主体是股份有限公司、国有独资公司和两个以上的国有企业或者其他两个以上的国有投资主体投资设立的有限责任公司。

（4）二者目的不同：发行债券是公司追加资金的需要，它属于公司的负债，不是资本金。发行股票则是股份公司创立和增加资本的需要，筹措的资金列入公司资本。

（5）二者期限不同：债券有偿还期，而股票具有永久性。

（6）二者收益不同：债券利息固定，而股票的股利不固定。

（7）二者风险不同：股票风险较大，债券风险相对较小。因为：第一，债券利息是公司的固定支出，属于费用范围股票的股利是公司利润的一部分，公司有盈利才能支付，而且支付顺序列在债券利息支付和纳税之后。第二，倘若公司破产，清理资产有余额偿还时，债券偿付在前，股票偿付在后。第三，在二级市场上，债券因其利率固定、期限固定，市场价格也较稳定，而股票无固定期限和利率，受各种宏观因素和微观因素的影响，市场价格波动频繁，涨跌幅度较大。

第二节　债券的分类

一、按发行主体分类

（一）政府债券

政府债券的发行主体是政府，主要包括中央政府债券和地方政府债券两大类。其主要用途是解决由政府投资的公共设施或重点建设项目的资金需要和弥补国家财政赤字。有些国家把政府担保的债券也划归为政府债券体系，称为政府保证债券。

1. 中央政府债券

中央政府债券又称国债。各国政府发行债券通常是为了满足弥补国家财政赤字、进行大型工程项目建设、偿还旧债本息等方面的资金需要。国家债券按照偿还期限的长短可分为短期国家债券、中期国家债券和长期国家债券，但各国的划分标准不尽一致。美国和日本等国家以1年以下的债券为短期国家债券，1年以上10年以下的债券为中期国家债券，10年以上的债券为长期国家债券。美国和英国发行短期国库券，均为弥补国库暂时性资金不足。美国国库券的偿还期限通常为3个月或6个月，最长不超过1年。英国国库券的偿还期限通常为90天。中国国库券有所不同：①它不是短期国家债券，而是中长期国家债券。其偿还期限已先后有10年、5年、3年三种。②它所筹集的资金一是用于国家重点项目建设，二是用于弥补预算赤字。

政府通过国债筹集的收入，可以用于各项开支。根据举借国债对筹集收入使用方向的规定，国债可以分为赤字国债、建设国债、战争国债和特殊国债。简单地说，赤字国债是用于弥补政府预算赤字的国债；建设国债是发债筹措的资金用于建设项目的国债；战争国债专指用于弥补战争费用的国债；特种国债是指政府为了实施某种特殊政策而发行的国债。随着政府职能的扩大，政府有时为了某个特殊的社会目的而需要大量资金，为此也有可能举借国债。

国债按流通与否分为流通国债和非流通国债。流通国债是指可以在流通市场上交易的国债。其特征是自由认购、自由转让，通常不记名，转让价格取决于对该国债的供给与需求。一般在证券市场上进行，如通过证券交易所或柜台市场交易。非流通国债（储蓄国债）是指不允许在流通市场上交易的国债。这种国债不能自由转让，它可以记名，也可以不记名，通常不记名。转让价格取决于对该国债的供给与需求。非流通国债吸收资金，有的以个人为目标，有的以一些特殊的机构为对象。以个人为目标的非流通国债，一般是吸收个人小额储蓄资金，故有时称之为储蓄债券。

专　栏

中国的国债

中国的国债主要包括普通国债和其他类型国债两大类。

普通国债包括记账式国债、凭证式国债和储蓄（电子）式国债。

记账式国债又名无纸化国债，准确定义是由财政部通过无纸化方式发行的、以电脑记账方式记录债权，并可以上市交易的债券。发行主要在证券交易所市场、银行间债券市场、同时在银行间和交易所发行（又称跨市场发行）。

凭证式国债是指国家采取不印刷实物券，而用填制国库券收款凭证的方式发行的国债。它是以国债收款凭单的形式来作为债权证明，不可上市流通转让，从购买之日起计息。在持有期内，持券人如遇特殊情况需要兑取现金，可以到购买网点提前兑取。提前兑取时，除偿还本金外，利息按实际持有天数及相应的利率档次计算，经办机构按兑付本金的2‰收取手续费。

储蓄国债（也称电子式国债）是政府面向个人投资者发行、以吸收个人储蓄资金为目的，满足长期储蓄性投资需求的不可流通记名国债品种。电子储蓄国债就是以电子方式记录债权的储蓄国债品种。与传统的储蓄国债相比较，电子储蓄国债的品种更丰富，购买更便捷，利率也更灵活。

其中凭证式和储蓄式国债都在商业银行柜台发行，不能上市流通。

根据2006年6月7日财政部和中国人民银行联合颁发的《储蓄国债（电子式）代销试点管理办法（试行）》，在储蓄国债试点期间，先行推出固定利率固定期限和固定利率变动期限两个品种。财政部在试点期间首推的电子储蓄国债品种，将与目前的凭证式国债接近，以便于投资者认知，其期限主要为2年、3年、5年、7年、10年，最短不短于2年，最长为15年。

其他类型的国债主要包括特别国债和长期建设债券。特别国债就是为了特定的政策目标而发行的国债。长期建设债券主要是专项用于国民经济和社会发展所需的基础设施投入。

2. 地方政府债券

地方政府债券又称地方债券，是由市、县、镇等地方政府发行的债券。发行这类债券是为了筹措一定数量的资金用于满足市政建设、文化进步、公共安全、自然资源保护等方面的资金需要。地方债券在发达国家很普遍。在美国，地方债券称市政债券；日本的地方债券称地方债，英国的地方债券称地方当局债券，可以在伦敦证券交易所上市。

在我国，自 1995 年起实施的《中华人民共和国预算法》规定，地方政府不得发行地方政府债券（除法律和国务院另外规定外）。但地方政府在诸如桥梁、公路、隧道、供水、供气等基础设施的建设中又面临着资金短缺的问题，于是就形成了一种具有中国特色的地方政府债券，即以财政部为主体发行地方政府债券。

（二）金融债券

金融债券是银行和非银行金融机构作为筹资主体面向个人发行的一种有价证券，是表明债务、债权关系的一种凭证。在欧美等国家，金融机构发行的债券归类于公司债券。在我国及日本等国家，金融机构发行的债券称为金融债券。

金融债券通常用于较长期限的融资，债券在到期之前一般不能提前兑换，只能在市场上转让，从而保证了所筹集资金的稳定性。同时，金融机构发行债券时可以灵活规定期限，使金融机构筹措到稳定且期限灵活的资金，从而有利于优化资产结构，扩大长期投资业务。由于银行等金融机构在一国经济中占有较特殊的地位，政府对它们的运营又有严格的监管，因此，金融债券的资信通常高于其他非金融机构债券，违约风险相对较小，具有较高的安全性。

为了加强金融宏观调控，1985 年以来，我国的专业银行、综合性银行以及其他金融机构相继发行了金融债券。到目前为止，金融债券的主要种类有：中央银行票据、政策性银行金融债券、商业银行债券（又分为商业银行次级债券和混合资本债券）、证券公司债券、保险公司次级债券、财务公司债券。

（三）公司（企业）债券

企业债券是企业依照法定程序发行，约定在一定期限内还本付息的债券。公司债券的发行主体是股份公司，但也可以是非股份公司的企业发行债券，所以，在一般归类时公司债券和企业发行的债券合在一起，可直接成为公司（企业）债券。

企业债券代表着发债企业和投资者之间的一种债权债务关系，债券持有人是企业的债权人，债券持有人有权按期收回本息。企业债券与股票一样，同属有价证券，可以自由转让。企业债券风险与企业本身的经营状况直接相关。如果企业发行债券后，经营状况不好，连续出现亏损，可能无力支付投资者本息，投资者就面临着受损失的风险。所以，在企业发行债券时，一般要对发债企业进行严格的资格审查或要求发行企业有财产抵押，以保护投资者利益。另一方面，在一定限度内，证券市场上的风险与收益成正相关关系，高风险伴随着高收益。企业债券由于具有较大风险，它们的利率通常也高于国债。

我国证券市场上同时存在企业债券和公司债券，它们在发行主体、监管机构以及规范的法规上有一定区别。

我国的企业债券是指在中华人民共和国境内具有法人资格的企业在境内依照法定程序发行、约定在一定期限内还本付息的有价证券。但是，金融债券和外币债券除外。企业债券由 1993 年 8 月 2 日国务院发布的《企业债券管理条例》规范。

我国的公司债券是指公司依照法定程序发行、约定在 1 年以上期限内还本付息的有价证券。2007 年 8 月，中国证监会正式颁布实施《公司债券发行试点办法》，该法的颁布标志着我国公司债券发行工作的正式启动。公司债券的发行人是依照《中华人民共和国公司法》（以下简称《公司法》）在中国境内设立的有限责任公司和股份有限公司。发行公司债券应当符合《中华人民共和国证券法》（以下简称《证券法》）、《公司法》和《公司债券发行试点办法》规定的条件，经中国证监会核准。

我国债券市场总体规模迅速扩大，到 2012 年末，中国债券市场余额达到了 25.44 万亿元，是 10 年前的 9 倍。债券市场交易量和流动性也明显提高，2012 年中国债券市场交易量突破了 268 万亿元，同比增长了 32.6%。债券的流动性在亚洲国家处于前列。2012 年公司信用类债券发行量达到 3.58 万亿元人民币，是 10 年前的 98 倍，存量达到了 7.14 万亿元人民币，是 10 年前的 101 倍。2012 年公司信用类债券净融资额 2.25 万亿元，相当于新增人民币贷款 8.2 万亿元的 27.4%。

（四）国际债券

国际债券是指一国借款人在国际证券市场上，以外国货币为面值，向外国投资者发行的债券。国际债券的发行人主要是各国政府、政府所属机构、银行或其他金融机构、工商企业及一些国际组织等。国际债券的投资者主要是银行或其他金融机构、各种基金会、工商财团和自然人。

国际债券资金来源广，发行规模大，存在汇率风险，有国家主权保障，以自由兑换货币作为计量货币。

国际债券的主要类型有外国债券和欧洲债券。外国债券是指某一国借款人在本国以外的某一国家发行以该国货币为面值的债券。欧洲债券是指借款人在本国境外市场发行的，不以发行市场所在国的货币为面值的国际债券。

在发行方式上，外国债券一般由发行地所在国的证券公司、金融机构承销；而欧洲债券则由一家或几家大银行牵头，组成十几家或几十家国际性银行，在一个国家或几个国家同时办理经销。在发行法律上，外国债券的发行受发行地所在国有关法规的管制和约束，并且必须经官方主管机构批准；而欧洲债券在法律上所受的限制比外国债券宽松得多，它不需要官方主管机构的批准，也不受货币发行国有关法令的管制和约束。在发行纳税上，外国债券受发行地所在国税法的管制；而欧洲债券的预扣税一般可以豁免，投资者的利息收入也免缴所得税。

自 20 世纪 80 年代，我国就开始进入国际资本市场。1982 年 1 月，中国国际信托投资公司以私募方式在日本东京发行了 100 亿日元的武士债券。1984 年 11 月，中国银行以公募方式在日本东京发行了 10 年期 200 亿日元的武士债券。两次发行标志着我国金融机构开始进入国际债券市场。迄今为止，我国进入国家债券市场的主体有各商业银行、信托投资公司以及财政部，发行市场主要集中于美国、日本、英国、新加坡等。

二、按付息方式分类

债券的付息方式与债券的形态、期限等有关，通常可分为贴现债券、零息债券和附息债券三种。

（一）贴现债券

贴现债券又被称为“贴水债券”，是期限比较短的折价债券。债券券面上不附有息票，在票面上不规定利率，发行时按规定的折扣率，以低于债券面值的价格发行，发行价与票面金额之差额相当于预先支付的利息，到期时按面额偿还本金。从利息支付方式来看，贴现债券以低于面额的价格发行，可以看作是利息预付。因而又可称为利息预付债券、贴水债券。例如票面金额 1 000 元的半年期债券，按照 900 元发行，半年后偿还 1 000 元，其中的 100 元就是债券半年的利息。

（二）零息债券

零息债券和贴现债券不同，并不能顾名思义，认为它是一种没有利息的债券，零息指的是在持有期没有利息，而在到期时一次还本付息。也就是指只有在到期日才能领取本金和利息的债券，也可称为到期付息债券。我国居民手中持有的绝大部分债券都是零息债券。付息特点其一是利息一次性支付，其二是债券到期时支付。

（三）附息债券

附息债券又称分期付息债券和息票债券，是指在债券券面上附有息票的债券，或是按照债券票面载明的利率及支付方式支付利息的债券。息票上标有利息额、支付利息的期限和债券号码等内容。持有人可从债券上剪下息票，并据此领取利息。附息债券一般会在偿还期内按期付息，如每半年或一年付息一次。

三、按计息方式分类

按照计息方式分，可分为单利债券、复利债券和累进利率债券。

（一）单利债券

单利债券指在计息时，不论期限长短，仅按本金计息，所生利息不再加入本金计算下一期利息的债券。

（二）复利债券

复利债券与单利债券相对应，指计算利息时，按一定期限将所生利息加入本金再计算利息，逐期滚算的债券。

（三）累进利率债券

累进利率债券指年利率以利率逐年累进方法计息的债券。累进利率债券的利率随着时间的推移，后期利率比前期利率更高，呈累进状态。

四、按利率是否固定分类

按利率确定方式分，可分为固定利率债券和浮动利率债券。

（一）固定利率债券

固定利率债券指在发行时规定利率在整个偿还期内不变的债券。固定利率债券不考虑市场变化因素，因而其筹资成本和投资收益可以事先预计，不确定性较小。但债券发行人和投资者仍然必须承担市场利率波动的风险。如果未来市场利率下降，发行人能以更低的利率发行新债券，则原来发行的债券成本就显得相对高昂，而投资者则获得了相对现行市场利率更高的报酬，原来发行的债券价格将上升；反之，如果未来市场利率上升，新发行债券的成本增大，则原来发行的债券成本就显得相对较低，而投资者的报酬则低于购买新债券的收益，原来发行的债券价格将下降。

（二）浮动利率债券

浮动利率是指发行时规定债券利率随市场利率定期浮动的债券，也就是说，债券利率在偿还期内可以进行变动和调整。

浮动利率债券往往是中长期债券。浮动利率债券的利率通常根据市场基准利率加上一定的利差来确定。美国浮动利率债券的利率水平主要参照 3 个月期限的国债利率，欧洲则主要参照伦敦同业拆借利率（指设在伦敦的银行相互之间短期贷款的利率，该利率被认为是伦敦金融市场利率的基准）。

五、按债券形态分类

（一）（无记名）实物债券

实物债券是一种具有标准格式实物券面的债券。在标准格式的债券票面上，一般印有债券面额、债券利率、债券期限、债券发行人全称、还本付息方式等各种债券票面要素。有时债券利率、债券期限等要素也可以通过公告向社会公布，而不在债券票面上注明。

专　栏

无记名国债

无记名国债属于实物债券，是我国发行历史最长的一种国债。发行时通过各银行储蓄网点、财政部门国债服务部以及国债经营机构的营业网点面向社会公开销售，投资者也可以利用证券账户委托证券经营机构在证券交易所场内购买。无记名国债从发行之日起开始计息，不记名、不挂失，可以上市流通。发行期结束后如需进行交易，可以直接到国债经营机构按其柜台挂牌价格买卖，也可以利用证券账户委托证券经营机构在证券交易所场内买卖。

无记名国债是我国发行历史最长的一种国债。根据券面形式划分，我国从新中国成立起，20 世纪 50 年代发行的经济建设公债和从 1981 年起发行的国库券实质上都可以归入无记名国债范畴。历年来发行的无记名国债面值有 1 元、5 元、10 元、100 元、500 元、1 000 元、5 000 元、10 000 元等。

（二）凭证式债券

凭证式债券的形式是债权人认购债券的一种收款凭证，而不是债券发行人制定的标准格式的债券。

特点：可记名、挂失、不能上市流通。可以到原购买网点提前兑取。

凭证式国债是一种国家储蓄债，可记名、挂失，以“凭证式国债收款凭证”记录债权，不能上市流通，从购买之日起计息。在持有期内，持券人如遇特殊情况需要取现金，可以到购买网点提前兑取。提前兑取时，除偿还本金外，利息按实际持有天数及相应的利率档次计算，经办机构收取一定手续费。

凭证式国债，是指国家采取不印刷实物券，而用填制国库券收款凭证的方式发行的国债。它是以国债收款凭单的形式来作为债权证明，不可上市流通转让，但可以提前兑付。提前兑付时按实际持有时间分档计付利息。我国从 1994 年开始发行凭证式国债。凭证式国债具有类似储蓄又优于储蓄的特点，通常被称为储蓄式国债，是以储蓄为目的的个人投资者理想的投资方式。

（三）记账式债券

记账式债券是没有实物形态的债券，利用证券账户通过电脑系统完成债券发行、交易及兑付的全过程。

特点：可以记名、挂失，安全性较高。发行时间短，发行效率高，交易手续简便，成本低，交易安全。

记账式国债又名无纸化国债，准确定义是由财政部通过无纸化方式发行的、以电脑记账方式记录债权，并可以上市交易的债券。

记账式国债以记账形式记录债权、通过证券交易所的交易系统发行和交易，可以记名、挂失。投资者进行记账式证券买卖，必须在证券交易所设立账户。由于记账式国债的发行和交易均无纸化，所以效率高、成本低，交易安全。

六、按偿还期限分类

按偿还期限，可分为短期债券、中期债券、长期债券、永续债券。短期债券是指偿还期限在 1 年或 1 年以内的债券；中期债券是指期限在 1 年以上、10 年以下的债券；长期债券是指偿还期限在 10 年以上的债券；永续债券是指无偿还期限的债券。

我国国债的期限划分与上述标准相同，但我国企业债券的期限划分与上述标准有所不同。我国短期企业债券的偿还期限在 1 年以内，偿还期限在 1 年以上 5 年以下的为中期企业债券，偿还期限在 5 年以上的为长期企业债券。

七、按有无抵押担保分类

按担保性质分类，可分为有担保债券和无担保债券。

（一）有担保债券

有担保债券包括抵押债券、质押债券、保证债券。

抵押债券以不动产作为担保，又被称为“不动产抵押债券”，是指以土地、房屋等不动产作抵押品而发行的一种债券。若债券到期不能偿还，持券人可依法处理抵押品受偿。

质押债券以动产或权利作担保，通常以股票、债券或其他证券为担保。发行人主要是控股公司，用作质押的证券可以是它持有的子公司的股票或债券、其他公司的股票或债券，也可以是公司自身的股票或债券。质押的证券一般应以信托形式过户给独立的中介机构，在约定的条件下，中介机构代替全体债权人行使对质押证券的处置权。

保证债券以第三人作为担保，担保人或担保全部本息，或仅担保利息。担保人一般是发行人以外的其他人，如政府、信誉好的银行或举债公司的母公司等。一般公司债券大多为担保债券。

（二）无担保债券

无担保债券也被称为“信用债券”，仅凭发行人的信用，不提供任何抵押品或担保人而发行的债券。由于无抵押担保，所以债券的发行主体须具有较好的声誉，并且必须遵守一系列的规定和限制，以提高债券的可靠性。国债、金融债券、信用良好的公司发行的公司债券，大多为信用债券。

专　栏

垃圾债券

20 世纪 70 年代前，垃圾债券主要是一些小型公司为开拓业务筹集资金而发行。

20 世纪 70 年代末期，垃圾债券逐渐成为投资者热衷的投资工具。80 年代中期，垃圾债券市场达到鼎盛时期。80 年代，美国各公司发行垃圾债券 1 700 亿美元，其中被称为“垃圾债券之王”的德崇证券公司发行了 800 亿美元，占 47%。1983 年，德崇证券收益 10 亿美元，1987 年超过 40 亿美元。1988 年垃圾债券总市值高达 2 000 亿美元。有“垃圾债券之神”、“魔术师”之称的米尔根，1987 年的薪俸高达 5.5 亿美元，“寻资金就找米尔根”成为当时市面的流行语。

垃圾债券流行的原因：(1) 当时美国处于产业大规模调整与重组时期；(2) 美国金融管制的放松；(3) 杠杆收购的广泛应用；(4) 经济持续旺盛。

1988 年，亨利·克莱斯收购雷诺烟草，收购价高达 250 亿美元，但克莱斯本身动用的资金仅为 1 500 万美元，其余 99.94% 靠米尔根发行垃圾债券而获得。

第三节　债券的估值

一、债券价格的概念

债券价格是指债券发行时的价格。理论上，债券的面值就是它的价格。但实际上，由于发行者的种种考虑或资金市场上供求关系、利息率的变化，债券的市场价格常常脱离它的面值，有时高于面值，有时低于面值。也就是说，债券的面值是固定的，但它的价格却是经常变化的。发行者计息还本是以债券的面值为依据，而不是以其价格为依据的。债券价格主要分为发行价格和交易价格。

二、影响债券价格的因素

(1) 待偿期。债券的待偿期越短，债券的价格就越接近其终值（兑换价格），所以债券的待偿期越长，其价格就越低。另外，待偿期越长，发债企业所要遭受的各种风险就可能越大，所以债券的价格也就越低。

(2) 票面利率。债券的票面利率也就是债券的名义利息率，债券的名义利率越高，到期的收益就越大，所以债券的售价也就越高。

(3) 投资者的获利预期。债券投资者的获利预期（投资收益率 R）是跟随市场利率而发生变化的，若市场利率调高，则投资者的获利预期 R 也高涨，债券的价格就下跌；若市场利率调低，则债券的价格就会上涨。这一点在债券发行时表现得最为明显。

一般是债券印制完毕离发行有一段间隔，若此时市场利率发生变动，债券的名义利息率就会与市场的实际利息率出现差距，此时要重新调整已印好的票面利息率已不可能，而为了使债券的利率和市场的现行利率相一致，就只能是债券溢价或折价发行了。

(4) 企业的资信程度。发债者资信程度高的，其债券的风险就小，因而其价格就高；而资信程度低的，其债券价格就低。所以在债券市场上，对于其他条件相同的债券，国债的价格一般要高于金融债券，而金融债券的价格一般又要高于企业债券。

(5) 供求关系。债券的市场价格还决定于资金和债券供给间的关系。在经济发展呈上升趋势时，企业一般要增加设备投资，所以它一方面因急需资金而抛出债券，另一方面它会从金融机构借款或发行公司债，这样就会使市场的资金趋紧而债券的供给量增大，从而引起债券价格下跌。而当经济不景气时，生产企业对资金的需求将有所下降，金融机构则会因贷款减少而出现资金剩余，从而增加对债券的投入，引起债券价格的上涨。而当中央银行、财政部门、外汇管理部门对经济进行宏观调控时也往往会引起市场资金供给量的变化，其反映一般是利率、汇率跟随变化，从而引起债券价格的涨跌。

(6) 物价波动。当物价上涨的速度较快或通货膨胀率较高时，人们出于保值的考虑，一般会将资金投资于房地产、黄金、外汇等可以保值的领域，从而引起资金供应的不足，导致债券价格的下跌。

(7) 政治因素。政治是经济的集中反映，并反作用于经济的发展。当人们认为政治形式的变化将会影响到经济的发展时，比如说在政府换届时，国家的经济政策和规划将会有大的变动，从而促使债券的持有人作出买卖政策。

(8) 投机因素。在债券交易中，人们总是想方设法地赚取价差，而一些实力较为雄厚的机构大户就会利用手中的资金或债券进行技术操作，如拉抬或打压债券价格从而引起债券价格的变动。

三、债券理论价格的计算

债券作为一种投资，现金流出是其购买价格，现金流入是利息和本金的归还，或出售时得到的现金。债券的价值或债券的内在价值，是指债券未来现金流入按投资者要求的必要投资收益率进行贴现的现值，即债券各期利息收入的现值加上债券到期偿还本金的现值之和。债券的未来现金流入包括利息流入、本金流入、转让价款流入等。债券的内在价值是投资者为取得未来的货币收入目前愿意投入的资金；只有债券的价值大于市场价格才值得购买，才能获取投资收益。因此，债券价值是债券投资决策时使用的主要指标之一。

不同的计息方法，债券价值的估算方法各有不同。

(一) 按复利计息、固定利率、定期支付利息的债券估值模型

此类债券的估值公式为：

$$V=\sum_{t=1}^{n}\frac{I}{(1+K)^t}+\frac{M}{(1+K)^n}=I(P/A,K,n)+M(P/F,K,n) \tag{3.1}$$

式中：V——债券价值；

I——债券每期的利息；

M——债券的面值，即到期的本金；

K——贴现率，即投资者要求的最低报酬率或市场利率；

n——付息的总期数；

$(P/A，K，n)$——年金现值系数；

$(P/F，K，n)$——复利现值系数。

[例 3—1] 某债券面值为 1 000 元，票面利率为 10%，期限为 5 年，当前的市场利率为 12%，当前债券的市场价格为 920 元，该债券是否值得企业购买？

解：$V=\sum_{t=1}^{n}\frac{I}{(1+K)^t}+\frac{M}{(1+K)^n}=I(P/A,K,n)+M(P/F,K,n)$

$=1\,000\times10\%\times(P/A，12\%，5)+1\,000\times(P/F，12\%，5)$

$=100\times3.6048+1000\times0.5674=927.88$（元）

由于债券的价值为927.88元，大于市场价格920元，因此，该债券值得企业购买。

［例3—2］ 假设面值为1 000元、票面利率为6%、期限为3年的债券，每年付息一次，三年后归还本金，如果投资者的预期年收益率是9%，那么该债券的内在价值是多少？

解：$V=\frac{60}{1+0.09}+\frac{60}{(1+0.09)^2}+\frac{60}{(1+0.09)^3}+\frac{1000}{(1+0.09)^3}$

$=924.06$(元)

（二）到期一次还本付息，且按单利计算利息的债券估值模型

此类债券的估值公式为：

$$V=\frac{M(1+i\times n)}{(1+K)^n}=M(1+i\times n)(P/F,K,n) \tag{3.2}$$

［例3—3］ C企业拟购买A债券，该债券的面值为100元，期限为8年，票面利率6%，不计复利，当前市场利率为4%，A债券的发行价格为多少时，C企业才会购买？

解：$V=100\times(1+6\%\times8)\times(P/F,4\%,8)$

$=148\times0.7307$

$=108.14$(元)

即债券价格必须低于108.14元时，C企业才会购买。

（三）贴现发行债券的估值模型

贴现发行的债券，是指将债券面额按一定利率和计息期折成现值发行，到期时债券面额就等于本利之和。贴现债券的特点是只标明金额，不标明利率（是根据市场利率来确定其价值的），以低于面值的价格发行，到期时按面值偿还。其估值公式为：

$$V=\frac{M}{(1+k)^n}=M(P/F,K,n) \tag{3.3}$$

［例3—4］ B债券面值为1 000元，期限为3年，以贴现方式发行，到期按面值偿还，市场利率为8%。企业在其价格为多少时购买才值得投资？

解：$V=\frac{M}{(1+k)^n}=M(P/F,K,n)=1000(P/F,8\%,3)=1000\times0.7938$

$=793.8$(元)

该债券的价格只有在低于793.8元时，企业才能购买。

（四）永久债券的估值模型

永久债券的估值模型公式为：

$$V=\frac{I}{K} \tag{3.4}$$

［例3—5］ 假设面值为1 000元、票面利率为5%的永久公债，每年付息一次，如果投资者的预期年收益率是10%，那么该债券的内在价值是多少？

解：$V=\frac{I}{K}=\frac{1000\times5\%}{10\%}=500$(元)

一般而言，对于分期付息的新发债券和复利计息、到期一次还本付息的新发债券来讲，当必要报酬率等于票面利率时，债券价值一定等于债券面值；当必要报酬率高于票面利率时，债券的价值一定低于债券面值；当必要报酬率低于债券利率时，债券的价值一定高于债券面值。

第四节　债券的收益和风险

一、债券收益的内容

（一）利息

债券利息，是指债券持有人因购买债券向债券发行人领取的定期利息收入，亦即债券发行人为筹措资金发行债券而向投资者支付的报酬。它是债券收益的表现形式。债券利息的多少取决于债券利率的高低，而在一般情况下，债券利率在发行债券时已明确规定。

（二）资本损益

债券投资的资本损益，是指债券买入价与卖出价或买入价与到期偿还额之间的差额。当卖出价或偿还额大于买入价时，为资本收益；当卖出价或偿还额小于买入价时，为资本损失。

二、债券收益率

（一）到期收益率

1. 到期收益率的计算

到期收益率，是指按当前市场价格购买债券并持有至到期日或转让日计算的所能获得的预期收益率，即能使未来现金流入现值等于债券买入价格的贴现率。计算到期收益率的方法是求解含有贴现率的方程：

债券购买价格＝现金流入现值

债券购买价格＝每年利息×年金现值系数＋面值×复利现值系数

用公式表达为：

$$P_0=I\times(P/A,K,n)+M\times(P/F,K,n) \tag{3.5}$$

式中，P_0——购买价格；

K——所求的到期收益率。

对于平价发行、每年付一次息的债券来说，其到期收益率就是票面利率。

［例3—6］　D公司于2010年6月1日以1 105元的价格购买一张面值为1 000元、5年期的债券，其票面利率为8%，每年计算并支付一次。该债券的到期收益率是多少？

解：$1\ 105=1\ 000\times8\%\times(P/A,K,5)+1\ 000\times(P/F,K,5)$

可采用“逐步测试法”求出到期收益率：

① 通过购买价格和债券面值，可以判断该债券的到期收益率一定低于8%。

先用$K=6\%$试算：

$$\begin{aligned}1\ 000\times8\%\times(P/A,6\%,5)+1\ 000\times(P/F,6\%,5)&=800\times4.212\ 4+1\ 000\times0.747\ 3\\&=1\ 084.04(\text{元})\end{aligned}$$

② 由于贴现结果小于1 105元，说明应进一步降低贴现率。

先用$R=5\%$试算：

$$1\ 000\times8\%\times(P/A,5\%,5)+1\ 000\times(P/F,5\%,5)$$

$$=800\times4.3295+1000\times0.7835=1129.86(\text{元})$$

贴现结果大于 1 105 元，由此判断，收益率介于 5%—6%之间，用内插法计算近似值：

$$K=5\%+\frac{1105-1129.86}{1084.04-1129.86}=5.54\%$$

如果债券不是定期付息，而是到期一次还本付息或用其他方式付息，利息计算按单利计算，那么即使平价发行，到期收益率也可能与票面利率不同。根据“购买价格=现金流入现值”，到期一次还本付息的内在收益率计算公式为：

$$\frac{P_0}{M(1+i\times n)}=(P/F,K,n) \tag{3.6}$$

式中，K 为到期收益率。

［例 3—7］ E 公司 2010 年 2 月 1 日平价购买一张面额为 1 000 元的债券，其票面利率为 8%，按单利计算，5 年后到期，一次还本付息。该公司持有该债券至到期日，计算到期收益率。

解：$\frac{P_0}{M(1+i\times n)}=(P/F,K,n)=\frac{1000}{1000\times(1+5\times8\%)}=0.7143$

通过查表可得，到期收益率在 7%左右，如果需要精确数值可以通过插值法计算，此处略。

2. 到期收益率的决策标准

到期收益率是指导选购债券的标准，它可以反映债券投资按复利计算的真实收益率。如果此收益率高于投资者要求的报酬率，则可买进；否则就应放弃。

（二）持有期收益率

持有期收益率，是指投资者购入债券后持有一定时期，在债券到期前将其出售，投资者获得的实际收益率。如果是定期付息、一次还本的债券，其计算公式为：

$$\text{持有期收益率}=\frac{\text{已获年利息}+(\text{卖出价}-\text{买入价})\div\text{持有期限}}{\text{买入价}}\times100\% \tag{3.7}$$

［例 3—8］ 某债券面值为 100 元，年利率为 6%，期限 5 年，企业以 95 元买进，预计两年后会涨到 98 元并在那时卖出。试计算企业债券的持有期收益率。

解：企业债券持有期收益率为：

$$\text{持有期收益率}=\frac{\text{已获年利息}+(\text{卖出价}-\text{买入价})\div\text{持有期限}}{\text{买入价}}\times100\%$$

$$=[100\times6\%+(98-95)\div2]\div95\times100\%=7.89\%$$

如果是到期一次还本付息的债券，其持有期收益率可用下式计算：

$$\text{持有期收益率}=\frac{(\text{卖出价}-\text{买入价})\div\text{持有期限}}{\text{买入价}}\times100\%$$

三、债券投资的风险

尽管债券的利率一般是固定的，但是债券投资和其他投资一样是有风险的。债券投资的风险包括违约风险、利率风险、购买力风险、流动性风险和再投资风险。

（一）违约风险

违约风险，是指借款人无法按时支付债券利息和偿还本金的风险。财政部发行的国库券，由于有政府作担保，所以没有违约风险。除中央政府以外的地方政府和公司发行的债券则或多或少地有违约风险。因此，信用评估机构要对中央政府以外部门发行的债券进行评价，以反映其违约风险。必要时，投资人也可以对发行债券企业的偿债能力直接进行分析。避免违约风险的方法是不买质量差的债券。

（二）利率风险

利率风险，是指由于利率变动而使投资者遭受损失的风险。由于债券价格会随利率变动，即使没有违约风险的国库券，也会有利率风险。

［**例 3—9**］ 2012 年初，F 公司按面值购进国库券 100 万元，年利率 3%，3 年期，单利计息，到期一次还本付息。2013 年初，市场利率上升到 4%。试计算市场利率变化对国库券价格的影响。

解：国库券到期时价值＝100×(1＋3×3%)＝109(万元)

三年后的现值＝109÷(1＋4%)2＝100.78(万元)

2013 年初的本利和＝100×(1＋3%)＝103(万元)

损失＝103－100.78＝2.22(万元)

由此可见，这批国库券的价格将下降到约 100.78 万元，损失 2.22 万元。

债券的到期时间越长，则利率风险越大，但长期债券的利率一般比短期债券高。减少利率风险的办法是分散债券的到期日。

（三）购买力风险

购买力风险，是指由于通货膨胀而使货币购买力下降的风险。在通货膨胀期间，购买力风险对于投资者相当重要。当通货膨胀发生，货币的实际购买能力下降，就会造成有时候即使投资者的投资收益在量上增加，而在市场上购买的东西却相对减少。一般来说，预期报酬率会上升的资产，其购买力风险低于报酬率固定的资产。例如，房地产、普通股等投资受到的影响较小，而收益长期固定的债券受到的影响较大，前者更适合作为减少通货膨胀损失的避险工具。

（四）流动性风险

流动性风险又称变现力风险，是指无法在短期内以合理价格卖掉资产的风险。这意味着，如果投资人遇到一个更好的投资机会想出售现有资产以便再投资，但在短期内找不到愿意出合理价格的买主，只能把价格降低或要花较多时间才能找到买主，对投资者来讲有可能丧失新的投资机会或承受降价带来的损失。例如，当购买小公司债券的投资者准备在短期内出售时，小公司债券没有活跃的市场，就只能折价出让；而如果投资者当初购买的是国库券，则可以在极短的时间里以合理的市价将其售出，因为国库券有一个活跃的市场，一定程度上可以规避流动性风险。

（五）再投资风险

企业在选择购买长、短期债券时，购买短期债券而没有购买长期债券，可能存在再投资风险。例如，当长期债券的利率为 8%，短期债券的利率为 6%，为减少利率风险投资者会选择购买了短期债券。在短期债券到期收回现金时，如果市场利率降低到 5%，那么投资者只能找到报酬率大约 5%的投资机会，不如当初买长期债券，此时仍可获得 8%的收益率。

（六）企业经营风险

企业的经营是一个动态过程，当其经营收益每况愈下时，企业的资信等级也会随之下降，投资者将面临本息受到损失的可能。

（七）回收性风险

回收性风险，是指具有回收性条款的债券，它有强制收回的可能常常是在市场利率下降、投资者按券面的名义利率收取实际增额利息的时候，会有被收回的可能，投资者的预期收益就会遭受损失，从而产生了回收性风险。

（八）可转换风险

可转换风险具体是指可转换债券，即将债权凭证按照约定的条款，在规定的时间转换成股票，而股价变动的不确定性比债券大，投资者的投资收益相对于债券就显得损失的可能性会更大一些。

以上八种风险，利率风险、流动性风险和购买力风险统称为系统性风险，其他的都归于非系统性风险。一般来说，风险防范的原则是：对系统性风险的防范，就要针对不同的风险类别采取相应的防范措施，最大限度避免风险对债券价格的不利影响；对非系统性风险的防范，一方面要通过投资分散化来减少风险，一方面也要尽量关注企业的发展状况，充分利用各种信息、资料，正确分析，适时购进或抛出债券，以规避非系统性风险。

四、债券投资的评价

（一）债券投资的优点

债券投资有以下几个优点：

（1）资金安全性较高。与股票相比，债券投资风险比较小。政府发行的债券有国家信誉作保证，其资金的安全性非常高，通常视为无风险证券。当企业破产时，企业债券的持有者拥有优先求偿权，优先于股东分得企业资产，因此，其本金损失的可能性小。

（2）收入稳定性强。债券票面一般都标有固定利息，债务人有按时支付利息的法定义务。因此，在正常的情况下都能够获得比较稳定的收入。

（3）市场流动性好。许多债券都具有较好的流动性。政府及信用等级较高的企业发行的债券一般都可在金融市场上进行出售或转让，流动性很好。

（二）债券投资的缺点

债券投资有以下几个缺点：

（1）购买力风险较大。债券的面值和利息率在债券发行时就已确定，如果投资期间的通货膨胀率比较高，则本金和利息的购买力将不同程度地降低；在通货膨胀率非常高时，投资者虽然名义上有收益，但实际上却发生了损失。

（2）没有经营管理权。投资于债券只是获得收益的一种手段，无权对被投资企业的经营管理施以影响并加以控制。

第五节　可转换公司债券和可分离交易债券

一、可转换公司债券

（一）可转换公司债券的定义

可转换公司债券（convertible bond，convertible debenture 或 convertible note，又称

可转换债券）是一种公司发行的含有转换特征的债券，允许持有人在规定的时间内，按照规定的价格转换成发债公司确定数量的普通股股票的特殊的企业债。在招募说明中发行人承诺根据转换价格在一定时间内可将债券转换为公司普通股。可转换债券的优点包括普通股所不具备的固定收益和一般债券不具备的升值潜力。

（二）可转换公司债券的种类

1. 国内可转换债券

这是一种境内发行，以本币定值的债券。如深圳宝安股份有限公司 1993 年发行的可转换债券便属此类。

2. 外国可转换债券

指本国发行人在境内或境外发行，以某外币标明面值，或外国发行人在本国境内发行，以本币或外币表示的一种债券。如上海中纺机可转换债券就属此类，它以瑞士法郎为面值，供海外投资者（主要是瑞士投资者）购买。

3. 欧洲可转换债券

指由国际辛迪加同时在一个以上国家发行的以欧洲货币定值的可转换债券。分记名与不记名两种。此类债券每年支付一次利息，而且其利息可免征所得税。

（三）可转换公司债券的特征

可转换债券兼有债券和股票的特征：

1. 债权性

与其他债券一样，可转换债券也有规定的利率和期限，投资者可以选择持有债券至到期，收取本息。

2. 股权性

可转换债券在转换成股票之前是纯粹的债券，但在转换成股票之后，原债券持有人就由债权人变成了公司的股东，可参与企业的经营决策和股利分配，这也会在一定程度上影响公司的股本结构。

3. 可转换性

可转换性是可转换债券的重要标志，债券持有人可以按约定的条件将债券转换成股票。转股权是投资者享有的、一般债券所没有的选择权。可转换债券在发行时就明确约定，债券持有人可按照发行时约定的价格将债券转换成公司的普通股票。如果债券持有人不想转换，则可以继续持有债券，直到偿还期满时收取本金和利息，或者在流通市场出售变现。如果持有人看好发债公司的股票增值潜力，在宽限期之后可以行使转换权，按照预定转换价格将债券转换成股票，发债公司不得拒绝。正因为具有可转换性，可转换债券利率一般低于普通公司债券利率，企业发行可转换债券可以降低筹资成本。

可转换债券持有人还享有在一定条件下将债券回售给发行人的权利，发行人在一定条件下拥有强制赎回债券的权利。

可转换债券兼有债券和股票的双重特点，对企业和投资者都具有吸引力。1996 年我国政府决定选择有条件的公司进行可转换债券的试点，1997 年颁布了《可转换公司债券管理暂行办法》，2001 年 4 月中国证监会发布了《上市公司发行可转换公司债券实施办法》，极大地规范、促进了可转换债券的发展。

可转换债券具有双重选择权的特征。一方面，投资者可自行选择是否转股，并为此承担可转换债券利率较低的机会成本；另一方面，可转换债券发行人拥有是否实施赎回条款的选择权，并为此要支付比没有赎回条款的可转换债券更高的利率。双重选择权是可转换公司债券最主要的金融特征，它的存在使投资者和发行人的风险、收益限定在一定的范围以内，并可以利用这一特点对股票进行套期保值，获得更加确定的收益。

（四）可转换公司债券的要素

可转换债券有若干要素，这些要素基本上决定了可转换债券的转换条件、转换价格、市场价格等总体特征。

1. 有效期限和转换期限

就可转换债券而言，其有效期限与一般债券相同，指债券从发行之日起至偿清本息之日止的存续期间。转换期限是指可转换债券转换为普通股票的起始日至结束日的期间。大多数情况下，发行人都规定一个特定的转换期限，在该期限内，允许可转换债券的持有人按转换比例或转换价格转换成发行人的股票。我国《上市公司证券发行管理办法》规定，可转换公司债券的期限最短为 1 年，最长为 6 年，自发行结束之日起 6 个月方可转换为公司股票。

2. 股票利率或股利率

可转换公司债券的票面利率（或可转换优先股票的股利率）是指可转换债券作为一种债券时的票面利率（或优先股股利率），发行人根据当前市场利率水平、公司债券资信等级和发行条款确定，一般低于相同条件的不可转换债券（或不可转换优先股票）。可转换公司债券应半年或 1 年付息 1 次，到期后 5 个工作日内应偿还未转股债券的本金及最后 1 期利息。

3. 转换比例或转换价格

转换比例是指一定面额可转换债券可转换成普通股票的股数。用公式表示为：

$$转换比例=\frac{可转换债券面值}{转换价格}$$

转换价格是指可转换债券转换为每股普通股份所支付的价格。用公式表示为：

$$转换价格=\frac{可转换债券面值}{转换比例}$$

4. 赎回条款与回售条款

赎回是指发行人在发行一段时间后，可以提前赎回未到期的发行在外的可转换公司债券。

赎回条件一般是当公司股票在一段时间内连续高于转换价格达到一定幅度时，公司可按照事先约定的赎回价格买回发行在外尚未转股的可转换公司债券。

回售是指公司股票在一段时间内连续低于转换价格达到某一幅度时，可转换公司债券持有人按事先约定的价格将所持可转换债券卖给发行人的行为。

赎回条款和回售条款是可转换债券在发行时规定的赎回行为和回售行为发生的具体市场条件。

5. 转换价格修正条款

转换价格修正是指发行公司在发行可转换债券后，由于公司尚未送股、配股、增发股票、分立、合并、分拆及其他原因导致发行人股份发生变动，引起公司股票名义价格下降时而对转换价格所做的必要调整。

（五）可转换公司债券的发展历史

自 1843 年美国纽约 Erie Railway 公司发行第一只可转换公司债券（以下简称可转债）

开始，可转债在世界资本市场上已有一百多年的历史。而中国可转债融资历史较短，进入20世纪90年代以后，随着股票市场的建立才开始出现。

可转债在中国的发展经历了一个不断积累经验、逐步完善的过程，大致可划分为三个时期：

1. 可转债的探索期（1998年以前）

20世纪90年代，中国企业开始尝试运用可转债来解决企业的融资问题。从1991年8月起，先后有琼能源、成都工益、深宝安、中纺机、深南玻等企业在境内外发行了可转债。琼能源、成都工益两家公司是利用可转债发行新股，前者获得了3 000万元中30%的转股成功，并于1993年6月在深圳证券交易所上市；后者于1993年5月实现转股，并于1994年1月在上海证券交易所上市。深宝安、中纺机和深南玻三家公司了针对上市公司的可转债。其中，宝安转债承受了转股失败的结果；中纺机转债遭受了巨大的外汇损失；南玻转债接受了投资者提前回售的结果。尽管三家公司可转债的发行、交易和转股情况因具体的主客观因素的差异而各不相同，但它们发行可转债的尝试从不同的角度、以不同的方式为中国可转债的运作积累了经验教训，为中国可转债的大规模推广打下了基础。

2. 可转债的试点期（1998—2000年）

根据可转债试点的主体和时间的先后，这一阶段又可分成两个子阶段：

（1）在重点国企进行试点，可转债表现出提前发行股票，必转而非可转的特征。

1997年3月25日国务院证券委员会发布了《可转换公司债券管理暂行办法》，同时国务院决定在500家重点国有未上市公司中进行可转债的试点工作，发行总规模暂定为40亿元。1998年两家试点国有未上市企业可转债——南化转债和丝绸转债分别上市发行，表明中国可转债的发行正式拉开了序幕。随后，1999年重点国企茂名石化也发行了可转债。

这次试点不同于第一阶段可转债的发行尝试，是中国可转债发展史上第一次规范化的运作。上述三只可转债在发行时机、发行条款上比以往更加审慎和细致，在许多方面也颇有创新。但由于是未上市公司发行可转债，其转股标的的股票是未来上市的股票，因此在某些方面显示出特殊的性质。例如，这三只可转债都设置了“到期无条件强制性转股条款”，这意味着这三只可转债是“必转”债券而非“可转”债券，投资者到期必须转股。但国际市场上标准的可转债赋予投资者的是转换的权利，而非义务：投资者可以将债券持有到期，也可转换成股票。南化、丝绸和茂炼三只可转债虽有“可转债”之名，但投资者却不具备转换与否的选择权，除非这三家公司的A股无法在规定的期限内发行上市，否则，一旦其股票上市，转股也就成为必然。从上述“必转”而非“可转”的性质来理解，这三只可转债实属股权融资而非债权融资。此外，这三只可转债的转股价都是根据未来股票的发行价来估计，在这种情况下可转债的合理价位根本无法确定，价格波动区间很大，可转债的价格将会受未来公司盈利、股本结构、二级市场市盈率和上市时间等条件的变化而发生大幅波动，具有很大的不确定性和投机性。未上市企业发行可转债虽让发行人和投资者尝到了转股和获利的喜悦，但需要特别指出的是，由未上市的国有企业发行可转债并不是一个好的选择。

（2）在上市公司进行试点，可转债表现出转股过快的特征。

2000年2月25日和3月17日机场、鞍钢两只规范化的可转债分别上市发行，这标志着中国在金融创新方面迈出了坚实的一步，给资本市场带来了新的活力。试点期这些可转债的实践让我们看到了未来可转债发展的希望，但这一阶段存在着非常特殊的现象，就是转股速度过快。鞍钢转债的发行时机处于股价从熊转牛的初期阶段，转股价的定位较低，伴随股价的高涨，大部分投资者都迅速将可转债转换成股票；在进入转股期最初的 11 天内就有近 70%的可转债转换成股票，最终导致在半年多一点的时间内鞍钢转债就基本走完了其历程。此外，股价表现较为沉寂的机场转债也在发行后一年多的时间内就实现近一半数量的转股。究其原因，一方面是在可转债交易过程中，经常出现可转债价值被低估的情况，投资者存在一定的套利行为；另一方面则充分反映出中国缺乏相应的可转债投资群体，大部分投资者希望从股票投资中获利。这些情况说明中国可转债市场仍然非常不健全。

3. 可转债的发展期（2001 年至今）

2001 年 4 月底出台的《上市公司发行可转换公司债券实施办法》及《上市公司发行可转换公司债券申请文件》、《可转换公司债券募集说明书》和《可转换公司债券上市公告书》三个配套文件是上市公司 2002—2004 年可转债发行热潮的助推器，它们从政策上保证和强调了可转债合法的市场地位。自 2001 年开始，可转债市场有了很大的改观，发行或准备发行可转债的上市公司数量迅速增加，转债的发行规模也迅速扩大，中国资本市场出现了一场“可转债热”。

二、可分离交易债券

（一）可分离交易债券的定义

可分离交易债券的全称是“认股权和债券分离交易的可转换公司债券”，它是债券和股票的混合融资品种。可分离交易债券由两大部分组成，一是可转换债券，二是股票权证。可转换债券是上市公司发行的一种特殊的债券，债券在发行的时候规定了到期转换的价格，债权人可以根据市场行情把债券转换成股票，也可以把债券持有至到期归还本金并获得利息。股票权证是指在未来规定的期限内，按照规定的协议价买卖股票的选择权证明，根据买或卖的不同权利，可分为认购权证和认沽权证。因此，对于可分离交易债券业已简单地理解成“买债券送权证”的创新品种。

（二）可分离交易债券的特点

可分离交易债券与普通可转债不同，有其自身特点。

首先，可分离交易债券与普通可转债的本质区别在于债券与期权可分离交易。传统的可转债兼有债性和股性，而可分离交易债券的特点就是实现了债性和股性的分离，其流动性比普通可转债更强。也就是说，可分离交易债券的投资者在行使了认股权利后，其债权依然存在，仍可持有至到期归还本金并获得利息；而普通可转债的投资者一旦行使了认股权利，则其债权就不复存在了。

其次，可分离交易债券不设重设和赎回条款，有利于发挥发行公司通过业绩增长来促成转股的正面作用，避免了普通可转债发行人往往不是通过提高公司经营业绩、而是以不断向下修正转股价或强制赎回方式促成转股而给投资者带来的损害。同时，可分离交易债券持有人与普通可转债持有人同样被赋予一次回售的权利，从而极大地保护了投资者的利益。

再次，普通可转债中的认股权一般是与债券同步到期的，可分离交易债券则不同。可分离交易债券认股权证的存续期间不超过公司债券的期限，自发行结束之日起不少于六个月。发行后，公司债券和认股权证分别在交易所债券市场和权证市场交易，债券到期偿还本金和支付约定的利息；认股权证可以出售，也可以到期行权。

最后，与普通可转债相比，其向市场传递的信息也有很大不同。由于我国可转债的条款设计使其更近似于股权融资，使得股权融资与债权融资传递的市场信息混淆，而可分离交易债券对公司还本付息存在刚性压力，传递的债券融资信息更为明显。

（三）可分离交易债券的优点

（1）发行规模较大，融资成本较低，溢价幅度较高，可两次融资。

（2）具有安全和投机双重特性，流动性好，投资吸引力强。

本章小结

债券是一种重要的投资工具，是一种有价证券，是由政府、公司（企业）、金融机构为筹集资金而出具的承诺按一定利率定期支付利息、到期偿还本金的债权债务凭证。本章介绍了债券的概念、特征、性质和种类，作为投资工具表现为期限性、收益性、安全性和流动性的基本特征。但不同种类债券的特性也不同。债券的分类标准比较多，如按发行主体分类；按付息方式分类；按计息方式分类；按债券的形态分类；按利率是否固定分类；按偿还期限分类；按有无抵押担保分类等。本章重点研究了政府债券、金融债券和公司债券作为投资工具而表现出的不同特点，对债券价值的评估及收益和风险也作了详细介绍，最后介绍了可转换公司债券和可分离交易债券。

关键术语

债券	债券价格	付息债券	贴现债券	凭证式国债
记账式国债	欧洲债券	外国债券	政府债券	公司债券
金融债券	可转换债券	可分离交易债券		

习题

1. 简述债券的种类。

2. 债券与股票的区别有哪些？

3. 某公司于 2013 年 8 月 1 日发行面值为 1 000 元的债券，其票面利率为 8%，期限为 5 年，每年 8 月 1 日计算并支付利息，如果必要报酬率是 6%，试计算该债券的价值。若每半年计算并支付利息，该债券的价值又是多少？

4. 假定某投资者按 1 000 元的价格购买了年利息收入为 80 元的债券，并持有 2 年后以 1 060 元的价格卖出，该投资者的持有期收益率是多少？

5. 假定某投资者按 870 元的价格购买了一次还本付息的债券，并持有 2 年后以 990 元的价格卖出，该投资者的持有期收益率是多少？

案例分析

美伦公司是集体所有制企业，由于市场疲软，濒临倒闭。但由于美伦公司一直是其所在县的利税大户，县政府采取积极扶持的政策。为了转产筹集资金，美伦公司经理向县政府申请发行债券，县政府予以批准，并协助美伦公司向社会宣传。于是美伦公司发行的价值150万元的债券很快顺利发行完毕。债券的票面记载为：票面金额100元，年利率15%，美伦公司以及发行日期和编号。美伦公司债券的发行有哪些问题？

思考

(1) 我国《公司法》规定，股份有限公司、国有独资公司和两个以上的国有企业或者其他两个以上的国有投资主体投资设立的有限责任公司，为筹集生产经营资金，可以依照本法发行公司债券。美伦公司是集体所有制企业，不具备发行债券的资格，发行主体不合格。

(2) 发行公司债券要由公司董事会作出方案、由股东大会作出决议后，由公司向国务院证券管理部门申请批准后才能发行。而本案中，由县政府批准发行债券，这是不符合法律规定的。

(3)《公司法》规定，公司发行债券必须在债券上载明公司的名称、债券票面金额、利率、偿还期限等事项，并由董事长签名，公司盖章。本案中，债券票面缺少法定记载事项。

(4) 证券的发行应当由证券公司承销，而不能由美伦公司自行发售。

第四章

证券投资基金

本章要点：

- 证券投资基金的概念及功能
- 证券投资基金的运作与参与主体
- 证券投资基金的种类
- 我国证券投资基金的设立、发行和交易

导入案例

投资新宠：艺术品私募基金正涌来

艺术品、房市、股市已经成为三大重要投资渠道。艺术品基金为普通投资者参与艺术品投资打开了大门。

艺术品投资可以真正成为抵抗通货膨胀的投资方式，而且艺术品具备长期价值，时间越久远，艺术品价值就越高。投资艺术品，艺术基金是最好的渠道。

艺术品投资的成功关键在于挑选作品的专业度、市场信息掌握度、买卖途径、人脉网络等因素。对于一般投资者而言，投资艺术品技术门槛太高，风险相对较高。但投资艺术品的收益较好，因此艺术品基金在近年一跃成为投资新宠。

民生银行曾预测艺术品市场吸纳的资金应该在100亿～200亿元之间。数据显示，中国艺术品投资收益较高，书画作品的年均投资收益率超过20%，瓷器市场的投资收益率以每年30%左右的速度上涨，当代书画拍卖价格更是节节攀升。因此，2009年以来，中国内地的房地产公司、拍卖公司、金融投资公司、私募基金、策展人与画廊等，前赴后继投入艺术品基金的募集。而且，从目前公布的收益率来看，这些艺术品基金的收益率超过10%。民生银行第一款艺术品理财产品到期收益率超过25%。

从海外市场看，在经济发达国家，艺术品投资和收藏早已成为人们经济生活中不可或缺的重要组成部分。投资艺术品，不但保值功能强，抗风险力强，而且升值也非常可观。据专业分析机构报道，近20年来全世界艺术品市场每年的投资增长率超过30%。

艺术品的价值还取决于所在国家文化的价值。中国文化目前在国际的影响力还不够。但随着大国崛起，文化相关资产也会进行价值重估，这也是中国艺术品未来的潜力之一。随着艺术品金融化步伐的加快，中国艺术品市场一定会有爆发。

第一节　证券投资基金概述

一、证券投资基金的概念及功能

（一）概念

证券投资基金（以下简称“基金”）是指通过发售基金份额，将众多投资者的资金集中起来，形成独立财产，由基金托管人托管，基金管理人管理，以投资组合的方式进行证券投资的一种利益共享、风险共担的集合投资方式。

证券投资基金通过发行基金份额的方式募集资金，个人投资者或机构投资者通过购买一定数量的基金份额参与基金投资。基金所募集的资金在法律上具有独立性，由选定的基金托管人保管，并委托基金管理人进行股票、债券的分散化组合投资。基金投资者是基金的所有者。基金投资收益在扣除由基金承担的费用后的盈余全部归基金投资者所有，并依据各个投资者所购买的基金份额的多少在投资者之间进行分配。每只基金都会订立基金合同，基金管理人、基金托管人和基金投资者的权利、义务在基金合同中有详细约定。基金公司在发售基金份额时都会向投资者提供一份招募说明书。有关基金运作的各个方面，如基金的投资目标与理念、投资范围与对象、投资策略与限制、基金的发售与买卖、基金费用与收益分配等，都会在招募说明书中详细说明。基金合同与招募说明书是基金设立的两个重要法律文件。

（二）证券投资基金与其他金融工具的比较

1. 基金与股票、债券的差异

（1）反映的经济关系不同。股票反映的是一种所有权关系，是一种所有权凭证，投资者购买股票后就成为公司的股东；债券反映的是债权债务关系，是一种债权凭证，投资者购买债券后就成为公司的债权人；基金反映的则是一种信托关系，是一种受益凭证，投资者购买基金份额就成为基金的受益人。

（2）所筹资金的投向不同。股票和债券是直接投资工具，筹集的资金主要投向实业领域；基金是一种间接投资工具，所筹集的资金主要投向有价证券等金融工具或产品。

（3）投资收益与风险大小不同。通常情况下，股票价格的波动性较大，是一种高风险、高收益的投资品种；债券可以给投资者带来较为确定的利息收入，波动性也较股票要小，是一种低风险、低收益的投资品种；基金投资于众多股票，能有效分散风险，是一种风险相对适中、收益相对稳健的投资品种。

2. 基金与银行储蓄存款的差异

截至目前，由于开放式基金主要通过银行代销，许多投资者误认为基金是银行发行的金融产品，与银行储蓄存款没有太大区别。实际上，二者有着本质的不同，主要表现在以下几个方面：

（1）性质不同。基金是一种受益凭证，基金财产独立于基金管理人；基金管理人只是受托管理投资者资金，并不承担投资损失的风险。银行储蓄存款表现为银行的负债，是一种信用凭证；银行对存款者负有法定的保本付息责任。

（2）收益与风险特性不同。基金收益具有一定的波动性，投资风险较大；银行存款利率相对固定，投资者损失本金的可能性很小，投资相对比较安全。

（3）信息披露程度不同。基金管理人必须定期向投资者公布基金的投资运作情况；银行吸收存款之后，不需要向存款人披露资金的运用情况。

二、证券投资基金的性质

根据证券投资基金的含义，我们可以看出其性质体现在以下几个方面：

（一）证券投资基金是一种集合投资制度

证券投资基金是一种积少成多的整体组合投资方式，它从广大的投资者那里聚集巨额资金，组建投资管理公司进行专业化管理和经营。在这种制度下，资金的运作受到多重监督。

（二）证券投资基金是一种信托投资方式

它与一般金融信托关系一样，主要有委托人、受托人、受益人三个关系人，其中受托人与委托人之间订有信托契约。但证券基金作为金融信托业务的一种形式，又有自己的特点。如从事有价证券投资主要当事人中还有一个不可缺少的托管机构，它不能与受托人（基金管理公司）由同一机构担任，而且基金托管人一般是法人；基金管理人并不对每个投资者的资金都分别加以运用，而是将其集合起来，形成一笔巨额资金再加以运作。

（三）证券投资基金是一种金融中介机构

它存在于投资者与投资对象之间，起着把投资者的资金转换成金融资产，通过专门机构在金融市场上再投资，从而使货币资产得到增值的作用。证券投资基金的管理者对投资者所投入的资金负有经营、管理的职责，而且必须按照合同（或契约）的要求确定资金投向，保证投资者的资金安全和收益最大化。

（四）证券投资基金是一种证券投资工具

它发行的凭证即基金券（或受益凭证、基金单位、基金股份）与股票、债券一起构成有价证券的三大品种。投资者通过购买基金券完成投资行为，并凭此分享证券投资基金的投资收益，承担证券投资基金的投资风险。

三、证券投资基金的特征

基金作为一种现代化的投资工具，主要具有以下几个特征：

（一）集合理财、专业管理

基金将众多投资者的资金集中起来，委托基金管理人进行共同投资，表现出一种集合理财的特点。通过汇集众多投资者的资金，积少成多，有利于发挥资金的规模优势，降低投资成本。基金由基金管理人进行投资管理和运作。基金管理人一般拥有大量的专业投资研究人员和强大的信息网络，能够更好地对证券市场进行全方位的动态跟踪与深入分析。将资金交给基金管理人管理，使中小投资者也能享受到专业化的投资管理服务。

（二）组合投资、分散风险

为降低投资风险，一些国家的法律通常规定基金必须以组合投资的方式进行基金的投资运作，从而使“组合投资、分散风险”成为基金的一大特色。中小投资者由于资金量小，一般无法通过购买数量众多的股票分散投资风险。基金通常会购买几十种甚至上百种股票，投资者购买基金就相当于用很少的资金购买了一篮子股票，在多数情况下，某些股票下跌造成的损失可以用其他股票上涨的盈利来弥补，因此可以充分享受到组合投资、分散风险的好处。

（三）利益共享、风险共担

证券投资基金实行“利益共享、风险共担”的原则。基金投资者是基金的所有者。基金投资收益在扣除由基金承担的费用后的盈余全部归基金投资者所有，并依据各投资者所持有的基金份额比例进行分配。为基金提供服务的基金托管人、基金管理人只能按规定收取一定比例的托管费、管理费，并不参与基金收益的分配。

（四）严格监管、信息透明

为切实保护投资者的利益，增强投资者对基金投资的信心，各国（地区）基金监管机构都对基金业实行严格的监管，对各种有损于投资者利益的行为进行严厉的打击，并强制基金进行及时、准确、充分的信息披露。在这种情况下，严格监管与信息透明也就成为基金的另一个显著特点。

（五）独立托管、保障安全

基金管理人负责基金的投资操作，本身并不参与基金财产的保管，基金财产的保管由独立于基金管理人的基金托管人负责，这种相互制约、相互监督的制衡机制对投资者的利益提供了重要的保障。

四、证券投资基金的作用

（一）基金为中小投资者拓宽了投资渠道

对中小投资者来说，存款或购买债券较为稳妥，但收益率较低；投资于股票可能获得较高收益，但风险较大。证券投资基金作为一种新型的投资工具，将众多投资者的小额资金汇集起来进行组合投资，由专家来管理和运作，经营稳定，收益可观，为中小投资者提供了较为理想的间接投资工具，大大拓宽了中小投资者的投资渠道。在美国，有50%左右的家庭投资于基金，基金占所有家庭资产的40%左右。因此可以说，基金已进入寻常百姓家，成为大众化的投资工具。

（二）有利于证券市场的稳定与发展

第一，基金的发展有利于证券市场的稳定，证券市场的稳定与否同市场的投资者结构密切相关。基金的出现和发展，能有效地改善证券市场的投资者结构。基金由专业投资者经营管理，其投资经验比较丰富，收集和分析信息的能力较强，投资行为相对理性，客观上能起到稳定市场的作用。同时，基金一般注重资本的长期增长，多采取长期的投资行为，较少在证券市场频繁进出，能减少证券市场的波动。第二，基金作为一种主要投资于证券市场的金融工具，它的出现和发展增加了证券市场的投资品种，扩大了证券市场的交易规模，起到了丰富和活跃证券市场的作用。随着基金的发展壮大，它已成为推动证券市场发展的重要动力。

第二节　证券投资基金的运作与参与主体

一、证券投资基金的运作

基金的运作包括基金的市场营销、基金的募集、基金的投资管理、基金资产的托管、基金份额的登记、基金的估值与会计核算、基金的信息披露以及其他基金运作活动在内的所有相关环节。基金的运作活动从基金管理人的角度看，可以分为基金的市场营销、基金的投资管理与基金的后台管理三大部分。基金的市场营销主要涉及基金份额的募集与客户服务，基金的投资管理体现了基金管理人的服务价值，而包括基金份额的注册登记、基金资产的估值、会计核算、信息披露等的后台管理服务则对保障基金的安全运作起着重要的作用。

二、基金的参与主体

在基金市场上，存在许多不同的参与主体。依据所承担的职责与作用的不同，可以将基金市场的参与主体分为基金当事人、基金市场服务机构、监管机构和自律组织三大类。

（一）证券投资基金当事人

我国的证券投资基金依据基金合同设立，基金份额持有人、基金管理人与基金托管人是基金的当事人，简称基金当事人。

1. 基金份额持有人

基金份额持有人即基金投资者，是基金的出资人、基金资产的所有者和基金投资回报的受益人。按照《中华人民共和国证券投资基金法》（以下简称《证券投资基金法》）的规定，我国基金份额持有人享有以下权利：分享基金财产收益，参与分配清算后的剩余基金财产，依法转让或者申请赎回其持有的基金份额，按照规定要求召开基金份额持有人大会，对基金份额持有人大会审议事项行使表决权，查阅或者复制公开披露的基金信息资料，对基金管理人、基金托管人、基金销售机构损害其合法权益的行为依法提出诉讼，基金合同约定的其他权利。

2. 基金管理人

基金管理人是基金产品的募集者和管理者，其最主要职责就是按照基金合同的约定，负责基金资产的投资运作，在有效控制风险的基础上为基金投资者争取最大的投资收益。基金管理人在基金运作中具有核心作用，基金产品的设计、基金份额的销售与注册登记、基金资产的管理等重要职能多半由基金管理人或基金管理人选定的其他服务机构承担。在我国，基金管理人只能由依法设立的基金管理公司担任。

3. 基金托管人

为了保证基金资产的安全，《证券投资基金法》规定，基金资产必须由独立于基金管理人的基金托管人保管，从而使得基金托管人成为基金的当事人之一。基金托管人的职责主要体现在基金资产保管、基金资金清算、会计复核以及对基金投资运作的监督等方面。在我国，基金托管人只能由依法设立并取得基金托管资格的商业银行担任。

（二）证券投资基金市场服务机构

基金管理人、基金托管人既是基金的当事人，又是基金的主要服务机构。除基金管理人与基金托管人外，基金市场上还有许多面向基金提供各类服务的其他机构。这些机构主要包括：基金销售机构、注册登记机构、律师事务所、会计师事务所、基金投资咨询公司、基金评级公司等。

1. 基金销售机构

基金销售机构是受基金管理公司委托从事基金代理销售的机构。通常，只有机构客户或资金规模较大的投资者才直接通过基金管理公司进行基金份额的直接买卖，一般资金规模较小的普通投资者通常经过基金代销机构进行基金的申（认）购与赎回或买卖。在我国，只有中国证监会认定的机构才能从事基金的代理销售。目前，商业银行、证券公司、证券投资咨询机构、专业基金销售机构以及中国证监会规定的其他机构，均可以向中国证监会申请基金代销业务资格，从事基金的代销业务。

2. 注册登记机构

基金注册登记机构是指负责基金登记、存管、清算和交收业务的机构，其具体业务包括投资者基金账户管理、基金份额注册登记、清算及基金交易确认、股利发放、基金份额持有人名册的建立与保管等。目前，在我国承担基金份额注册登记工作的主要是基金管理公司自身和中国证券登记结算有限责任公司（以下简称“中国结算公司”）。

3. 律师事务所和会计师事务所

律师事务所和会计师事务所作为专业、独立的中介服务机构，为基金提供法律、会计服务。

4. 基金投资咨询公司与基金评级机构

基金投资咨询公司是向基金投资者提供基金投资咨询建议的中介机构；基金评级机构则是向投资者以及其他市场参与主体提供基金评价业务、基金资料与数据服务的机构。

（三）基金监管机构和自律组织

1. 基金监管机构

为了保护基金投资者的利益，世界上不同国家和地区都对基金活动进行严格的监督管理。基金监管机构通过依法行使审批或核准权，依法办理基金备案，对基金管理人、基金托管人以及其他从事基金活动的中介机构进行监督管理，如有违法违规行为进行查处，因此其在基金的运作过程中起着重要的作用。

2. 基金自律组织

证券交易所是基金的自律管理机构之一。我国的证券交易所是依法设立的，不以营利为目的，为证券的集中和有组织的交易提供场所和设施，履行国家有关法律法规、规章、政策规定的职责，实行自律性管理的法人。一方面，封闭式基金、上市开放式基金和交易型开放式指数基金等需要通过证券交易所募集和交易，同时还必须遵守证券交易所的规则；另一方面，经中国证监会授权，证券交易所对基金的投资交易行为还承担着重要的一线监控职责。

基金行业自律组织是由基金管理人、基金托管人或基金销售机构等行业组织成立的同业协会。同业协会在促进同业交流、提高从业人员素质、加强行业自律管理、促进行业规范发展等方面具有重要的作用。

四、证券投资基金运作关系

证券投资基金的运作关系如图4—1所示，基金当事人的相互关系如图4—2所示。

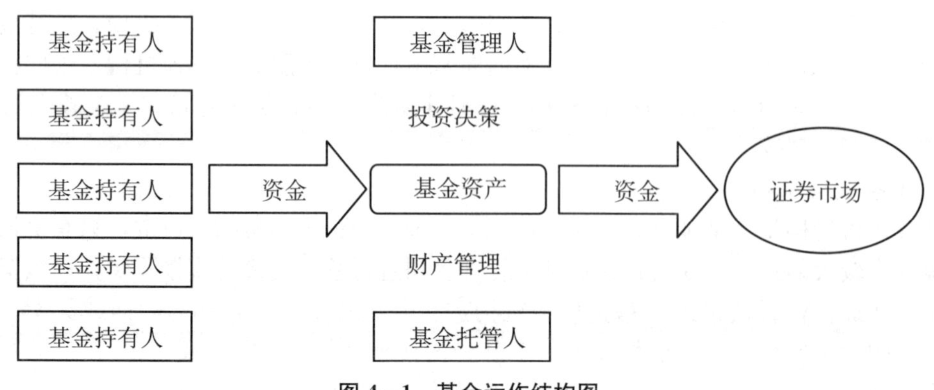

图4—1 基金运作结构图

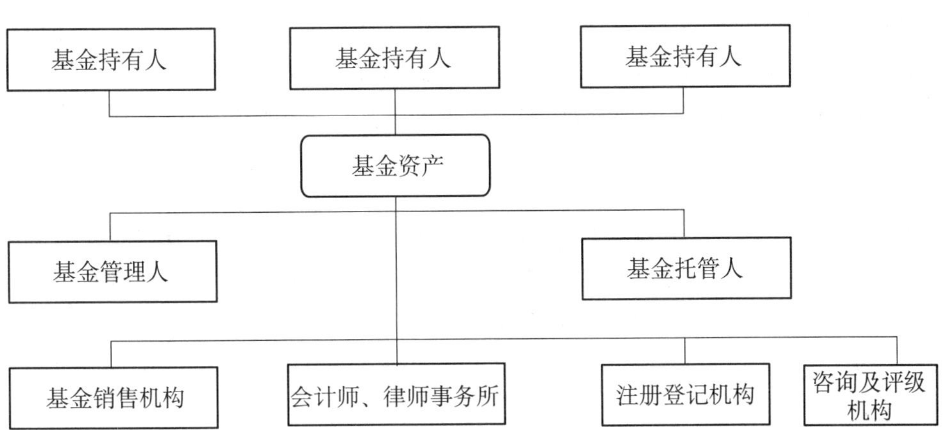

图 4—2　基金的当事人

第三节　证券投资基金种类

一、按基金组织形式

(一) 契约型基金

契约型基金又称为单位信托基金，是指把投资者、管理人、托管人三者作为基金的当事人，通过签订基金契约的形式，发行受益凭证而设立的一种基金。契约型基金起源于英国，后在中国香港、新加坡、印度尼西亚等国家和地区十分流行。

契约型基金是基于契约原理而组织起来的代理投资行为，没有基金章程，也没有董事会，而是通过基金契约来规范三方当事人的行为。基金管理人负责基金的管理操作。基金托管人作为基金资产的名义持有人，负责基金资产的保管和处置，对基金管理人的运作实行监督。

契约型基金具体又可以分为两类：

1. 单位型

单位型基金的设定是以某一特定货币总额单位为限来进行资金的筹集，并以此组成一个单独的基金来进行管理。如果信托契约未到期，则不准解约，既不能退回本金，也不得追加投资。

单位型基金又可细分为固定型和半固定型两种。

固定型基金是指按投资计划投资，所投资的证券资产经编定后，不论价格如何变化，只要证券发行公司不发生合并或撤销，基金经理公司就不得以出卖方式任意改变已编定的证券资产。

半固定型基金投资的证券资产经编定后，经理公司在一定的条件和范围之内，可以变更基金的资产内容。

2. 基金型

这类基金的筹资和投资活动没有进行一个单位与另一个单位互相独立的划分，而是综合为一个基金。这类基金有的有总金额限制，有的则没有。而期限设定上，又有 15 年和 20 年等的区别，而且由于期限可以延长，所以实际上往往是无期限设定的。基金的代理机构往往根据其投资持有的债券和股票的市场价格，计算出每一份受益凭证的净值，再加上管理费和手续费等，最后公布出受益凭证的买价和卖价。这样原投资者既可以以买价把受益凭证卖回给代理机构，以解除信托契约，抽回资金；也可以以卖价从代理投资机构买入受益凭证，建立信托契约，进行投资。

（二）公司型基金

公司型基金是按照《公司法》以公司形态组成的，该基金公司以发行股份的方式募集资金，一般投资者则为认购基金而购买该公司的股份，也就成为该公司的股东，凭其持有的股份依法享有投资收益。这种基金要设立董事会，重大事项由董事会讨论决定。

公司型基金的特点是：基金公司的设立程序类似于一般股份公司，基金公司本身依法注册为法人，但不同于一般股份公司的是，它是委托专业的财务顾问或管理公司来经营与管理；基金公司的组织结构也与一般股份公司类似，设有董事会和持有人大会，基金资产由公司所有，投资者则是这家公司的股东，承担风险并通过股东大会行使权利。

（三）契约型基金和公司型基金的不同点

1. 法律依据不同

契约性基金是依照基金契约组建，《中华人民共和国信托法》（以下简称《信托法》）是其设立的依据，基金本身不具有法律资格。公司型基金是按照《公司法》组建的、具有法人资格的股份有限公司。

2. 资金的性质不同

契约型基金的资金是通过发行基金份额、受益凭证筹集起来的信托财产；公司型基金的资金是通过发行普通股股票筹集的公司法人的资本，既是所有权凭证，又反映信托关系。

3. 投资者的地位不同

契约型基金的投资者购买基金份额后成为基金契约的当事人之一，投资者既是基金的委托人，即基于对基金管理人的信任，将自己的资金委托给基金管理人管理和营运，又是基金的受益人，即享有基金的受益权，对基金如何运用所做的重要投资决策通常不具有发言权；公司型基金的投资者购买基金的股票后成为该公司的股东。因此，契约型基金的投资者没有管理基金资产的权利，而公司型基金的股东通过股东大会享有管理基金公司的权利。

4. 融资渠道不同

契约性基金不具有法人资格，一般不能向银行贷款，公司型基金具有法人资格，扩大公司规模时，可以向银行贷款。

5. 基金的营运依据不同

契约型基金依据基金契约建立、运作，契约期满基金运营随即终止；公司型基金依据基金公司章程营运基金，除非依据《公司法》破产、清算，否则公司一般都具有永久性，公司运营具有股份公司的特征。

由此可见，契约型基金和公司型基金在法律依据、组织形态以及有关当事人角色上是不同的（见表 4—1）。但对投资者来说，投资于公司型基金和契约型基金并无多大区别，投资方式都是把投资者的资金集中起来，按照基金设立时所规定的投资目标和策略，将基金资产分散投资于众多的金融产品上，获取收益后再分配给投资者。

表 4—1　　公司型基金和契约型基金的主要区别

基本内容	公司型基金	契约型基金
法人资格	具有法人资格的股份有限公司	不具法人资格
立法基础	《公司法》或商法	《信托法》或《证券投资信托法》
筹资工具	股票、债券	受益凭证
投资者法律属性或地位	是投资公司的股东，依据公司章程享有权利并承担相应义务	是基金契约的受益人，在契约中明确其权利和义务，通过投资者的购买行为来承认基金契约中约定的权利、义务、基金投资原则、目标和决策程序
运作依据	公司章程	基金契约

从世界基金业的发展趋势看，公司型基金除了比契约型基金多了一层基金公司组织外，其他各方面都与契约型基金有趋同化的倾向。

二、按基金运作方式分类

（一）封闭式基金

封闭式基金是指基金的发起人在设立基金时，限定了基金单位的发行总额，筹集到这个总额后，基金即宣告成立，并进行封闭，在一定时期内不再接受新的投资，又称为固定型投资基金。基金单位的流通采取在证券交易所上市的办法，投资者日后买卖基金单位都必须通过证券经纪商在二级市场上进行竞价交易。

封闭式基金的期限是指基金的存续期，即基金从成立起到终止之间的时间。决定基金期限长短的因素主要有两个：一是基金本身投资期限的长短，一般如果基金目的是进行中长期投资（如创业基金）的，其存续期就可长一些，反之，如果基金目的是进行短期投资（如货币市场基金），其存续期可短一些。二是宏观经济形势，一般经济稳定增长，基金存续期可长一些，若经济起伏较大，则应相对地短一些。当然，在现实中，存续期还应考虑基金发起人和众多投资者的要求来确定。基金期限届满即为基金终止，管理人应组织清算小组对基金资金进行清产核资，并将清产核资后的基金净资产按照投资者的出资比例进行公正合理的分配。

如果因为某些特殊的情况，基金无法继续运行，报经主管部门批准，可以提前终止。提前终止的一般情况有：

（1）国家法律和政策的改变使得该基金的继续存在为非法或者不适宜；

（2）管理人因故退任或被撤换，无新的管理人承继的；

（3）托管人因故退任或被撤换，无新的托管人承继的；

（4）基金持有人大会上通过提前终止基金的决议。

（二）开放式基金

开放式基金是指基金管理公司在设立基金时，发行基金单位的总份额不固定，可视投资者的需求追加发行。投资者也可根据市场状况和各自的投资决策，或者要求发行机构按现期净资产值扣除手续费后赎回股份或受益凭证，或者再买入股份或受益凭证，增持基金单位份额。为了应付投资者中途抽回资金，实现变现的要求，开放式基金一般都从所筹资金中拨出一定比例，以现金形式保持这部分资产。这虽然会影响基金的盈利水平，但对于开放式基金来说，这是必需的。

（三）封闭式基金与开放式基金的区别

1. 期限不同

封闭式基金通常有固定的封闭期，通常在 5 年以上，一般为 10 年或 15 年，经受益人大会通过并经主管机关同意可以适当延长期限。而开放式基金没有固定期限，投资者可随时向基金管理人赎回基金单位。

2. 发行规模限制不同

封闭式基金在招募说明书中列明其基金规模，在封闭期限内未经法定程序认可不能再增加发行。开放式基金没有发行规模限制，投资者可随时提出认购或赎回申请，基金规模就随之增加或减少。

3. 基金单位交易方式不同

封闭式基金的基金单位在封闭期限内不能赎回，持有人只能寻求在证券交易场所出售给第三者。开放式基金的投资者则可以在首次发行结束一段时间（多为 3 个月）后，随时向基金管理人或中介机构提出购买或赎回申请，买卖方式灵活，除极少数开放式基金在交易所作名义上市外，通常不上市交易。

4. 基金单位的交易价格计算标准不同

封闭式基金与开放式基金的基金单位除了首次发行价都是按面值加一定百分比的购买费计算外，以后的交易计价方式不同。封闭式基金的买卖价格受市场供求关系的影响，常出现溢价或折价现象，并不必然反映基金的净资产值。开放式基金的交易价格则取决于基金每单位净资产值的大小，其申购价一般是基金单位资产值加一定的购买费，赎回价是基金单位净资产值减去一定的赎回费，不直接受市场供求影响。

5. 投资策略不同

封闭式基金的基金单位数不变，资本不会减少，因此基金可进行长期投资，基金资产的投资组合能有效在预定计划内进行。开放式基金因基金单位可随时赎回，为应付投资者随时赎回兑现，基金资产不能全部用来投资，更不能把全部资本用来进行长线投资，必须保持基金资产的流动性，在投资组合上需保留一部分现金和高流动性的金融资产。

6. 基金份额资产净值公布的时间不同

封闭式基金一般每周或更长时间公布一次，开放式基金一般在每个交易日连续公布。

7. 交易费用不同

投资者在买卖封闭式基金时，在基金价格之外要支付手续费；投资者在买卖开放式基金时，则要支付申购费和赎回费。

封闭式基金和开放式基金的区别如表 4—2 所示。

表 4—2　封闭式基金和开放式基金的区别

基本内容	封闭式基金	开放式基金
基金规模	有限制，固定	不固定
基金期限/可否赎回	固定，有存续期并不可赎回	不固定，随时可赎回
基金销售	一次性	持续不断
交易方式	在证券交易所上市交易	不上市，由承销机构的营业场所销售
买卖手续费用	较低	较高
价格形成基础	市场供求关系	基金单位净资产再加上一定手续费
信息披露	频度不高	频度高
适应市场条件	不发达金融市场	发达金融市场

从发达国家金融市场来看，开放式基金已成为世界投资基金的主流。世界基金发展史从某种意义上说就是从封闭式基金走向开放式基金的历史。

三、按投资目标分类

（一）成长型基金

成长型基金是基金中最常见的一种，它追求的是基金资产的长期增值。为了达到这一目标，基金管理人通常将基金资产投资于信誉度较高、有长期成长前景或长期盈余的所谓成长公司的股票。成长型基金又可分为稳健成长型基金和积极成长型基金。

（二）收入型基金

收入型基金主要投资于可带来现金收入的有价证券，以获取当期的最大收入为目的。收入型基金资产成长的潜力较小，损失本金的风险相对也较低，一般可分为固定收入型基金和股票收入型基金。固定收入型基金的主要投资对象是债券和优先股，因而尽管收益率较高，但长期成长的潜力很小，而且当市场利率波动时，基金净值容易受到影响。股票收入型基金的成长潜力比较大，但易受股市波动的影响。

（三）平衡型基金

平衡型基金将资产分别投资于两种不同特性的证券上，并在以取得收入为目的的债券和优先股以及以资本增值为目的的普通股之间进行平衡。这种基金一般将25％～50％的资产投资于债券及优先股，其余的投资于普通股。平衡型基金的主要目的是从其投资组合的债券中得到适当的利息收益，与此同时又可以获得普通股的升值收益。投资者既可获得当期收入，又可得到资金的长期增值，通常是把资金分散投资于股票和债券。平衡型基金的特点是风险比较低，缺点是成长的潜力不大。

三种基金的比较如表4—3所示。

表4—3　成长型、收入型、平衡型基金比较

基金类型	目标	优点	缺点	特点
成长型基金	追求资本的长期增值	长期获利能力高	当期收入可能很少，本金损失风险高	注重小盘股票投资；投资者多为年轻投资人
平衡型基金	当期收入和资本增值兼具	当期收入中等，本金损失风险高	中庸的投资策略	投资期限中等；股票和债券投资均有
收入型基金	注重当期收入	本金损失风险低，当期收入高	资本成长潜力差	以债券和蓝筹股投资为主

四、按投资标的分类

（一）债券基金

债券基金是一种以债券为主要投资对象的证券投资基金。由于债券的年利率固定，因而这类基金的风险较低，适合于稳健型投资者。

通常债券基金收益会受货币市场利率的影响，当市场利率下调时，其收益就会上升；反之，若市场利率上调，则基金收益率下降。除此以外，汇率也会影响基金的收益，管理人在购买非本国货币的债券时，往往还在外汇市场上做套期保值。

（二）股票基金

股票基金是指以股票为主要投资对象的证券投资基金。股票基金的投资目标侧重于追求资本利得和长期资本增值。基金管理人拟定投资组合，将资金投放到一个或几个国家，甚至是全球的股票市场，以达到分散投资、降低风险的目的。

投资者之所以钟爱股票基金，原因在于有不同的风险类型可供选择，而且可以克服股票市场普遍存在的区域性投资限制的弱点。此外，还具有变现性强、流动性强等优点。由于聚集了巨额资金，几只甚至一只基金就可以引发股市动荡，所以各国政府对股票基金的监管都十分严格，不同程度地规定了基金购买某一家上市公司的股票总额不得超过基金资产净值的一定比例，防止基金过度投机和操纵股市。

（三）货币市场基金

货币市场基金是以货币市场为投资对象的一种基金，其投资工具期限在1年内，包括银行短期存款、国库券、公司债券、银行承兑票据及商业票据等。通常，货币基金的收益会随着市场利率的下跌而降低，与债券基金正好相反。货币市场基金通常被认为是无风险或低风险的投资。

（四）指数基金

指数基金是20世纪70年代以来出现的新的基金品种。为了使投资者能获取与市场平均收益接近的投资回报，产生了一种功能上近似或等于所编制的某种证券市场价格指数的基金。其特点是：它的投资组合等同于市场价格指数的权数比例，收益随着当期的价格指数上下波动。当价格指数上升时基金收益增加，反之收益减少。基金因始终保持当期的市场平均收益水平，因而收益既不会太高，也不会太低。指数基金的优势是：第一，费用低廉，指数基金的管理费较低，尤其是交易费用较低。第二，风险较小。由于指数基金的投资非常分散，可以完全消除投资组合的非系统性风险，而且可以避免由于基金持股集中带来的流动性风险。第三，以机构投资者为主的市场中，指数基金可获得市场平均收益率，可以为股票投资者提供更好的投资回报。第四，指数基金可以作为避险套利的工具。对于投资者尤其是机构投资者来说，指数基金是它们避险套利的重要工具。指数基金由于其收益率的稳定性和投资的分散性，特别适用于社保基金等数额较大、风险承受能力较低的资金投资。

（五）黄金基金

黄金基金是指以黄金或者其他贵金属及其相关产业的证券为主要投资对象的基金。其收益率一般随贵金属的价格波动而变化。

（六）衍生证券基金

衍生证券基金是指以衍生证券为投资对象的证券投资基金，主要包括：期货基金、期权基金、认购权证基金和对冲基金等。由于衍生证券一般是高风险的投资品种，因此，投资这种基金的风险较大，但预期的收益水平比较高。

专　栏

量子基金

量子基金最初由索罗斯及另一位对冲基金的名家吉姆·罗杰斯创建于20世纪60年代

末期，开始时资产只有400多万美元。基金设立在纽约，但其出资人皆为非美国国籍的境外投资者，从而避开美国证券交易委员会的监管。经过不到30年的经营，至1997年末，量子基金已增值为资产总值近60亿美元的巨型基金。在1969年注入量子基金的1万美元在1996年末已增值至3亿美元，即增长了3万倍。

20世纪90年代初，为配合欧共体内部的联系汇率，英镑汇率被人为固定在一个较高水平，引发了国际货币投机者的攻击，量子基金率先发难，在市场上大规模抛售英镑而买入德国马克。英格兰银行虽下大力抛出德国马克购入英镑，并配以提高利率的措施，仍不敌量子基金的攻击而退守，英镑被迫退出欧洲货币汇率体系而自由浮动，短短1个月内英镑汇率下挫20%，而量子基金在英镑危机中获得了数亿美元的暴利。在此不久后，意大利里拉亦遭受同样命运，量子基金同样扮演主角。

1994年，索罗斯的量子基金对墨西哥比索发起攻击。墨西哥在1994年之前的经济良性增长，是建立在过分依赖中短期外资贷款的基础上的。为控制国内的通货膨胀，比索汇率被高估并与美元挂钩浮动。由量子基金发起的对比索的攻击，使墨西哥外汇储备在短期内告罄，不得不放弃与美元的挂钩，从而造成墨西哥比索和国内股市的崩溃，而量子基金在此次危机中则收入不菲。

1997年下半年，东南亚发生金融危机。与1994年的墨西哥一样，许多东南亚国家如泰国、马来西亚等长期依赖中短期外资维持国际收支平衡，汇率偏高并大多维持与美元或一篮子货币的固定或联系汇率，这给国际投资资金提供了一个很好的捕猎机会。量子基金扮演了狙击者的角色，从大量卖空泰铢开始，迫使泰国政府放弃维持已久的与美元挂钩的固定汇率而实行自由浮动汇率，从而引发了一场泰国金融市场前所未有的危机。危机很快波及到东南亚实行货币自由兑换的国家和地区，迫使除了港币之外的所有东南亚主要货币在短期内急剧贬值。

五、按基金资本来源和运用地域分类

（一）国内基金

它是基金资本来源于国内并投资于国内金融市场的投资基金。一般而言，国内基金在一国基金市场上应占主导地位。

（二）国际基金

它是基金资本来源于国内但投资于境外金融市场的投资基金。由于各国经济和金融市场发展的不平衡性，因而在不同国家会有不同的投资回报，通过国际基金的跨国投资，可以为本国资本带来更多的投资机会以及在更大范围内分散投资风险，但国际基金的投资成本和费用一般也较高。国际基金有国际股票基金、国际债券基金和全球商品基金等种类。

（三）离岸基金

它是基金资本从国外筹集并投资于国外金融市场的基金。离岸基金的特点是两头在外。离岸基金的资产注册登记不在母国，为了吸引全球投资者的资金，离岸基金一般都在素有“避税天堂”之称的地方注册，如卢森堡、开曼群岛、百慕大等，因为这些国家和地区对个人投资的资本利得、利息和股利收入都不征税。

（四）海外基金

它是基金资本从国外筹集并投资于国内金融市场的基金。利用海外基金通过发行受益凭证，把筹集到的资金交由指定的投资机构集中投资于特定国家的股票和债券，把所得收益作为再投资或作为股利分配给投资者，它所发行的受益凭证则在国际著名的证券市场挂牌上市。海外基金已成为发展中国家利用外资的一种较为理想的形式，一些资本市场没有对外开放或实行严格外汇管制的国家可以利用海外基金。

六、按照投资理念来划分

（一）主动型基金

一般主动型基金是以寻求取得超越市场的业绩表现为目标的一种基金。

（二）被动型基金

被动型基金（通常被称为指数型基金）一般选取特定的指数成分股作为投资的对象，不主动寻求超越市场的表现，而是试图复制指数的表现。

除了上述几种类型的基金，证券投资基金还可以按募集对象不同分为公募基金和私募基金；按投资货币种类不同分为美元基金、英镑基金、日元基金等；按收费与否分为收费基金和不收费基金；按投资计划可变更性分为固定型基金、半固定型基金、融通型基金；还有专门支持高科技企业、中小企业的风险基金；因交易技巧而著称的对冲基金、套利基金以及投资于其他基金的基金中基金等等。

第四节　我国证券投资基金的设立、发行和交易

我国基金事业的发展尚属初级阶段，而基金的设立又是基金运作的第一步，因此，为了保证基金成立后能够规范正常地管理、运作，需要严把基金设立关，实行严格的“核准制”。

一、设立

（一）基金设立的程序

证券投资基金的设立包括四个主要步骤。

（1）确定基金性质。按组织形态不同，基金有公司型和契约型之分；按基金可否赎回，又可分为开放式和封闭式两种，基金发起人首先应对此进行选择。

（2）选择共同发起人、基金管理人与托管人，制定各项申报文件。根据有关对基金发起人资格的规定慎重选择共同发起人，签订《合作发起设立证券投资基金协议书》，选择基金保管人，制定各种文件，规定基金管理人、托管人和投资人的责、权、利关系。

（3）向主管机关提交规定的报批文件。同时，积极进行人员培训工作，为基金成立做好各种准备。

（4）发表基金招募说明书，发售基金券。一旦招募的资金达到有关法规规定的数额或百分比，基金即告成立，否则，基金发起便告失败。

（二）申请文件及内容

根据《证券投资基金法》，基金发起人在申请设立基金时应当向证监会提供的文件有：

1. 申请报告

主要内容包括：基金名称、拟申请设立基金的必要性和可行性、基金类型、基金规模、存续时间、发行价格、发行对象、基金的交易或申购和赎回安排、拟委托的托管人和

管理人以及重要发起人签字、盖章。

2. 基金合同草案

公开募集基金的基金合同应当包括下列内容：募集基金的目的和基金名称；基金管理人、基金托管人的名称和住所；基金的运作方式；封闭式基金的基金份额总额和基金合同期限，或者开放式基金的最低募集份额总额；确定基金份额发售日期、价格和费用的原则；基金份额持有人、基金管理人和基金托管人的权利、义务；基金份额持有人大会召集、议事及表决的程序和规则；基金份额发售、交易、申购、赎回的程序、时间、地点、费用计算方式，以及给付赎回款项的时间和方式；基金收益分配原则、执行方式；基金管理人、基金托管人报酬的提取、支付方式与比例；与基金财产管理、运用有关的其他费用的提取、支付方式；基金财产的投资方向和投资限制；基金资产净值的计算方法和公告方式；基金募集未达到法定要求的处理方式；基金合同解除和终止的事由、程序以及基金财产清算方式；争议解决方式；当事人约定的其他事项。

3. 基金托管协议草案

4. 招募说明书草案

公开募集基金的基金招募说明书应当包括下列内容：基金募集申请的准予注册文件名称和注册日期；基金管理人、基金托管人的基本情况；基金合同和基金托管协议的内容摘要；基金份额的发售日期、价格、费用和期限；基金份额的发售方式、发售机构及登记机构名称；出具法律意见书的律师事务所和审计基金财产的会计师事务所的名称和住所；基金管理人、基金托管人报酬及其他有关费用的提取、支付方式与比例；风险警示内容；国务院证券监督管理机构规定的其他内容。

5. 律师事务所出具的法律意见书

具有从事证券法律业务资格的律师事务所及其律师对发起人资格、发起人协议、基金契约、托管协议、招募说明书、基金管理公司章程、拟委任的基金托管人和管理人的资格，本次发行的实质条件、发起人的重要财务状况等问题出具法律意见。

6. 国务院证券监督管理机构规定提交的其他文件

申请设立开放式基金时，除应报送上述材料外，基金管理人还应向中国证监会报送开放式基金实施方案及相关文件。

二、销售与申购

（一）申购程序

投资者在认购封闭式基金的基金份额时，须开设证券交易账户或基金账户，在指定的发行时间内通过证券交易所的各个交易网点以公布的价格和符合规定的申购数量进行申购。如果有效申购总量超过封闭式基金发行总量，则以抽签配号方式决定投资者实际认购量。改制基金的扩募由原基金持有人按照规定比例和价格在规定时间内配售。投资者投资开放式基金时，应先到基金管理公司或其指定的代销机构开设专用基金账户及相应的资金账户；一名投资者只能在一个销售网点开户，且只能开设一个基金账户；投资由不同基金管理公司管理的不同的开放式基金时，应该到不同的基金管理公司或其代理机构分别办理手续。

（二）基金份额的销售

我国封闭式基金都是采用自办发行方式通过证券交易所交易系统进行基金发行的，但开放式基金由于其交易（认购、申购、赎回）是在投资者与基金管理人或其代理人之间进行的，故开放式基金除了由基金管理人自办发行外，一般还选择一些机构（如银行、证券公司等）代理销售。

按照规定，证券投资基金的发行只有在符合以下条件时才能成立：

（1）封闭式基金的募集期限为自该基金批准之日起计算的3个月，只有在募集期限内募集的资金超过该基金批准规模的80%时，该基金方可成立。

（2）开放式基金的募集期限也是3个月，在募集期限内净销售额超过2亿元时，基金方可成立。

如果基金的募集未达到上述要求，基金的发行即告失败，基金发起人应承担募集费用，并将已募集资金加计银行活期存款利息于30日内退还给基金认购人。

三、变更与终止

（一）基金存续期

我国《证券投资基金法》规定，封闭式基金的存续期不得少于5年，在具备下列条件时，经中国证监会审查批准可以扩募或者续期：

（1）基金运营业绩良好；

（2）基金管理人最近2年内没有因违法违规行为受到行政处罚或者刑事处罚；

（3）基金份额持有人大会决议通过；

（4）本法规定的其他条件。

申请基金扩募或续期时，应当按照中国证监会的要求提交有关文件。

对开放式基金而言，除非出现导致基金终止的情况，否则基金将长期存续。

（二）基金的变更

以下情况属于基金的变更，但事前必须报经主管机关核准：

（1）改变基金券的认购办法、交易方式及净资产值的计算方法。

（2）基金扩募或续期。

（3）更换基金管理人或基金托管人等。

（三）基金的终止

在下列情况下，经主管机关批准，基金应该终止：

（1）基金合同期限届满而未延期；

（2）基金份额持有人大会决定终止；

（3）基金管理人、基金托管人职责终止，在六个月内没有新基金管理人、新基金托管人承接；

（4）基金合同约定的其他情形。

（四）基金的清算

基金终止时，必须组成清算小组对基金资产进行清算，清算结果应当报中国证监会批准并予以公告。

四、交易

（一）交易方式

基金交易方式因基金性质不同而不同。封闭式基金因有封闭期规定，在封闭期内基金规模稳定不变，既不接受投资者的申购也不接受投资者的赎回，因此，为满足投资者的变现需要，封闭式基金成立后通常申请在证券交易所挂牌，交易方式类似股票，即在投资者之间转手交易。而开放式基金因其规模是“开放”的，在基金存续期内其规模是变动的，除了法规允许自基金成立日至基金成立满3个月期间，依基金契约和招募说明书规定，可只接受申购不办理赎回外，其余时间如无特别原因，应在每个交易日接受投资者的申购与赎回。因此，开放式基金的交易方式为场外交易，在投资者与基金管理人或其代理人之间进行交易，投资者可至基金管理公司或其代理机构的营业网点进行基金券的买卖，办理基金单位的随时申购与赎回。

（二）封闭式基金的交易及交易价格

1. 封闭式基金的上市申请及审批

如前所述，封闭式基金的交易方式为在证券交易所挂牌上市，因此，封闭式基金在募集成立后，应及时向证券交易所申请上市。上市申请及主管机关审批的主要内容包括：基金的管理和投资情况；基金管理人提交的上市可行性报告；信息披露的充分性；内部机制是否健全，能否确保基金章程及信托契约的贯彻实施等。上述材料必须真实可靠，无重大遗漏。

2. 封闭式基金的交易规则

（1）基金单位的买卖遵循“公开、公平、公正”的“三公”原则和“价格优先、时间优先”的原则。

（2）以标准手数为单位进行集中无纸化交易，电脑自动撮合，跟踪过户。

（3）基金单位的价格以基金单位资产净值为基础，受市场供求关系的影响而波动，行情即时揭示。

（4）基金单位的交易成本相对低廉。

3. 影响封闭式基金价格变动的因素

基金单位净资产和市场供求关系是影响封闭式基金市场价格的主要因素，但其他因素也会导致其价格波动。

（1）基金单位净资产值。基金单位净资产值是指某一时点上某一基金每份基金单位实际代表的价值，是基金单位的内在价值。由于基金单位净资产值直接反映一个基金的经营业绩和相对于其他证券品种的成长性，同时，也由于基金单位净资产值是基金清盘时，投资者实际可得到的价值补偿，因此，基金单位净资产值构成影响封闭式基金市场价格的最主要因素。在一般情况下，基金单位的市场价格应围绕基金单位净资产值而上下波动。

（2）市场供求关系。由于封闭式基金成立后，在存续期内其基金规模是稳定不变的，因此，市场供求状况会对基金交易价格产生重要影响。一般而言，当市场需求增加时，基金单位的交易价格就上升；反之，就下跌，从而相对其单位净值而言基金经常出现溢价或折价交易的现象。

（3）市场预期。市场预期通过影响供求关系而影响基金价格。当投资者预期证券市场行情看涨，或基金利好政策将出台，或基金管理人经营水平提高基金净资产值将增加，或基金市场将“缩容”等时，将增加基金需求从而导致基金价格上涨；反之，将减少基金需求从而导致基金价格下跌。

（4）操纵。如同股票市场一样，基金市场也存在着“坐庄”操纵现象。由于封闭式基金的“盘子”是既定的，因此资金实力大户往往通过人为放大交易量或长期单向操作来达到影响市场供求关系及交易价格，从中获利的目的。

（5）开放式基金的出现及基金清算。由于开放式基金的交易价格是完全由基金单位净资产值决定的，因此，当同为证券投资基金的开放式基金出现时，封闭式基金的投资将逐渐趋向理性，基金交易价格将逐渐与基金净资产值趋于一致。同样，随着封闭式基金存续期逐渐走向完结，基金终止清算期的来临，基金交易价格也将逐渐回复到其净资产值的水平上。

（三）开放式基金的交易及交易价格

1. 开放式基金的认购、申购、赎回

投资者在开放式基金募集期间，基金尚未成立时购买基金单位的过程称为认购。通常认购价为基金单位面值（1元）加上一定的销售费用。基金初次发行时一般会对投资者有费率上的优惠。投资者在认购基金时，应在基金销售点填写认购申请书，交付认购款项，注册登记机构办理有关手续并确认认购。只有当开放式基金宣布成立后，经过规定的日期，基金才能进入日常的申购和赎回。

在基金成立后，投资者通过基金管理公司或其销售代理机构申请购买基金单位的过程称为申购。投资者办理申购时，应填写申购申请书并交付申购款项。申购基金单位的金额是以申购日的基金单位资产净值为基础计算的。

投资者为变现其基金资产，将手持基金单位按一定价格卖给基金管理人，并收回现金的过程称为赎回。赎回金额是以当日的单位基金资产净值为基础计算的。

2. 开放式基金申购、赎回的限制

根据有关法规及基金契约的规定，开放式基金的申购与赎回主要有如下限制：

（1）基金申购限制。基金在刊登招募说明书等法律文件后，开始向法定的投资者进行招募。依据国内基金管理公司已披露的开放式基金方案来看，首期募集规模一般都有一个上限。在首次募集期内，若最后一天的认购份额加上在此之前的认购份额超过规定的上限时，则投资者只能按比例进行公平分摊，无法足额认购。开放式基金除规定有认购价格外，通常还规定有最低认购额。另外，根据有关法律和基金契约的规定，对单一投资者持有基金的总份额还有一定的限制，如不得超过本基金总份额的10%等。

（2）基金赎回限制。开放式基金赎回方面的限制，主要是对巨额赎回的限制。根据《开放式证券投资基金试点办法》的规定，开放式基金单个开放日中，基金净赎回申请超过基金总份额的10%时，将被视为巨额赎回。巨额赎回申请发生时，基金管理人在当日接受赎回比例不低于基金总份额的10%的前提下，可以对其余赎回申请延期办理。也就是说，基金管理人根据情况可以给予赎回，也可以拒绝这部分的赎回，被拒绝赎回的部分可延迟至下一个开放日办理，并以该开放日当日的基金资产净值为依据计算赎回金额。当然，发生巨额赎回并延期支付时，基金管理人应当通过邮寄、传真或者招募说明书规定的其他方式，在招募说明书规定的时间内通知基金投资人，说明有关处理方法，同时在指定媒体及其他相关媒体上公告。通知和公告的时间，最长不得超过3个证券交易日。

3. 开放式基金的申购、赎回价格

开放式基金的交易价格即为申购、赎回价格。开放式基金申购和赎回的价格是建立在每份基金净值基础上的，以基金净值再加上或减去必要的费用，就构成了开放式基金的申购和赎回价格。

基金的申购价格，是指基金申购申请日当天每份基金单位净资产值再加上一定比例的申购费所形成的价格，它是投资者申购每份基金时所要付出的实际金额。基金的赎回价格，是指基金赎回申请日当天每份基金单位净资产值再减去一定比例的赎回费所形成的价格，它是投资者赎回每份基金时可实际得到的金额。

五、收入及利润分配

（一）收入来源

证券投资基金收入是基金资产在运作过程中所产生的各种收入，主要包括利息收入、投资收益以及其他收入。基金资产估值引起的资产价格变动作为公允价值变动损益计入当期损益。

（二）基金费用

基金费用一般包括两大类：一类是在基金销售过程中发生的由基金投资人自己承担的费用，主要包括认购费、申购费、赎回费和基金转换费。这些费用一般直接在投资人认购、申购、赎回或转换时收取。其中申购费可在投资人购买基金时收取，即前端申购费；也可在投资人卖出基金时收取，即后端申购费，其费率一般按持有期限递减。另一类是在基金管理过程中发生的费用，主要包括基金管理费、基金托管费、信息披露费等，这些费用由基金资产承担。对于不收取申购、赎回费的货币市场基金和部分债券基金，还可按不高于2.5‰的比例从基金资产中计提一定的费用，专门用于本基金的销售和对基金持有人的服务。

1. 管理费

基金管理费是指基金管理人管理基金资产而向基金收取的费用。它是固定比率的。没有业绩提成。

（1）计提标准。

基金管理费率通常与基金规模成反比，与风险成正比。基金规模越大，基金管理费率越低；基金风险程度越高，基金管理费率越高。不同类别、不同国家或地区的基金，管理费率不完全相同。

但从基金类型看，证券衍生工具基金管理费率最高。如认股权证基金的管理费率约为1.5%～2.5%；股票基金居中，约为1%～1.5%；债券基金约为0.5%～1.5%；货币市场基金最低，管理费率约为0.25%～1%。债券型基金的管理费率一般低于1%，货币市场基金的管理费率为0.33%。

基金托管费收取的比例与基金规模、基金类型有一定关系。

开放式基金根据基金合同的规定比例计提基金托管费，通常低于0.25%；股票型基金的托管费要高于债券型基金及货币市场基金的托管费。基金销售服务费只有货币市场基金可以从基金资产列支，费率大约为0.25%。

（2）计提方法和支付方式。

我国的基金管理费、托管费以及基金销售服务费均是按前一日基金资产净值的一定比例逐日计提，按月支付。

2. 交易费

基金交易费指基金在进行证券买卖交易时所发生的相关交易费用。我国证券投资基金的交易费用主要包括印花税、交易佣金、过户费、经手费、证管费。

3. 运作费

运作费指保证基金正常运作而发生的应由基金承担的费用。发生的费用大于基金净值十万分之一，应采用预提或待摊的方法计入基金损益。发生的费用小于基金净值十万分之一，应于发生时直接计入基金损益。

（三）利润分配

证券投资基金利润分配是指基金在一定会计期间的经营成果。利润包括收入减去费用后的净额、直接计入当期利润的利得和损失等，也称为基金收益。证券投资基金在获取投资收入和扣除费用后，须将利润分配给受益人。基金利润（收益）分配通常有两种方式：一是分配现金，这是最普遍的分配方式；二是分配基金份额，即将应分配的净利润折为等额的新的基金份额分配给受益人。

按照《证券投资基金运作管理办法》的规定，封闭式基金的收益分配每年不得少于一次，封闭式基金年度收益分配比例不得低于基金年度已实现收益的90%。封闭式基金一般采用现金方式分红。

开放式基金的基金合同应当约定每年基金利润分配的最多次数和基金利润分配的最低比例。开放式基金的分红方式有现金分红和分红再投资转换为基金份额两种。根据规定，基金利润分配应当采用现金方式。开放式基金的基金份额持有人可以事先选择将所获分配的现金利润按照基金合同有关基金份额申购的约定转为基金份额；基金份额持有人事先未作出选择的，基金管理人应当支付现金。

对货币市场基金的利润分配，中国证监会有专门的规定。《货币市场基金管理暂行规定》第九条规定："对于每日按照面值进行报价的货币市场基金，可以在基金合同中将受益分配的方式约定为红利再投资，并应当每日进行收益分配。"2005 年 3 月 25 日中国证监会下发的《关于货币市场基金投资等相关问题的通知》规定："当日申购的基金份额自下一个工作日起享有基金的分配权益，当日赎回的基金份额自下一个工作日起不享有基金的分配权益。"具体而言，货币市场基金每周五进行利润分配时，将同时分配周六和周日的利润；每周一至周四进行分配时，则仅对当日利润进行分配。投资者于周五申购或转换转入的基金份额不享有周五和周六、周日的利润；投资者于周五赎回或转换转出的基金份额享有周五和周六、周日的利润。

六、投资风险

证券投资基金是一种集中资金、专家管理、分散投资、降低风险的投资工具，但投资者投资于基金仍有可能面临风险。证券投资基金存在的风险主要有：

（一）市场风险

基金主要投资于证券市场，投资者购买基金，相对于购买股票而言，由于能有效地分散投资和利用专家优势可能对控制风险有利。分散投资虽能在一定程度上消除来自个别公司的非系统性风险，但无法消除市场的系统性风险。因此，证券市场价格因经济因素、政治因素等各种因素的影响而产生波动时，将导致基金收益水平和净值发生变化，从而给基金投资者带来风险。

（二）管理能力风险

基金管理人作为专业投资机构，虽然在风险管理方面确实比普通投资者有某些优势，如能较好地认识风险的性质、来源和种类，能较准确地度量风险，通常能够按照自己的投资目标和风险承受能力构造有效的证券组合，在市场变动的情况下，及时地对投资组合进行更新，从而将基金资产风险控制在预定的范围内等，但是，不同的基金管理人的基金投资管理水平、管理手段和管理技术存在差异，从而对基金收益水平产生影响。

（三）技术风险

当计算机、通信系统、交易网络等技术保障系统或信息网络支持出现异常情况时，可能导致基金的申购或赎回无法按正常时限完成、注册登记系统瘫痪、核算系统无法按正常时限显示基金净值、基金的投资交易指令无法即时传输等风险。

（四）巨额赎回风险

这是开放式基金所特有的风险。若因市场剧烈波动或其他原因而连续出现巨额赎回，并导致基金管理人出现现金支付困难时，基金投资者申请巨额赎回基金份额，可能会遇到部分顺延赎回或暂停赎回等风险。

七、信息披露

为了加强对基金投资运作的监管，提高基金运作的透明度，保障基金份额持有人合法权益，基金必须履行严格的信息披露义务。我国《证券投资基金法》规定，基金管理人、基金托管人和其他基金信息披露义务人应当依法披露基金信息，并保证所披露信息的真实性、准确性、完整性和及时性。

公开披露的基金信息包括：（1）基金招募说明书、基金合同、基金托管协议、基金份额发售公告；（2）基金募集情况；（3）基金份额上市交易公告书；（4）基金资产净值和基金份额净值公告；（5）基金份额申购、赎回价格；（6）基金财产的资产组合季度报告、财务会计报告及中期和年度基金报告；（7）临时报告；（8）基金份额持有人大会决议；（9）基金管理人、基金托管人的专门基金托管部门的重大人事变动；（10）涉及基金管理人、基金财产、基金托管业务的诉讼；（11）依照法律、行政法规有关规定，由国务院证券监督管理机构规定应予披露的其他信息。

公开披露基金信息，不得有下列行为：（1）虚假记载、误导性陈述或者重大遗漏；（2）对证券投资业绩进行预测；（3）违规承诺收益或者承担损失；（4）诋毁其他基金管理人、基金托管人或者基金份额发售机构；（5）依照法律、行政法规有关规定，由国务院证券监督管理机构规定禁止的其他行为。

八、投资范围

我国《证券投资基金法》规定，基金财产应当用于下列投资：第一，上市交易的股票、债券；第二，国务院证券监督管理机构规定的其他证券品种。因此，证券投资基金的投资范围为股票、债券等金融工具。目前我国的基金主要投资于国内依法公开发行上市的股票、非公开发行股票、国债、企业债券和金融债券、公司债券、货币市场工具、资产支持证券、权证等。

第五节　证券投资基金的起源与发展

一、证券投资基金的起源

证券投资基金是证券市场发展的必然产物，在发达国家已有上百年的历史。证券投资基金作为社会化的理财工具，起源于英国的投资信托公司。

产业革命极大地推动了英国生产力的发展，国民收入大幅增加，社会财富迅速增长。由于国内资金充裕，那些需要大量产业资本的国家在英国发行各种有价证券。另外，为谋求资本的最大增值，人们希望能够投资海外，却苦于资金量小和缺乏国际投资经验，因此萌发了集合众多投资者的资金、委托专人经营和管理的想法。证券投资基金由此萌芽。

1868 年，英国成立“海外及殖民地政府信托基金”，在英国《泰晤士报》刊登招募说明书，公开向社会公众发售认股凭证，投资于美国、俄国、埃及等国的 17 种政府债券。该基金与股票类似，不能退股，亦不能将基金份额兑现，认购者的权益仅限于分红和派息两项。因其在许多方面为现代基金的产生奠定了基础，金融史学家将之视为证券投资基金的雏形。

早期的基金管理没有引进专业的管理人，而是由投资者通过签订契约，推举代表来管理和运用基金资产。1873 年，苏格兰人罗伯特·富莱明创立“苏格兰美国投资信托”，专门办理新大陆的铁路投资，聘请专职的管理人进行管理，这时投资信托才成为一种专门的营利业务。

初创阶段的基金多为契约型投资信托，投资对象多为债券。1879 年，英国《股份有限公司法》公布，投资基金脱离原来的契约形态，发展成为股份有限公司式的组织形式。公司型投资基金的经营方式与一般的企业股份有限公司相同，即发行股票或公司债券集资，或向银行借款。不同的是，公司型投资基金既没有工厂，也不从事一般工商业的营运活动，其唯一经营对象就是投资有价证券。

到 1890 年，运作中的英国投资信托基金超过 100 家，以公债为主要投资对象，在类型上主要是封闭式基金。

二、证券投资基金的发展

20 世纪以后，世界基金业发展的大舞台转移到美国。1924 年 3 月 21 日，“马萨诸塞投资信托基金”在美国波士顿成立，成为世界上第一只公司型开放式基金。与以往基金运作模式相比，马萨诸塞投资信托基金有三个新的特点：一是基金的组织形式由契约型改变为公司型；二是基金的运作方式由原先的封闭式改变为开放式；三是证券投资基金的回报方式由过去的固定收益方式改变为收益分享、风险分担的分配方式。

1926 年到 1928 年 3 月，美国成立的公司型基金多达 480 家。到 1929 年基金业资产达到 70 亿美元，为 1926 年的 7 倍。1929 年 10 月，全球股市崩溃，大部分基金倒闭或停业，基金业总资产在 1929—1931 年间下降了 50%以上。整个 20 世纪 30 年代，基金业的发展一直处于停滞不前的状态。

20 世纪 40 年代以后，众多发达国家的政府认识到证券投资基金的重要性，纷纷立法加强监管，完善对投资者的保护措施，为基金业发展提供了良好的外部环境。1940 年，美国颁布《投资公司法》和《投资顾问法》，以法律形式明确基金的规范运作，严格限制投机活动，为投资者提供了体系完整的法律保护，并成为其他国家制定相关基金法律的典范。此后的世界基金业基本处于稳中有升的发展态势。

截至 2007 年末，美国的共同基金资产规模达到了 12 万亿美元。1980 年，美国仅有 6.25%的家庭投资基金，现在约有 50%的家庭投资于基金，基金占所有家庭资产的 40%左右。证券投资基金已经成为一种大众化的投资工具。

20 世纪 80 年代以后，证券投资基金在世界范围内得到普及性发展，基金业的快速扩张正在成为一种国际性的现象。根据美国投资公司协会（ICI）的统计，截至2008年末，全球共同基金的资产规模达到18.97万亿美元。

三、全球基金业发展的趋势与特点

（一）美国占据主导地位，其他国家和地区发展迅猛

目前，美国的证券投资基金资产总值占世界半数以上，对全球证券投资基金的发展有着重要的示范性影响。除欧洲、美国、日本外，澳大利亚、拉丁美洲、亚洲新兴国家和地区，如中国香港、中国台湾等地区以及新加坡、韩国等国家的证券投资基金发展也很快。随着数量、品种、规模的大幅度增长，证券投资基金日益成为各国或各地区资本市场中的重要力量，市场地位和影响不断提高。

（二）开放式基金成为证券投资基金的主流产品

20世纪80年代以来，开放式基金的数量和规模增加幅度最大，目前已成为证券投资基金中的主流产品。探究其中的原因，开放式基金更加市场化的运作机制和制度安排是非常重要的因素之一，其独特灵活的赎回机制适应了市场竞争的客观需要，是金融创新顺应市场发展潮流的集中体现和必然结果。事实证明，开放式基金更加全面的客户服务和更加充分的信息披露，已经获得了基金投资者的广泛青睐。

（三）基金市场竞争加剧，行业集中趋势突出

在证券投资基金的发展过程中，基金市场行业集中趋势明显，资产规模位居前列的少数最大的基金管理公司所占的市场份额不断扩大。随着市场竞争的加剧，许多基金管理公司不得不走上兼并、收购的道路，这反过来进一步加剧了基金市场的集中趋势。

（四）基金资产的资金来源发生了重大变化

个人投资者一直是传统上的证券投资基金的主要投资者，但目前已有越来越多的机构投资者，特别是退休基金成为基金的重要资金来源。比如，美国允许雇主发起的养老金计划和个人税收优惠储蓄计划，以共同基金为投资对象。在近10年中，美国共同基金业的迅速发展壮大与退休养老金快速增加紧密相关。

第六节　我国基金业的发展概况

我国基金业的发展可以分为三个历史阶段：20世纪80年代末至1997年11月14日《证券投资基金管理暂行办法》（以下简称《暂行办法》）颁布之前的早期探索阶段、《暂行办法》颁布实施以后至2004年6月1日《证券投资基金法》实施前的试点发展阶段与《证券投资基金法》实施以来的快速发展阶段。

一、早期探索阶段

始于20世纪70年代末的中国经济体制改革，在推动中国经济快速发展的同时，也引发了社会对资金的巨大需求。在这种背景下，基金作为一种筹资手段开始引起一些中国驻外金融机构的注意。1987年，中国新技术创业投资公司（中创公司）与汇丰集团、渣打集团在中国香港联合设立了中国置业基金，首期筹资3 900万元人民币，直接投资于以珠江三角洲为中心的周边乡镇企业，并随即在香港联交所上市。这标志着中资金融机构开始

正式涉足投资基金业务。其后，一批由中资金融机构与外资金融机构在境外设立的“中国概念基金”相继推出。

中国经济的快速发展也催生了中国证券市场的发展。上海证券交易所与深圳证券交易所相继于1990年11月、1991年4月正式成立，标志着中国证券市场正式形成。

在境外中国概念基金与中国证券市场初步发展的影响下，中国境内第一家比较规范的投资基金——淄博乡镇企业投资基金（简称“淄博基金”），于1992年11月经中国人民银行总行批准正式设立。该基金为公司型封闭式基金，募集规模1亿元人民币，60%投向淄博乡镇企业，40%投向上市公司，并于1993年8月在上海证券交易所最早挂牌上市。

淄博基金的设立揭开了投资基金在内地发展的序幕，并在1993年上半年引发了短暂的中国投资基金发展的热潮。1993年下半年，经济过热引发了通货膨胀，政府进行了宏观调控。在这种情况下，投资基金的审批受到限制。1994年后，我国进入经济金融治理整顿阶段。随着经济的逐步降温，基金发展过程中的不规范问题和积累的其他问题逐步暴露出来，多数基金的资产状况趋于恶化，在经营上步履维艰。中国基金业的发展因此陷于停滞状态。

相对于《证券投资基金管理暂行办法》实施以后发展起来的新的证券投资基金（简称“新基金”），人们习惯上将1997年以前设立的基金称为老基金。截至1997年末，老基金的数量共有75只，筹资规模在58亿元人民币左右。

老基金存在的问题主要表现在以下三个方面：一是缺乏基本的法律规范，普遍存在法律关系不清、无法可依、监管不力的问题；二是受地方政府要求服务地方经济需要的引导以及当时境内证券市场规模狭小的限制，老基金并不以上市证券为基本投资方向，而是大量投向了房地产、企业等产业部门，因此它们实际上是一种直接投资基金，而非严格意义上的证券投资基金；三是这些老基金深受房地产市场降温、实业投资无法变现以及贷款资产无法回收的困扰，资产质量普遍不高。总体而言，这一阶段中国基金业的发展带有很大的探索性与自发性。

二、试点发展阶段

在对老基金发展过程加以反思的基础上，经国务院批准，国务院证券管理委员会于1997年11月14日颁布了《证券投资基金管理暂行办法》。这是我国首次颁布的规范证券投资基金运作的行政法规，为我国基金业的规范发展奠定了基础，由此，中国基金业进入了规范化的试点发展阶段。

在试点发展阶段，我国基金业在发展上主要表现出以下几个方面的特点：

（一）基金在规范化运作方面得到很大的提高

在这一阶段，为确保试点的成功，监管部门首先在基金管理公司和基金的设立上实行严格的审批制。《证券投资基金管理暂行办法》对基金管理公司的设立规定了较高的准入条件：基金管理公司的主要发起人必须是证券公司或信托投资公司，每个发起人的实收资本不少于3亿元人民币。较高的准入门槛和严格的审批制度尽管不利于竞争，但在保证基金的规范化运作上起到了良好的作用，在很大程度上确保了基金的社会公信力。其次是明确基金托管人在基金运作中的作用。最后就是建立较为严格的信息披露制度。这些措施的实行，有力地促进了我国基金业的规范化运作。

（二）在封闭式基金成功试点的基础上成功地推出开放式基金，使我国的基金运作水平实现历史性跨越

1998 年 3 月 27 日，经中国证监会批准，新成立的南方基金管理公司和国泰基金管理公司分别发起设立了两只规模均为 20 亿元的封闭式基金——基金开元和基金金泰，由此拉开了中国证券投资基金试点的序幕。在试点的第一年——1998 年，我国共设立了 5 家基金管理公司，管理封闭式基金数量 5 只，募集资金 100 亿元人民币，年末基金资产净值合计 107.4 亿元人民币。1999 年，基金管理公司的数量增加到 10 家，全年共有 14 只新的封闭式基金发行。

在封闭式基金成功试点的基础上，2000 年 10 月 8 日中国证监会发布了《开放式证券投资基金试点办法》。2001 年 9 月，我国第一只开放式基金——华安创新诞生，使我国基金业发展实现了从封闭式基金到开放式基金的历史性跨越。此后，开放式基金逐渐取代封闭式基金成为中国基金市场发展的方向。

（三）对老基金进行了全面规范清理，绝大多数老基金通过资产置换、合并等方式被改造成为新的证券投资基金

在新基金成功试点的基础上，中国证监会开始着手对原有投资基金进行清理规范。1999 年 10 月下旬，10 只老基金最先经资产置换后合并改制成 4 只证券投资基金，随后其他老基金也被陆续改制为新基金。老基金的全面清理规范，解决了基金业发展的历史遗留问题。

（四）监管部门出台了一系列鼓励基金业发展的政策措施，对基金业的发展起到了重要的促进作用

鼓励基金业发展的政策措施包括向基金进行新股配售、允许保险公司通过购买基金间接进行股票投资等。对基金进行新股配售，提高了基金的收益水平，增强了基金对投资者的吸引力，对基金业的发展起到了重要的促进作用。允许保险公司通过购买基金间接进行股票投资，使保险公司成为基金的最大机构投资者，也有力地支持了基金业在试点时期的规模扩张。

（五）开放式基金的发展为基金产品的创新开辟了新的天地

在开放式基金推出之前，我国共有 47 只封闭式基金。2002 年 8 月，我国封闭式基金的数量增加到 54 只，其后由于封闭式基金一直处于高折价交易状态，封闭式基金的发展因此陷入停滞状态。与此相反，开放式基金的推出为我国基金业的产品创新开辟了新的天地，我国的基金品种日益丰富。这一阶段具有代表性的基金创新品种有：2002 年 8 月推出的第一只以债券投资为主的债券基金——南方宝元债券基金，2003 年 3 月推出的我国第一只系列基金——招商安泰系列基金，2003 年 5 月推出的我国第一只具有保本特色的基金——南方避险增值基金，2003 年 12 月推出的我国第一只货币型基金——华安现金富利基金等。

三、快速发展阶段

2004 年 6 月 1 日开始实施的《证券投资基金法》，为我国基金业的发展奠定了重要的法律基础，标志着我国基金业进入了一个新的发展阶段。

自《证券投资基金法》实施以来，我国基金业在发展上出现了以下一些新的变化：

（一）基金业监管的法律体系日益完善

为配合《证券投资基金法》的实施，中国证监会相继出台了包括《证券投资基金管理公司管理办法》、《证券投资基金运作管理办法》、《证券投资基金销售管理办法》、《证券投资基金信息披露管理办法》、《证券投资基金托管管理办法》、《证券投资基金行业高级管理人员任职管理办法》等法规，使我国基金业监管的法律体系日趋完备。

（二）基金品种日益丰富，开放式基金取代封闭式基金成为市场发展的主流

《证券投资基金法》实施以来，我国基金市场产品创新活动日趋活跃，具有代表性的基金创新产品包括：2004 年 10 月成立的国内第一只上市开放式基金（LOF）——南方积极配置基金，2004 年年末推出的国内首只交易型开放式指数基金（ETF）——华夏上证 50ETF，2006 年 5 月推出的国内首只生命周期基金——汇丰晋信 2016 基金，2007 年 7 月推出的国内首只结构化基金——国投瑞银瑞福基金，2007 年 9 月推出的首只 QDII 基金——南方全球精选基金 QDII 基金，2008 年 4 月推出的国内首只社会责任基金——兴业社会责任基金等。层出不穷的基金产品创新极大地推动了我国基金业的发展。

2007 年，我国基金业的资产规模达到了前所未有的 3.28 万亿元人民币。2008 年，受股票市场大幅下跌的影响，我国基金业资产规模下降到了 1.94 万亿元，但基金数量则从 2007 年末的 345 只上升到了 2008 年末的 438 只。

自 2006 年起，随着一些封闭式基金陆续到期转为开放式基金，我国封闭式基金的数量不断减少。到 2008 年末，我国封闭式基金的数量从高峰时的 54 只下降到了 32 只。与此形成鲜明对比的是，自 2003 年我国开放式基金的数量首次超过封闭式基金的数量，2004 年开放式基金的资产规模首次超过封闭式基金的资产规模后，开放式基金取代封闭式基金成为市场发展的主流。2008 年末我国的基金数量达到了 438 只。其中，开放式基金的数量达到了 406 只（包括 ETF 基金、QDII 基金），开放式基金数量占基金全部数量的比例达到了 92.7％。2008 年末，我国基金资产净值为 1.94 万亿元，其中开放式基金的资产净值达到了 1.87 万亿元，占到全部资产净值的 96.4％。

（三）基金公司业务开始走向多元化，出现了一批规模较大的基金管理公司

目前，我国的基金管理公司除了募集、管理公募基金外，已被允许开展社保基金管理、企业年金管理、QDII 基金管理以及特定客户资产管理等其他委托理财业务，基金管理公司的业务正在日益走向多元化。随着市场的发展，市场上也涌现出一批管理资产规模较大的基金管理公司。截至 2008 年末，我国的基金管理公司已有 61 家，有 4 家基金管理公司的基金管理资产超过了 1 000 亿元。

（四）基金行业对外开放程度不断提高

基金行业的对外开放主要体现在两个方面：一是合资基金管理公司数量不断增加。我国第一家中外合资基金公司诞生于 2002 年末。截止到 2008 年末，我国共有 61 家基金管理公司，其中 33 家为合资基金公司。合资基金管理公司占到基金管理公司数量的 54％。合资基金公司带来的国际投资理念、风险控制技术和营销体系等，推动了国内基金业的发展和成熟。二是合格境内机构投资者（QDII）的推出，使我国基金行业开始进入国际投资市场。自 2007 年我国首批推出 4 只 QDII 基金后，2008 年末 QDII 基金的数量已达到 10 只，共有 26 家基金管理公司获得了 QDII 基金管理资格。

（五）基金业市场营销和服务创新日益活跃

基金业市场化程度的提高直接推动了基金管理人营销和服务意识的增强。如，在申购

费用模式上，客户可以选择前端收费模式或后端收费模式；在交易方式上，可以采用电话委托、ATM、网上委托等。定期定额投资计划、股利再投资这些在成熟市场较为普遍的服务项目，也越来越多地被我国基金管理公司所采用。

（六）基金投资者队伍迅速壮大，个人投资者取代机构投资者成为基金的主要持有者

2006 年之前，机构投资者持有开放式基金的比例在 50%左右。2011 年末，我国开放式基金的账户数突破了 3 500 万户，个人投资者持有基金的比例达到了 99.88%，标志着我国证券投资基金的投资者结构发生了质的变化。

本章小结

证券投资基金是指通过发售基金份额，将众多投资者的资金集中起来，形成独立财产，由基金托管人托管、基金管理人管理，以投资组合的方式进行证券投资的一种利益共享、风险共担的集合投资方式。证券投资基金具有集合理财、专业管理，组合投资、分散风险，利益共享、风险共担，严格监管、信息透明，独立托管、保障安全几个特征。证券投资基金可以按照不同的标准进行分类，按照组织形式分为契约型基金和公司型基金，按基金运作方式分为封闭式基金和开放式基金，按投资目标分为成长型基金、收入型基金和平衡型基金，按投资标的分为债券基金、股票基金、货币市场基金、黄金基金等。证券投资基金的主要当事人有基金份额持有人、基金管理人与基金托管人。投资于证券投资基金应采用适合的投资组合与投资策略。

关键术语

证券投资基金　契约性基金　公司型基金　开放式基金

封闭式基金　基金管理人　资金托管人

习题

1. 什么是证券投资基金？它具有哪些特点？
2. 简述基金资产的投资管理。
3. 试论投资基金的优缺点。
4. 试论述投资基金发起与设立的程序。
5. 列举出契约型基金各方当事人，并描述它们之间的关系。

案例分析

背景资料

李先生曾有过一段对开放式基金频繁进行短线操作的经历。下面我们将李先生进行操作的过程描述出来，然后我们计算一下李先生到底挣了多少钱。

某年初，李先生购买了净值为 1.100 0 元/份的开放式基金 A 两万份，短期持有后，该基金净值上升为 1.150 0 元/份，李先生将该基金出售；同时，李先生申购了净值为

0.950 0元/份的开放式基金B两万份，短期持有后，该基金净值上升为0.980 0元/份，李先生再次将该基金抛售。下面我们计算一下李先生经过两次短线操作后到底挣了多少钱。

假设开放式基金的赎回费率为1.5%左右，申购费率为1.0%。那么我们可以计算出来：

李先生申购开放式基金A的价格为：

开放式基金A的申购费用为：20 000份×1.100 0元/份×1.0%=220元

开放式基金A申购价为：20 000份×1.100 0元/份+220元=22 220元

开放式基金A的赎回费用为：20 000份×1.150 0元/份×1.5%=345元

开放式基金A的赎回金额为：20 000份×1.150 0元/份−345元=22 655元

李先生对开放式基金A的短线操作利润为：22 655元−22 220元=435元

而李先生申购、赎回基金A的交易费用共计：220元+345元=565元

交易费用是所获利润的1.30倍。

开放式基金B的申购费用为：20 000份×0.950 0元/份×1.0%=190元

开放式基金B的申购价为：20 000份×0.950 0元/份+190元=19 190元

开放式基金B的赎回费用为：20 000份×0.980 0元/份×1.5%=294元

开放式基金B的赎回价格为：20 000份×0.980 0元/份−294元=19 306元

李先生对开放式基金B的短线操作利润为：19 306元−19 190元=116元

李先生申购、交易基金B的交易费用共计：190元+294元=484元

李先生对基金B的交易费用是其利润的4.17倍。

假如不存在交易费用，李先生所获得的毛利是多少呢？是1 600元。而实际上扣除交易费用后李先生获得了多少利润呢？仅仅551元！毛利中的65.6%就这样被交易费用所吞噬了。

思考

李先生对开放式基金投资操作的亲身经历给我们带来了怎样的启示？

第五章

金融衍生工具

本章要点：

- 金融衍生工具的概念和特征
- 金融衍生工具的主要类型
- 金融期货的概念、功能
- 金融期权的概念、功能
- 互换业务、权证的概念及特点

导入案例

天气期货

2010年7月，反常的气候更为明显。“应该推出天气期货，规避不测风云。”反常气候也引发了投资界的新话题。

商品期货炒价格，股指期货炒点位，天气期货炒的则是温度、降水量、降雪量、霜冻天数等指标。实际上，天气期货在国外已有十余年的发展历史。北京工商大学证券期货研究所所长胡俞越教授、中国国际战略研究基金会高级研究员彭弘等专家都公开呼吁国内推出天气期货。但有不少业内人士认为，目前推出为时尚早。

天气期货和其他期货的交易原理基本相同。以温度指数期货为例，每月初期货市场主管机构会根据过去10年当月气温情况，为降温度日数或升温度日数确定一个初始值，如40华氏度（约4.44℃）。为使市场运转，指定的“做市商”将喊出“出价”和“要价”，前者比初始值稍低，后者稍高，这是投资者可以买进或卖出的度数。随着天气的变化和市场的反应，这些交易值在一个月中将起伏不定。到了月底，交易所根据实际温度进行结算，以1华氏度等于100美元的价格兑现所有期货合同。而投资者所要做的，就是预测一下未来的温度变化，然后进行买卖赚取利润。

天气期货最大的作用是具有避险功能。从农业、电力、旅游、交通等行业的企业，到滑雪场、高尔夫球场、海滨旅游胜地，甚至是保险公司都可通过它来对冲风险。

国外天气期货的主要参与者是上述容易因天气变化而“感冒”的企业。比如，一家玉米种植企业担心高温使玉米减产，为了避险，该企业可买入温度指数期货。若当年出现高温致使减产，同时在期货市场上温度指数上涨，该企业将期货合约平仓后就能获利。

再如，电力企业可通过温度指数期货规避凉夏带来的销量降低风险。若温度低，居民及企业通过空调降温的需求就会明显下降，电力企业的销售量也会相应减少。

如果电力企业提前在期货市场上做空，卖出温度指数期货合约，当温度指数期货也呈下跌走势，这家电力企业就能获益。

目前，全球有数个交易所提供天气期货合约，包括伦敦国际金融期货期权交易所、芝加哥商品交易所和亚特兰大洲际交易所等。在亚洲，日本的东京国际金融期货交易所也于2008年春季开始交易天气期货合约。推出天气期货最早、目前发展最为完善的要算芝加哥商品交易所。自1997年正式交易至今，该交易所已推出了美国天气期货、欧洲天气期货和亚太天气期货。涉及的合约品种包括温度指数期货、霜冻指数期货、降雪指数期货、飓风指数期货等。从合约时间看，又分为周合约、月合约、季度合约等。

但在国内，这些企业还缺乏运用期货手段对冲风险的能力。如果现在推出的话，投机者可能会占市场主体。此外，天气指数推出后合约如何设计、如何交割也存在一定难度。我国的商品期货市场还不发达，而天气期货在国际市场上推出时间不长，效果还有待观察。

第一节　金融衍生工具概述

一、概念和特征

（一）概念

金融衍生工具（derivative security），又称“金融衍生产品”，是与基础金融产品相对应的一个概念，指建立在基础产品或基础变量之上，其价格随基础金融产品的价格（或数值）变动，以杠杆和信用交易为特征的派生金融产品。这里所说的基础产品是一个相对的概念，不仅包括现货金融产品（如债券、股票、银行定期存款单等等），也包括金融衍生工具。作为金融衍生工具基础的变量则包括利率、汇率、各类价格指数甚至天气（温度）指数等。

（二）特点

1. 跨期性

金融衍生工具是交易双方通过对利率、汇率、股价等因素变动趋势的预测，约定在未来时间按照一定条件进行交易或选择是否交易的合约。无论是哪一种金融衍生工具，都会影响交易者在未来一段时间内或未来某时点上的现金流，跨期交易的特点十分突出。这就要求交易双方对利率、汇率、股价等价格因素的未来变动趋势作出判断，而判断的准确与否直接决定了交易者的交易盈亏。

2. 杠杆性

金融衍生工具交易一般只需要支付少量保证金或权利金就可以签订远期大额合约或互换不同的金融工具。例如，若期货交易保证金为合约金额的5%，则期货交易者可以控制20倍于所交易金额的合约资产，实现以小博大的效果。在收益可能成倍放大的同时，交易者所承担的风险与损失也会成倍放大，基础工具价格的轻微变动也许就会带来交易者的大盈大亏。金融衍生工具的杠杆性效应一定程度上决定了它的高投机性和高风险性。

3. 联动性

这是指金融衍生工具的价值与基础产品或基础变量紧密联系、规则变动。通常，金融衍生工具与基础变量相联系的支付特征由衍生工具合约规定，其联动关系既可以是简单的线性关系，也可以表达为非线性函数或者分段函数。

4. 不确定性或高风险性

金融衍生工具的交易后果取决于交易者对基础工具（变量）未来价格（数值）的预测和判断的准确程度。基础工具价格的变幻莫测决定了金融衍生工具交易盈亏的不稳定性，这是金融衍生工具高风险性的重要诱因。基础金融工具价格不确定性仅仅是金融衍生工具风险性的一个方面，国际证监会组织在 1994 年 7 月公布的一份报告（ISOCOPD 35）中认为金融衍生工具还伴随着以下几种风险：①交易中对方违约，没有履行承诺造成损失的信用风险；②因资产或指数价格不利变动可能带来损失的市场风险；③因市场缺乏交易对手而导致投资者不能平仓或变现所带来的流动性风险；④因交易对手无法按时付款或交割可能带来的结算风险；⑤因交易或管理人员的人为错误或系统故障、控制失灵而造成的操作风险；⑥因合约不符合所在国法律，无法履行或合约条款遗漏及模糊导致的法律风险。

二、产生与发展

金融衍生工具产生于 20 世纪 70 年代。自出现以来，发展迅速。衍生金融工具的产生和迅速发展主要有以下原因：

（1）20 世纪 70 年代高通货膨胀率以及普遍实行的浮动汇率制度，使规避通货膨胀风险、利率风险和汇率风险成为金融交易的一项重要需求。金融衍生工具能有效地将投资者不愿承担的某些风险转移给愿意承担者。

（2）各国政府逐渐放松金融管制以及通信技术、信息处理技术的进步等有利条件促进金融衍生工具飞速发展。先进技术的出现，使实施套期保值、套利和其他风险管理策略的成本费用得以大大降低，从而也使金融衍生工具供给量大大增加。

（3）金融业的竞争日益加剧促使金融机构不断进行金融创新，推出新的金融衍生工具。

（4）20 世纪 70 年代以来期权定价模型等衍生工具估值模型和技术取得突破并有了长足的进展，这有利于投资者更为准确地对衍生资产进行估值、风险管理，有利于金融衍生工具的发行和使用，从而促进衍生资产的正常发展。

三、功能和作用

（一）避险保值

该功能也是金融衍生工具被金融企业界广泛应用的初衷所在。金融衍生工具有助于投资者或储蓄者认识、分离各种风险构成和正确定价，使他们能根据各种风险的大小和自己的偏好更有效地配置资金，有时甚至可以根据客户的特殊需要设计出特定的产品。衍生市场的风险转移机制主要通过套期保值交易发挥作用，通过风险承担者在两个市场的相反操作来锁定自己的利润。一般那些以适当的抵消性金融衍生工具交易活动来减少或消除某种基础金融或商品的风险，目的在于牺牲一些资金（因为金融衍生工具交易需要一定的费用）以减少或消除风险的个人或企业称为对冲保值者。此类主体的活动是金融衍生市场较为主要的部分，也充分体现了该市场用于进行财务风险管理的作用。

（二）投机

与避险保值相反的是，投机的目的在于多承担一点风险去获得高额收益。投机者利用金融衍生工具市场中保值者的头寸并不恰好互相匹配对冲的机会，通过承担保值者转嫁出去的风险的方法，博取高额投机利润。还有一类主体是套利者，他们的目的与投机者差不多，但不同的是套利者寻找的是几乎无风险的获利机会。由于金融衍生市场交易机制和衍生工具本身的特征，尤其是杠杆性、虚拟性特征，使投机功能得以发挥。可是，如果投机活动过盛的话，也可能造成市场内不正常的价格震荡，但正是投机者的存在才使得对冲保值者意欲回避和分散的风险有了承担者，金融衍生工具市场才得以迅速完善和发展。

（三）价格发现

如果以上两点是金融衍生市场的内部性功效，那么价格发现则是金融衍生市场的外部性功效。在金融衍生工具的价格发现中，其中心环节是价格决定，这一环节是通过供给和需求双方在公开喊价的交易所大厅（或电子交易屏幕）内达成，所形成的价格又可能因价格自相关产生新的价格信息来指导金融衍生工具的供给和需求，从而影响下一期的价格决定。因为该市场集中了各方面的市场参与者，带来了成千上万种基础资产的信息和市场预期，通过交易所内类似拍卖方式的公开竞价形成一种市场均衡价格，这种价格不仅有指示性功能，而且有助于金融产品价格的稳定。

（四）降低交易成本

由于金融衍生工具具有以上功能，从而进一步形成了降低社会交易成本的功效。市场参与者一方面可以利用金融衍生工具市场，减少以至消除最终产品市场上的价格风险，另一方面又可以根据金融衍生工具市场所揭示的价格趋势信息，制定经营策略，从而降低交易成本，增加经营的收益。同时，拥有不同目的从事交易的参与者可以在市场交易中满足自己的需求，最终形成双赢的局面。

四、分类

金融衍生工具可以按照基础工具的种类、风险—收益特性以及自身交易方法的不同而有不同的分类。

（一）根据产品形态分类

根据产品形态，金融衍生工具可分为独立衍生工具和嵌入式衍生工具。

1998年，美国财务会计委员会发布133号会计准则《衍生工具与避险业务会计准则》，将金融衍生工具划分为独立衍生工具和嵌入式衍生工具两大类，给出“公允价值”。

1. 独立衍生工具

独立衍生工具即常见的衍生合同，是相对嵌入式衍生工具而言的。我国规定，衍生工具包括远期合同、期货合同、互换和期权以及具有以上一种或一种以上特征的工具。其具有以下特征：（1）其价值随特定变量的变动而变动，变量为非金融变量的，该变量与合同的任一方不存在特定的关系。（2）不要求初始净投资或要求很少。（3）在未来某一日期结算。

2. 嵌入式衍生工具

指嵌入到非衍生工具（即主合同）中，使混合工具的全部或部分现金流随特定变量的变动而变动的衍生工具。如可转换公司债券。

（二）按照交易场所分类

按照交易场所，金融衍生工具可分为内置型衍生工具、交易所交易的衍生工具和OTC交易的衍生工具。

（1）内置型衍生工具：指嵌入到非衍生合同中的衍生金融工具，如公司债券条款中的赎回条款、反售条款、转股条款。

（2）交易所交易的衍生工具：指在有组织的交易所上市交易的衍生工具，例如在股票交易所交易的股票期权产品。

（3）OTC交易的衍生工具：指通过各种通信方式，不通过集中的交易所，实行分散的、一对一交易的衍生工具。近年已经超过交易所的交易额。

（三）按照基础工具种类分类

按照基础工具种类，金融衍生工具可以划分为股权类产品的衍生工具、货币衍生工具、利率衍生工具、信用衍生工具以及其他衍生工具。

（1）股权类产品的衍生工具：以股票或股票指数为基础工具。包括股票期货、股票期权、股票指数期货、股票指数期权及上述混合。

（2）货币衍生工具：包括远期外汇合约、货币期货、货币期权、货币互换及上述混合。

（3）利率衍生工具：以利率或利率的载体为基础工具。包括远期利率协议、利率期货、利率期权、利率互换及上述混合。

（4）信用衍生工具：以信用风险或违约风险为基础变量转移或防范信用风险，是20世纪90年代以来发展最迅速的金融衍生工具，包括信用互换、信用联结票据等。

（5）其他衍生工具：在非金融变量的基础上开发。如天气期货、政治期货、巨灾衍生产品等。

（四）按照金融衍生工具自身交易的方法及特点分类

按照金融衍生工具自身交易的方法及特点，可分为金融远期合约、金融期货、金融期权、金融互换和结构化金融衍生工具。

（1）金融远期合约。指合约双方同意在未来日期按照固定价格买卖基础金融资产的合约。主要包括远期利率协议、远期外汇合约和远期股票合约。

（2）金融期货。指买卖双方在有组织的交易所内以公开竞价的形式达成的，在将来某一特定时间交收标准数量特定金融工具的协议。主要包括：货币期货、利率期货、股票指数期货和股票期货四种。

（3）金融期权。指合约买方向卖方支付一定费用（期权费），在约定日期内（或约定日期）享有按事先确定的价格向合约卖方买卖某种金融工具的权利的契约。包括现货期货和期货期权两大类。大量场外交易的新型期权通常被称为“奇异型”期权。

（4）金融互换。指两个或两个以上的当事人按共同商定的条件，在约定的时间内定期交换现金流的金融交易。分为货币互换、利率互换、股票互换、信用违约互换等。

（5）结构化金融衍生工具。前述四种常见的金融衍生工具通常称为建构模块工具，它们是最简单和最基础的金融衍生工具。而利用其结构化特性，通过相互结合或者与基础金融工具相结合，能够开发设计出更多具有复杂特性的金融衍生产品，通常被称为结构化金融衍生工具，简称结构化产品。如结构化票据、外汇结构化理财产品等。

第二节　金融期货

一、概述

（一）概念

金融期货是交易双方签订的在未来的确定时间按确定的价格买卖一定数量的金融资产或金融指标的合约。金融期货的标的物是证券、债券、存单、股票、股票指数、利率等金融资产或金融指标。

金融期货交易产生于20世纪70年代的美国期货市场。1972年美国芝加哥商业交易所（CME）的国际货币市场分部（IMM）推出外汇期货交易，标志着金融期货交易的开始。1975年芝加哥期货交易所（CBOT）推出了政府国民抵押贷款协会（GNMA）债券期货合约，同年开始交易美国政府国库券期货合约，利率期货诞生。1982年在堪萨斯期货交易所（KCBT）推出价值线指数期货合约（value line index futures）。在将金融工具引入期货交易领域以后，期货交易的规模以前所未有的速度在全球范围内迅猛发展，金融期货为广大金融机构和投资者在日益动荡和一体化的世界金融市场上提供了广泛的避险工具，发展至今金融期货已成为期货交易主体，占整个期货市场交易量的90%以上。

（二）特征

金融期货交易作为买卖标准化金融期货合约的活动是在高度组织化的、有严格规则的金融期货交易所进行的。金融期货交易的基本特征可概括如下：

第一，交易的标的物是金融商品。这些交易对象大多是无形的、虚拟化了的金融产品，如股票、股指、利率与外汇等，它不包括实际存在的实物商品。

第二，金融期货是标准化合约的交易。作为交易对象的金融商品，其收益率和数量都具有同质性和标准性，如货币币种、交易金额、清算日期、交易时间等都做了标准化规定，唯一不确定的是成交价格。

第三，金融期货交易采取公开竞价方式决定买卖价格。它不仅可以形成高效率的交易市场，而且透明度、可信度高。

第四，交割期限的规格化。金融期货合约的交割期限大多是三个月、六个月、九个月或十二个月，最长的是两年，交割期限与交割时间根据交易对象的不同特点而定。

（三）金融期货的基本功能

1. 套期保值

套期保值指通过在现货市场与期货市场建立相反的头寸，从而锁定未来现金流的交易行为。基本做法是：在现货市场买进或卖出某种金融工具的同时，做一笔与现货交易品种、数量、期限相当但方向相反的期货交易，以期在未来某一时间通过期货合约的对冲，以一个市场的盈利来弥补另一个市场的亏损，从而规避现货价格变动带来的风险，实现保值的目的。如果选用替代合约进行套期保值操作，并不能完全锁定未来现金流，由此带来的风险称为“基差风险”。

2. 价格发现功能

所谓价格发现，是指在交易所内对多种金融期货商品合约进行交易的结果能够产生这种金融商品的期货价格体系。期货市场发现的金融资产价格具有以下特点：(1) 公正性，由于期货交易是集中在交易所进行的，而交易所作为一种有组织、规范化的统一市场，集中了大量的买者和卖者，通过公开、公平、公正的竞争形成价格。它基本上反映了真实的供求关系和变化趋势。(2) 预期性，与现货市场相比，期货市场价格对未来市场供求关系变动有预测作用，它可以把国内市场价格与国际市场价格有机地结合在一起。期货市场大大改进了价格信息质量，使远期供求关系得到显示和调整，期货市场信息是企业经营决策和国家宏观调控的重要依据。

3. 投机功能

4. 套利功能

严格意义上的期货套利是指利用同一合约在不同市场上可能存在的短暂价格差异进行买卖，赚取差价，称为“跨市场套利”。根据不同品种的，称为“跨品种套利”；根据不同期限合约之间的比价关系的，称为“跨期限套利”，但其结果不一定可靠。

(四) 金融期货与金融现货交易的区别

金融现货如债券、股票是对某些特别标的物具有产权，而金融期货是金融现货的衍生品。现货交易的发展和完善为金融期货交易打下了基础。同时，金融期货交易也是现货交易的延伸和补充。二者的差异主要有以下几点：

1. 交易目的不同

金融现货买卖属于产权转移，而期货交易则着眼于风险转移和获取合理或超额利润，大部分金融期货交易的目的不在于实际获取现货。

2. 价格决定不同

现货交易一般采用一对一谈判决定成交价格，而期货交易必须集中在交易所里以公开拍卖竞价的方式决定成交价格。

3. 交易制度不同

现货可以长期持有，而期货则有期限的限制；期货交易可以买空卖空，而现货只能先买后卖；现货交易是足额交易，而期货交易是保证金交易，因而风险较高，另外，期货交易价格波动受每日最大涨跌幅的限制。

4. 交易的组织化程度不同

现货交易的地点和时间没有严格规定，期货交易严格限制在交易大厅内进行，现货交易信息分散，透明度低。而期货交易比较集中，信息公开，透明度高；期货交易有严格的交易程序和规则，具有比现货市场更强的抗风险能力。

(五) 作为一种标准化的远期交易，金融期货与远期交易的区别

金融期货交易是在金融远期合约交易的基础上发展起来的。二者最大的共同点是均采用先成交、后交割的交易方式，但二者也有很大的区别。

1. 指定交易所

期货与远期交易的第一项差别在于期货必须在指定的交易所内交易，交易所必须能提供一个特定集中的场地。交易所也必须能规范客户的订单在公平合理的交易价格下完成。期货合约在交易所内公开交易，交易所还必须保证让当时的买卖价格能及时并广泛地传播开来，使得期货从交易的透明化中享受到交易的优点。而远期市场组织较为松散，不在交易所内交易，也没有集中交易地点，交易方式也不是集中式的。

2. 合约标准化

金融期货合约是符合交易所规定的标准化合约，对于交易的金融商品的品质、数量及到期日、交易时间、交割等级都有严格而详尽的规定，而远期合约对于交易商品的品质、数量、交割日期等，均由交易双方自行决定，没有固定的规格和标准。

3. 保证金与逐日结算

远期合约交易通常不交纳保证金，合约到期后才结算盈亏。期货交易则不同，必须在交易前交纳合约金额的5%～10%为保证金，并由清算公司进行逐日结算，如有盈余，可以支取，如有损失且账面保证金低于维持水平时，必须及时补足，这是避免交易所信用危机的一项极为重要的安全措施。

4. 头寸的结束

结束期货头寸的方法有三种，第一，由对冲或反向操作结束原有头寸，即买卖与原头寸数量相等、方向相反的期货合约；第二，采用现金或现货交割；第三，实行期货转现货交易（ex-change for physicals）。在期货转现货交易中，两位交易人承诺彼此交换现货与以该现货为标的的期货合约。远期交易由于是交易双方依各自的需要而达成的协议，因此，价格、数量、期限均无规格，倘若一方中途违约，通常不易找到第三者能无条件接替承受该权利和义务，因此，违约一方只有提供额外的优惠条件要求解约或找到第三者接替承受原有的权利和义务。

5. 交易的参与者

远期合约的参与者大多是专业化生产商、贸易商和金融机构，而期货交易更具有大众意义，市场的流动性和效率都很高。参与交易的可以是银行、公司、财务机构、个人等。

（六）金融期货与商品期货的区别

金融期货和商品期货在交易机制、合约特征、机构安排方面并无二致，但二者也有不一样的地方：

第一，有些金融期货没有真实的标的资产（如股指期货等），而商品期货交易的对象是具有实物形态的商品，例如，农产品等。

第二，股价指数期货在交割日以现金清算，利率期货可以通过证券的转让清算，商品期货则可以通过实物所有权的转让进行清算。

第三，金融期货合约到期日都是标准化的，一般到期日有三月、六月、九月、十二月几种。商品期货合约的到期日根据商品特性的不同而不同。

第四，金融期货适用的到期日比商品期货要长，美国政府长期国库券的期货合约有效期限可长达数年。

第五，持有成本不同。将期货合约持有至到期日所需的成本费用即持有成本，包括三项：贮存成本、运输成本、融资成本。各种商品需要仓储存放，需要仓储费用，金融期货合约的标的物所需的贮存费用较低，有些如股指则甚至不需要贮存费用。如果金融期货的标的物存放在金融机构，则还有利息，例如，股票的股利、外汇的利息等，有时这些利息会超出存放成本，产生持有收益（即负持有成本）。

第六，投机性能不同。由于金融期货市场对外部因素的反应比商品期货更敏感，期货价格的波动更频繁、更大，因而比商品期货具有更强的投机性。

二、金融期货的种类

按基础工具划分，金融期货主要有三类：

（1）外汇期货。又称货币期货。是金融期货中最先产生的品种，主要用于规避外汇风险。外汇交易于 1972 年由芝加哥商业交易所所属的国际货币市场分部率先推出。

外汇期货是指交易双方同意在未来某一时期，根据约定价格（汇率），买卖一定标准数量的某种外汇的可转让的标准化期货合约。外汇期货的交易币种包括美元、日元、英镑、欧元、澳元、加拿大元等。

（2）利率期货。基础资产主要是各类固定收益金融工具，主要是为了规避利率风险而产生。利率期货是指交易双方同意在约定的将来某个日期，按约定条件买卖一定数量的某种长短期信用工具的可转让的标准化期货合约。利率期货交易的对象有长期国库券、政府住宅抵押证券、中期国债、短期国债等。

第二次世界大战后，为了维护金融市场的稳定，布雷顿森林会议通过国际货币基金组织会议，建立以美元为中心、以固定汇率制为基础的国际货币体系。1971 年 12 月与 1973 年 2 月的两次美元危机使美元被迫贬值，28 年的固定汇率制终于瓦解，被浮动汇率所代替。在浮动汇率制下，汇率的大幅波动增加了外汇交易的风险。1972 年，美国芝加哥商业交易所在经济学家弗里德曼的建议下，将商品期货交易的技巧应用于金融业，专设国际货币市场分部，并推出了外汇期货合约。1973 年和 1978 年的两次石油危机，使美国通货膨胀恶化，金融市场利率波动剧烈。1974 年，美国互惠利率达 12%，1978 年下降至 6%，1979 年回升至 15.75%，1980 年上升至 20%。为了规避利率风险，1975 年 10 月，第一个利率期货合约推出。

1975 年，利率期货产生于美国芝加哥期货交易所。主要包括（1）债券期货，是最重要的利率期货品种。长期国债期货的代表品种是芝加哥期货交易所 30 年期国债期货。短期国库券期货交易于 1976 年在芝加哥商业交易所首先推出。我国曾短暂开展过国债期货交易试点。1992 年上海证券交易所开办国债期货交易，1995 年暂停。（2）主要参考利率期货。常见的参考利率包括伦敦银行间同业拆借利率（LIBOR）、香港银行间同业拆借利率（HIBOR）、欧洲美元定期存款单利率、联邦基金利率等。

（3）股票指数期货。股票指数期货是指交易双方同意在将来某一时期按约定的价格，买卖股票指数的可转让的标准化期货合约。最具代表性的股票指数期货有美国的道琼斯股指期货、标准普尔 500 股指期货、纳斯达克股指期货、英国的金融时报股指期货、香港的恒生股指期货、日本的日经 225 股指期货、韩国的 KOSPI 200 股指期货等。

1982 年，美国堪萨斯期货交易所（KCBT）首先推出价值线指数期货。2006 年，中国金融期货交易所正式成立，开始仿真交易。新加坡交易所（SGX）于 2006 年推出首个中国 A 股指数期货。单只股票期货交易最早出现在 20 世纪 80 年代末。

专　栏

金融期货的背景

1944 年 7 月，44 个国家在美国新罕布什尔州的布雷顿森林召开会议，确立了布雷顿森林体系，实行双挂钩的固定汇率制，即美元与黄金直接挂钩，其他国家货币与美元按固定比价挂钩。布雷顿森林体系的建立，对战后西欧各国的经济恢复与增长以及国际贸易的发展都起到了重要的作用。同时，在固定汇率制下，各国货币之间的汇率波动被限制在极为有限的范围内（货币平价的±1%），外汇风险几乎为人们所忽视，对外汇风险管理的需求也自然不大。

进入20世纪50年代，特别是60年代以后，随着西欧各国经济的复苏，其持有的美元日益增多，各自的本币也趋于坚挺，而美国却因先后对朝鲜和越南发动战争，连年出现巨额贸易逆差，国际收支状况不断恶化，通货膨胀居高不下，从而屡屡出现黄金大量外流、抛售美元的美元危机。

在美国的黄金储备大量流失，美元地位岌岌可危的情况下，美国于1971年8月15日宣布实行"新经济政策"，停止履行以美元兑换黄金的义务。为了挽救濒于崩溃的固定汇率制，同年12月底，十国集团在华盛顿签订了《史密森学会协定》，宣布美元对黄金贬值7.89%，各国货币对美元汇率的波动幅度扩大到货币平价的±2.25%。1973年2月，美国宣布美元再次贬值10%。美元的再次贬值并未能阻止美元危机的继续发生，最终，1973年3月，在西欧和日本的外汇市场被迫关闭达17天之后，主要西方国家达成协议，开始实行浮动汇率制。

在浮动汇率制下，各国货币之间的汇率直接体现了各国经济发展的不平衡状况，反映在国际金融市场上，则表现为各种货币之间汇率的频繁、剧烈波动，外汇风险较之固定汇率制下急速增大。各类金融商品的持有者面临着日益严重的外汇风险的威胁，规避风险的要求日趋强烈，市场迫切需要一种便利、有效的防范外汇风险的工具。在这一背景下，外汇期货应运而生。

1972年5月，美国的芝加哥商业交易所设立国际货币市场分部，推出了外汇期货交易。当时推出的外汇期货合约均以美元报价，其货币标的共有7种，分别是英镑、加拿大元、德国马克、日元、瑞士法郎、墨西哥比索和意大利里拉。后来，交易所根据市场的需求对合约做了调整，先后停止了意大利里拉和墨西哥比索的交易，增加了荷兰盾、法国法郎和澳大利亚元的期货合约。继国际货币市场分部成功推出外汇期货交易之后，美国和其他国家的交易所竞相仿效，纷纷推出各自的外汇期货合约，大大丰富了外汇期货的交易品种，并促进了其他金融期货品种的创新。1975年10月，美国芝加哥期货交易所推出了第一张利率期货合约——政府国民抵押贷款协会（GNMA）的抵押凭证期货交易，1982年2月，美国堪萨斯期货交易所（KCBT）开办价值线综合指数期货交易，标志着金融期货三大类别的结构初步形成。

三、金融期货的主要交易制度

（1）集中交易制度。在期货交易所或证券交易所进行。期货交易所是专门金融期货合约买卖的场所，是期货市场的核心。期货交易所一般实行会员制度（近来出现了公司化倾向）。撮合成交方式分为做市商方式和竞价方式两种。

（2）标准化的期货合约和对冲机制。

（3）保证金及杠杆作用。成交时缴纳的保证金称为初始保证金。保证金账户必须保持一个最低的水平，称为维持保证金。当保证金余额不足以维持最低水平时，交易者在规定时间内追缴保证金达至初始保证金水平。不能在规定时间内补足保证金的，交易所有权将交易者的期货合约平仓了结，亏损由交易者负责。保证金水平由交易所或结算所指定，由于保证金比率很低，因此具有高度的杠杆作用。

（4）结算所和无负债结算制度。结算所是期货交易的专门清算机构，通常附属于交易所，但又以独立的公司形式组建，通常也采取会员制。所有的期货交易都必须通过结算会员由结算机构进行，而不是由交易双方直接交手清算。结算所实行无负债的每日结算制度，又称逐日盯市制度，以合约在交易日收盘前几分钟的平均成交价作为当日结算价，随市清算。盘中试结算可在每一交易日进行数次定时试结算，也可以根据市场风险状况进行不定时盘中试结算。结算所成了所有交易者的对手。

（5）限仓制度。这是为防止市场风险过度集中和防范操纵市场的行为，对交易者持仓数量加以限制的制度。可以采取根据保证金数量规定持仓限额、对会员的持仓量限制和对客户的持仓量限制等形式。通常还实行近期月份严于远期月份、对套期保值者与投机者区别对待、对机构与散户区别对待、总量限仓与比例限仓相结合、相反方向头寸不可抵消等原则。

（6）大户报告制度。当会员或客户的持仓量达到交易所规定的数量时，必须向交易所申报有关开户、交易等情况的风险控制制度。通常，交易所规定的大户报告限额小于限仓限额，所以大户报告制度是限仓制度的一道屏障，以防止大户操纵市场的违规行为。限仓制度和大户报告制度是降低市场风险，防止人为操纵的有效机制。

（7）每日价格波动限制及断路器规则。每日价格波动限制规定了最大波动范围。断路器规则是指：规定一系列涨跌幅限制，达到这些限幅之后交易暂停，十余分钟后再恢复交易，给市场充分的时间以消化特定信息的影响。

另外，金融期货交易中还有强行平仓、强制减仓、临时调整保证金比率等交易规则。

四、金融期货的理论价格

理论上，期货价格等于现货价格加上持有成本。在现货金融工具价格一定时，金融期货的理论价格决定于现货金融工具的收益率、融资利率及持有现货金融工具的时间。理论上，期货价格有可能高于、等于或低于相应的现货金融工具价格。价格的主要影响因素包括：

（1）现货价格。

（2）要求的收益率或贴现率。

（3）时间长短。

（4）现货金融工具的付息情况。

（5）交割选择权。

第三节　金融期权

一、概述

（一）概念

期权又称选择权，是指其持有者能在规定的期限内按交易双方商定的价格购买或出售一定数量的基础工具的权利。金融期权是以金融工具或金融变量为基础工具的期权交易形式。期权交易实际上是一种权利的单方面有偿让渡。

期权交易历史悠久，其雏形可追溯到公元前1200年。现代期权交易始于20世纪70年代初，1973年芝加哥期权交易所（CBOE）正式成立，进行统一化和标准化的期权合约买卖，1987年5月29日伦敦金属交易所正式开办期权交易。今天，期权交易已逐渐规范化，其规模也不断扩大，种类不断齐全，已从传统的有形商品的期权交易发展到包括货币、证券、利率、指数等领域的期权交易。其交易方式呈多样化，既可欧式，也可美式；既可在交易所内进行，也可在场外交易。场外交易是在银行同业之间进行，也叫“柜台交易”。而经营期权业务的交易所则遍布世界各主要金融市场。目前这类交易所有费城交易所、芝加哥商业交易所、纽约商品交易所、美国证券交易所、阿姆斯特丹交易所、蒙特利尔交易所、伦敦股票交易所、伦敦国际金融期货交易所和香港商品交易所等。我国内地没有专门的期权市场，但中国银行在1985年和1986年也分别开展了黄金、白银和货币等期权业务。期权交易已成为现代西方金融市场上极为流行的一种交易方式。

（二）期权与期货交易的区别

与金融期货相比，金融期权的主要特征在于它仅是买卖权利的交换。期权的买方在支付了期权费后，就获得了合约所赋予的权利，但并没有必须履行该期权合约的义务。金融期权与金融期货的区别表现在：

（1）基础资产不同。一般而言，金融期权的基础资产多于金融期货的基础资产。金融期权合约本身可以作为金融期权的基础资产，即复合期权。

（2）交易者权利与义务的对称性不同。期权买方只有权利没有义务，卖方只有义务没有权利。

（3）履约保证不同。期权的购买者无须开立保证金账户，也无须缴纳保证金。

（4）现金流转不同。金融期货双方都必须保有一定的流动性较高的资产。金融期权除了到期履约外，交易双方将不发生任何现金流转。

（5）盈亏特点不同。理论上，金融期货交易中双方潜在的盈利和亏损都是无限的。金融期权中购买者与出售者的盈利和亏损具有不对称性：期权的购买者在交易中的潜在亏损有限，仅限期权费，而可能盈利是无限的；出售者所得盈利是有限的，仅限期权费，而可能的损失是无限的。

（6）套期保值的作用与效果不同。通过金融期权交易，既可避免价格不利变动造成的损失，又可在相当程度上保住价格有利变动而带来的利益。但这并不是说金融期权比金融期货更为有利。

（三）期权合约的构成要素

期权合约是一种标准化合约。所谓标准化合约就是说，除了期权的价格是在市场上公开竞价形成的，合约的其他条款都是事先规定好的，具有普遍性和统一性。

期权合约主要有三项要素：权利金、执行价格和合约到期日。

1. 权利金

权利金（premium）又称期权费、期权金，是期权的价格。权利金是期权合约中唯一的变量，是由买卖双方在国际期权市场公开竞价形成的，是期权的买方为获取期权合约所赋予的权利而必须支付给卖方的费用。对于期权的买方来说，权利金是其损失的最高限度。对于期权卖方来说，卖出期权即可得到一笔权利金收入，而不用立即交割。

2. 执行价格

执行价格是指期权的买方行使权利时事先规定的买卖价格。执行价格确定后，在期权合约规定的期限内，无论价格怎样波动，只要期权的买方要求执行该期权，期权的卖方就必须以此价格履行义务。如：期权买方买入了看涨期权，在期权合约的有效期内，若价格上涨，并且高于执行价格，则期权买方就有权以较低的执行价格买入期权合约规定数量的特定商品。而期权卖方也必须无条件地以较低的执行价格履行卖出义务。

对于外汇期权来说，执行价格就是外汇期权的买方行使权利时事先规定的汇率。

3. 合约到期日

合约到期日是指期权合约必须履行的最后日期。欧式期权规定只有在合约到期日方可执行期权。美式期权规定在合约到期日之前的任何一个交易日（含合约到期日）均可执行期权。同一品种的期权合约在有效期时间长短上不尽相同，按周、季度、年以及连续月等不同时间期限划分。

（四）期权投资特点

1. 以小博大

期权可以为投资者提供较大的杠杆作用。对于买方来说，买入平值期权特别是到期日较短的虚值期权，就可以用较少的权利金控制同样数量的合约。

2. 不想承担太大的风险

买入期权，无论价格如何变化，变化多么剧烈，风险只限于所支付的权利金，但利润可以随着期货价格的有利变动而不断增加。可使期权买方免受保证金追加之忧，远离爆仓的噩梦，保持良好的交易心态。

3. 延迟交易决策

当投资者对期货价格看涨（看跌）但又不确定时，可以先行支付少量的权利金，买入看涨期权（看跌期权）。此时风险有限，待价格趋势明朗后，再做进一步的判断和交易行动。

期权买方拥有的是权利，可以选择执行，也可以选择不执行。买入期权后，等于下了一个止损订单，最大的损失就是权利金。在行情振荡市场中，当期货价格发生不利变化时，可以等待观察市场变化，当行情发生回转时，期权价格回升。避免了期货交易止损平仓后价格回转的尴尬境地。

4. 规避期货交易风险

期货交易是一种高风险的投资工具。通过期权，可以有效地将期权交易的风险控制在确定的范围之内。买入看涨期权可以保护期货空头部位。买入看跌期权，可以保护期货多头部位。例如，某投资者买入棉花期货 15 000 元/吨，为了规避价格下跌的风险，买入执行价格为 15 200 元/吨的棉花看跌期权，这样，如果价格下跌，其锁定损失为 200 元。如果价格上涨，棉花期货盈利，而买入的看跌期权可以择机卖出平仓。

5. 提高期货交易盈利

卖出期权的交易策略很多，通过卖出虚值期权，可以巧妙地增加期货交易盈利。如，当前市场棉花期货价格为 15 000 元/吨，投资者认为棉花价格将上涨，但结合各种因素分析，15 600 元是一个强阻力位。因此，该投资者买入 1 手棉花期货 15 000 元/吨，同时，卖出执行价格为 15 600 元/吨的看涨期权，获取权利金 80 元/吨。如其所料，在期权到期日，期货价格上涨到 15 600 元/吨，投资者可以在 15 600 元/吨平仓了结其期货多头，盈利 600 元/吨；同时，其卖出的看涨期权为平值期权，买方不会提出执行，投资者可以赚取 80 元/吨的权利金。等于期货平仓价格为 15 680 元/吨，提高了期货交易的盈利。从另一方面讲，如果期货价格上涨超过了 15 600 元/吨，则期权买方会提出执行，该投资者的代价就是放弃 15 680（＝15 600＋80）元以上的利润。

6. 更多的投资机会与投资策略

期货交易中，只有在价格发生方向性变化时，市场才有投资的机会。如果价格处于波动较小的盘整期，做多做空都无法获取投资利润，市场中就缺乏投资的机会。期权交易中，无论是期货价格处于牛市、熊市或盘整，均可以为投资者提供获利的机会。期货交易只能是基于方向性的。而期权的交易策略既可以基于期货价格的变动方向，也可以基于期货价格波动率进行交易。期权上市后，根据不同月份、不同执行价格的期权之间，期权与期货之间的价格关系，可以派生出众多的套利交易策略。

7. 灵活性

期货交易中，只有多空两种交易部位。期权交易中，有四种基本交易部位：看涨期权的多头与空头，看跌期权的多头与空头。如果投资者不想承担无限的风险，可以买入期权。如果投资者不愿支付权利金成本而能够承担风险，可以选择卖出期权。如果投资者买入期权，认为权利金成本较高，可以选择虚值期权。如果对期货价格有务实的看法，则可以卖出不同执行价格或者不同月份的期权，收取权利金以降低成本。同样，投资者卖出期权后，可以通过买入不同执行价格或者不同月份的期权来降低风险。期权交易的灵活性在于：通过不同的组合交易策略和不断调整，投资者可以获得不同风险收益和成本的投资效果。只要确定你的目标和风险能力，就会有一项投资计划适合于你。“期权投资策略的多少，取决于想象力的丰富程度”。

二、期权交易的类型

（一）根据选择权的性质划分

（1）看涨期权（call option），又称认购权，指期权的买方具有在约定期限内按协定价格买入一定数量金融工具的权利。交易者买入是预期金融工具的价格在合约期限内将上涨。

（2）看跌期权（put option），又称认沽权，指期权的买方具有在约定期限内按协定价格卖出一定数量金融工具的权利。交易者买入是预期金融工具的价格在合约期限内将下跌。

（3）双重期权（double option），它是指期权买方在一定时期内有权选择以预先确定的价格买进，也有权选择以该价格卖出商品合约。它实际上是上两种方式的组合。

除了上述三个基本类型外，近年来又开拓了许多特殊的期权做法，出现了许多类型的期权交易。如回溯期权（retroactive option）、循环期权（revolving option）、价差期权（spread option）、最小/最大期权（min/max option）、平均价期权（average option）、“权中权”期权（option on option）等等。这些新种类丰富了期权交易的内容，也增强了期权交易本身的灵活性。

（二）按合约所规定的履约时间的不同划分

（1）欧式期权。欧式期权是指期权合约买方在合约到期日才能决定其是否执行权利的一种期权。

（2）美式期权。美式期权是指期权合约的买方在期权合约的有效期内的任何一个交易日均可决定是否执行权利的一种期权。

美式期权比欧式期权更灵活，赋予买方更多的选择，而卖方则时刻面临着履约的风险，因此，美式期权的权利金相对较高。

三、金融期权的理论价格

（一）金融期权价格理论上的构成

（1）内在价值，也称履约价值，是期权买方如果立即执行该期权所能获得的收益。根据协定价格与基础资产市场价格的关系，可分为实值期权、虚值期权和平价期权。对看涨期权，市场价格高于协定价格为实值期权，低于协定价格为虚值期权；对看跌期权，市场价格低于协定价格为实值期权，高于协定价格为虚值期权。

（2）时间价值，一般以期权的实际价格减去内在价值求得。

（二）影响期权价格的因素

（1）协定价格与市场价格。

（2）权利期间。在其他条件不变时，期权期间越长，期权价格越高，反之越低。

（3）利率。尤其是短期利率的影响。利率对期权价格的影响是复杂的。

（4）基础资产价格的波动性。波动性越大，期权价格越高。

（5）基础资产的收益。由于分红付息，基础资产产生收益将使看涨期权价格下跌，使看跌期权价格上升。

第四节　互换业务

一、互换概述

金融互换是 20 世纪 80 年代在平行贷款和背靠背贷款的基础上发展起来的。1981 年 IBM 与世界银行之间签署的货币互换协议是世界上第一份货币互换协议；而由美国花旗银行和大陆伊利诺伊公司安排的美元 7 年期债券固定利率与浮动利率的互换也发生在 1981 年，属首次利率互换。从那以后，互换市场发展迅速。利率互换和货币互换名义本金金额从 1987 年末的 8 656 亿美元猛增到 2002 年中的 823 828.4 亿美元，15 年增长了近 100 倍。可以说，这是增长速度最快的金融产品市场。

（一）概念

互换是两个或两个以上的当事人按共同商定的条件，在约定的时间内定期交换现金流的金融交易，可分为货币互换、利率互换、股权互换、信用互换等。1981 年美国所罗门兄弟公司为 IBM 和世界银行办理首笔美元与德国马克和瑞士法郎之间的货币互换，目前按名义金额计算的互换交易已经成为最大的衍生交易品种。互换交易的主要用途是改变交易者资产或负债的风险结构，从而规避相应的风险。

通过金融互换可在全球各市场之间进行套利，从而一方面降低筹资者的融资成本或提高投资者的资产收益，另一方面促进全球金融市场的一体化。利用金融互换，可以管理资产负债组合中的利率风险和汇率风险。金融互换为表外业务，可以逃避外汇管制、利率管制及税收限制。

（二）互换的特点

金融互换从产生之日起，其发展一刻未停，因此其特点也在动态发展。概括而言，金融互换的特点主要表现在：

1. 品种多样化

最基本的金融互换品种是指货币互换（currency swap）和利率互换（interest rate swap），前者是指在对未来汇率预期的基础上双方同意交换不同货币本金与利息的支付的协议。其要点包括：双方以约定的协议汇价进行有关本金的交换；每半年或每年以约定的利率和本金为基础进行利息支付的互换；协议到期时，以预定的协议汇价将原本金换回等。后者是指在对未来利率的预期的基础上，双方以商定的日期和利率互换同一种货币的利息支付。最基础的利率互换形式是指固定利率对浮动利率的互换，即一方用固定利率债务换取浮动利率债务，支付浮动利率；另一方用浮动利率债务换取固定利率债务，支付固定利率。在此基础上，金融互换新品种不断出现，较典型的是交叉货币利率互换，从而使互换形成完整的种类，呈现出多样化的特点。

2. 结构标准化

在金融互换发展的初期，一些因素阻碍了其进一步发展。例如，互换中的信用风险难以把握、缺乏普遍接受的交易规则与合约文本等。为此，1985 年 2 月，以活跃在互换市场上的银行、证券公司为中心，众多的互换参与者组建了旨在促进互换业务标准化和业务推广活动的国际互换交易协会（International Swap Dealer's Association，ISDA），并在《国际金融法规评论》上发表了该协会会员克里斯托弗·斯托克关于互换业务标准化的著名论文，拟定了标准文本《利率和货币互换协议》。该协议的宗旨，就是统一交易用语，制定标准的合同格式，统一利息的计算方式。该协议要求交易双方在达成第一笔互换交易前（或之后）签订这样一个“主协议”，同时可对各项条款进行讨论、修改和补充。由此在以后每一笔互换交易时，就省去了拟定、讨论文本的大量时间。在“主协议”项下，交易双方的每一笔互换交易仅需要一个信件或电传来确定每笔互换的交易日、生效日、到期日、利率、名义本金额、结算账户等即可成交。到目前为止，世界上大多数银行、投资银行等均已成为该协会的成员，极大地推动了互换交易标准化的进程。该协议的实施，标志着金融互换结构进入标准化阶段，为金融互换交易的深入发展创造了良好的条件，大大提高了交易效率。

3. 参与机构多元化

互换市场参与机构包括最终用户和中介机构。最终用户是指各国政府尤其是发展中国家的政府及其代理机构、世界范围内的银行和跨国公司、储蓄机构和保险公司、国际性代理机构与证券公司等等。它们参与互换的基本目的是：获得高收益的资产或低成本融资、实施资产与负债的有效管理、回避正常经济交易中的利率或汇率风险以及进行套利、套汇等。中介机构主要包括美国、英国、日本、德国、加拿大等国的投资银行、商业银行和证券交易中心等等。它们参与互换的重要目的是从承办的业务中获取手续费收入和从交易机会中得到盈利。互换交易的发展，使得上述两类机构在实践中的交叉越来越多。许多机构积极参与了双方的活动，即同一机构既可能是最终用户也可能是中介机构。特别是为数众多的大商业银行与投资银行以及信誉卓著的跨国公司，它们常常利用自身信誉高、信息广、机构多的优势直接进行互换，从而大大减少了对中介机构的需要。这里需要特别指出的是：第一，商业银行或投资银行常常将互换视为可交易证券，它们在将互换合约与市场时间标准化的过程中始终走在前列，并增强了互换市场的流动性。第二，在互换的发展过程中，一些互换中介机构尤其是金融机构开始充当做市商。其主要原因：一是互换市场已从一个强调新证券套利的市场逐步演变为企业资产负债组合管理服务的市场，从而要求互换市场具有流动性。而做市商对互换交易提供双向报价的做法，为用户按照目前市场利率从事反向互换或取消互换创造了条件，进而促进了互换在企业资产与负债组合管理中的运用。二是金融产品日益出现的多产品组合趋势，促进了做市商的发展。金融工程可以将远期、期权、互换以及商品与股权工具不断地组合和分解，创造出更适合资产与负债管理需要的工具。因为金融产品具有不同的特性，很难使每一个对手从事一个完全冲抵型交易，所以做市商在此类产品的结构设计、定价与规避风险方面的作用日益增强。三是为了赚取更多的利润。做市商是互换市场的价格制定者，可通过将大额交易分割为小额交易，并抓住交易机会进行交易而获取利润。四是对金融机构来讲，由于无风险的传统金融业务的利润在逐步下降，出于提高营业利润的目的，它们充当做市商来开拓自身的业务。

4. 产品衍生化

金融互换同其他金融工具相结合，可以衍生出许多复杂的互换衍生产品，如与期权结合产生互换期权，互换与期货结合产生互换期货，与股票指数结合产生股票指数互换等。以互换期权为例，它是指互换交易中支付固定利率的期权。互换期权合约赋予期权买方在指定的日期或某一指定的日期之前，选择是否按照事先约定的条件进行互换的权利。这种权利可在规定的期限内行使，也可以放弃。由此可见，互换期权为金融机构与企业进行资产负债管理提供了很大的灵活性。因为在互换期权没有产生以前，人们只能通过利用支付债券的场内交易期权交易或场外期权交易进行利率避险。

资产互换也是在基本互换基础上发展起来的重要互换形式，资产互换指将一个固定利率证券重新包装为浮动利率证券，或将一个浮动利率证券重新包装为固定利率证券，或将证券的还本付息货币转换成另一种货币。资产互换能为投资者带来更高的回报，也能使金融机构的资产组合进一步实现分散化，降低了资产组合的风险。

5. 业务表外化

金融衍生产品的交易不构成有关交易方的资产与负债，属于表外业务。而金融互换本身就属于金融衍生产品的一个重要部分，其业务当然具有表外化的特点。也就是说，金融互换在时间和融资方面独立于各种借款或投资，即具体的借款或投资行为与互换中的利率基础和汇率基础无关。这一特点，决定了可利用金融互换逃避外汇管制、利率管制以及税收限制，不增加负债而获得巨额利润扩充资本，达到提高资本充足率等目的。这一特点也表明，在金融互换本身存在风险的前提下，若在资产负债表中不对金融互换作适当披露，将不能充分准确地反映经济主体的经营行为及风险状况。

6. 风险管理全程化

金融互换作为一种重要的金融衍生产品，其产生的主要原因是为了规避金融风险。但在发展过程中，金融互换本身也存在许多风险，因此加强风险管理，尽可能地减少风险的数额，防止风险变成实际的损失，贯穿于互换业务的整个过程。从风险产生的原因来看，互换风险主要来自于：第一，经济因素，主要是利率与汇率的变动；第二，政治因素，如一国政治体制的变化造成金融市场价格的大幅波动；第三，运作因素，如过度投机、内部控制机制不健全等；第四，其他因素，如自然因素、社会因素等。从风险表现形式来看，由于互换的主要参与者包括中介机构与最终用户，它们所面临的风险有所区别。对中介机构来讲，它们首先面临的风险是信用风险。一旦中介机构是一个做市商，当其持有不对应的头寸时，还要面临市场风险。因此，信用风险与市场风险是互换中介机构的主要风险。其他风险，如国家风险、法律风险、结算风险等，也对中介机构有影响。对最终用户来讲，在有中介机构参与的互换交易中，如果另一最终用户违约，这个最终用户与中介机构的合约仍有效。因此作为最终用户，可以忽略信用风险，将市场风险作为需要监测和管理的主要风险。

7. 发展非均衡化

作为互换的两个基本形式，货币互换先于利率互换而产生，二者各有自己的优势和特色，但在其发展过程中表现出明显的非均衡性。利率互换的发展速度远远快于货币互换，成为互换市场的主流。其主要原因是国际借贷市场，尤其是欧洲美元市场十分广阔。同时从内在结构上来看，与利率互换相比，由于货币互换牵涉到一系列的不同货币本金与利息的互换，货币互换协议的达成往往需要更长的时间来实现，文件制作方面也比较复杂。从新产品上看，两者的发展也表现出非均衡：货币互换由于涉及不同货币本金和一系列不同货币利息的互换，因此在国际金融市场上，其新产品较少，主要有固定利率货币互换、浮动利率货币互换及分期支付货币互换；利率互换的新产品则层出不穷，如零息对浮动利率互换、浮动利率对浮动利率互换、可赎回利率互换、可出售利率互换、可延期利率互换、远期利率互换等等。

8. 监管国际化

由于金融互换是表外业务，而且是场外交易，标准合约又可以协商修改，因而其透明度较低，各国监管机构至今尚未专门针对金融互换的监管提出非常有效的方式。同时一项互换交易往往涉及两个或两个以上国家的不同机构，必然要求互换监管的国际化。

我国的企业与金融机构仅是近几年才开始涉足金融互换交易业务，而且目前主要局限于一些简单的利率互换与货币互换等形式。其主要原因在于：我国有关机构的风险管理制度不健全、相关人员的专业水平不高以及宏观上国家的外汇管制相对较严等。

9. 功能扩大化

互换交易的基本经济功能有两个：一是在全球金融市场之间进行套利，从而一方面降低筹资者的融资成本或提高投资者的资产收益，另一方面促进全球金融市场的一体化；二是互换交易提高了利率和货币风险的管理效率，即筹资者或投资者在得到借款或进行投资之后，可以通过互换交易改变其现有的负债或资产的利率基础或货币种类，以期从货币或汇率的变动中获利。随着互换交易的发展，其功能也逐步扩大，表现在：第一，完善了价格发现机制。金融互换所形成的价格反映了所有可获得的信息和不同交易者的预期，使未来的资产价格得以发现。第二，拓宽了融资渠道。利用金融互换，筹资者可以在各自熟悉的市场上筹措资金，通过互换来达到各自的目的，而不需要到自己不熟悉的市场去寻求筹资机会。第三，投资银行家可利用互换创造证券。由于大多数互换是在场外交易，可以逃避外汇、利率及税收等方面的管制，同时互换又具有较强的灵活性，使得投资银行家能创造一系列的证券。第四，获取投机收益。随着互换的不断发展，一些专业交易商开始利用其专业优势，对利率与汇率进行正确预测而运用互换进行投机。一旦遇到市场波幅大且其判断正确时，收益丰厚。

10. 定价复杂化

互换的价格主要表现为互换时所愿意支付的利率、汇率水平。国际金融市场上，影响互换价格的因素主要有：①互换进行时市场总体利率水平、汇率水平及其波动幅度与变化趋势；②互换本金数量、期限等；③互换双方自身的资金状况与资产负债结构；④互换伙伴的信用状况；⑤互换合约对冲的可能性。由于互换价格的影响因素多，加之在其定价过程中不同的市场对收益的计算方法往往不同，因此其定价过程较为复杂，特别是互换交易的衍生品的定价更为复杂。从目前看，金融套利已成为互换定价的主要方法，其主要原因是金融套利能为互换的参与者节省成本。

（三）互换市场的内在局限性

首先，为了达成交易，互换合约的一方必须找到愿意与之交易的另一方。如果一方对期限或现金流等有特殊要求，他常常会难以找到交易对手。

其次，由于互换是两个对手之间的合约，因此，如果没有双方的同意，互换合约是不能更改或终止的。

最后，对于期货和在场内交易的期权而言，交易所对交易双方都提供了履约保证，而互换市场则没有人提供这种保证。因此，互换双方都必须关心对方的信用。

由于互换是两个公司之间的私下协议，因此包含信用风险。当互换对公司而言价值为正时，互换实际上是该公司的一项资产，同时是合约另一方的负债，该公司就面临合约另一方不执行合同的信用风险。

将互换合约的信用风险和市场风险区分开来是十分重要的。信用风险是互换合约对公司而言价值为正时对方不执行合同的风险；而市场风险是由于利率、汇率等市场变量发生变动引起互换价值变动的风险。市场风险可以用对冲交易来规避，信用风险则比较难规避。

（四）互换的条件

根据比较优势理论，只要满足以下两种条件，就可进行互换：双方对对方的资产或负债均有需求；双方在两种资产或负债上存在比较优势。

（五）互换和约的基本要素

（1）互换对象；

（2）期限；

（3）预定的支付间隔期；

（4）固定价格和浮动价格。

（六）互换主体的交易结构

互换的主体结构由交易双方和掉期中介构成（见图5—1）。

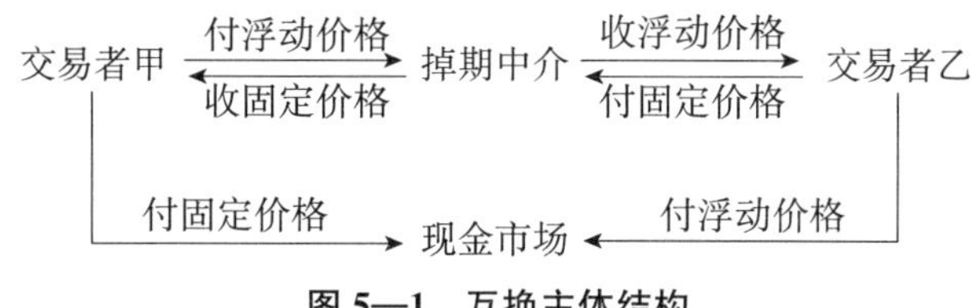

图5—1　互换主体结构

交易者甲：拥有浮动收益资产，但是却要进行固定价格的支付。

交易者乙：拥有固定收益资产，但是却要进行浮动价格支付。

掉期中介：投资银行、商业银行、独立的经纪人和交易商都可充当互换的中介。

二、互换的种类

（一）利率互换

1. 定义

利率互换（interest rate swaps）是指交易双方以一定的名义本金为基础，将该本金产生的以一种利率计算的利息收入（支出）流与对方的以另一种利率计算的利息收入（支出）流相交换，交换的只是不同特征的利息，没有实质本金的互换。利率互换可以有多种形式，最常见的利率互换是在固定利率与浮动利率之间进行交换。

（1）风险较小。因为利率互换不涉及本金，双方仅是互换利率，风险也只限于应付利息这一部分，所以风险相对较小。

（2）影响甚微。这是因为利率互换对双方财务报表没有什么影响，现行的会计规则也未要求把利率互换列在报表的附注中，故可对外保密。

（3）成本较低。双方通过互换，都实现了自己的愿望，同时也降低了筹资成本。

（4）手续较简单，交易可迅速达成。利率互换的缺点就是该互换不像期货交易那样有标准化的合约，有时也可能找不到互换的另一方。

2. 利率互换合约的内容

（1）由双方签订一份协议；

（2）根据协议双方各向对方定期支付利息，并预先确定付息日期；

（3）付息金额由相同名义本金确定，以同种货币支付利息；

（4）互换一方是固定利率支付者，固定利率在互换之初商定；

（5）另一方是浮动利率支付者，浮动利率参照互换期内某种特定的市场利率加以确定，双方互换利息，不涉及本金的互换。

从结构上来说，利率互换可以当作一系列远期利率协议，但是二者不完全相同。主要差异是：

在远期利率协议中，每份远期利率协议的协议利率通常彼此不同，它们分别为相应期限的远期利率。但是，在标准的利率互换中，固定利率通常是不变的

远期利率协议的结算额是在名义贷款开始的时候支付，等于利息差在期初的现值。然而，在利率互换中，利息差是在相应利息期的期末支付，因此，交割额不需要经过贴现。

3. 利率互换的原因

双方进行利率互换的主要原因是双方在固定利率和浮动利率市场上具有比较优势。利率互换利用了交易双方在融资成本上的比较优势，常常是由降低融资成本的愿望所推动。

交易一方具有相对便宜的固定利率融资成本，但是希望筹措浮动利率资金；另一方具有相对便宜的浮动利率融资成本，但是希望筹措固定利率资金。通过利率互换，双方可以发挥各自的融资成本优势。

之所以存在融资成本比较优势，是因为资本市场存在着各种各样的瑕疵，这可能来自监管、交易成本或者投资者的偏好等方面。

当然也不排除：（1）对冲利率风险；（2）在互换市场上投机，以从固定/浮动利率交易中获利；（3）使一些市场参与者进入市场，而在正常情况下，他们会因信用等级等原因而不能进入市场。

4. 利率互换的运行过程

假设 A、B 两公司都想借入期限为 5 年的 1 000 万美元。各自在银行的信用评级和银行提供给两公司的贷款条件如表 5—1 和图 5—2 所示。

表 5—1　　A、B 两公司的融资成本相对比较优势

	信用评级	固定利率	浮动利率
A 公司	AAA	10.0%	6 个月期 LIBOR+0.3%
B 公司	BBB	11.2%	6 个月期 LIBOR+1.0%
借款成本差额		1.2%	0.7%

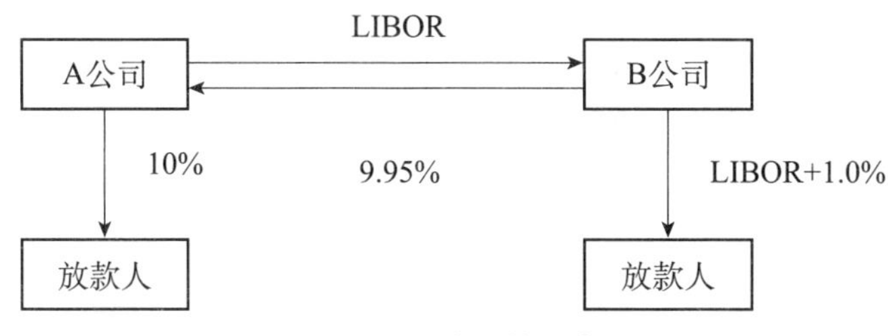

图 5—2　利率互换示意图

5. 金融中介的作用

在上述互换中，通过中介的利率互换如图 5—3 所示。

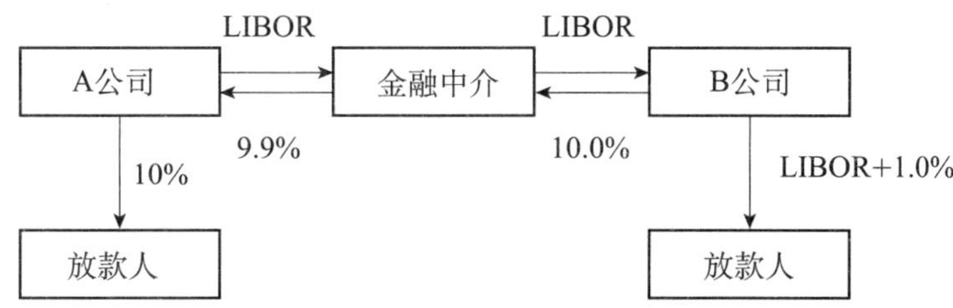

图 5—3　通过中介的利率互换示意图

6. 互换利息的支付

在上述互换中，每隔 6 个月为利息支付日，所有的利率都是以半年计复利报出的。因此互换协议的条款应规定每 6 个月一方向另一方支付固定利率与浮动利率的差额。假定在图 5—3 中某一特殊支付日的 6 个月期 LIBOR 为 12.00%，则 A 公司应付给金融中介：

1 000 万美元×0.5×(12.00%−9.90%)=10.5(万美元)

而金融中介付给 B 公司：

1 000 万美元×0.5×(12.00%−10.00%)=10(万美元)

(二) 货币互换

货币互换（又称货币掉期）是指两笔金额相同、期限相同、计算利率方法相同，但货币不同的债务资金之间的调换，同时也进行不同利息额的货币调换。简单来说，利率互换是相同货币债务间的调换，而货币互换则是不同货币债务间的调换。货币互换双方互换的是货币，它们之间各自的债权债务关系并没有改变。初次互换的汇率以协定的即期汇率计算。货币互换的目的在于降低筹资成本及防止汇率变动风险造成的损失。货币互换的条件与利率互换一样，包括存在品质加码差异与相反的筹资意愿，此外，还包括对汇率风险的防范。

例如中国银行（A 方）和美国某家银行（B 方）在美元市场和瑞士法郎市场上的相对借款成本如表 5—2 所示。

表 5—2 互换举例

	美元市场	瑞士法郎市场
中国银行	10.0%	5.0%
美国银行	13.0%	6.0%
借款成本的差额	3.0%	1.0%

市场的即期汇率为 1 美元=2 瑞士法郎，即中国银行需要 2 亿瑞士法郎，美国银行需要 1 亿美元。这里依然存在着两种选择，第一种选择为中国银行以 5.0%的利率直接到市场上去借瑞士法郎，而美国银行直接以 13.0%的利率到市场上去借美元。另一种选择是中国银行和美国银行之间进行货币互换交易，可节约 2%的成本。该货币互换的流量图见图 5—4、图 5—5 和图 5—6。

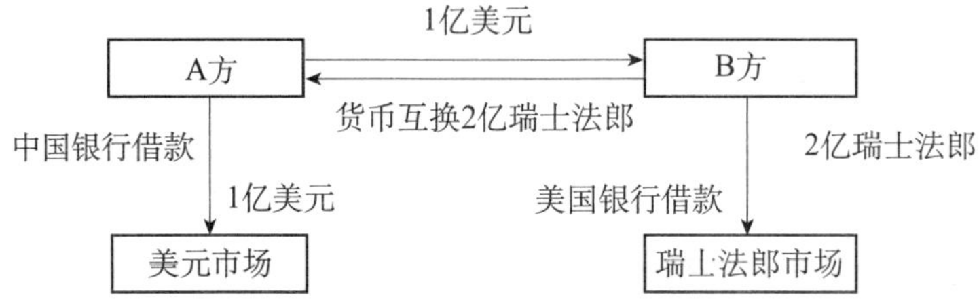

图 5—4 货币互换初始流量图

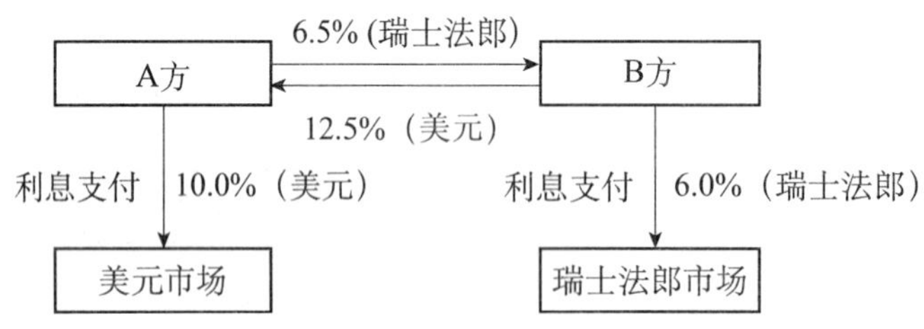

图 5—5 货币互换利息支付流量图

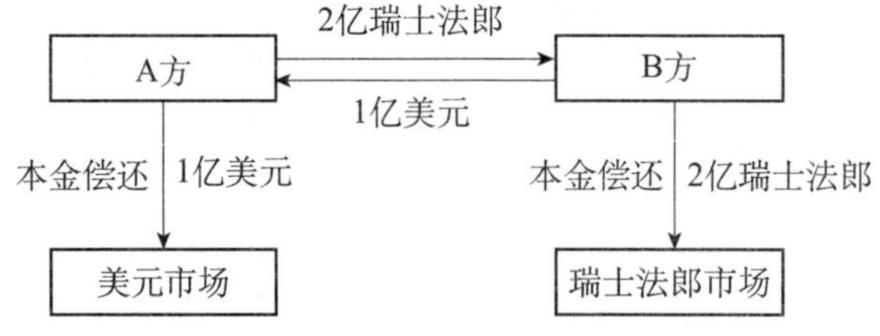

图 5—6 货币互换的本金最终流量

（三）商品互换

商品互换是一种特殊类型的金融交易，交易双方为了管理商品价格风险，同意交换与商品价格有关的现金流。它包括固定价格及浮动价格的商品价格互换和商品价格与利率的互换。

商品互换与利率互换略有不同，它使交易对方在将来锁定一个固定的商品价格。商品互换是以石油、橙汁、咖啡、可可、玉米、棉花、糖和小麦等作为交易对象。商品互换的最新发展是不动产和房地产互换、通货膨胀指数互换。在设计和推销关于困难贷款、信用质量、保险、税收甚至反污染信贷方面的互换及其他衍生工具都已经有所进展。

［例 5—1］　一石油开采者 A 希望将它在以后 5 年内出售石油的价格固定下来，它每月平均产量为 8 000 桶；同时，另一石油精炼与化学药品制造商 B，希望将它在以后 5 年内购买石油的价格固定下来，它每月需求量是 12 000 桶。为达到各自的目的，它们就分别与互换经纪人进行互换交易，同时又各自在现货市场上进行现货交易（见图 5—7）。

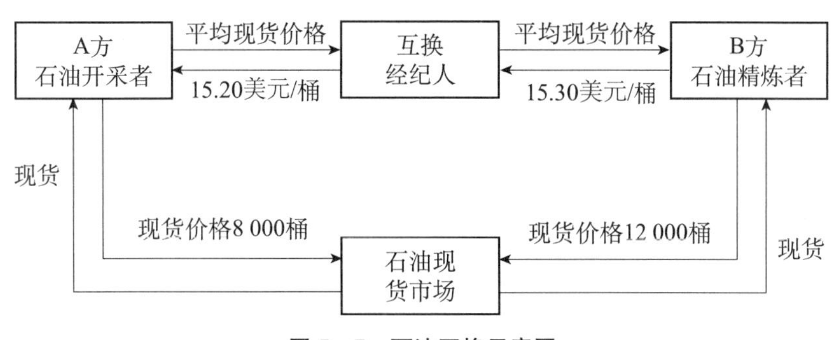

图 5—7　石油互换示意图

（四）其他互换

其他互换主要有股权互换、信用互换、气候互换和互换期权等。

专　栏

货币互换

1981 年，由于美元对瑞士法郎（SF）、联邦德国马克（DM）急剧升值，货币之间出现了一定的汇兑差额，所罗门兄弟公司利用外汇市场中的汇差以及世界银行与 IBM 公司的不同需求，通过协商达成互换协议。这是一项在固定利率条件下进行的货币互换，而且在交易开始时没有本金的交换。

第一份互换合约出现在 20 世纪 80 年代初，从那以后，互换市场有了飞速发展。这次著名的互换交易发生在世界银行与 IBM 间，它由所罗门兄弟公司于 1981 年 8 月安排成交。

世界银行将它的 2.9 亿美元金额的固定利率债务与 IBM 公司已有的瑞士法郎和德国马克的债务互换。互换双方的主要目的是：世界银行希望筹集固定利率的德国马克和瑞士法郎低利率资金，但世界银行无法通过直接发行债券来筹集，而世界银行具有 AAA 级的信誉，能够从市场上筹措到最优惠的美元借款利率，世界银行希望通过筹集美元资金换取 IBM 公司的德国马克和瑞士法郎债务；IBM 公司需要筹集一笔美元资金，由于数额较大，集中于任何一个资本市场都不妥，于是采用多种货币筹资的方法，它们运用本身的优势筹集了德国马克和瑞士法郎，然后通过互换，与世界银行换到优惠利率的美元。

三、几个互换实例

（一）股票指数互换

［例 5—2］　假设某指数基金是模仿标准普尔 500 指数而设立的。

该基金经理与互换交易商签了一份合约价值为 100 万美元，期限为 1 年的掉期合约。

合约规定交易商支付年息 9%（季息 2.25%）的固定收益，基金经理支付标准普尔 500 指数的收益率，每季交换一次。互换合约执行结果如表 5—3 所示。

表 5—3　互换合约执行结果　单位：美元

季度	标准普尔 500 指数收益率	交易商付款	基金经理付款	基金经理净收入
1	0.02	22 500	20 000	2 500
2	0.022	22 500	22 000	500
3	−0.01	32 500	0	32 500
4	−0.012	34 500	0	34 500
合计				70 000

（二）利率互换

［例 5—3］ 设甲、乙两家公司均希望得到一笔 5 年期的价值 100 万元的贷款，如果它们各自从固定利率和浮动利率资金市场上借款，需要支付的年利率如表 5—4 所示。

表 5—4　甲、乙两公司固定利率和浮动利率状况

季度	固定利率	浮动利率
甲公司	10%	6 个月 LIBOR+0.30%
乙公司	11.40%	6 个月 LIBOR+1.10%

如果甲公司需要的是浮动利率贷款，而乙公司需要的是固定利率贷款，那么这种情形完全可以促成一个有利可图的掉期交易。例如甲承诺定期支付乙以浮动利率 LIBOR 计的利息，而乙承诺支付甲固定利率 10%（见图 5—8）。

图 5—8　甲、乙公司利率互换交易

（1）甲公司通过利率互换得到浮动利率贷款，并且付出的利率为 LIBOR，比起它在浮动利率市场上借款的利率 LIBOR+0.30%，少付 0.30%。

（2）乙公司通过利率互换得到固定利率贷款，其支付的固定利率为 10%，在支付给贷款人浮动利率贷款利息时，它还需在甲公司支付的 LIBOR 基础上，再多支付 1.1%，乙公司共支付 10%+1.1%=11.1%，比起它在固定利率市场上借款的利率 11.4%，节省了 11.4%−11.1%=0.3%。

（3）通过利率互换，共节约了 0.3%+0.3%=0.6%。

第五节　权　证

一、权证概述

在国外，权证起源于 1911 年美国电灯和能源公司。在 1929 年以前，权证作为投机性的品种而沦为市场操纵的工具。20 世纪 60 年代，许多美国公司利用股票权证作为并购的融资手段。由于权证相对廉价，部分权证甚至被当成了促销手段。当时美国的公司在发售债券出现困难时，常常以赠送股票权证加以“利诱”，颇有一种“买电脑赠保险”的意味。

1970 年，美国电话电报公司以权证方式融资 15 亿美元，使得权证伴随标的证券的发行成为最流行的融资模式。欧洲最早的认股权证出现在 1970 年的英国，而德国自从在 1984 年发行认股权证之后，一度迅速成为世界上规模最大的权证市场，拥有上万只权证品种。截至 2004 年 12 月 31 日，按认股证成交金额计，香港位列全球第一，2004 年全年成交金额为 673.573 亿美元，第二位的德国为 552.085 亿美元，第三位的意大利为 211.153 亿美元。

（一）权证概念

权证是指基础证券发行人或其以外的第三人发行的，约定持有人在规定期间内或特定到期日，有权按约定价格向发行人购买或出售标的证券，或以现金结算方式收取结算差价的有价证券。支付一定数量的价金之后，就从发行人那里获取了一个权利。这种权利使得持有人可以在未来某一特定日期或特定期间内，以约定的价格向权证发行人购买/出售一定数量的资产。

（二）权证的分类

按发行人不同可分为股本权证和备兑权证。股本权证一般是由上市公司发行，备兑权证一般是由证券公司等金融机构发行（见表 5—5）。

表 5—5　权证要素

比较项目	股本权证	备兑（衍生）权证
发行人	标的证券发行人	标的证券发行人以外的第三方
标的证券	需要发行新股	已在交易所挂牌交易的证券
发行目的	为筹资或激励高管人员用	为投资者提供避险、套利工具
行权结果	公司股份增加、每股净值稀释	不造成股本增加或权益稀释

按权利行使方向分类，可分为认购权证和认沽权证。认购权证赋予持有人在未来某一时间以特定价格购买标的证券的权利，但持有人并无义务购买标的证券。认沽权证赋予持有人在未来某一时间以固定价格出售标的证券的权利，但持有人并无义务出售标的证券。

按权利行使期限分为欧式权证、美式权证和百慕大式权证。美式权证的持有人在权证到期日前的任何交易时间均可行使其权利，欧式权证的持有人只可以在权证到期日当日行使其权利，百慕大式权证的投资者于存续期间的若干个交易日可以行使履约之权利。

依履约结算方式分为证券结算型和现金结算型。证券结算型指行权时，发行人与权证持有人一方交付现金，另一方支付标的证券进行结算。现金结算型指行权时，发行人与权证持有人按照股价与行权价之间差额以现金进行结算。

按行权价与标的股价的关系分为价内认购权证、价平认购权证、价外认购权证、价内认沽权证、价平认沽权证和价外认沽权证。价内认购权证的行权价低于标的证券价格，价平认购权证的行权价等于标的证券价格，价外认购权证的行权价高于标的证券价格，价内认沽权证的行权价高于标的证券价格，价平认沽权证的行权价等于标的证券价格，价外认沽权证的行权价低于标的证券价格。

（三）权证的特点

1. 权证的杠杆效应能实现以小博大

权证对于投资者来说，只需付出原来用于投资相关资产的一小部分资金，即可把握资产变动的机会，从而获利。此外，在目前没有做空机制的沪深股市，认沽权证还可以为投资者提供从标的证券价格的下跌中获利的机会。

杠杆比率＝标的证券价格/(权证价格/行使比例)

杠杆比率越大表示杠杆效果越大，其获利与损失的风险也越大；反之，杠杆比率越小表示杠杆效果越小，其获利与损失的风险亦越小。

［**例 5—4**］ 以武钢认购权证为例，按 2005 年 11 月 23 日收盘价计算，G 武钢正股价格为 2.77 元，武钢 JTB1 认购权证价格为 0.822 元，权证到期日行权比例为 1∶1，因此对应的当日杠杆比率为：

杠杆比率＝2.77/[0.822/(1:1)]＝3.37 倍

风险—收益揭示：权证的一大特点就是有杠杆效应，其收益可以被放大很多倍。若判断错误，虽然绝对损失数目较小，但是亏损占总投资的比例非常高。

2. 具有避险功能

权证具有期权性质。投资者如已持有或即将持有标的证券头寸，可以购买认沽权证作为避险工具，例如投资者预测股票价格即将上涨，却又担心预测错误或者为了规避系统性风险，即可用少许的金额买进一个认沽权证，当股票下跌时，其权证获利的部分可用来弥补买入股票标的证券的机会成本。当股票价格上涨时，其买入股票已经获利，而损失的只是少许的权证金。反之，如该投资者预测标的物价格即将下跌，则可实行相反的避险操作策略。

3. 损失有限、获利无穷

权证到期前如不具有行使价值或持有人未申请行使者，其最大损失仅为当初购买权证所支付的权利金，故损失有限。而在到期前，如标的资产价格上涨，则认购权证价格将随之上涨，因标的证券价格可能无限上涨，故权证的获利是无穷的，即使是认沽权证，其获利空间也远大于权利金的损失。

4. 时效性

投资者买卖权证不像股票可以长期持有，权证具有存续期间，权证到期后即丧失其效利。权证到期时如不具有行使价值，投资者将损失其当初购买权证的权利金。

5. T＋0 的交易特点

当日买入的权证，当日可以卖出，这给短线投机资金提供了绝好的舞台。利用 T＋0 的交易特点，可以在一个交易日内做多个波段操作，资金的利用率大大提高；此外，参与权证交易，可以及时止损或获利了结，避免隔夜风险。

二、权证投资分析

（一）影响权证价格的因素

1. 标的证券价格

标的证券的价格越高，认购权证的价值亦会越高。基于这一点，我们可以很容易看出，标的证券的价格越高，内在价值越高，而权证价值也会增加。对于认沽权证来说，情况就恰好相反。

2. 无风险利率

无风险利率对于权证价格的影响不是非常直接。纯粹从理论上来讲，当整个经济中的无风险利率增加的时候，股票价格的预期增长率也倾向于增加。然而，权证持有者收到的未来现金流的现值也将减少。这两种因素都将减少认沽权证的价值。因此，无风险利率增加，认沽权证的价格将降低。

对于认购权证来说，股票价格的上升，将增加认购权证的价格，而未来现金流的现值将减少。可以证明，随着无风险利率的增加，认购权证的价格总是随之上涨。

3. 股利

很多境外市场上，股利对认购权证的持有人不利，原因是持有人选择购入权证，因而放弃了收取标的证券的股利；反过来说，股利对认沽权证持有人却有利。按照《权证管理暂行办法》，沪深市场的权证是有分红保护的，即标的证券分红时，权证的行权价也会做相应调整，由此对权证的价值影响非常小，从理论上严格来讲，分红会稍微降低权证的理论价格。

4. 距离到期日的时间

无论是认购权证还是认沽权证，离到期日越远，其权证价值就越大。为了直观理解这一点，考虑其他条件相同但只有到期日不同的两个美式权证，则有效期长的权证其执行的机会不仅包含了有效期短的那个权证的所有执行机会，而且它的获利机会会更多，因此有效期长的权证的价值总是大于或等于有效期短的权证的价值。

5. 行权价

很容易看出，行权价越高，认购权证的价值越低，原因是标的证券价会涨至超过行权价的概率变得较低。但对认沽权证持有人来说，行权价越高却会令他们更受惠，因为他们有权以更高的价格出售标的证券。

6. 波动率

波动率是决定权证价值最重要的一项因素，但人们直觉上却往往很难理解它的影响。波动率用来衡量标的证券价未来的变动范围。它可以定义为衡量标的证券价格随着时间变化的波动程度。若标的证券过去曾出现大幅价格变动或未来预期会出现大幅价格变动，就会被称为波动率大的股票。随着波动率的增加，股票上升很高或者下跌很低的概率也随着增加。对于股票来说，这两种趋势是相互抵销的，而对于权证来说则不是这样，权证持有人可以规避对其不利的变化，而获取有利的变化。因此，随着波动率的增加，认购权证和认沽权证的价格都会上升。

在表5—6中，我们将上述影响因素做了归总。需要强调的是，所有这些结果都是建立在其他变量不变的基础上，尤其是当利率上升（或下降）时，股票价格也将下降（或上升）。若考虑利率变化和随之而来的股价变化的净效应，则可能会得出相反的结论。

表5—6　　影响认购权证和认沽权证理论价值的因素

影响因素	认购权证	认沽权证
标的证券价格上升	↑	↓
无风险利率上升	↑	↓
派发股利	↓	↓
距到期日时间增加	↑	↑
行权价上升	↓	↑
波动率上升	↑	↑

（二）权证的内在价值和时间价值

一般习惯是把权证的价值分成两部分：内在价值和时间价值：

权证价值＝内在价值＋时间价值

内在价值是标的股价与行权价两者之间的差额，如果为负数，则取值为0。就认购权证而言，如果标的股价大于行权价，则内在价值等于标的股价减去行权价，否则，内在价值为 0。

而就认沽权证来说，如果标的股价小于行权价，则内在价值等于行权价减去标的股价，否则内在价值为 0。

除非情况很特殊，权证价值最少等于它的内在价值。

权证的时间价值是最难评价的一个部分。时间价值可以设想为标的证券价格在权证剩余存续期间内，可能朝着持有人有利方向移动的概率而产生的价值。

第六节　其他金融衍生工具

一、存托凭证

（一）概念

存托凭证（depositary receipts，DR），是指在一国证券市场流通的代表外国公司有价证券的可转让凭证。存托凭证由 J. P. 摩根首创。存托凭证一般代表外国公司股票，有时也代表债券。

1927 年，美国投资者看好英国百货业公司塞尔弗里奇公司的股票，由于地域的关系，这些美国投资者要投资该股票很不方便。当时的 J. P. 摩根就设立了一种美国存托凭证（ADR），使持有塞尔弗里奇公司股票的投资者可以把塞尔弗里奇公司股票交给 J. P. 摩根指定的在美国与英国都有分支机构的一家银行，再由这家银行发给各投资者美国存托凭证。这种存托凭证可以在美国的证券市场上流通，原来持有塞尔弗里奇公司股票的投资者就不必再跑到英国抛售该股票。同时要投资塞尔弗里奇公司股票的投资者也不必再到英国股票交易所去购买塞尔弗里奇公司股票，而可以在美国证券交易所购买该股票的美国存托凭证。每当塞尔弗里奇公司进行配股或者分红等事宜，发行美国存托凭证的银行在英国的分支机构都会帮助美国投资者进行配股或者分红。这样美国投资者就省去了到英国去配股及分红的麻烦。美国存托凭证出现后，各国根据情况相继推出了适合本国的存托凭证，比如全球存托凭证（GDR）、国际存托凭证（IDR）。目前我国也开始酝酿推出中国存托凭证（CDR），即在我国内地发行的代表境外或者我国香港特区证券市场上某一种证券的证券。

（二）美国存托凭证的有关业务机构

参与美国存托凭证发行与交易的中介机构包括存券银行、托管银行和中央存托公司。

1. 存券银行

存券银行作为 ADR 的发行人和 ADR 的市场中介，为 ADR 的投资者提供所需的一切服务。

（1）作为 ADR 的发行人，存券银行在 ADR 基础证券的发行国安排托管银行，当基础证券被解人托管账户后，立即向投资者发出 ADR，ADR 被取消时，指令托管银行把基础证券重新投入当地市场。

（2）在 ADR 交易过程中，存券银行负责 ADR 的注册和过户，安排 ADR 在存券信托公司的保管和清算，及时通知托管银行变更股东或债券持有人的登记资料，并与经纪人保持经常联系，保证 ADR 交易的顺利进行。同时，存券银行还要向 ADR 的持有者派发美元股利或利息，代理 ADR 持有者行使投票权等股东权益。

（3）存券银行为 ADR 持有者和基础证券发行人提供信息和咨询服务。作为 ADR 持有者、发行公司的代理者和咨询者，存券银行向 ADR 持有者提供基础证券发行人及 ADR 的市场信息，解答投资者的询问；向基础证券发行人提供 ADR 持有者及 ADR 市场信息，帮助发行人建立和改进 ADR 计划，特别是提供法律、会计、审计等方面的咨询和代理服务；协调 ADR 持有者和发行公司的一切事宜，并确保发行公司符合法律要求。

2. 托管银行

托管银行是由存券银行在基础证券发行国安排的银行，它通常是存券银行在当地的分行、附属行或代理行。托管银行负责保管 ADR 所代表的基础证券；根据存券银行的指令领取股利或利息，用于再投资或汇回 ADR 发行国；向存券银行提供当地市场信息。

3. 中央存托公司

中央存托公司是指美国的证券中央保管和清算机构，负责 ADR 的保管和清算。美国证券中央保管和清算机构的成员为金融机构，如证券经纪公司、自营商、银行、信托投资公司、清算公司等，其他机构和个人也可以通过与以上成员建立托管或清算代理关系，间接地参加证券中央保管和清算机构。

（三）美国存托凭证的种类

按照基础证券发行人是否参与存托凭证的发行，美国存托凭证可分为无担保的存托凭证和有担保的存托凭证。

1. 无担保的存托凭证

无担保的存托凭证由一家或多家银行根据市场的需求发行，基础证券发行人不参与，存券协议只规定存券银行与存托凭证持有者之间的权利义务关系。无担保的存托凭证目前已很少应用。

2. 有担保的存托凭证

有担保的存托凭证由基础证券发行人的承销商委托一家存券银行发行。承销商、存券银行和托管银行三方签署存券协议。协议内容包括存托凭证与基础证券的关系，存托凭证持有者的权利，存托凭证的转让、清偿、股利或利息的支付以及协议三方的权利和义务等。采用有担保的存托凭证，发行公司可以自由选择存券银行。有担保的存托凭证分为一、二、三级公开募集存托凭证和美国 144A 规则下的私募存托凭证。这四种有担保的存托凭证各有其不同的特点和运作惯例，美国的相关法律也对其有不同的要求。简言之，一级存托凭证允许外国公司无须改变现行的报告制度就可以享受公开交易证券的好处；想在一家美国交易所上市的外国公司可采用二级存托凭证；如果要在美国市场上筹集资本，则须采用三级存托凭证。存托凭证的级别越高，所反映的美国证券交易委员会（SEC）登记要求也越高，对投资者的吸引力就越大。

（四）对发行人的优点

1. 市场容量大，筹资能力强

以美国存托凭证为例，美国证券市场最突出的特点就是市场容量极大，这使在美国发行 ADR 的外国公司能在短期内筹集到大量的外汇资金，拓宽公司的股东基础，提高其长期筹资能力，增强公司证券的流动性并分散风险。

2. 避开直接发行股票与债券的法律要求，上市手续简单，发行成本低

除此之外，发行存托凭证还能吸引投资者关注，增强上市公司曝光度，扩大股东基础，增强股票流动性；可以通过调整存托凭证比率将存托凭证价格调整至美国同类上市公

司股价范围内，便于上市公司进入美国资本市场，提供新的筹资渠道。对于有意在美国拓展业务、实施并购战略的上市公司尤其具有吸引力；便于上市公司加强与美国投资者的联系，改善投资者关系；便于非美国上市公司对其美国雇员实施员工持股计划等。

（五）对投资者的优点

（1）以美元交易，且通过投资者熟悉的美国清算公司进行清算。

（2）上市交易的 ADR 须经美国证券交易委员会（SEC）注册，有助于保障投资者利益。

（3）上市公司发放股利时，ADR 投资者能及时获得，而且是以美元支付。

（4）某些机构投资者受投资政策限制，不能投资非美国上市证券，ADR 可以规避这些限制。

二、可转换证券

（一）概念

可转换证券是持有者可以在一定时期内按一定比例或价格将之转换成一定数量的另一种证券的证券。实质上嵌入了普通股票的看涨期权。一般分为可转换债券、可转换优先股。

可转换证券对于发行人而言，可以节约发行费用（债券的利率或优先股的股利率可以低于同类信用债券），降低筹集资金的成本；吸引机构投资者（法律规定商业银行和其他金融机构不准投资普通股，但可转换证券属于债券或者优先股，目前我国没有可转换优先股）。对于投资者而言，可在一定范围内规避风险但又不回避收益的选择权。

（二）可转换证券的要素

关于可转换证券，其要素有许多个，其中最主要的是转换比例、转换期限和转换价格。以可转换债券为例：

1. 转换比例

转换比例是指每一份可转换债券可以换取多少股普通股股票。从实质上看，转换比例也是转换价格的另一种表现。

2. 转换期限

转换期限是指可转换债券持有者有权将债券转换成公司股份的有效时间区域。从实际看，转换期限通常为可转换债券发行日之后的若干年起至债券到期日止。

3. 转换价格

转换价格是指在发行可转换债券时即已确定的、将可转换债券转换为股票的价格。转换价格一般不作任何调整，除非发生诸如发售新股、配股、送股、派息、股份的拆细与合并，以及公司兼并与收购等特殊情况。

（三）可转换证券的价值

可转换证券赋予投资者以将其持有的债务或优先股按规定的价格和比例，在规定的时间内转换成普通股的选择权。可转换证券有两种价值：理论价值和转换价值。

1. 理论价值

可转换证券的理论价值是指当它作为不具有转换选择权的一种证券的价值。估计可转换证券的理论价值，必须首先估计与它具有同等资信和类似投资特点的不可转换证券的必要收益率，然后利用这个必要收益算出它未来现金流的现值。可以参考本章第一节中有关债券估值部分。

2. 转换价值

如果一种可转换证券可以立即转让，它可转换的普通股股票的市场价值与转换比率的乘积便是转换价值，即

转换价值＝普通股股票市场价值×转换比率

式中，转换比率为债券持有人获得的每一份债券可转换的股票数。

（四）可转换证券的市场价格

可转换债券的市场价格必须保持在它的理论价值和转换价值之上。如果价格在理论价值之下，该证券价格低估，这是显然易见的；如果可转换证券价格在转换价值之下，购买该证券并立即转化为股票就有利可图，从而使该证券价格上涨到转换价值之上。为了更好地理解这一点，我们引入转换平价这个概念。

1. 转换平价

转换平价是可转换证券持有人在转换期限内可以据以把债券转换成公司普通股的每股价格，除非发生特定情形如发售新股、配股、送股、派息、股份的拆细与合并，以及公司兼并与收购等情况下，转换价格一般不作任何调整。前文所说的转换比率，实质上就是转换价格的另一种表示方式。

转换平价＝可转换证券的市场价格/转换比率

转换平价是一个非常有用的数字，因为一旦实际股票市场价格上升到转换平价水平，股票价格的任何进一步的上升肯定会使可转换证券的价值增加。因此，转换平价可视为一个盈亏平衡点。

2. 转换升水和转换贴水

一般来说，投资者在购买可转换证券时都要支付一笔转换升水。每股的转换升水等于转换平价与普通股当期市场价格（也称为基准股价）的差额，或者说是可转换证券持有人在将债券转换成股票时，相对于当初认购转换证券时的股票价格（即基准胜股价）而作出的让步，通常被表示为当期市场价格的百分比，公式为：

转换升水＝(转换平价－基准股价)×转换比例

转换升水比率＝转换升水/基准股价

而如果转换平价小于基准股价，基准股价与转换平价的差额就被称为转换贴水，公式为：

转换贴水＝(基准股价－转换平价)×转换比例

转换贴水比率＝转换贴水/基准股价

转换贴水的出现与可转换证券的溢价出售相关。

3. 转换期限

可转换证券具有一定的转换期限，它是说该证券持有人在该期限内，有权将持有的可转换证券转化为公司股票。转换期限通常是从发行日之后若干年起至债务到期日止。

［例 5—5］ 某公司的可转换债券，年利率为 10.25％，2000 年 12 月 31 日到期，其转换价格为 30 元，股票基准价格为 20 元，该债券价格为 1 200 元。

转换率＝1 200/30＝40

转换升水＝(30－20)×40＝400

转换升水比率＝10/20＝50％

本章小结

金融衍生工具，也称衍生金融工具或金融衍生产品，是在货币、债券、股票等传统金融工具的基础上衍化和派生的，以杠杆和信用交易为特征的金融工具。具有跨期性、杠杆性、联动性、不确定性或高风险性等特点。金融期货是交易双方签订的在未来的确定时间按确定的价格买卖一定数量的金融资产或金融指标的合约。金融期货的标的物是债券、存单、股票、股票指数、利率等金融资产或金融指标。期权是指其持有者能在规定的期限内按交易双方商定的价格购买或出售一定数量的基础工具的权利。金融期权采取以金融工具或金融变量为基础工具的期权交易形式。期权交易实际上是一种权利的单方面有偿让渡。权证是指基础证券发行人或其以外的第三人发行的，约定持有人在规定期间内或特定到期日，有权按约定价格向发行人购买或出售标的证券，或以现金结算方式收取结算差价的有价证券。支付一定数量的价金之后，就从发行人那里获取了一个权利。这种权利使得持有人可以在未来某一特定日期或特定期间内，以约定的价格向权证发行人购买/出售一定数量的资产。另外还介绍了存托凭证和可转换证券等。

关键术语

金融期货　　金融期权　　权证　　可转换证券　　存托凭证
利率期货　　货币期货　　互换

习题

1. 请简述股指期货交易的特点。它的高杠杆性表现在何处？如何对其高风险性进行防范？

2. 股指期货理论价格是怎样形成的？

3. 简述影响利率期货价格波动的因素有哪些。

4. 如何利用金融期权进行避险？

5. 金融期权和金融期货的区别有哪些？

6. 假设金融资产 A 是 6 个月后交割的期货合约的基础资产。已知下列有关金融资产和期货合约的信息：现货市场上 A 的售价为 100 元人民币；A 每半年支付 4 元，每年支付 8 元，下一个半年支付期恰好在 6 个月后；目前 6 个月期的资金借贷利率为 6%。请问：

(1) 理论期货价格是多少？

(2) 如果期货价格是 96 元，投资者应采取什么行动？

(3) 如果期货价格是 103 元，投资者应采取什么行动？

(4) 假设借款利率与贷款利率不等，目前 6 个月的借款利率是 8%，6 个月的贷款利率是 6%，理论期货价格的范围是多少？

7. 试述几种主要金融衍生工具的形成原理、操作方法和投资策略。

案例分析

巴林银行事件

1995 年 2 月 27 日，英国中央银行突然宣布：巴林银行不得继续从事交易活动并将申请资产清理。这个消息让全球震惊，因为这意味着具有 233 年历史、在全球范围内掌管 270 多亿英镑的英国巴林银行宣告破产。其雄厚的资产实力使它在世界证券史上具有特殊的地位。

里森自 1995 年起，担任巴林银行新加坡期货公司执行经理，里森的工作是在日本的大阪及新加坡进行日经指数期货套利活动。一人同时身兼首席交易员和清算主管两职。有一次，他手下的一个交易员因操作失误亏损了 6 万英镑，当里森知道后，却因为害怕事情暴露影响他的前程，便决定动用“88888 错误账户”。而所谓的“错误账户”，是指银行对代理客户交易过程中可能发生的经纪业务错误进行核算的账户（作备用）。

此后，他为了私利一再动用“错误账户”，创造银行账户上显示的均是盈利交易。当他认为日经指数期货将要上涨时，不惜伪造文件筹集资金，通过私设账户大量买进日经股票指数期货头寸，从事自营投机活动。然而，日本关西大地震打破了里森的美梦，日经指数不涨反跌，里森持有的头寸损失巨大。若此时他能当机立断斩仓，损失还是能得到控制，但过于自负的里森在 1995 年 1 月 26 日以后又大幅增仓，导致损失进一步加大。

1995 年 2 月 23 日，里森突然失踪，其所在的巴林新加坡分行持有的日经 225 股票指数期货合约超过 6 万张，占市场总仓量的 30%以上，预计损失逾 10 亿美元之巨。这项损失已完全超过巴林银行约 5.41 亿美元的全部净资产值，英格兰银行于 2 月 26 日宣告巴林银行破产。3 月 6 日，英国高等法院裁决，巴林银行集团由荷兰商业银行收购。这笔数字是巴林银行全部资本及储备金的 1.2 倍。

思考

1. 巴林银行事件对我国有什么启示？
2. 你对巴林银行倒闭这一事件有什么不同的看法？

第二部分

证券市场

第六章

证券发行市场

本章要点：

- 股票发行方式
- 股票发行价格的确定
- 影响债券发行的因素
- 债券的信用评级

导入案例

投资原始股需谨慎

某年某月某日，上海证监局接到举报，称上海汇乐公司多次举办推介会，通过设立所谓的“基金”公开募集资金，存在欺诈行为。接到举报后，监管部门迅速对有关情况展开调查。

经查，涉案人上海汇乐投资咨询有限公司的实际控制人黄浩及其团伙分别以兜售企业股权和入伙私募基金的形式，打着实业项目投资和股权投资的幌子，在2006—2009年短短的三年时间里，成立了21家公司和2家有限合伙企业，以配合其开展非法证券发行活动，诈取投资者钱财近2亿元。

涉案期间，黄某利用其之前经营非法证券投资咨询公司时掌握的客户资源，在上海、安徽、江西、北京等地派驻团伙成员，通过老股东发展新股东、发放宣传材料、召开投资报告会等方式，大张旗鼓地兜售实际并不存在的汇乐集团公司的股权。推销中，黄某及其团伙谎称募集资金所创投项目可以上市，现在投资即可低价获得原始股，股东还可以自愿退股，退股时除退还本金以外，另有8%～10%的投资收益返还，并签订投资合同保障股东权益。通过这招空手套白狼的招数捞取到“第一桶金”后，黄某知道，要维持所谓的投资收益返还股东，并且不被股东看透其非法发行和敛财的本质，就必须保证资金链不断裂，必须吸引新资金源源不断地补充进来，用下层的资金维持上层的抽取。于是，黄某用募集的资金相继成立了汇乐投资、汇义投资、汇仁投资和汇乐宏宇等公司，并继续使用老招数诱骗投资者投入资金，加入这些公司的股东行列，还谎称无论投资汇乐投资、汇义投资、汇仁投资三家公司的任何一家，都是同股同权，都可以成为汇乐集团的股东。为了更好地隐瞒非法的事实，黄某及其团伙在不同地区找了几个所谓的投资项目，以便忽悠老股东们；同时，黄某还借助这些项目成立了多家公司，并以惯用伎俩继续开展非法发行活动，骗取投资者钱财。通过上述手段，黄某非法募集资金达 1.3 亿多元，涉及遍布全国各地的投资者 600 多人，并堂而皇之地成为某些媒体评选的投资新锐。

此后，黄某升级了违法手段，在未经证监会批准的情况下，2008 年 6 月至 2009 年 4 月，黄某等人成立了天津德厚基金管理有限公司，同时设立了天津德厚投资基金合伙企业、上海德浩投资管理合伙企业。借基金公司之名，黄某开展起与真实的基金募投不搭边的敛财活动。执行中，黄某的基金并不销售基金份额，而是通过与投资者签署入资合伙协议，使投资者成为德厚基金的有限合伙人，且该所谓的基金对上市公司和非上市公司均可以进行股权投资。为消除投资者的疑虑，黄某在协议中以上述汇乐宏宇公司为担保公司，为投资者短期收益进行担保。通过假借基金投资的名头，黄某最终向 107 名投资者非法募集资金 6 000 多万元。

截至案发时，黄某非法募集的近 2 亿元资金，只有 3 500 万元的房产和 1 000 万元的债权残留，其他的资金除 4 000 多万元用于黄某及其团伙的房产、汽车消费和个人挥霍外，其余都以拆东墙补西墙、募新资还利、拉股东投资款给回扣等方式消耗殆尽。

思考

面对品种花样日益繁多的证券市场以及各种高投资回报率的诱惑，我们应该如何来进行投资产品的选择呢？同时，当我们的合法权益受到侵害时，应该如何运用所学知识进行自我保护呢？

第一节　证券发行市场概述

一、证券发行市场的含义和特征

证券发行市场是承载和支持政府、金融机构、工商企业等以筹集资金为目的向投资者出售代表一定权利的有价证券的市场，是证券进入流通领域的开端，因而又称为“初级市场”或“一级市场”。

证券发行市场是一种抽象的非组织化的市场，借助于证券发行市场，实现新发行证券从筹资者向投资者的转移，它包括政府、企业和金融机构等发行机构规划、推销、承购证券的全部活动。证券发行一般要借助于专业中介组织来完成，因此，证券发行市场的主体包括证券发行人、证券投资者和证券中介机构。证券发行市场是证券交易市场的基础，它与证券交易市场构成一个统一的整体，两者相辅相成、相互联系、相互依赖。证券发行市场通常具有以下几个特征：

从空间上看，证券发行市场没有固定的场所，既可以利用交易所的交易系统实现发行，也可以在证券公司或银行等其他金融机构的柜台发行；既可以由发行人自行向投资者发售，也可以由投资银行承购后再向投资者分销，更普遍的做法是由证券机构进行承销。

从时间上看，证券发行市场没有统一的发售时间，一般也没有例行的规定和要求，发行人可以根据自己的需要和市场行情自行选择何时发行。但每次的发行都有明确的时间期限，较为集中，一般是 1～3 个月，且交易量较大。

从价格确定机制上看，证券发行价格的确定十分复杂，往往由发行机构根据发行主体的资产净值情况及发展状况，在充分了解市场需求信息的基础上，采用一定的投标竞价方式来确定。证券发行价格一般与证券票面价格较为接近，尤其是债券，通常是按照其票面面值发行。

二、证券发行市场的构成

发行市场由三个主体因素相互联结而组成。这三者就是证券发行人、证券承销商和证券投资者。发行人的证券发行规模和投资者的实际投资能力决定着发行市场的证券容量和发达程度；同时，为了确保发行事务的顺利进行，使发行人和投资者都能顺利地实现自己的目的，承购和包销证券的中介发行市场代发行人发行证券，并向发行人收取手续费。这样发行市场以承销商为中心，一手联系发行人，一手联系投资者，积极开展证券发行活动。

（一）证券发行人

证券发行人又称发行主体，是指符合发行条件并且正在从事证券发行或者准备进行证券发行的政府组织、金融机构或者商业组织。它是构成证券发行市场的首要因素，是证券的供应者和资金的需求者。证券发行人是证券权利义务关系的当事人，是证券发行后果与责任的主要承担者。因此，多数国家的证券法规都对证券发行人的主体资格、净资产额、经营业绩和发起人责任设有条件限制。《中华人民共和国证券法》（以下简称《证券法》）对证券发行人也规定了严格的条件要求。

（二）证券承销商

证券承销商是发行市场的媒介人，是该市场的主要参加者。所谓证券承销商，就是指经营承销业务的中介机构，担负证券承销与资金交流的桥梁任务，组织形式通常是投资银行、证券公司或信托投资公司等。

证券承销商在证券发行市场发挥主导作用，在采用公募方式发行证券时，各国法律规定必须由证券专业机构承销，即使是采用私募发行方式，往往也需要获得中介人的协助。也就是说，证券发行首先是发行人与证券承销商之间进行某种非标准化交易，在这一交易条件确定的基础上，再由证券承销商将标准化的证券分售给社会投资者。

在我国，这类机构主要是证券公司。我国证券公司基本上有三大业务，即承销、经纪和自营业务。根据《证券公司监督管理条例》的规定，证券公司的设立应具备的条件是：符合经济发展需要，有不少于人民币 1 000 万元的实收货币资本金，有熟悉证券业务的从业人员和管理人员，有固定的交易场所和合格的交易设施。证券发行中，除金融债券外，其他公开发行的证券都必须由承销机构代理。我国承销业务资格分为承销商资格和主承销商资格。同时，《证券法》第三十二条规定，向不特定对象发行的证券票面总值超过人民币 5 000 万元的，应当由承销团承销。承销团应当由主承销和参与承销的证券公司组成。

（三）证券投资者

证券投资者是指根据发行人的招募要约，已经认购证券或者将要认购证券的个人或社团组织，是资金的供应者和证券的需求者。投资者的构成较为复杂，它可以是个人，也可以是金融机构、基金组织、企业组织或其他机构投资人；可以是未来享有股权的投资者，也可以是持股代理人，或仅以承销为目的的中介人。投资者也是证券权利和义务关系的当事人，在法律上应当具备主体资格的确定性与合法性。证券发行中投资者的认购行为具有承诺证券发行条件和相关法律文件（特别是发行人公司章程和招股说明书）的效力。

（四）证券监管机构

证券监管机构是为了证券市场管理而设的组织，或者是对于证券市场负有监督管理责任的政府机构。在证券发行市场中，证券监管机构运用法律的、经济的和必要的行政手段对证券的发行进行审核、监督和管理，以维护证券发行市场的正常秩序和公开、公平、公正的“三公”原则。任何国家都规定，发行证券必须取得证券主管机构审核批准，否则不允许进入证券市场筹措资金。证券监管机构主要由政府监管机关和行业自律组织构成。

三、证券发行市场的基本功能

（一）为政府、金融机构和企业提供筹措资金的渠道

证券发行市场拥有大量的定型证券商品，发行人可以参照各类证券的期限、收益水平、参与权、流通性、风险度、发行成本等不同特点，根据自己的需要和可能来选择确定发行何种证券，并依据当时市场上的供求关系和价格行情来确定证券发行数量和价格（收益率）。发行市场上还有众多的为发行人服务的中介机构，它们可以接受发行人的委托，利用自己的信誉、资金、人力、技术和网点等向公众推销证券，帮助发行人及时筹措到所需资金。发达的发行市场还可以冲破地区限制，为发行人扩大筹资范围和对象，在本地或外地面向各类投资者筹措资金，并通过市场竞争逐步使筹资成本合理化。

（二）是实现储蓄向投资转化的场所

政府、企业和个人在经济活动中可能出现暂时闲置的货币资金，证券发行市场提供了多种多样的投资机会。储蓄转化为投资是社会再生产顺利进行的必要条件。

（三）是优化资源配置的重要场所

在现代经济活动中，生产要素都跟随着资金流动，只有实现了货币资金的优化配置，才有可能实现社会资源的优化配置。证券发行市场通过市场机制选择发行证券的企业，那些符合国家产业政策、经营业绩良好的企业更易于从证券市场上筹集到所需要的资金。

（四）是促进企业转制的重要条件

建立现代企业制度是我国经济体制改革面临的重要任务，股份公司则是现代企业制度的重要形式。将部分企业转变为股份制企业的意义，不仅在于通过发行证券筹措资金，更重要的是转变企业经营机制，为发展社会主义市场经济构筑微观经济基础。

（五）是政府调控宏观经济的重要依托

在当代经济中，政府已成为重要的经济部门之一，证券发行市场是政府筹措资金的重要场所。政府通过市场发行各种长短期债券，或用于平衡财政收支，或用于建设性投资；而通过发行市场发行的政府债券，又成为中央银行进行公开市场操作的主要工具。

第二节　股票发行市场

一、股票发行的目的及种类

（一）股票的一般发行目的及种类

股票的一般发行目的是筹集资金以满足企业发展需要。为筹资发行股票，又分两种情况：一是为设立新公司首次发行股票；二是为发展已有公司的资本规模而发行增资股票。

1. 新公司首次发行股票——设立发行

通过发行股票设立新公司，一般又分为发起设立和招股设立两种方式。发起设立是公司发起人在公司设立时，必须足额认购首次发行的全部股票，无须向社会筹资。在这种情况下，股份有限公司创建时的资金来源，就只是发起人认购股票所缴资金，这样每个发起人就都是公司的原始股东。发起人在认购股份后，可以一次缴足认购款，也可以分期交纳，期限由发起人共同议定。认购款可以用现金支付，也可以按事先协议用设备、房屋、地产等实物资产，经作价后抵缴股款。发起设立方式比较简便，只要注册申请，经过批准，即可开始新公司的营业活动。

招股设立是发起人在公司设立时只认购一部分股票，其余部分必须向社会公开招股，使之达到预定的资本总额。为此，发起人应先向主管机关申请，经核准后，公布招股书。招股书的主要内容有：公司的基本情况（名称、营业范围、股份总额等）、发起人认购情况、认购开始和结束的时间、股金交付方式、期限以及代收股金的金融机构等。公众认购股票时，需填写认股书，包括认购股数、金额、通信地址等。股票发行结束后，发起人应通知所有股东参加公司创立大会，讨论公司章程，选举董事会，之后公司宣告成立，开始营业。

2. 老公司发行增资股票——增资发行

增资股票主要是为发展已有公司即老公司的资本规模，这种股票的发行一般要比前一种情况复杂。再度发行股票是老公司扩大经营规模，扩充资本总量，以加强其市场竞争力的最有效途径。老公司发行新股时，仍要向主管部门申请变更登记。申请书内容应包括：原定股份总额、已发行股份额、公司财产及承销人的情况等。申请获准后，要先由公司职工优先认购一部分，然后再由原股东按原有股份比例认购，余下部分转给承销者面向社会出售。

老公司发行增资股票，主要是为了扩大本公司的生产经营。增资或者是为了筹措设备资本，即增加设备投资，购买新的机器和扩建厂房；或者是为了筹措营运资本，即增加流动资本，特别是在银根紧缩，难以通过银行贷款解决流动资金需要时，用股票增资方式解决则比较好；或者是为了筹措偿还债务的资本（增资偿债虽从表面看是偿债，实际上往往是为了公司的资金周转）；也有的是为了改善公司财务结构。总之，老公司发行增资股票是为了满足营运资本的需要。

（二）为改善企业财务结构而发行股票

当公司负债率过高时，为提高公司信用，可通过发行股票增加公司的资本，以有效降低公司负债比率，改善公司财务结构。

（三）为某种特定目的而发行股票

1. 转换证券

公司发行在外的可转换债券或其他类型的证券需要转换时发行股票，即公司向债权人发行公司股票。

2. 股份的分割与合并

股份的分割又称拆股（股份的拆细），即向原股东换发拆细后的股票。公司的合并是指原公司（两个或两个以上）宣告解散或成立一个新的公司或形成一个新的主体，新设的公司要给解散公司的股东换发新公司的股票。原有公司的股东则因取得新股票而成为新设公司的股东。

3. 公司兼并

公司可以向目标企业发行本公司的股票，目标企业以其资产作为出资缴纳股款，由此完成对目标企业的兼并。

4. 公司缩股

公司因资本过剩或亏损严重需要减资时，重新发行股票。

5. 上市标准提高

证券交易所提高股票上市基准，为此需要公司增加资本时公司发行股票。

二、股票发行方式

各国政治、经济、社会条件的不同，特别是金融体制和金融市场管理的差异使股票的发行方式多种多样。根据不同的标准，股票发行方式也可进行不同的分类。

（一）根据发行对象的不同，股票发行方式可分为公开发行与不公开发行

1. 公开发行

公开发行又称公募（public placement），是指事先没有特定的发行对象，向社会广大投资者公开推销股票的方式。采用这种方式，可以扩大股东的范围，分散持股，防止囤积股票或被少数人操纵，有利于提高公司的知名度，为以后筹集更多的资金打下基础；也可增加股票的适销性和流通性。

在公募发行中，发行公司的股东和职员都可以认购，但股东和职员的过多认购会改变公开募集的性质，所以法律对其认购比例有一定限制。通常大股东认购额不得超过发行总额的20%，职员认购额不得超过30%。

2. 不公开发行

不公开发行又叫私募（private equity，PE），是指发行人只对特定的发行对象推销股票的方式。通常在两种情况下采用：一是股东配股，又称股东分摊，即股份公司按股票面值向原有股东分配该公司的新股认购权。二是私人配股，又称第三者分摊，即股份公司将新股票分售给股东以外的本公司职工、往来客户等与公司有特殊关系的第三者。无论是股东还是私人配售，由于发行对象是既定的，因此，不必通过公募方式，这不仅可以节省委托中介机构的手续费，降低发行成本，还可以调动股东和公司各关系方的积极性，巩固和发展公司的公共关系。但缺点是这种不公开发行的股票流动性差，不能公开在市场上转让出售，而且也会降低股份公司的社会性和知名度，还存在被杀价和控股的危险。

（二）根据发行人推销出售股票方式的不同，股票发行方式可分为直接发行与间接发行

1. 直接发行

直接发行指股份公司自己承担股票发行的一切事务和发行风险，直接向认购者推销出售股票的方式。采用直接发行方式时，要求发行人熟悉招股手续，精通招股技术并具备一定的条件。如果认购额达不到计划招股额，新建股份公司的发起人或现有股份公司的董事会必须自己来认购出售的股票。因此，只适用于有既定发行对象或发行风险小、手续简单的股票。一般情况下，不公开发行的股票或因公开发行有困难的股票；或是实力雄厚，有把握实现巨额私募以节省发行费用的大股份公司股票，才采用直接发行的方式。自己发行可节约手续费，但发行风险要自己承担，发行剩余部分要自己全部认购。

2. 间接发行

间接发行又称间接招股，是指发行人委托证券发行中介机构出售股票的方式。这些中介机构作为股票的推销者，办理一切发行事务，承担一定的发行风险并从中提取相应的收益。股票的间接发行有三种方法：

（1）代销。又称为代理招股，推销者只负责按照发行人的条件推销股票，代理招股业务，而不承担任何发行风险，期满仍销不出去的股票退还给发行人。由于全部发行风险和责任都由发行人承担，证券发行中介机构只是受委托代为推销，因此，代销手续费较低。

（2）承销。又称余股承购，即股票发行人与证券发行中介机构签订推销合同明确规定，在约定期限内，如果中介机构实际推销的结果未能达到合同规定的发行数额，其差额部分由中介机构自己承购下来。这种发行方法的特点是能够保证完成股票发行额度，一般较受发行人的欢迎，而中介机构因为需要承担一定的发行风险，故承销费高于代销的手续费。

（3）包销。又称包买招股，当发行新股票时，证券发行中介机构先用自己的资金一次性地把将要公开发行的股票全部买下，然后再根据市场行情逐渐卖出，中介机构从中赚取买卖差价。若有滞销股票，则由中介机构减价出售或自己持有。由于发行人可以快速获得全部所筹资金，而推销者则要承担全部发行风险，因此，包销费更高于代销费和承销费。包销又可分为协议包销、银团包销和俱乐部包销方式。协议包销，是由一个承销公司包销发行人待发行的全部证券，采用这种形式，发行风险由该公司独立承担，手续费也全部归这个公司所获。银团包销，是由一个承销公司牵头，若干承销公司参与包销活动，以竞争的形式确定各自的包销额；并分别按包销额承担发行风险，收取手续费。俱乐部包销，是由若干承销公司合作包销，每个承销公司包销的份额、所承担的风险及所获得的手续费都平均分摊。

股票间接发行时究竟采用哪一种方法，发行人和推销者考虑的角度是不同的，需要双方协商确定。一般来说，发行人主要考虑自己在市场上的信誉、用款时间、发行成本和对推销者的信任程度；推销者则主要考虑所承担的风险和所能获得的收益。

（三）根据投资者认购股票时是否交纳股金，股票发行方式可分为有偿增资、无偿增资和搭配增资

1. 有偿增资

有偿增资指认购者必须按股票的某种发行价格支付现款，方能获得股票的一种发行方式。一般，公开发行的股票和私募中的股东配股、私人配股都采用有偿增资的方式。采用这种方式发行股票，可以直接从外界募集股本，增加股份公司的资本金。

2. 无偿增资

无偿增资指认购者不必向股份公司缴纳现金就可获得股票的发行方式，发行对象只限于原股东。采用这种方式发行的股票，不能直接从外部募集股本，而是依靠减少股份公司的公积金或盈余结存来增加资本金，一般只在股票派息分红、股票分割和法定公积金或盈余转作资本配股时采用无偿增资的发行方式，按比例将新股票无偿交付给原股东，其主要是为了向股东分配收益，以增强股东信心和公司信誉或为了调整资本结构。由于无偿发行要受资金来源的限制，因此不能经常采用这种方式发行股票。

3. 搭配增资

搭配增资也叫并行增资，是有偿增资和无偿增资的结合，指股份公司向原股东分摊新股时，仅让股东支付发行价格的一部分就可获得一定数额股票的方式。例如股东认购新股面额为 100 元的股票，规定其中 70 元为无偿发行，由公司的公积金转入资本充抵。其余 30 元为有偿部分，由股东交付现金，即股东只需缴纳 30 元现金，就可购进票面金额为 100 元的股票。这种发行方式也是对原有股东的一种优惠，只能从他们那里再征集部分股金，很快实现公司的增资计划。

上述这些股票发行方式各有利弊及条件约束，股份公司在发行股票时，可以采用其中的某一方式，也可以兼采几种方式，各公司都是从自己的实际情况出发，择优选用。

三、股票发行程序

股票的发行一般包括发行前期的准备阶段、正式审批阶段和具体实施阶段三大过程。下面以公开发行股票方式为例，介绍股票发行的一般程序。

（一）发行前期的准备阶段

股票发行前期的准备工作，对于能否取得发行资格，能否顺利发行股票都具有重要意义。这一阶段的工作内容主要包括以下几个方面：

1. 研究和分析发行市场情况

企业进入证券市场发行证券，必须首先充分了解证券市场，包括发行市场现状、规模、供需关系及投资者心理承受能力等。并且还要对发行手续、发行成本、发行数额、发行期限、发行时机、税收等方面有全面了解，从而为拟订发行方案打下基础。

2. 拟订股票发行方案，形成股票发行决议

为了保证股票发行工作的顺利进行，发行公司需要认真拟订发行方案。方案的内容主要有：确定发行目标和规模；对发行目标和规模进行可行性研究；拟订发行股票的种类和价格；确定股票发行的时间和方式。公司董事会依据法定程序，通知召开股东大会，就股票发行方案作出决议，如果决议通过方可进行下一步的工作。

3. 聘请中介机构进行评估工作，准备申报材料

向社会公开发行证券的企业，应聘请会计师事务所、资产评估机构、信用评估机构、律师事务所等专业性机构对其资信、资产、财务状况进行审定、评估和就有关事项出具法律意见书。企业依据上述报告，认真起草发行证券所需要的各项申报材料，包括发行证券的申请书、章程、可行性研究报告等，为正式申请做好准备。

（二）发行的申报和审核阶段

1. 提出发行申请，报送有关文件

发行企业按照隶属关系分别向省、自治区、直辖市、计划单列市人民政府或中央企业主管部门提出公开发行股票的申请，同时应报送有关文件，主要包括股票发行申请书、章程、可行性研究报告、招募说明书及具有资格的中介机构提供的各种文件等。经批准后，再向中国证监会报送有关材料。

2. 证券主管机关审批

发行企业提出申请并根据规定呈报全部有关文件后，政府主管部门和证券管理机构便开始进行发行资格与条件的审查。在我国企业申请发行股票，须由政府主管部门对企业的发行申请进行审批，被批准的发行申请送证监会审核，审核同意后申请人即向证券交易所

上市委员会提出申请，经上市委员会同意后便可发行股票。

（三）股票发行与承销的实施阶段

1. 承销前的准备工作

发行公司与承销商举行各种承销前的会议，讨论解决需要筹措资金的数额及发行价格、承销方式等。除此之外，要解决承销合同的条款问题。

从承销商与发行公司商讨承销合同时起，承销商就开始对发行人进行非常严格、全面的承销前调查，这关系到承销商能否顺利地销售其承销的股票和获得应得的利润，也关系到承销商的信誉。

发行人在承销前的准备工作期间需做如下工作：由会计师编制上市申请书；聘请律师就有关发行股票的法律问题进行分析和解释；起草承销合同，并由发行公司承销人共同修改，从而在除发行价格外的其他方面达成一致的意见等。

2. 组织承销集团、签订股票分销协议

当发行股票数量大，远远超过一个承销商的承受能力时，多数承销商往往联合起来组成承销集团。这样不仅能迅速筹集巨额资金（它们通常向商业银行借款），而且还能使股票价格下跌的风险分散。在法律意义上，承销集团是一个以契约为基础的临时组织，最初的承销人一般为该集团的管理人，各成员仅对各自未出售的证券负责，集团本身对此不负任何责任。

3. 向社会公告

发行公司与承销商协商确定具体承销证券事宜后，必须在正式发行前采用适当的方式在指定的报刊或电台、电视台向公众公告，发布公司章程和招募说明书及评估机构的验证报告书等。

4. 发售股票

发布招募公告后，在约定的日期由承销机构负责具体的操作，向社会公众公开发售股票，进行股款缴纳、股份交收工作。

5. 股东登记与承销报告

股东名册上登记的股东资料是证明股东身份和股东权利的有效法律文件，同时也是保证股东所持股票顺利上市交易的重要依据。所以，在股份交收的同时，应由承销机构协同发行人及时、准确汇总全部股东资料，制成股东名册。在发售结束后的规定时间内，承销机构应及时向证券主管机关报送股票销售情况报告书。至此，股票发行工作便告结束。

四、股票发行价格

（一）股票发行价格的种类

股票发行的价格是指发行股票时的股票行市，也是投资者在发行市场上购买股票的价格。股票种类不同，其发行价格也各异，但按资本充实原则，面额股的发行价不得低于票面金额。股票发行价格的定价形式、价位高低及其确定方法对于股票能否顺利发行和发行成本有着重要影响。一般而言，股票的发行价格有如下几种：

1. 平价发行

平价发行又称面值发行、面额发行或等价发行，是指以票面金额为股票的发行价格。平价发行一般不受市场行情左右，不能针对市场上股票价格波动水平及时合理地确定适宜的股票发行价格，缺乏市场性和灵活性。当然，如果股份公司经营业绩较好，信誉高，股票易于销售，而且时价往往高于面额，股东也就乐于认购。因此，平价发行一般在以股东分配方式发行股票时采用。在股票市场不甚发达的国家，平价发行是确保资金筹措的有效方法。

2. 时价发行

时价发行亦称市价发行，是指股份公司发行新股时，以已发行的流通中的股票现行价格为基准来确定股票发行价格的一种方式。采用时价发行方式时，股票面额与发行价之间的差额归股票发行公司所有，因此发行公司用较少的发行股数即可得到与采用面额发行等额的资金，同时可以降低股票发行成本。例如，某公司股票每股面额100元，该公司已发股票的每股市场价格为120元，即以120元作为增发股票的价格。虽然时价发行的价格以流通中同种已发行股票的现行价格为基准，但并非和时价完全一致。在具体决定价格时，还应考虑如下因素：新发行的股票销售前景如何；发行新股是否会对既有股票价格造成冲击；影响股票市场价格变动的各方面因素的目前状况和今后的发展动态。确定价格时既要有一定的现实性，也要有一定的预见性。综合各种因素后，在具体确定时价发行的价格时，一般把发行价格定在比股票市场流通价格低5%～10%的水平上。

由于时价发行符合市场规律，更具公平性和灵活性，因此时价发行成为股票发行中最普通、最重要的发行方式。美国已全面推行时价发行，德国、法国也以时价发行为主。我国也主要采用这种形式。

3. 溢价发行

溢价发行指股票以高于其票面金额的价格在发行市场上销售。溢价发行股票应考虑的主要因素有：当前股市总水平；本公司实际盈利能力；每股资产净值；类似公司股价水平；大众承受心理等。股票溢价发行与时价发行的主要区别在于：前者注重考虑资产增值；后者既考虑资产增值，又考虑该股票在流通市场上的价格。

4. 中间发行

中间发行指以介于股票面额和股票市场价格之间的价格发行股票的一种发行方式。因为时价发行的差价收益归公司所有，损害了股东的当前利益，易引起不愿长期持有股票的股东的不满，而面额发行时差价收益全部股东所有，对公司长期发展不利，因此采用折中方式进行中间发行，用中间价格向股东分摊，股东和公司共同拥有差价收益。采用中间发行方式发行股票不改变原有股东构成，而且因为是对原有股东分摊，所以不需要支付承销手续费。

5. 折价发行

折价发行是以低于面值的价格发行，这个折扣打多少，由发行公司与承销商双方协商。一般发行公司声誉高、业绩好的，折扣自然小一些；如果发行公司的业绩一般，或是一个新成立的公司，这个折扣就要大一些。我国和其他大多数国家不允许股票折价发行。

6. 设定价格发行

设定价格发行是指，在无面值股票发行时，通过设定价格发行方式来筹资。设定价格的高低，要根据公司章程中有关的资本规定、发行股数、筹资要求、预测的筹资效益、潜在投资者的证券购买能力等诸因素，由董事会研究确定。

上述几种发行方式属于有偿发行，股票认购者必须按股票的某种发行价格支付股金后，方能获得股票。通常所讲的发行价格指的是有偿筹资或有偿发行条件的发行价格。

（二）影响发行价格的因素

1. 净资产

经资产评估机构评估确认的每股净资产可作为定价的重要参考。

2. 经营业绩

公司的经营业绩特别是税后利润水平直接反映了一个公司的经营能力和上市时的价值，每股税后利润的高低直接关系着股票发行价格。

3. 发展潜力

公司经营的增长率（特别是盈利的增长率）和盈利预测是关系股票发行价格的又一重要因素。在总股本和税后利润量既定的前提下，公司的发展潜力越大，未来盈利趋势越确定，市场所接受的发行市盈率也就越高，发行价格也就越高。

4. 发行数量

不考虑资金需求量，单从发行数量上考虑，若本次股票发行的数量较大，为了能保证销售期内顺利地将股票全部出售，取得预定金额的资金，价格应适当定得低一些；若发行量小，考虑到供求关系，价格可定得高一些。

5. 行业特点

发行公司所处行业的发展前景会影响到公众对本公司发展前景的预期，同行业已经上市企业的股票价格水平，剔除不可比因素以后，也可以客观地反映本公司与其他公司相比的优劣程度。如果本公司各方面均优于已经上市的同行业公司，则发行价格可定高一些；反之，则应低一些。此外，不同行业的不同特点也是决定股票发行价格的因素。

6. 股市状态

二级市场的股票价格水平直接关系到一级市场的发行价格。在制定发行价格时，要考虑到二级市场股票价格水平在发行期内的变动情况。若股市处于“熊市”，定价太高则无人问津，使股票销售困难，因此，要定得低一些；若股市处于“牛市”，价格太低会使发行公司受损，股票发行后易出现投机现象，因此，可以定得高一些。同时，发行价格的确定要给二级市场的运作留有适当的余地，以免股票上市后在二级市场上的定位发生困难，影响公司的声誉。

（三）确定发行价格的方法

1. 市盈率法

市盈率又称本益比（P/E），是指股票市场价格与盈利的比率。其计算公式为：

市盈率＝股票市价/每股收益

通过市盈率法确定股票发行价格，首先应根据注册会计师审核后的盈利预测计算出发行人的每股收益；然后可根据二级市场的平均市盈率、发行人的行业情况（同类行业公司股票的市盈率）、发行人的经营状况及成长性等拟订发行市盈率；最后根据发行市盈率与每股收益之乘积决定发行价格。

按市盈率法确定发行价格的计算公式为：

发行价格＝每股收益×发行市盈率

每股收益＝税后利润/发行前总股本数

确定每股税后利润有两种方法：一种为完全摊薄法，即用发行当年预测全部税后利润除以总股本，直接得出每股税后利润；另一种是加权平均法。不同的方法得到不同的发行价格，每股税后利润确定采用加权平均法较为合理。因股票发行的时间不同，资金实际到位的先后对企业效益影响较大，同时投资者在购股后才应享受应有的权益。

加权平均法计算公式为：

$$股票发行价格=\frac{发行当年预测利润}{发行当年加权平均股本数}\times 市盈率$$

$$=\frac{发行当年预测利润}{发行前总股本数+\frac{本次公开发行股本数\times(12-发行月份)}{12}}\times 市盈率$$

2. 竞价确定法

竞价确定法指股票发行公司将其股票发行计划和招标文件向一定范围的所有股票承销商公告，各股票承销商根据各自情况拟定各自的标书，以投标方式相互竞争股票承销业务，中标标书中的价格就是股票发行价格。招标的发行公司在规定日期当众开标，出价最高者即可获得新股票的总经销权。为增强竞争能力，扩大代理业务，几家投资银行等金融中介机构常常组成一个集团参加投标。竞价法是 20 世纪 40 年代初在美国盛行起来的。

3. 净资产倍率法

净资产倍率法又称资产净值法，指通过资产评估（物业评估）和相关会计手段确定发行人拟募股资产的每股净资产值，然后根据证券市场的状况将每股净资产值乘以一定的倍率，以此确定股票发行价格的方法。其公式是：

$$发行价格=每股净资产值\times 溢价倍率$$

净资产倍率法在国外常用于房地产公司或资产现值要重于商业利益的公司的股票发行，但在国内一直未采用。以此种方式确定每股发行价格不仅应考虑公平市值，还须考虑市场所能接受的溢价倍数。

4. 现金流贴现法

现金流贴现法通过预测公司未来盈利能力，据此计算出公司净现值，并按一定的折扣率折算，从而确定股票发行价格。该方法首先是用市场接受的会计手段预测公司每个项目未来若干年内每年的净现金流，再按照市场公允的贴现率，分别计算出每个项目未来的净现金流的净现值。公司的净现值除以公司股份数，即为每股净现值。由于未来收益存在不确定性，发行价格通常要对上述每股净现值折让 20%～30%。用现金流贴现法定价的公司，其市盈率往往远高于市场平均水平，但这类公司发行上市时套算出来的市盈率与一般公司发行的市盈率之间不具可比性。

第三节　债券发行市场

一、债券的发行主体

债券发行是将债券由发行人手中转移到投资者手中的过程。债券的发行主体主要是债券的发行人，具体包括政府、金融机构、股份公司以及企业等。

（一）政府

政府根据信用原则，为了达到特定的目的，也经常采取债券的形式筹措资金。政府又分为中央政府和地方政府，中央政府为了弥补国库暂时性资金不足，可发行短期国家债券，即国库券；为了某种特定目的，也可发行中、长期国家债券，即公债券，其发行范围可在国内以本币币种发行，还可以在国外以外币币种发行。地方政府为了发展地区经济（如建设某个大型项目、修建基础设施等），也采用举债的形式发行地方政府债券，简称地方债券。

（二）金融机构

金融机构主要包括银行及非银行性质的金融机构（如信托投资公司、证券公司等），发行的目的主要是筹集信贷资金。

（三）股份公司

股份公司为了增加资金，经董事会决定后，可申请发行债券。这种方式不仅比增发新股票简单，而且也比较灵活。

（四）企业

企业在具备发行资格的条件下，可以作为发行人，通过发行债券筹集资金，它是企业最直接、有效的资金来源之一。

二、债券发行条件与发行方式

（一）债券发行条件

债券发行条件是指债券发行人在以债券形式筹集资金时所涉及的各项条款和规定。债券的发行条件包括许多内容，大致有发行金额、期限、偿还方式、票面利率、付息方式、发行价格、收益率、发行费用、税收地位、有无担保等10项内容。根据我国《公司法》的规定，发行公司债券的国有独资公司、有限责任公司和股票有限公司，必须符合下列条件：

（1）股份有限公司的净资产额不低于人民币3 000万元，有限责任公司的净资产额不低于人民币6 000万元。

（2）累计债券总额不超过公司净资产额的40%。

（3）最近三年平均可分配利润足以支付公司债券一年的利息。

（4）筹集资金的投向符合国家产业政策。

（5）债券的利率不得超过国务院限定的利率水平。

（6）国务院规定的其他条件。

发行公司债券筹集的资金，必须用于审批机关批准的用途，不得用于弥补亏损和非生产性支出。凡是前一次发行的公司债券尚未募足的公司，或对已改造的公司债券或其债券有违约或者延迟支付本息的事实且仍处于继续状态下的公司，不得再次发行公司债券。

另外，一般国家普遍规定，公司债券的利率只能比相同期限的银行贷款或存款利率高出有限的几个百分点，目的在于防止公司对其利润做不正当的分配，侵占国家税收收入。

（二）债券发行方式

债券的发行是指把债券从发行人手里转移到投资者手中的过程。债券发行方式有三种分类方法：从发行对象的范围大小看，分为公开发行（公募）与私人发行（私募）；从是否有证券发行中介机构的参与看，分为直接发行与间接发行；从发行条件及投资者的决定方式看，分为招标发行与非招标发行。

1. 招标发行

招标发行是债券发行人通过招标方式来决定债券投资者和债券发行条件的方法之一。因为是公开进行，属于公募性质，故称“公募招标”。公募招标有时通过中介机构，有时直接进行。

招标发行债券，发行人可以发行数量较大的债券，由发行人决定发行条件，还能获得最高价格。但对发行人也存在不利之处，如：发行公司必须切实把握进度时间，不能中途变更或终止；所需费用比协商议价高。

2. 非招标发行

非招标发行是债券发行人与债券承销商或投资银行直接协商发行条件，以便适应发行人的需要和现行市场状况。债券发行人可以根据以往发行债券的经验、类似的发行报告以及有关投资银行的情况，与承销商确定最好的发行条件。

三、债券发行的要素

债券发行的要素主要是由发行额、票面利率、发行价格、券面金额、债券的期限等内容构成。

（一）发行额

发行额是一次发行债券所筹集的资金总额。它是根据发行人所需资金的数量、发行人的信誉、债券的种类以及市场的承受能力等因素决定的。从发行人的角度看，在债券总金额相等的条件下，一次发行比分次发行节省时间和费用，但一次发行债券总金额在一些国家受到法定最高限额的限制，并且发行额定得过高，会造成销售困难，以至影响发行人的信誉，对债券发行后的转让价格也会产生不良的影响。一般来说，发行人首次发行债券，发行额可定低一些，保证发行成功，以后根据需要再发行债券时，就可参照首次发行的情况，确定出有把握的发行额。

（二）票面利率

票面利率又称名义利率，是债券票面所载明的利率。它反映的是债券上的固定利息和券面金额的比率，是固定不变的。在确定债券票面利率时，既要考虑到发行单位的承受能力，又要考虑到对投资者是否有吸引力的原则。具体有以下几个方面：

1. 银行同期存款利率水平和期限的长短

银行存款和债券投资是资金运用的两种不同方式，投资者要对这两种方式的收益性和风险性进行比较，选择最佳的投资对象。通常来说，债券的风险略高于银行存款，票面利率也应略高于银行存款利率。同时，期限长的债券票面利率高一些，期限短的债券票面利率则低一些。

2. 其他债券的利率水平

债券的种类很多，各种债券由于信用程度不同，利率有一定差别。信用级别高的债券可以相应降低票面利率，信用级别低的债券则要相应提高票面利率。发行人应在考虑自己信用程度的基础上，确定相应的票面利率。

3. 发行人的承受能力

发行人应在正确估价自己的承受能力的基础上确定票面利率。否则，盲目地将票面利率定得过高，暂时可吸引投资者，其结果轻者会给发行人带来沉重的利息负担，重者不能按期偿还本金，给以后的债券发行工作带来严重的不利影响。

（三）发行价格

发行价格是相对票面金额而言的，习惯上以对票面金额的百分比来表示。例如，面额为 100 元的债券，如果以 100 元发行，发行价格是 100%；如果以 98 元发行，发行价格则是 98%。一般来说，发行价格可以与利率相互配合来调整债券购买者的实际收益率，使之与利率保持一致。如果在市场利率水平有较大幅度浮动时，可以调整债券的票面利率，也可微调发行价格与之相适应。

（四）票面金额

票面金额是债券券面所表示的金额。债券票面金额的确定要考虑两个因素：一是认购者的购买能力。用公募方式向社会公众发行债券时，若票面金额定得过高，就会把小户投资者拒之门外；用私募方式向法人投资者发行债券时，则可考虑适当提高票面金额。二是成本测算。如果票面金额定得过低，就会增加债券数量，不仅增加印刷成本，还会使发行工作复杂化。综合上述两种因素，一般是采取多票面金额的方式。

（五）债券的期限

债券的期限是指从债券发行日起到偿清本息日止这段时间。它是根据发行人使用资金的周转期、市场利率的发展趋势、流通市场的发达程度以及投资者的投资意向等因素决定的。一般将期限在 1 年以内的债券称为短期债券；期限在 1 年以上、5 年以内的债券称为中期债券；期限在 5 年以上的，称为长期债券。

四、债券的发行程序

债券发行主体不同，类别很多，其具体发行程序不尽相同，但基本程序和总的依据是共同的。接下来以公司债券为例说明债券的发行程序。

（一）制定发行方案

发行方案主要包括债券发行金额、资金用途、期限、利率、发行范围、发行方式、公司现有资产、收益分配状况、筹资项目的可行性研究或经济效益预测、还本资金来源等。

（二）董事会决议

发行公司债券，需经董事会通过决议，且要由 2/3 以上董事出席以及超过半数的出席董事通过方为有效。董事会的决议，决定公司债券发行的总额、票面金额、发行价格、利率、发行日、偿还期限和偿还方式等内容。必须在公司债发行前形成董事会的决议。

（三）申请政府主管部门批准

申请发行公司债的公司，应向政府主管部门报送下列文件：发行公司债券的申请书；营业执照；公司董事会决议文件；准予进行公司固定资产投资的批准文件；发行公司债券的章程或者办法；公司财务报表；政府主管部门要求提供的其他文件。政府主管部门根据上述文件对发行公司债券的申请进行审批。

（四）签订承销协议

这是由发行公司和承销者之间签订的协议。协议主要规定：承销者所承担的责任和义务、承销者报酬、承销者缴款日期等。

（五）订立承销团协议

承销团协议是参加承销团的所有成员必须签订履行的。协议内容包括：承销团承销债券的数量、承销报酬；承销团各成员分担的份额。协议还应对承销团各成员不得自行做主降低价格出售债券及保证其推销份额的完成等加以规定。

（六）签订信托合同

在发行抵押公司债的情况下，发行公司必须和受托公司签订信托合同。信托合同中主要规定受托人的权利和义务，根据信托合同，受托公司取得抵押权。

（七）制作认购申请书、债券和债权者名簿

认购申请书上载有认购金额、认购者住所、签书、盖章等栏目。认购申请书实际上是交易合同，投资者有按所填写金额缴款的义务。

债券的制作通常由募集者代办。债券的内容是法定的，券面上应记载下列内容：公司名称、地点；债券的票面金额、利率、利息支付方式、发行日期和编号、偿还期限和方式；发行公司的印章、公司法定代表签章和政府主管部门批准发行的文号、日期。

发行记名公司债券时，发行公司应备有债权者名簿。债权者名簿在债权转让时，要做相应的更改。

（八）发出募集公告

发行公司或募集者以公告形式公布发行内容，募集投资者。公告内容主要有公司经营管理简况、公司财务状况、发行计划、发行债券目的、债券总金额、发行条件、还本付息方式、募集期限等。

（九）正式募集

在募集期间，由申请认购者填写认购申请书，其后在交割日缴纳价款，领取债券。

（十）呈报发行情况

债券募足后，董事会应在一定时间内（一般为 15 天内）向政府主管部门呈报发行情况。

五、债券的发行价格

债券的发行价格，是债券投资者认购新发行的债券时实际支付的价格。举债人在准备发行债券时，通常要按市场收益率来确定债券的票面利率，但资金市场的利率是不断变化的，市场收益率也随之发生变化。市场收益率在短时间内可能上升或下降，从而使事先确定的票面利率与债券发行时的市场收益率产生差异。如果仍按票面值发行债券就会使投资者得到的实际收益率与市场收益率不相等，因此，需要调整债券发行价格，以使投资者得到的实际收益率与市场收益率相等。即把所到期偿还的债券面值以市场利率换算成现值，再将根据债券票面利率各期所发放的利息总额以市场利率换算成现值，将两个现值加总起来，所得金额便为债券的实际价格，这个价格就是确定债券发行价格的依据。

$$\text{债券发行价格}=\sum_{t=1}^{n}\frac{\text{年利息}}{(1+\text{市场收益率})^{t}}+\frac{\text{面值}}{(1+\text{市场收益率})^{n}}$$

式中，n 为债券的有效期。

［**例 6—1**］ 假设有 10 年期债券，面值为 100 元，票面利率为 6%，按年付息。当市场收益率为 6%时，则：

$$\text{债券发行价格}=\sum_{t=1}^{10}\frac{6}{(1+0.06)^{t}}+\frac{100}{(1+0.06)^{10}}=100(\text{元})$$

这时发行价格正好等于面值，投资者花 100 元买进这张债券，便可获得与市场收益率相等的收益率。

当市场收益率高于票面利率时，如为 10%，此时发行人必须按低于面值的价格出售，以使投资者投资于债券可获得与市场收益率相等的投资收益率，即：

$$\text{债券发行价格}=\sum_{t=1}^{10}\frac{6}{(1+0.06)^{t}}+\frac{100}{(1+0.1)^{10}}=75.4(\text{元})$$

当市场收益率低于票面利率时，如为4%，仍按面值发行债券，投资者乐于购买，但增加了发行人的筹资成本。为使投资者收益率与市场收益率相一致，此时就要相应提高债券的发行价格。提高后的债券发行价格为：

$$债券发行价格=\sum_{t=1}^{10}\frac{6}{(1+0.06)^t}+\frac{100}{(1+0.04)^{10}}=116.2(元)$$

从以上三种情况来看，债券票面利率与市场收益率偏离越大，则债券发行价格与债券票面金额差距越大。但由于票面利率的确定一般比照银行同期存款利率水平，而银行存款利率水平多数情况下又是市场收益率的基准。因此，通常情况下，平价发行债券时票面利率应略高于银行同期存款利率；而在票面利率同银行存款利率一致时，则应采取折价发行方式（因为比较而言，债券投资较银行存款风险要大一些）。我国多属于前一种情况，而西方国家多采取后一种做法。

六、债券的信用评级

（一）债券信用评级的概念

债券信用评级是指债券评级机构对债券发行人的信誉及其所发行的特定债券的质量进行评估的综合表述。从本质上说，信用评级评估并计量了信用风险即发生不利于债券事件的可能性。它对于债券发行人、投资者和证券交易者都很重要，因为只有通过比较各种债券的级别，才能保证投资和交易的质量，降低投资风险。

债券信用评级制度起源于1909年的美国，随后被大多数国家采纳，而且评定的对象越来越广泛，除了中央政府债券外，凡需要公开发行的其他债券都要进行信用评级。这是因为只有经过了信用评级的债券才被大多数投资者接受。

（二）债券信用评级的原则

在证券评级工作中，一般应坚持如下几条原则：

1. 权威性原则

这一原则主要体现在以下三个方面：（1）信用评级机构的评级范围要广泛，不但在系统内适用，而且在系统外也要适用，不但在当地适用，外地也要适用；（2）评级机构的人员要由专家、学者或实践经验丰富的“老银行”担任；（3）评级机构要有代表性，有独立行使证券信用评级的权利。

2. 科学性原则

债券的评级是一项繁杂的工作，具有较高的要求，因此，各债券评级机构对于信用评级的方法、评级指标体系的建立以及评级手段要具有科学性，评估依据要全面、指标要完整。

3. 责、权、利相结合的原则

在责任上，债券评级机构对本次债券评级，应本着对企业负责和对投资者负责的精神，并对在评级中的失误所造成的影响承担相应责任；在权利上，评级机构有权按照国家制定的规定办法进行评级，也有对评级办法的解释权，其他机构、人员不得进行干扰；在利益上，评级机构也应讲求盈利，根据评级规定，收取评级费用。

4. 公正原则

在证券信用评级过程中，评级机构不能搞人情评级，也不能由“长官”意志决定，而要站在公正立场上，客观、公正地判断与分析，使评级机构本身经得起社会的检验。

专　栏

国内4家主要信用评级机构

中诚信国际信用评级有限公司（简称“中诚信国际”，英文简称“CCXI”）

中诚信国际是经中国人民银行总行、中华人民共和国商务部批准设立，在中国国家工商行政管理总局登记注册的中外合资信用评级机构。股东为：穆迪投资者服务公司（占股49%）和中国诚信信用管理有限公司（占比51%）。其业务范围主要包括企业债券评级、短期融资券评级、中期票据评级、可转换债券评级、信贷企业评级、保险公司评级、信托产品评级、货币市场基金评级、资产证券化评级、公司治理评级等。

中诚信国际是国家发展与改革委员会认可的企业债券评级机构，是中国人民银行认可的银行间债券市场信用评级机构，也是中国保监会认可的首位信用评级机构。

中诚信国际是国内评级行业中唯一正式引进国际评级技术与方法体系的公司，是具有公认领导地位的国内行业龙头公司，在资产证券化等高端产品中具备业内较强的技术优势，是业内唯一正式公开评级方法和按行业制定不同评级标准的评级公司。

鹏元资信评估有限公司

鹏元资信评估有限公司原名为“深圳市资信评估公司”，成立于1993年，先后经中国人民银行、中国证监会、国家发改委认可，在全国范围内从事信用评级业务。股东为深圳市诚本信用服务股份有限公司（占比38.93%），深圳黄金投资有限公司（占比33.36%）以及41个自然人股东。

目前，鹏元的业务品种包括上市公司债券评级、非上市公司（企业）债券评级、结构类融资评级、贷款企业信用评级、上市公司治理评级、商业银行信用评级、综合实力评级、招投标评级、个人征信、企业信贷贷前调查、中小企业融资推荐等十余种，迄今为止，鹏元已累计完成了30 000余家（次）工商企业资信评级，为全国600百余家发债企业进行了债券信用评级。

联合资信评估有限公司（简称“联合资信”）

联合资信是目前中国唯一一家国有控股的信用评级机构，总部设在北京，注册资本3 000万元。股东为联合信用管理有限公司和惠誉信用评级有限公司，前者是一家国有控股的全国性专业化信用信息服务机构，后者是一家全球知名的国际信用评级机构。

联合资信的主要业务领域包括：资本市场信用评级，信用风险咨询。主要业务范围包括：主体评级，即对金融及非金融企业主体开展的评级；债项评级，即对金融及非金融企业主体发行的各种证券开展的评级。

大公国际资信评估有限公司（简称“大公国际”）

大公国际1994年经中国人民银行和原国家经贸委批准成立，是面向全球的国际信用评级机构，是世界第一家向全球提供国家信用风险信息的非西方国际评级机构，是财政部推荐参加亚洲债券市场建设的评级机构，是参与国际信用评级体系改革、争取国际评级话语权的中国信用评级机构的代表。

大公国际作为多元化的金融信用信息服务商，建立了我国评级业第一个博士后科研工作站，为资本市场提供前沿风险评价技术与研究服务；与天津财经大学联合创建了我国第一所以培养信用评级和风险管理高端专业人才为目标的高等院校——大公信用管理学院。

（三）债券信用级别的划分

为了促进债券市场的有序发展，给投资者提供重要的决策参考指标，信用评级的内容和方法有一定的标准。对国家在国际市场上所发行的债券信用评级，采用的标准一般包括：政治制度、社会情况、国际关系、外债情况、经济结构与经济增长及经济实力等。对发行公司债券的企业及其债券的信用评级标准一般包括：公司企业分析、财务状况、财务限制条款和债券的优先顺序分析、经营管理水平、员工素质以及公司的特许权、专利等无形因素。

国外债券等级的划分，有的是“四类十级制”，即A、B、C各分三级，另加D级；有的是“三类九级制”，即A、B、C各分三级；还有的是“二类六级制”，即A、B各分三级。一般采用“三类九级制”的比较多。我国目前的债券信用评级就采用这种等级划分方法，即将债券的等级划分为：AAA、AA、A，BBB、BB、B，CCC、CC、C。

关于债券等级的划分及含义，世界各国尚不完全统一。下面以美国穆迪投资者服务公司和标准普尔公司为例，说明其等级的划分及含义，见表6—1。

表6—1　债券等级划分表

标准普尔公司	穆迪公司	性质	级别	说明
AAA	Aaa	投资级	最高级	信誉最高，债券本息支付无问题
AA	Aa		高级	有很强的支付本息的能力
A	A		中上级	仍有很强的支付能力，但当经济形势逆转时，较为敏感
BBB	Baa		中级	有一定支付能力，但当在经济发生逆转时，较上述级别更易受影响
BB	Ba	投机性	中下级	有投机因素，但投机程度较低
B	B		投机级	投机的
CCC、CC	Caa			可能不还
C	Ca			不还，但可以收回很少一点
DDD、DD、D	C			无收回的可能

本章小结

本章主要讲述了证券发行的主要内容。首先介绍了证券发行市场概述、证券发行市场的特征和功能、证券发行方式、证券发行定价、证券发行主体等，然后，分别介绍了股票发行市场和债券发行市场。在股票发行市场中，主要介绍了股票的发行方式、程序以及发行价格；在债券发行市场中，主要介绍了债券发行方式和条件、债券发行的要素、程序、价格以及债券的信用评级。

关键术语

证券发行市场　公募发行　私募发行　直接发行　间接发行
初次发行　有偿增资　无偿增资　搭配增资　平价发行
溢价发行　折价发行

习题

1. 简述证券发行市场的特征、功能。
2. 我国上市公司发行新股有哪些条件?
3. 股票的发行方式有哪些?
4. 简述公开发行与不公开发行的优劣。
5. 什么是市盈率定价法?
6. 简述股票发行价格的确定方式及方法。
7. 债券的发行主体有哪些?
8. 债券的发行方式有哪些?

案例分析

万福生科——“中国式”上市的一个缩影

概况

财务造假是我国上市公司无法避讳的问题，也是近年来中国 IPO 历经八次暂停与重启的重要原因。上市公司为了获取经济利益，使用各种财务造假手段，破坏了资本市场的秩序，使投资者受到损失，丧失了其对资本市场的信心。

曾被誉为“金稻谷”的万福生科湖南农业开发股份有限公司成立于 2003 年，并于 2011 年 9 月 27 日正式登陆创业板 A 股市场。这家公司是一家集粮食收储、大米和油脂加工、大米淀粉糖和蛋白粉系列产品生产销售及科研开发为一体的省级农业产业化龙头企业、省级高新技术企业。公司在国内首创以大米淀粉糖、大米蛋白为核心产品的稻米精深加工及副产物高效综合利用的循环经济生产模式，并已成为循环经济水平和副产品综合利用效率最高、产业链条最长的企业之一。然而，公司上市不到一年就因涉嫌 IPO 财务造假被勒令停牌并接受证监会的调查，成为创业板财务造假的第一案。

案情回顾

2011 年 9 月 27 日，万福生科在创业板成功挂牌上市，发行了 1 700 万股，每股发行价格为 25 元，募集资金共 42 500 万元，募集资金净额 39 481.05 万元。

2012 年 8 月，湖南证监局对上市不满一年的万福生科进行例行现场检查。督导小组竟然发现万福生科存在三套账本：税务账、银行账及一套公司管理层查阅的实际收支的业务往来账，万福生科造假问题由此浮现。

2012 年 9 月 14 日，湖南证监局将现场检查发现的线索上报中国证监会，证监会决定对万福生科立案调查。随后，证监会抽调稽查总队骨干人员数十人奔赴湖南常德，进行全面调查。经查，万福生科为了达到公开发行股票并上市的条件，根据董事长兼总经理龚永福决策并经财务总监覃学军安排人员执行，万福生科 2008—2010 年分别虚增销售收入约 12 000 万元、15 000 万元、19 000 万元，虚增营业利润约 2 851 万元、3 857 万元、4 590 万元。另外，万福生科披露的 2011 年年报和 2012 年半年报虚增销售收入 28 000 万元和 16 500 万元，虚增营业利润 6 635 万元和 3 435 万元。

2013 年 3 月 2 日，万福生科发布公告，承认在 2008—2011 年累计虚增收入约 7.4 亿元，虚增营业利润约 1.8 亿元，虚增净利润 1.6 亿元左右。在发布自查公告的同时还发布了 2012 年业绩快报，称 2012 年营业总收入为 2.96 亿元，净利润为—337.98 万元，每股收益为—0.025 元，较 2011 年同期下降 396.02%（注，此前万福生科公布的 2011 年年报显示，该年公司的净利润为 6 026.86 万元）。

2013 年 3 月 29 日，万福生科发布致歉公告，因公司自 2008—2011 年财务数据存在虚假记载，已被深交所谴责过两次，若再受公开谴责，按照创业板上市规则，上市三年内遭受三次公开谴责，将面临退市风险。

2013 年 4 月 3 日，证监会媒体通气会介绍称，万福生科现场调查工作基本结束，下一步将对相关责任人及相关中介机构进行处理。

2013 年 5 月 10 日，证监会公布对万福生科造假案作出处罚，对发行人万福生科、保荐机构平安证券、会计师事务所中磊会计师事务所和律师事务所湖南博鳌律师事务所各自给予处罚，相应的责任人也受到了处分。

中新网证券频道根据公开信息梳理显示，万福生科 2008—2012 年上半年，累计虚增收入 9.05 亿元左右，虚增营业利润 2.81 亿元左右。根据万福生科财报显示，2008—2012 年上半年，其营业总收入分别为 2.28 亿元、3.27 亿元、4.34 亿元、5.53 亿元、2.7 亿元，总计 18.12 亿元。以上述数据计算，万福生科在 2008—2012 年上半年实际收入仅为 9.07 亿元，期间造假虚增后的收入竟然为实际收入的 2 倍。万福生科为了能够上市，在招股说明书上进行造假，这已经涉嫌欺诈上市。除了招股说明书造假之外，万福生科在上市后也是劣迹斑斑。2012 年 9 月，万福生科就曾被证监会立案调查，10 月 26 日承认 2012 年半年报存在虚假记载和重大遗漏问题。2013 年 11 月 22 日接到深交所第一次公开谴责。

思考

请结合本章所学知识对本案例进行分析，从发行体制、中介机构职能、证监会和地方政府职责等方面谈谈改革建议。

第七章

证券交易市场

本章要点：

- 证券交易所的特征和功能
- 证券交易的程序
- 证券的场外交易
- 创业板和中小企业板

导入案例

内幕交易可休矣

杭萧钢构股份有限公司本是一家在A股市场默默无闻的上市公司，却在2007年将中国乃至世界投资界的眼光锁定在其身上，这是由于杭萧钢构公司董事长单银木在2006年声称2007年杭萧将有国外的大项目正式启动，2008年股份公司争取达到120亿元，集团目标为150亿元。这从侧面把公司将获得一项国外投资项目的内幕消息提前向员工泄露，并不是公开消息，其导致杭萧钢构股票从2月12日起出现了十多个涨停板。在此之前，杭萧钢构股价只有4.14元，之后的12日、13日、14日连续涨停，而在此期间，杭萧钢构股份有限公司并没有披露任何与公司经营有关的消息。因此，杭萧钢构成为股市的大热门股而被市场热炒、庄家追捧，被称为中国上市公司“牛市内幕交易第一案”和“中国非内幕人员内幕交易第一案”。该案例具体的发生过程如下：

2007年2月12日，杭萧钢构公司董事长单银木在公司2006年度总结表彰大会上为鼓舞员工士气，透露了一条好消息：“2007年对杭萧来说是一个新的起点，如果国外的大项目正式启动，2008年股份公司收入争取达到120亿元，集团收入将达到150亿元。”从已有证据看，安哥拉项目合同的总金额折合人民币313.4亿元，而杭萧钢构2006年度经审计的公司主营业务收入只有15.16亿元，足以对杭萧钢构的经营成果产生重要影响，因此，这一事件应当及时予以披露，但杭萧钢构未向外部进行披露。当日，从杭萧钢构辞职的陈某从公司中层得之此消息，并告知王某，王某按陈某的指令买入大量杭萧钢构股票。并且2月12日，时任杭萧钢构公司证券办副主任、证券事务代表的罗某某也将相关信息透露给陈某。于是在2月13日和14日，陈某又指令王某购入大量的杭萧钢构股票。然后在A股股市中，杭萧钢构的股票连续三个涨停板。

但是，杭萧钢构公司在2月15日才发布公告称："公司正在商谈一个境外合同项目。项目整体涉及总金额折合人民币约300亿元，该意向项目分阶段实施，建设周期大致在两年，若公司参与该意向项目，将会使公司2007年业绩产生较大幅度增长。"事后调查表明，2007年2月15日，该公司尚未正式签署任何协议。2月15日和16日，杭萧钢构股价又是连续两个涨停。

3月13日，杭萧钢构复牌后，公司又发布公告称："公司已与中国国际基金有限公司签订了《安哥拉共和国——安哥拉安居家园建设工程——产品销售合同》及《施工合同》，合同金额分别达248.26亿元和95.75亿元。"一举引发了13日到16日连续4个涨停。杭萧股价的异动引起了监管部门的注意，证监会勒令其停牌，接受调查，于是杭萧钢构3月19—30日全天停牌。

在4月2日，杭萧钢构复牌后，又出现涨停情况，且证监会未公布调查结果。于是公司继续发布利好。发布境外建设工程项目合同进展公告。但是在4月4日，开盘1分钟涨幅6.84%被紧急停牌，公司接到证监会的调查通知书，对公司的股价异常波动，涉嫌存在违法违规行为进行调查，要求公司予以配合。从17日到30日，在证监会行政处罚的压力下，杭萧钢构的股价缓慢盘跌。

思考

证券交易市场的主体扮演什么样的角色？应遵循何种游戏规则？

任何证券都要经过发行和交易这两个环节，没有证券发行，需要筹资的单位无处去筹资；没有证券交易，已发行的证券无处出售。可见，证券发行和证券交易是密不可分的统一整体。证券发行是交易的前提，没有发行就没有交易的对象；没有证券交易就没有投资者，证券发行就不可能存在。

第一节 证券交易所

证券交易市场按组织方式的不同分为场内市场和场外市场。场内市场是指有组织的、集中交易的市场，即证券交易所，它是证券市场的主体和核心；场外市场是指非组织化的、分散交易的市场，它是场内市场的必要补充。本节介绍场内市场。

一、证券交易所的含义、特征、功能

(一) 证券交易所的含义

证券交易所也称场内交易市场，证券交易所是证券交易市场中有组织、有固定地点，并能够使证券集中、公开、规范交易的场所，是证券流通市场的主体与核心。我国《证券交易所管理办法》中规定，证券交易所是指依法设立的，不以营利为目的，为证券的集中和有组织的交易提供场所、设施，履行国家有关法律、法规、规章、政策规定的职责，实行自律性管理的会员制事业法人。

(二) 证券交易所的特征

证券交易所作为集中证券交易的场所，其本身不从事证券买卖业务，更不决定证券交

易价格，只是为证券交易提供场所和各项服务，并对证券交易进行周密的组织和严格的管理，以保证证券交易活动持续、高效地进行。它一般具有三个特征：

（1）证券交易所本身既不持有证券，也不买卖证券，更不能决定各种证券的价格。它只是为证券的买卖双方的证券交易提供服务，创造条件，并对双方的交易行为进行监督。证券交易价格是证券买卖双方以公开竞价方式决定的。

（2）证券交易所是证券买卖完全公开的市场。它要求所有申请上市的证券发行人必须定期地、真实地公开其经营情况和财务情况。它自身也定期公布各种证券的行情表和统计表，以使投资者迅速选择投资目标，使证券持有者决定保留还是转让证券。交易所还随时公布股票价格指数，据此预测证券市场行情的发展趋势。

（3）证券交易所具有严格的组织性，它有专门的立法和规章制度。各国都明确规定，只有证券经纪人才能代理买卖双方进入交易所参加交易，一般投资者不能直接进场交易。交易所对成交价格、成交单位、成交后的结算都有严格的规定，并且对交易所内部的人员也严加约束，如遇有利用内部情报操纵价格和垄断等行为和事件发生，也有相应的规定予以严厉制裁。

（三）证券交易所的功能

1. 为证券集中交易提供场所

证券交易所汇集了所有证券买方和卖方的信息，为证券买卖双方集中交易提供场所，使证券供求关系的变化得以迅速反映。因此，证券交易所内的证券交易具有成交量大、买卖频繁、进出报价差距小、价格波动小、交易完成迅速的特点，创造了一个具有高度流动性、高效率和连续性的市场。

2. 促进均衡价格的形成

交易所内的证券交易价格是在充分竞争的条件下，由买卖双方集中公开竞价形成的。公开竞价而形成的价格既反映供求关系，也体现了证券的真实投资价值，使市场价格更趋近于均衡价格。

3. 引导社会资金的合理流动和资源的有效分配

上市公司即为公众公司，要按照要求定期公开其经营状况和财务信息，为投资者的投资选择提供依据。因此，反映供求关系变化的证券交易价格和成交量实际上是市场对某一公司证券评价结果的反映。交易所即时公布证券行情变化信息，为投资者调整投资方向提供便利，使证券价格的变动自动调节着社会资金流向，促使社会资金向更有发展前景的行业、公司流动。

4. 预测、反映经济动态

证券价格的变动受企业的利润前景等多种因素的影响，而交易行情的好坏又从侧面反映了这些因素的变化。由于股价变动一般先于经济活动的变化，因此，证券行情通常被看作是经济发展的晴雨表。通过证券价格的变动，可以预测企业、生产部门的经济动态和整个社会经济的发展状况。

5. 监督、管理证券交易

证券交易所有义务在公开、信用的原则下，实施对证券交易的管理，以维持市场交易秩序、保障市场的顺利运行。其管理的内容主要包括：

（1）监督交易过程，对违约违纪的经纪人进行程度不同的处罚。

（2）制定和执行交易规则和制度，以保障交易依法有序地进行。

(3) 调节和仲裁交易过程中经纪人之间的纠纷。

二、证券交易所的组织形式

从组织形式上看，证券交易所的组织形式一般分为公司制和会员制两种。

(一) 公司制的证券交易所

公司制的证券交易所是指以股份有限公司形式设立的、以营利为目的的公司法人，其收入主要来源于收取发行人的上市费和证券成交的佣金。证券交易所不参与具体的证券交易活动，只对证券商提供从事交易活动所需的各种服务。公司制的证券交易所遵循《公司法》，设有股东大会、董事会、监事会和各职能部门，公司章程成为公司设立、运行的主要依据。它的性质有官商合办和纯属私人投资的民营两种。目前，瑞士的日内瓦证券交易所、美国的纽约证券交易所和我国香港的联合证券交易所都实行公司制。

公司制的证券交易所的优点主要表现为：第一，由于证券交易所本身不参与证券买卖，在证券交易中处于中立地位，有助于保证交易的公平与公正；第二，证券交易所对在本所内的证券交易负有担保责任，通常设有赔偿基金，对交易违约而使买卖双方中任何一方受损时，都有赔偿责任，这有助于获得公众的信任，促进证券交易的发展；第三，公司制的证券交易所在营利目的的驱使下，更注重提供完备的交易设备和良好的服务，从而保证证券交易的顺利进行。

公司制的证券交易所也有缺点，主要表现为：第一，交易所的收入主要来源于按交易量计算的佣金，其收入高低与证券交易量相联系，这样容易导致交易所人为扩大证券交易量，助长过度投机行为；第二，公司制的证券交易所的上市费和交易手续费较高，会促使一些大额交易为节省成本而到场外进行交易；第三，公司制的证券交易所作为营利性法人主体，如果经营不善，也会面临破产风险。

(二) 会员制的证券交易所

会员制的证券交易所是由会员自愿组成的、不以营利为目的的事业法人，一般由证券公司、投资银行等券商组成，只有具有会员资格的券商和享有特许权的经纪人才能进入交易所内直接参与交易活动，其他人要买卖证券交易所上市的证券，必须通过会员进行。会员大会和理事会是会员制的证券交易所的决策机构。会员大会是最高权力机构，决定交易所经营的基本方针。理事会为执行机构，其主要职能是：审查会员资格；决定会员人数；根据《证券交易法》起草交易所章程，交会员大会通过，并呈报有管部门审批；审查和决定证券的上市、报价；按章程规定，定期召开会员大会，处理交易所的一些重大问题以及其他日常事务。理事会一般会聘请经理人员负责日常管理事务。

会员制的证券交易所的优点主要表现为：第一，由于会员制的证券交易所实施自治、自律性管理制度而不以营利为目的，其收入来源主要是会员会费和上市费，不收取佣金，因此，在这类交易所进行证券交易成本较低，有利于交易的活跃；第二，不存在破产风险；第三，由于交易费用低，可以有效防止上市证券的场外交易。目前，世界上大多数国家的证券交易所都实行会员制，中国上海、深圳证券交易所均为会员制。

会员制的证券交易所的缺点主要表现为：第一，交易所由会员共同经营，会员本身又是证券交易的买卖者，因而，容易引发证券交易的不公正性；第二，交易所管理者和参与者合一，不利于交易所自身的管理，也不利于形成公平竞争的环境和提高证券交易服务质量。

专　栏

阿姆斯特丹证券交易所——世界上第一个证券交易所

阿姆斯特丹证券交易所（Amsterdam Stock Exchange，AEX）于1609年在荷兰阿姆斯特丹诞生，位于阿姆斯特丹市的内达姆广场附近，是世界历史上第一个股票交易所。

第一个可上市交易其股票的公司是荷兰的东印度联合公司。1602年荷兰联合东印度公司成立，这是世界上第一个联合股份公司。通过向全社会融资的方式，东印度公司成功地将社会分散的财富变成了自己对外扩张的资本。建立东印度公司是为了派遣商船前往南洋，通过买卖交易换回当时欧洲没有的货物，如瓷器、香料、纺织品等等，这些物品在当时的欧洲可以卖到很高的价钱，但是没有人能单独提供大笔资金为船队准备航海和贸易，所以人们通过发行股票来筹集所需的资金，对于买了东印度公司股票的人来说，所获得的利润既可以以黄金、货币或者货款的形式支付，也可以直接用香料支付，由于船队贩运回来的货物有可能一年比一年值钱，他们有可观的利润可图，因此人们踊跃地大量购买东印度公司的股票。世界上第一个证券交易所和第一只股票就这样开始了它们的历史使命。

该证券交易所于1980年9月开始采用美国股票阿姆斯特丹系统交易，只要登账即可成交，以方便投资者在荷兰买卖美国股票。1985年，它又和东京证券交易所签订协议，同样实行股票买卖转账清算。1984年，阿姆斯特丹证券交易所还开设了欧洲债券交易市场，以进行10万美元以下的欧洲债券交易。

2000年9月22日，阿姆斯特丹交易所与巴黎证券交易所以及布鲁塞尔证券交易所正式宣布合并，形成全球第一个跨国境、单一货币的股票和衍生泛欧交易所。

三、证券上市制度

（一）证券上市制度的含义

证券上市是指已经发行的证券经证券交易所批准，在交易所公开挂牌进行交易的法律行为。证券上市的前提是证券在一级市场采取公募形式向社会公开发行。但并非所有公募发行证券都可以上市交易，只有满足相应的条件，得到证券交易所批准的证券才能进入交易所挂牌交易。在我国，政府债券不必经过证券交易所和证券主管部门审核便可直接上市交易，公司债券需要达到一定数额，经过证券交易所登记批准即可上市。所以，这里的证券上市主要是指股票上市。股票要进入交易所交易必须由发行公司提出申请，经证券交易所和证券主管机构核准后，方可在证券交易所公开买卖。证券上市制度就是指证券交易所和证券监管机构制定的有关证券上市的规则。

（二）证券上市的条件

各国对证券上市的条件与具体标准有不同的规定，同一国家的不同证券交易所，上市标准也各有不同，但主要是就以下几个方面作出具体规定：

（1）公司设立需要达到一定年限，而且能够维持以后营业的连续性；

（2）公司具有经济效益和社会效益，能够在同行业中具有较高的地位，并能保持其稳定性；

（3）公司的股本总额和向社会公开发行的股份达到一定数额；

（4）股权分散良好，股东人数达到一定数量；

（5）资产净值达到一定数额；

（6）净收益或股利达到一定标准，获利能力强；

（7）无正当理由，不得任意撤回已上市证券。

（三）证券上市的利与弊

1. 有利方面

（1）证券的公开上市有利于公司扩大资金来源，筹集巨额资金，满足生产经营发展之需。由于证券上市（尤其是股票上市）有严格的条件，所以上市后往往能卖出较好的价格，筹集到大大超过其发行面额的资金，从而更好地扩大经营规模，实现公司的各项发展目标。

（2）证券的公开上市有利于提高股票、债券的流动性，增加对投资者的吸引力，人们对它的关心将有利于上市公司继续向公众集资。当企业再次发行新的证券时使之能够选择有利的发售方式，降低发行成本。

（3）证券的公开上市有利于提高公司的信誉和知名度。企业证券的公开上市可以说是企业发展史上的一个里程碑，它标志着企业的进步和发展水平。哪个企业的证券能够在证券市场上公开上市，说明该企业的生产力水平和经营、管理水平已经达到相当高的程度，这样将会大大提高企业的社会知名度。此外，哪个企业的证券能够公开上市，它们的名字就将经常出现在各种宣传媒介上，这本身就有一定的广告效应，从而有利于公司产品的推销与市场拓展。

（4）企业证券的公开上市，增加了企业生产经营的透明度，而且社会上广大民众时刻都在注视着企业的生产与发展情况，并根据企业的生产发展情况以及他们对企业前途的预测来决定证券的买入和抛出。社会民众对企业的普遍关注，必然形成对企业的巨大压力，促进企业不断加强经营管理，努力提高经济效益，增强竞争力。

2. 不利方面

（1）证券公开上市后，公司的约束与压力会加大。上市公司要接受证券交易所的监督和交易所规定的约束，还要直接接受股东的监督，从而加大了公司经营管理上的压力。

（2）证券公开上市后，不利于保守公司经营秘密。企业要定期向大众公布企业的内部情况，这样一来，透明度的增加也必然使企业许多秘密被泄露出去，而在高度竞争的现代经济社会中，这不能不说对企业的发展和经营是非常不利的。

（3）证券公开上市后，公司证券可能成为投机对象。市场价格的频繁波动会给企业的经营带来消极影响。通常人们总是认为股市价格能够非常灵敏地反映企业的发展变化和经营水平，因而企业的经营者不得不为维持和提高本企业股票的市场价格而大伤脑筋。其实有些时候股市行情对企业经营状况的反映并不是非常真实的，而扭曲的证券行市还会影响企业的信誉和形象，给企业带来诸多危害。

（4）证券公开上市后，企业控股权将会因此而更加分散，这样，一方面会因为股票经常易手、股东经常易人给企业的经营与发展带来不利影响，另一方面股权的极度分散和股东的经常变化也给企业的经营决策带来诸多困难，影响企业决策的及时性与灵活性。由此势必造成许多情况下非上市公司可以做的事上市公司却不能做，或非上市公司很快能够做到的事而上市公司却不能很快做到。

（5）加大了公司的成本开支。上市公司每年要向证券交易所支付上市费用。

（四）上市证券的退出机制

公司股票的上市资格并不是永久的，当不能满足证券交易所关于证券上市的条件时，上市交易将会受到限制，严重者上市资格甚至可能会被取消。交易所停止某公司的股票交易，叫终止上市或停牌。根据上市公司上市条件变化的不同情况，我国通常实施以下处理制度：

1. 股票特别处理（special treatment，ST）

上市公司出现异常状态，异常期间实施特别处理制度，特别处理须在股票前加注 ST 字样，限定 5%的单日涨跌幅，且必须审计公司的中期报告。根据《深圳证券交易所股票上市规则》和《上海证券交易所股票上市规则》规定，出现以下情况之一时实施特别处理：

（1）上市公司连续两年亏损。

（2）每股净资产低于每股面值。

（3）发生其他异常状况导致投资者对该公司前景难以判定，可能损害投资者的情形。

需要说明的是，股票交易特别处理不是对上市公司的处罚，只是对上市公司目前状况的一种揭示，提示投资者注意风险。

2. 股票暂停上市与股票特别转让（particular transfer，PT）

对于已经上市的公司，当出现下列情况之一时，由中国证监会决定暂停其股票上市：

（1）公司股本总额、股权分布等发生变化不再具备上市条件。

（2）公司不按规定公开其财务状况或对财务会计报告作虚假记载。

（3）公司有重大违法行为。

（4）公司最近 3 年连续亏损。

沪深证券交易所从 1999 年 7 月 9 日起，对这类暂停上市的股票实施特别转让服务，并在其简称前冠以 PT，称之为 PT 股票。根据沪深证券交易所关于上市公司股票暂停上市的处理规则，上市公司因连续 3 年亏损，股票被暂停上市期间，证券交易所可以为投资者提供股票特别转让服务。对投资者而言，PT 股票与正常股票交易进行买卖委托的方式是相同的，申报期间也可以撤单，交易手续费和清算交收方式也相同，但 PT 股票与正常股票交易也存在以下五个方面的区别：

（1）交易时间不同。交易所仅在每周五开市时间内接受特别转让股票的买卖委托，收市后撮合成交。

（2）涨跌幅度限制不同。PT 股票申报价格上涨不得超过上一次转让价格 5%以上，下跌则没有下限限制。

（3）撮合成交方式不同。特别转让是证交所在收市后一次性对当天所有该股票的有效申报按集合竞价方式进行撮合，产生唯一的成交价格。所有符合成交条件的委托盘全部按此价格成交。

（4）行情揭示不同。PT 股票在开市期间不揭示买卖盘信息及转让信息，转让信息由指定报刊社专门栏目在次日刊登。

（5）交易性质不同。特别转让只是为暂停上市股票提供转让服务，不属于上市交易，相关股票不计入指数计算，成交数据不计入市场统计。

3. 股票终止上市

当上市公司出现下列情况之一时，由中国证监会决定终止其股票上市：

（1）公司不按规定公开其财务状况或对财务会计报告作虚假记载，公司有重大违法行为的，经查实后果一般较严重的，终止其股票上市。

（2）上述暂停情况的第一项、第四项出现时，经查实后果严重，不具备上市条件，在证券管理部门限定的时间内未能清除暂停上市原因的。

（3）公司决议解散、被行政主管部门依法责令关闭或者被宣告破产的。

经典案例

PT水仙：第一只退市股票事件调查

中国证监会对PT水仙作出决定：自2001年4月23日起终止上市。这是中国证券市场上的首例退市案。PT水仙已经连续四年亏损，并未能就其扭亏为盈作出具体安排并提出有效措施，其宽限申请上周未获上海证券交易所批准。PT水仙的退市是中国证券发展史上的一件大事，是我国规范和发展证券市场历程中的又一重大成果。

事件背景

由于将欠银行的2亿元债务转移给第一大股东的计划未能成功实施，PT水仙的资产重组不得不宣告流产。据PT水仙发布的董事会公告，该公司第一、第二大股东分别与上海同步电子有限公司签署的《股权转让协议》已自动终止。这也是《亏损上市公司暂停上市和终止上市实施办法》颁布后第一家宣告重组失败的PT公司。

事件调查

PT水仙第一大股东上海纳赛斯投资发展中心、第二大股东上海新工联实业有限公司与同步电子签署《股权转让协议》，纳赛斯将其所持法人股中的43 897 070股（占总股本的18.57%），新工联将其所持法人股中的15 197 930股（占总股本的6.43%），分别转让给同步电子。但是，此次股权转让协议的成立和生效，均以PT水仙将其向银行累计欠付借款中的2亿元借款本金债务于3月18日前转移给纳赛斯承担为前提。为此，PT水仙竭尽全力协助、配合协议各有关方面进行了多次沟通和协商。然而到2001年3月18日这一截止日期，同步电子和有关方面未能及时就上述债务转移事项达成一致意见，因此，此次股权转让自动终止。

引发争议

一种观点认为，PT水仙的资产质量在可能退市的PT公司和准PT公司中并不算最严重的。资不抵债在ST公司和PT公司中是一种多见不怪的“正常”现象，PT水仙相对还是较轻的。再说经营现状，2000年PT水仙主营业务利润1 420万元，为正值，这在PT家族中同样非常难能可贵。PT双鹿和即将戴上PT帽的ST南洋完全成为“植物公司”，主营业务收入和主营业务利润在去年均为零。

另一种观点认为，PT水仙并非一家违法违规的问题公司，亏损主要是经营不善、合资失败造成。如今那些被投资者深恶痛绝的弄虚作假、经济犯罪的亏损公司，仍然受到重组保护伞的关照，而PT水仙却成为第一家“下课”的公司，这样做未免有点不公平。有关监管部门不该只是抓住亏损来说事，更应该对那些弄虚作假和涉嫌经济犯罪的公司进行查处。

第二节　场外交易市场

证券市场除了交易所外，还有一些其他交易市场，这些市场因为没有集中的统一交易制度和场所，因而把它们统称为场外交易市场，又称柜台交易或店头交易市场。

一、场外交易市场的含义、特征与类型

（一）场外交易市场的含义

场外交易市场是相对于场内市场即证券交易所而言的，是指在证券交易所以外进行证券买卖活动所形成的市场，它是证券交易市场的重要组成部分。

场外交易市场简称 OTC（over-the-counter）市场。在早期银行业和证券业未分离前，由于证券交易所尚未建立，许多有价证券的买卖都是在银行柜台上进行的，所以场外交易市场也称柜台交易或店头市场。实行金融分业制后，这种在银行柜台上进行的交易转由证券公司承担。随着通信技术的发展，目前许多场外交易市场并不直接在证券公司柜台进行，而是由客户和证券公司通过电话接洽业务，故又称电话市场。

（二）场外交易市场的特征

1. 分散的无形市场

场外交易市场没有固定的、集中的交易场所，而是由许多各自独立经营的证券经营机构分别进行交易的，并且主要是依靠电话、电报、传真和计算机网络联系成交的。

2. 开放式的自营交易市场

从交易制度上看，场外交易市场区别于证券交易所的最大特征是采用自营方式进行交易，即投资者可以直接进行证券交易，并且对投资者资格没有过多的限制，而交易所采用的是经纪制方式，只有会员才能进入场内进行交易。所以说，场外市场是一个开放性的市场，交易规则比较灵活，手续简便，证券商不收佣金，只是赚取证券买卖差价，交易成本相对较低。

3. 交易对象广泛的市场

与证券交易所相比，场外交易市场对挂牌交易证券的限制条件相对较少，所以这一市场交易的证券种类较多，既有上市证券，也有非上市证券；既有股票，也有各类债券、开放式基金的受益凭证等，以美国为例，在交易所内上市的证券品种有 2 000 余种，而在 NASDAQ 系统交易的证券品种则达 7 000 多种。

4. 以议价方式进行证券交易的市场

在场外交易市场上，证券买卖采取一对一交易方式，对同一种证券的买卖不可能同时出现众多的买方和卖方，也就不存在公开的竞价机制。场外交易市场的价格决定机制不是公开竞价，而是买卖双方协商议价。具体地说，是证券公司对自己所经营的证券同时挂出买入价和卖出价，并无条件地按买入价买入证券和按卖出价卖出证券，最终的成交价是在牌价基础上经双方协商决定的不含佣金的净价。券商可根据市场情况随时调整所挂的牌价。

5. 管理比较宽松的市场

场外市场分散，缺乏统一的组织和章程，不易统一管理和监督，监管机构通常只对交

易中的违法行为加以处理，日常的交易活动由证券商在法律规定的范围内实施，或由证券业协会加以适度监督。

（三）场外交易市场的类型

按照市场细分化原则，通常场外市场包括以下几种：

1. 柜台交易市场

柜台交易市场或店头交易市场，是指通过证券公司、证券经纪人的柜台进行证券交易的市场。该市场在证券产生之时就已存在，在交易所产生并迅速发展后，柜台市场之所以能够存在并得到发展，其原因有：

（1）交易所的容量有限，且有严格的上市条件，客观上需要柜台市场的存在。

（2）证券发行的数量、发行公司的盈利能力和财务指标不符合交易所规定的上市标准。

（3）柜台交易比较简便、灵活，满足了投资者的需要或公司不愿披露其财务状况等重要信息的需要。

随着高新技术的发展，特别是电脑的普及和应用，柜台交易市场的交易方式、交易设施和交易程序不断完善和发展，广泛地利用计算机网络实现交易已成为现实。

2. 第三市场

第三市场是指那些已经在证券交易所上市交易的证券却在证券交易所以外进行交易而形成的市场。它实际上是上市证券的场外交易市场。

第三市场是从20世纪60年代起最早在美国兴起的市场，近些年来发展很快。第三市场出现的原因在于美国的证券市场采取固定佣金制，这使大笔证券交易的手续费偏高，那些买卖大宗上市证券的机构就试图让非会员证券商在证券交易所以外进行交易以降低交易成本。由于第三市场具有佣金便宜、成本较低、价格和佣金由商定自由、交易手续简便等特点，其一出现就吸引了众多的投资者。交易所非会员经纪商和自营商也都很活跃，其在这一市场上从事经纪人业务，可从中赚取佣金和差价。

第三市场的出现，反映了证券市场的重大变化：第一，证券交易特别是股票交易日趋分散化、多样化和成交额不断扩大；第二，机构投资者在证券市场上的投资比重明显上升；第三，第三市场构成了对证券交易所的强有力的竞争，促使证券交易所进行改革，采用先进的技术装备，加快成交速度，提高服务质量，降低佣金标准。

3. 第四市场

第四市场是指证券交易不通过经纪人进行，而是通过电子计算机网络直接进行大宗证券交易的场外交易市场。

第四市场实际上是一个大批量交易的证券交易通信网络，也可以利用其他通信工具约定时间、地点，直接进行谈判，有时也利用经纪人作为中介，但他们的主要工作是向客户通报买方或卖方的意图，帮助安排交易，以促进买卖双方进行直接的交易谈判，经纪人并不参与具体的谈判。利用第四市场进行交易的都是一些大企业、大公司，为了不暴露公司的目标，往往选择第四市场进行交易。第四市场的经纪人不需要向政府有关当局注册，也不公开其交易情况，佣金也比其他市场低。

第四市场这种交易形式的优点在于：

（1）交易成本低。因为买卖双方直接交易，无经纪服务，其佣金比其他市场少得多。

（2）可以保守秘密。因无须通过经纪人，有利于匿名进行交易，保持交易的秘密性。

(3) 不冲击证券市场。大宗交易如在交易所内进行，可能给证券市场的价格造成较大影响。

(4) 信息灵敏，成交迅速。计算机网络技术的运用，可以广泛收集和存储大量信息，通过自动报价系统，可以把分散的场外交易行情迅速集中并反映出来，有利于投资者决策。第四市场的发展一方面对证交所和其他形式的场外交易市场产生了巨大的压力，从而促使这些市场降低佣金、改进服务；另一方面也对证券市场的监管提出了挑战。

二、创业板市场

(一) 创业板市场的概念、特点和功能

1. 创业板市场的概念

创业板市场，也称为二板市场、另类股票市场、增长型股票市场等，是指专门协助高成长的新兴创新公司特别是高科技公司筹资并进行资本运作的市场，是多层次资本市场的重要组成部分。创业板既可以隶属于现有的证券交易所，利用证券交易所的资源，实行与主板市场完全不同的交易规则和交易方式，也可以完全独立于现有的证券交易所之外，在场外交易市场进行交易，实行创业板自身的交易规则和交易方式。实际上，从广义来说，凡是与大型成熟公司上市的交易所主板市场相对应，面向中小公司的证券市场都是二板市场。从狭义来说，则仅指协助中小型公司和新兴公司、协助高成长性公司及科技公司筹资的市场。

2. 创业板市场的特点

创业板市场的特点主要体现在与主板市场的区别：

(1) 两者产生的经济背景不同。主板市场是工业经济的产物，先于二板市场而产生；二板市场是新经济的产物，是主板市场发展到一定阶段，证券市场多层次化发展的需要。

(2) 两者的定位及服务对象不同。主板市场主要是为国内乃至全球有影响的大公司提供筹资服务，上市企业主要来自于有发展前途的传统企业，要求企业具有较高的资本规模与相对稳定的业绩回报。而二板市场大多服务于新型产业或高新技术行业，上市企业具有相对较小的资本规模，业绩变动较大，上市条件不设最低盈利的规定。

(3) 二板市场风险更高。与主板上市公司相比，创业板市场的上市规模小，业务处于初期阶段，而行业竞争又较激烈，未来发展的不确定性较大，因而使投资者面临更大的投资风险。

(4) 二板市场监管更加严格。由于风险较高，监管当局对发行人实行更严格的监管标准，在信息披露方面要求更高，以保证市场透明度和维护投资者的利益。

3. 创业板市场的功能

(1) 扶持风险企业继续成长。风险企业由于尚未达到银行贷款条件和主板市场上市标准，很难从那里获得继续发展所需的资金，而风险资本又不可能常驻风险企业。在创业板上市后，就可以从创业板市场得到比银行和主板市场更加灵活、方便、有效的融资安排，使风险企业得以持续成长。

(2) 帮助风险企业建立现代企业形态。风险企业大都是由技术发明者个人或合伙创立的民营企业，其初创阶段往往表现出家族式、合伙制等低级企业形态。上市后，创业板市场以其严格的监管、独特的激励和优良的服务，推动风险企业由落后的低级企业形态向标准规范的现代企业形态转化。

（3）实现风险企业的收购、兼并、整合。企业收购、兼并、整合是市场经济条件下的一种现代投资方式，是企业进行产品结构调整、迅速壮大规模的有效途径。当今一些高科技企业的巨人，都是通过资本市场的运作，通过兼并、收购、整合而成长起来的。

（4）优胜劣汰激励风险企业不断奋发上进。创业板市场建立了残酷的淘汰机制，近年纳斯达克市场摘牌的公司数量就超过了新上市公司数量。这种残酷的淘汰机制有力地推动了上市风险企业奋发上进，保障了风险投资事业健康发展。

（二）创业板市场的分类

世界各国创业板的设立方式、市场定位、上市标准、交易制度、运作模式等各不相同，创业板的分类主要从设立方式和运作模式来划分。

1. 按照设立方式划分

从设立方式看，创业板市场分为由证券交易所直接设立、由非证券交易所的机构设立和由原先的证券交易所通过重组、合并、市场重新定位等方式转变而成三种方式。

（1）由证券交易所直接设立。采用这种设立方式的创业板市场有英国伦敦证券交易所另类投资市场（AIM）、新加坡证券交易所西斯达克（SESDAQ）市场以及香港联交所创业板市场等。证券交易所设立创业板市场，制定与主板市场不同的上市条件和标准，吸引与主板市场在经营状况及营业期限、股本大小、盈利能力、股权分散程度等方面不同的公司上市。

（2）由非证券交易所的机构设立。这类创业板市场通常由各国或各地证券商协会或类似机构设立，为该区域内柜台交易中部分质地较优的股票提供集中的电子化自动报价和交易系统。为进入此类报价和交易系统，公司需要满足一定的上市条件。采用这种方式的创业板市场有美国纳斯达克市场、欧洲易斯达科市场、韩国科斯达科市场等。

（3）由原先的证券交易所通过重组、合并、市场重新定位等方式转变而成。加拿大创业交易所就是通过这种方式设立的典型创业板市场。该交易所由加拿大温哥华证券交易所与阿尔伯塔证券交易所合并而成，其定位是为成长型的中小企业服务。

2. 按照市场运作模式划分

（1）附属市场模式。第二板市场附属于主板市场，和主板市场拥有相同的交易系统；有的和主板市场有相同的监管标准和监察队伍，所不同的只是上市标准的差别。这种模式又可以分为两种形式：两板平行式和附属递进式。前者是指创业板是由证券交易所设立的并与主板市场平行运作，两板市场之间没有高低之分，共同利用交易所的组织管理系统和交易系统。两者的差异主要在于市场定位不同和上市标准不同，主板市场注重公司规模、经营历史、盈亏记录等，创业板注重公司发展潜力，创业板上市条件相对宽松。英国伦敦证券交易所另类投资市场和香港联交所创业板市场就属于这种一所两板平行式设立模式。附属递进模式是指由证券交易所设立一个独立的为中小企业提供融资服务的市场，其上市标准较低，但上市公司在运作一定时间并达到一定条件后，必须申请到主板市场挂牌，在这种模式下，创业板实际上成为主板市场的预备，两者间是一种由低级到高级的递进关系。新加坡证券交易所西斯达克市场具有附属递进模式的特征，如新加坡交易所规定，在西斯达克市场上市的公司挂牌两年后并达到主板上市条件，可以申请转移到主板市场上市。

这种模式的优点是充分利用了现有交易所的人力、设施、管理经验、组织网络和市场运作网络，从而减少了创业板的运作成本，并有利于促使创业板的建设和规范运作。其缺点是主板与创业板缺乏竞争，交易所的重点还是主板市场，创业板只能是主板的附属市场，不能与主板争夺资源，不能影响主板的发展。因此，不利于创业板的独立发展，很多国家放弃这种模式。

（2）独立运作模式。二板市场和主板市场分别独立运作，创业板市场拥有独立的交易管理系统和上市标准，完全是另外一个市场。

独立运作模式的优点很明显：一是有利于主板与二板市场的竞争。尽管主板和二板市场在服务对象上有所不同，但两者的上市资源也存在一定的重叠，适度的竞争有利于促进两个市场提高服务质量和管理水平。二是独立运作模式使得在二板上市并成长起来的公司更愿意留在创业板，有利于创业板市场上市公司整体质量的提高，增强创业板市场抗风险的能力。

这种模式的缺点是：从头创建二板市场，初期成本较高，无法运用成熟交易所现有的管理资源。美国纳斯达克市场和韩国科斯达克市场已经成为年交易量超过主板市场的独立运作模式的二板市场。此外，欧洲易斯达科市场、日本 JASDAQ、我国台湾的证券柜台交易中心也采用这种模式。

三、我国中小企业板市场

（一）基本情况

中小企业板市场即中小板是指流通盘在 1 亿元以下的中小型公司聚集的板块，是相对于主板市场而言的，有些企业的条件达不到主板市场的要求，所以只能在中小板市场上市。中小企业板的建立是构筑多层次资本市场的重要举措，也是创业板的前奏，虽然 2004 年 6 月 25 日终于揭幕的中小企业板在现阶段并没有满足市场的若干预期，比如全流通等，而过高的新股定位更是在短时期内影响了指数的稳定，但中小企业板所肩负的历史使命必然使得这个板块在未来的制度创新中显示出越来越蓬勃的生命力。

中小板块是深圳证券交易所为了鼓励自主创新，而专门设置的中小型公司聚集板块。板块内公司普遍具有收入增长快、盈利能力强、科技含量高的特点，而且股票流动性好，交易活跃，被视为中国未来的“纳斯达克”，市场代码是 002 开头。自从 2004 年 6 月 2 日，首只中小板股票新合成发行以来，目前已经有 721 只股票（截至 2014 年 1 月 17 日）上市。

深圳证券交易所 2004 年 5 月 17 日发布的《深圳证券交易所设立中小企业板块实施方案》，确立了分步推进创业板市场建设的工作指导原则，体现为“两个不变”和“四个独立”：“两个不变”，即中小企业板块运行所遵循的法律、法规和部门规章，与主板市场相同；中小企业板块的上市公司符合主板市场的发行上市条件和信息披露要求；“四个独立”，即中小企业板块是主板市场的组成部分，同时实行运行独立、监察独立、代码独立、指数独立。

我国资本市场尚处于发展初期，投资渠道和成熟的投资主体都比较欠缺，因此，创建中小企业板成为一种必然的选择。中小企业板块的设立对中国的资本市场有三大重要意义：第一，标志着我国多层次资本市场建设的开始。第二，为中小企业提供了新的融资途径。第三，为中国的风险投资提供了退出的途径。

（二）特点与制度安排

中小企业板基本沿袭了主板的游戏规则，除了降低股本规模外，中小企业板在上市资格、审批程序等方面都与主板一致。为有效服务于中小企业，在现有法律法规、上市标准不变的前提下，针对中小企业经营不稳定、财务透明度较低，公司治理有待完善的特点，深交所对中小企业板作出了更为严格的六大制度安排：

（1）颁布《中小企业板块上市公司特别规定》，实行年度业绩快报制度和业绩说明制度，提高信息披露的及时性、准确性和完整性。

（2）颁布《中小企业板块交易特别规定》，实行开盘和收盘集合竞价制度，提高交易透明度，打击市场操纵、内幕交易等行为，保护投资者合法权益。

（3）颁布《中小企业板块上市公司诚信建设指引》，建立并公开上市公司诚信档案，强化上市公司的诚信建设，提高上市公司诚信度。

（4）出台《深圳证券交易所中小企业板块保荐工作指引》，强化保荐人的上市保荐及持续督导责任，鼓励上市公司实行募集资金专户存储制度，督促上市公司用好募集资金。

（5）颁布《深圳证券交易所中小企业板块上市公司董事行为指引》，把董事会建设作为完善公司治理的核心，明确董事勤勉尽责的认定标准，建立对董事不良行为的责任追究机制。

（6）注重发挥社会各界特别是新闻媒体的监督作用。

（三）中小板的投资优势

投资中小板的优势主要表现在以下四个方面：

（1）中小板业绩优良，成长性佳。从基本面分析，中小板中不乏业绩优良、成长性极佳的公司。而且中小板股票行业优势十分明显，有很多中小板公司是细分行业龙头，具有相当强的竞争力，这为股票的上涨奠定了基础。

（2）中小板盘小灵活，资金关注。从股本结构分析，中小板盘小易炒作，成交活跃。从资金面分析，大盘股的强势与新基金的建仓需要有关。在大盘蓝筹股被各类大型资金战略配置之后，部分市场资金开始独辟蹊径选择中小板个股进行建仓操作。

（3）中小板具有股本扩张潜力。中小板块中有一半以上的个股是上市不久的次新股，许多是在重启 IPO 之后发行上市的。由于次新股上档抛压轻，历史“遗留问题”较少，业绩优良，因而是市场中最为活跃的板块，也是常常能够跑赢大盘的强势板块。而且次新股大部分含有多年滚存利润，极有可能大比例送转分红，很容易出现大幅抢权填权的行情。

第三节　证券交易程序

证券交易不同于一般的商品交易，需要遵循一定的交易规则，按照一定的交易程序和交易方式来完成交易活动。在不同的证券交易市场和不同的交易方式下，证券交易的具体流程不尽相同。以证券交易所为例，完整的证券交易程序一般要包括开户、委托、竞价成交、交割清算、过户五个环节。

一、开户

投资者要买卖证券交易所里的股票，首先要选定一家信用可靠、服务优良的证券公司充当自己的证券经纪人，与证券公司建立经纪关系，办理开户手续，开设证券账户和资金账户。只有开设了这两个账户，才能够进行证券的买卖活动。

（一）证券账户

证券账户是指证券登记机构为投资者设立的，用于准确记载投资者所持有的证券种类、名称、数量以及相应权益和变动情况的一种账册。投资者在开设证券账户的同时，即已委托证券登记机构为其管理证券投资资料，办理登记、结算和交割业务。开立证券账户是投资者进行证券交易的先决条件，对于股票账户来说，它还是确认股东身份的重要凭证，具有证明股东身份的法律效力。

我国的证券账户分为个人账户和法人账户两种。个人账户是指由自然人申请开立的证券账户，一般要求提交本人有效身份证明文件即可在开户代办点办理。法人申请开立证券账户时，必须提交有效的法人身份证明及加盖发证机关确认章的复印件、经办人的有效身份证及复印件、法人代表的有效身份证及复印件、法人代表证明书和委托授权书。按照我国的有关规定，对于同一类别和用途的证券账户，一个自然人、一个法人只能开立一个。

按照账户的用途，我国证券账户还分为人民币普通股账户、人民币特种股票账户、证券投资基金账户和其他账户。一般证券账户只能进行A股、基金和债券现货交易，进行B股交易和债券回购交易需另行开户和办理相关手续。投资者买卖上海或深圳证券交易所上市证券应当分别开设上海或深圳证券账户。证券账户分别由上海证券中央登记结算公司、深圳证券结算公司以及由它们授权的证券登记公司或证券经营机构办理开户。证券账户全国通用，投资者可以在开通上海或深圳证券交易业务的任何一家证券营业部委托交易。

（二）资金账户

资金账户是证券经纪商为投资者设立的资金专用账户，用于存放投资者买入股票所需的资金和卖出股票取得的价款以及记录证券交易的币种、余额和变动情况。由于投资者不能直接进入证券交易所买卖证券，必须到交易所会员证券公司开设的营业部委托其代理买卖，所以资金账户一般由证券公司管理，投资者可以查询和打印资金变动情况。为保证资金安全，券商为资金账户设置交易密码。投资者到证券营业部开设资金账户，必须持证券账户及有效身份证件，并交纳一定数量的资金作为保证金。

投资者可选择的资金账户包括以下几种类型：

1. 现金账户

这是以现货交易方式进行证券投资的投资者需要开立的账户。开立这种账户的投资者在交易过程中不得融资或融券，必须全部以现款或现券进行交易。具体而言，现金账户的投资者，在买入证券时必须在清算日前交付全部价款；在卖出证券时必须在清算日或清算日之前交出全部准备出售的证券。

2. 保证金账户

这种账户是为以保证金交易方式进行证券投资的客户开立的。保证金交易方式是指投资者通过向证券公司交纳保证金可以进行融资或融券的方式进行交易。开立保证金账户时，投资者要与证券公司签订一个协议，这个协议规定，投资者必须按有关规定缴存一定比率保证金以及在必要时追加保证金，并且证券公司有权以保证金账户上客户的证券作为证券公司贷款的抵押品，也可以将保证金账户上的证券借给其他客户做保证金卖空交易。保证金交易是一种投机性很强、风险很大的交易方式，一些国家包括我国禁止进行保证金交易。

3. 联合账户

这是为两个或两个以上的投资者共同投资开立的账户，主要满足夫妻、父子或合伙人等共同投资时使用。

4. 授权账户

这是指投资者特别授权给证券经纪商，由其全权决定委托买卖股票的账户。

5. 信托账户

这是为限制或无民事行为能力的人所开立的账户，由法定代表人或监护人管理。

目前我国较普遍的是现金账户，其他几类资金账户尚待开设。

二、委托

客户在证券商处开立账户以后，就可以委托证券商买卖证券。证券商接到委托通知书后，应马上填写委托书。在实际业务中，一项委托书常因为客户的需要不同而包含不同的内容，但一般包括委托人姓名、账户号码、委托日期、委托买卖的有效时间、证券名称、买还是卖、买卖数量、买卖交割方式、委托的种类以及委托方式等。委托买卖指令的下达过程是整个委托的核心。在证券市场上，根据各种委托的不同特征，大致可分为以下几种：

1. 按客户对交易价格的选择，委托有市价委托、限价委托

市价委托是指投资者自己不自行确定买卖价格，委托经纪人按市面上可能的最佳价格买卖证券。这是最常见的委托方式。它的特点是成交速度快，采用这种委托方式的投资者通常是急于出售证券的卖方，以避免或减少价格下跌而造成的损失。

限价委托是指客户委托经纪人按他的限定价格或比限定价格更优惠的价格来买卖证券。对卖出委托来说，要按照等于或高于规定的限价来卖出；对买进委托来说，在执行时要按照等于或低于规定的限价来购买。这种委托方式的优点是可以为客户提供以较优价格买卖证券的机会，但如果限定的价格与实际情况不符合时，就会错过投资机会，而且确定合适的限定价格是十分困难的，当限定价格与市场价格接近时，客户没有明显的利益，当与市场价格相差过大时，委托又不能执行。

2. 按委托的有效时间，委托可划分为当日委托、公开委托

当日委托是指该委托仅在当日有效，当日交易结束，其委托即自动失效。由于股市行情变化很快，委托人一般都采取当日委托方式。凡是委托人未注明有效时间的，一律视为当日委托。

公开委托具体又分为当周委托、当月委托和撤销前委托几种。当周委托和当月委托的有效期按日历周和月计。撤销前委托是指投资者在向经纪商发出买卖委托后，在未通知经纪商撤销委托之前，这一委托一直有效。在我国证券交易中，委托有效期有当日有效和5日内有效两种。

3. 按委托买卖证券的数量，委托有整数委托、零数委托

整数委托是指买卖证券的数额是以一个交易单位为起点或其倍数的委托。

零数委托是指委托买卖证券的数额不满一个交易单位或其倍数的委托。在证券市场上，一般以100股作为一个交易单位，债券是以1 000元作为一个交易单位。一个交易单位约定简称为“一手”。

交易所主要是办理整数委托，便于交易，提高效率；同时也接受资金薄弱者的零数委托，为他们提供投资机会。

4. 按照交易方式，委托有买进委托、卖出委托

投资者在办理买进委托或卖出委托时，须按委托买入的价格或委托卖出的数额，将款项或股票金额交付给经纪商。目前，在上海和深圳证券交易所中都实行了股票集中托管的“无票交易”制度，投资者委托卖出股票时，无须交纳股票保证，只要向证券商出示“股票账户”或“股东代码卡”，证明自己所持有的股票数量足以支付所委托卖出的股票数量即可。

除上述几种类型外，委托还有一些特殊形式，常见的有停价委托、停价—限价委托和授权委托。

停价委托是指当证券价格上升或下降超过所指定的价格限度时，经纪商便按市场价格来买进或卖出证券。具体地说，当市场价格达到或高于投资者指定的价格时，经纪商就按市场价格买进证券，这就是所谓的停价买进委托；同理，当市场价格达到或低于指定价格时，经纪商就可以按市场价格卖出证券，这就是停价卖出委托。停价委托和限价委托不同。停价委托可以说是一种更灵活的限价委托。限价委托完全以委托的价格为限，不管市场价格达到或超过委托与否，它都不会变成市价委托。而停价委托，当市场价格一旦达到指定的限度时，它便变成市价委托，按当时市场价格成交，结果可能等于、低于或高于原来指定的价格。停价委托的好处是能保障既得利益，限制因市场价格的波动而造成的更大损失。

停价—限价委托是指投资者把停价委托和限价委托结合起来，既可以得到停价委托的利益，又要保证买进或卖出的价格。如某投资者以每股 100 元价格购进 1 000 股，但股价开始下降，他为了限制可能的损失则通知经纪人实行停价—限价委托，指定价格如到 90 元时又限价为 86 元，这样，当市场价格跌到 90 元时，该委托则变成市价委托，即随行就市可以卖出，但真正的成交价格不得低于 86 元。

授权委托可以分为完全授权委托和限制授权委托两种。凡是在交易股票种类、数量、价格以及时间等方面，由经纪商全权代理，不作任何限制者，为完全授权委托；凡是在上述诸方面有所限制的委托，为限制授权委托。

三、竞价成交

证券市场的市场属性集中体现在竞价成交环节上，特别是高度组织化的证券交易所内，会员证券商以经纪人身份代表着众多的买方和卖方按照一定规则和程序公开竞价，达成交易。

（一）竞价原则

在证券交易所内进行的证券交易被称为场内交易。场内交易采用委托经纪制度，即投资者必须委托具有会员资格的证券经纪商在交易所内代理买卖证券，场内经纪商通过公开竞价形式参与交易。为了保证场内证券交易的公开、公平、公正和高效有序地进行，各证券交易所都制定有相应的竞价原则。

1. 价格优先原则

价格最高的买方报价与价格最低的卖方报价优先于其他一切报价而成交。

2. 时间优先原则

在买卖双方报价价格相同时，在时间序列上，按报价先后时间顺序依次成交。

3. 数量优先原则

数量优先原则是指申报买卖数量大的比数量小的优先满足。一般交易所都实行这一原则。

4. 客户优先原则

客户优先原则是指客户的申报比证券商自营买卖申报优先满足。

5. 市价优先原则

市价优先原则是指市价申报比限价申报优先的原则。证券交易通常都必须遵循价格优先原则和时间优先原则，其他原则各个交易所有所不同。

（二）竞价方式

证券交易所一般采取公开申报竞价方式产生成交价格。公开申报竞价是由多数买方和多数卖方共同公开竞价，最终以最低卖出价和最高买入价成交的方法。这种方法能大量地集中供求双方、迅速达成成交价，是最佳的竞价方法。大多数证券交易所采用这种方法，具体又可分为两种形式。

1. 集合竞价

我国两家证券交易所每天的开盘价就是由集合竞价得出的，在每个交易日上午 9：25 由证券交易所电脑主机对 9：15 至 9：25 接受的全部有效委托进行一次集中撮合处理。在上午 9：15 到 9：25，大量买或卖某种股票的信息都输入电脑内，但此时电脑只接受信息，不撮合信息。在正式开始前的一瞬间（9：30）电脑开始工作，十几秒后，电脑撮合定价，成交量最大的首先确定的价格产生了这种股票当日的开盘价。集合竞价确定成交价的过程是：首先，系统对所有买入有效委托按照委托限价由高到低的顺序排列，限价相同者按照进入系统的时间先后排列；所有卖出有效委托按照委托限价由低到高的顺序排列，限价相同者按照系统的先后顺序排列。接下来，系统根据竞价规则自动确定集合竞价的成交价，所有成交均以此价格进行；系统成交价的确定原则是，以此价格成交能够得到最大成交量。系统依序逐步将排在前面的买入委托与卖出委托配对成交，即按照“价格优先、时间优先”的成交顺序依次成交，直到不能成交为止，即所有买入委托的限价都低于卖出委托限价。未成交的委托排队等待成交。

2. 连续竞价

这是证券交易所普遍使用的方法，是在证券交易所交易时间内由众多的买方和卖方就某一具体证券集中报出买价和卖价，每出现一次买入价和卖出价一致的机会，就成交一笔，然后竞价再连续进行下去。在我国两家证券交易所，9：30 正式开盘后，集合竞价未成交的委托逐步进入系统，参与排队委托进行连续竞价撮合。价格具体确定过程是：对于一个新进入的有效买进委托，若不能成交，则进入买委托队列排队等待成交；若能成交，即其委托买入限价高于或等于卖委托队列的最低卖出限价，则与卖委托队列顺序成交，其成交价取卖方叫价。对新进入的一个卖出有效委托，若不能成交，则进入卖委托队列等待成交；若能成交，即其委托卖出限价低于或等于买委托队列的最高买入限价，则与买委托队列顺序成交，其成交价格取买方叫价。这样循环往复，直至收市。

四、结算

（一）结算的含义

证券交易成交后并不意味着交易行为的结束，还需要一个钱券交收清算的过程。结算是指一笔证券交易成交后，买卖双方结清价款和交割证券的过程。具体地说，结算包括清算与交割、交收两个步骤。证券清算是指每个交易日结束后对每家证券公司当日成交的证券数量与价款分别予以扎抵，对证券和资金的应收应付净额进行计算和处理的过程。根据证券清算的结果在事先约定的时间内履行合约，买方须支付一定的款项以获得所购证券，卖方须交付一定的证券以获得相应的价款。在这一钱券两清的过程中，证券的收付称为交割，资金的收付称为交收。

交易结束后，先要在证券商之间办理清算、交割与交收，然后再分别与各自的委托人办理交收手续。清算交收既是证券成交的后续处理环节，又是进行下一轮交易的前提。目前大多数结算工作可分为两步，第一步是委托买卖证券的投资者与受托证券商之间的清算交收，第二步是证券商相互之间的交收清算。投资者与券商之间的清算交收是指在投资者的委托买卖成交后，券商立即通知投资者，投资者必须接受券商按委托要求成交的价格和数量如期履行交收手续。券商之间的清算交收涉及的证券种类多，证券和资金的数量大，交易对象相互交叉，手续比较复杂，一般在交易所主持下进行。

（二）结算方式

买卖双方成交后，在规定的日期内，卖方交付证券，买方支付价款，完成交割、交收。根据成交日和交割日距离时间的长短不同，交割分为以下几种：

1. 当日交割

当日交割又称 T+0 交割，是指在成交的当天交易双方就完成证券与价款的交付手续。

2. 次日交割

次日交割也称 T+1 交割，即在成交后下一个营业日才能办理钱券交付的手续。目前我国上海、深圳证券交易所都实行这一交割制度。

3. 例行交割

例行交割即交易双方成交后，按照交易所的规定或惯例进行交割。各交易所对例行交割的日期有不同的规定，日本规定例行交割是在成交后的第四个营业日进行，纽约交易所规定例行交割应在成交后的第五个营业日的中午 12 点以前完成交割。

4. 选择交割

选择交割即由交易双方自己选择交割日期，通常在场外交易中使用。交割制度由各国证券交易所根据交割技术水平、监控能力以及证券市场发展程度来确定。在我国，上海、深圳证券交易所均已实现完全的电子化交易，投资者所持有的证券实行证券托管制，即投资者将其持有的有价证券由证券结算机构或其指定的券商代为保管，经中国证券登记结算有限责任公司接纳进入各自的结算系统，交割由结算系统自动完成。

五、过户

证券过户是指投资者买卖证券后办理变更所有者名称的一种手续。过户是针对记名证券而言的，记名证券的所有权属于证券上记载的人，因此，在买卖时需要原所有者签名表示放弃其所有权，而买方则要办理过户手续后确认对证券的所有权。

在交易所上市的股票一般都是记名股票，在股票发行时，公司股东名册上记载有原始股东的姓名，以后股票在市场上交易转手，但股份公司在分派股利及处理股东其他权益时仍以股东名册为准。因此，买入股票后，要及时办理过户手续。一是可以保障投资者买入股票后应享有的权益，二是防止股票遗失或毁坏时，可向公司申请补发。

买入股票的投资者要到股票发行公司或其指定的代理金融机构去办理变更股东名簿登记的手续。过户具体是通过办理交易过户登记来进行的。证券登记是指通过一定的记录形式确定当事人对证券的所有权及相关权益产生、变更、消失的法律行为。证券交易过户登记是指买卖双方成交并结算后，证券登记机构办理证券所有权转移的登记手续。

目前，我国上海、深圳证券交易所都采用无纸化交易方式，由于没有实物载体，股东或债权人对相应证券的所有权无法通过实物券体现，而是在股东名册或债权人名册上对股东或债权人的姓名等资料进行登录从而确定其股东或债权人身份，并明确相应权利的法律关系，即进行股权和债权登记。登记方式实行电脑自动过户办法，投资者无须自己去办理过户手续。在股东享受其权益时，如分红派息，证券交易所电脑能打印出股东名册提供给发行公司作为股东的收益证明。实际上，过户工作是由交易所通过电脑系统统一办理的，在交割清算时，交易系统已经为投资者办理了过户手续。办理完过户手续，整个股票交易过程就全部结束了。

经典案例

光大证券“乌龙指”事件

事件详情

2013 年 8 月 16 日，上证指数以 2 075 点低开，到上午 11 点为止，上证指数一直在低位徘徊。当日 11 点 05 分，多只权重股瞬间出现巨额买单。大批权重股瞬间被一两个大单拉升之后，又跟着涌现出大批巨额买单，带动了整个股指和其他股票的上涨，以致多达 59 只权重股瞬间涨停。指数的第一波拉升主要发生在 11 点 05 分到 11 点 08 分之间，然后出现阶段性的回落。当日 11 点 15 分起，上证指数开始第二波拉升，这一次最高达到 2 198 点，在 11 点 30 分收盘时收于 2 149 点。此期间有消息称是因为工作人员操作失误所致。下午 13 点，光大证券公告称因重要事项未公告，临时停牌。13 点 16 分，光大证券董秘梅键表示，自营盘 70 亿元乌龙纯属子虚乌有。14 点 23 分左右，光大证券发布公告，承认套利系统出现问题，公司正在进行相关核查和处置工作。就此，市场一度怀疑乌龙事件操作者为光大证券葛新元的量化投资团队。事发时葛新元在外，不久即辟谣称，事件和光大富尊葛新元团队没有任何关系。

事件后果

乌龙事件中共下单 230 亿元，成交 72 亿元，涉及 150 多只股票。按照 8 月 16 日的收盘价，上述交易的当日盯市损失约为 1.94 亿元。此次乌龙事件将对光大证券 8 月业绩产生巨大影响。根据公开资料，光大证券 7 月实现营业收入 2.15 亿元，净利润 0.45 亿元。8 月 16 日，中金所盘后持仓数据显示，光大期货席位大幅增空 7 023 手，减多 50 手，涉及金额达 48 亿左右。

当日上午 11 点 06 分左右，上证指数瞬间飙升逾 100 点，最高冲至 2 198.85 点。沪深 300 成分股中，总共 71 只股票瞬间触及涨停，且全部集中在上海交易所市场。其中沪深 300 权重比例位居前二的民生银行、招商银行均瞬间触及涨停。从立时冲击涨停的 71 只股票来看，主要集中在金融、交运设备、公用事业等低估值、高股利率板块，其中 22 只金融股触及涨停。需注意的是，沪市银行板块中，除建设银行未触及涨停外，其余均碰及涨停。事件发生后，南方基金、泰达宏利基金、申万菱信基金纷纷表示对自己旗下基金持有的光大证券股票估值进行下调，下调幅度超过10%。

事件处理

8月22日中午，光大证券发布公告，为对“8·16乌龙指事件”负责，总裁徐浩明辞职，由董事长袁长清代行职责。8月30日，证监会通报了对光大“乌龙指”事件的处罚决定。证监会认定光大证券异常交易构成内幕交易、信息误导、违反证券公司内控管理规定等多项违法违规行为，将对光大证券和相关责任人员采取“顶格”行政处罚措施，没收光大证券违法所得8 721万元余，并处5倍罚款，罚没金额总计5.23亿元。将对光大证券异常交易事件中相关责任人员徐浩明、杨赤忠、沈诗光、杨剑波分别给予警告、罚款60万元并终身证券期货市场禁入处罚。将停止光大证券从事证券自营业务（固定收益业务除外），暂停审批其新业务，责令光大证券整改并处分有关责任人员，整改无期限。

证监会建议，投资者因光大证券内幕交易形成的损失，可以依法提起民事诉讼索赔。

光大证券再出乌龙事件

继2013年8月16日光大证券策略投资部门自营业务在使用其独立的套利系统时出现乌龙后，8月19日上午9点25分，光大证券固定收益部在银行间市场进行债券交易时再次发生乌龙事件。

上午9点25分，一笔标示为光大证券卖出的10年期国债双边交易，其卖出收益率为4.20%，净价约合93.976元，交易总额为1 000万元。交易对手为一家银行，收益率为4.04%，约合竞价95.132元。券面卖价低于买价约1.155 7元，价差偏离较为明显，形成了一幅“高买低卖”的怪象。当日中午12点30分左右，光大证券通过官网承认这一乌龙事件，并发出公告：“今天上午，公司金融市场总部在银行间本币交易系统进行现券买卖点击成交报价时，误将12附息国债15债券卖价收益率报为4.20%（高于前一日中债估值约25个基点），债券面额为1 000万元，后被交易对手点击成交。”

第四节　证券交易方式

证券交易方式是投资者买卖证券所采用的技术手段，主要有现金现货交易、保证金购买、卖空交易、期货和期权交易等。本节主要介绍前三种交易方式。

一、现金现货交易

在这种交易方式下，证券买卖双方在成交后马上履行合同，即卖者在很短时间内将证券交给购买者，购买者在交割时支付现金。在实际交易过程中，交割一般在一两天内进行。在实行例行交易的证券交易所里，交割可能是在成交后的第五个营业日（美国纽约证券交易所）或成交后第四个营业日（日本东京证券交易所）进行。

二、保证金购买

保证金购买是指那些认为市场行情看涨的投资者在购买证券时，向经纪人交付一定数量的现款或证券作为保证金，其余价款则由经纪人垫付，为他买进指定的证券。投资者所交纳的保证金应达到所欲购证券市价总额的一定比例。保证金的比率视金融市场情况随时调整。其计算公式为：

保证金＝信用交易金额×保证金比率

当保证金比率为55%时，客户可以用5 500元的现款购买10 000元的股票，其余的4 500元由经纪公司垫付。客户要向经纪公司支付垫款的利息，利息的高低由银行贷款利率决定，因为经纪公司的款项大部分利用的是银行贷款。

利用保证金方式购买证券，必须将证券存放在经纪公司作为抵押，因为经纪公司从银行取得的贷款通常是用证券作为抵押担保。

保证金交易实际上是一种信用交易。对投资者而言，这是基于对行情看涨的判断而借钱投资的一种方式。当市场行情符合投资者的判断时，他可以用一部分自有资金购买更多的股票，从而赚取的投资利润要比原有资金经营时大得多，即产生杠杆作用或杠杆效应。但市场行情下跌，投资者的损失也比原来更大。如某投资者认为某只股票值得购买，当时该股票每股市价为100元，他想购买100股，但他只有5 500元的资金。在经纪公司同意的前提下，该投资者采用保证金购买股票方式。假定保证金比率为55%，投资者可以用自有资金55股，其余45股则由经纪公司垫付资金买进。如果每股上涨到120元，采用保证金购买可获得2 000元盈利（佣金、利息和税款暂且不计）。如果单用自有资金购买，只能获利1 100元。相反，市场股价跌到每股80元，以自有资金购买仅亏损1 100元，而采用保证金购买则要亏损2 000元。

由此可见，保证金交易是一种风险很大的投资方式。对经纪公司而言，保证金交易是一种对客户信用贷款的交易，虽说持有买入证券作为担保品，可以保险。但如果证券价格大跌，即使把证券全部卖出，所得到的价款加上投资者所存入的保证金还不能抵补所垫付的款额，而投资者又无能力补偿时，它一定会蒙受很大的损失，甚至倒闭破产。所以对经纪公司来说，这也是一种风险很大的交易。因此，对保证金在市场证券价值中应占多大的比例，都有一定的规定。

保证金主要有初始保证金和维持保证金两种。投资者在采用保证金购买方式时，事先要存入一笔保证金，称为初始保证金，一般用百分比表示。其计算公式为：

$$\text{初始保证金}(\%)=\frac{\text{账上的股权价值}}{\text{证券市场价值}}\times 100\%$$

设某投资者购买100股A公司的股票，每股为50元，股票市场价值共为5 000元。如投资者自己只有3 000元，其余2 000元需向经纪公司借用，则根据上式计算的初始保证金为：3 000÷5 000×100%＝60%。

当市场股票价格下跌幅度较大时，经纪公司为保障其贷款安全、降低风险要求客户增加保证金。经纪公司所要求提高的保证金就称为维持保证金。其计算公式为：

$$\text{维持保证金}(\%)=\frac{\text{股票市价}-\text{借款额}}{\text{股票市价}}\times 100\%$$

在该例中，如果由于市场不景气，A公司的股票由每股50元降到30元，则：

$$\text{维持保证金}=\frac{3\ 000-2\ 000}{3\ 000}\times 100\%=33\%$$

一般地，各证券交易所对维持保证金都有一个最低限度规定。现假定最低限度为25%，当股价下降到30元时，维持保证金为33%，高于规定限度，不必增加保证金。股价跌到何种程序需要增加保证金呢？可通过公式换算：

$$最低限价格=\frac{借款额}{(1-规定的维持保证金最低限度)\times 股票股数}$$

在该例中，最低限价格＝2 000÷(1－25%)÷100＝26.67(元)，即当股票市价下降到每股 26.67 元时，刚好符合最低限价格的要求；如再往下跌，就要增加保证金，使之达到维持保证金的最低要求。

三、卖空交易

卖空交易（short sale）就是投资者卖出他本身并不拥有的股票。卖空交易与保证金交易相反，保证金交易是先购买后卖出，卖空交易是先卖出后购买。也就是说，投资者预测股票价格会下跌，他先从经纪公司借股票卖出，等到股票价格下跌到他所希望的水平时，再买回股票，归还给经纪公司。投资者便可以从卖出和买进价格中获取差价利润。如果投资者本来也持有股票，但由于某种原因一时收不回来而不得不暂借别人持有的股票卖出，等到他收回自己的股票后再归还给融券者，这种行为也可称为卖空交易。在证券交易市场上，卖空交易主要指前者。

（一）卖空交易的作用

在证券市场发达国家，卖空交易作为信用交易的一种方式被普遍地使用。适度的卖空交易对活跃证券市场交易活动有一定的促进作用。投资者从事卖空交易的目的很多，主要表现在以下四个方面：

（1）希望取得一定的投机利润，这是投资者从事卖空交易的基本目的。

（2）利用卖空的方式避免可能出现的损失。如某投资者拥有一定数量的 X 公司股票，当他认为该股票的价格将会下跌，此时他应该卖出以避免股价下跌所造成的损失，但他又感觉对市场行情把握不准，或不想放弃对该公司的一定控制权，投资者就可以采用持有股票并卖空的办法来解决。

（3）如果投资者所在国家或地区对个人所得税采用的是累进税率，他为了减少高收入年份的所得税，就可以采用持有并卖空的办法，把高收入年份应缴的证券收入所得税转移到低收入年份，以降低税率，减少所得税。如一投资者今年是高收入年份，他所适用的税率 65%，假定他拥有的股票在今年年末出售，可获得 10 万元的收入，但根据投资计划，他认为明年将是低收入年份，只按 35%税率交纳所得税。为避免按高税率纳税，他可以将股票放在明年出售，但又担心明年股价下跌造成既得利益的损失，这样，他就可以采用持有股票并卖空的办法来保障 10 万元的利益，进而达到减少高收入年份所得税的目的。

（4）通过卖空来套利。这主要是指投资者通过两个不同市场的地区差价来获取利润，即在高价市场上卖出，从低价市场上补进。

（二）卖空交易过程

接下来，我们将通过一个实例说明卖空交易的发生过程，主要包括以下五个步骤：

（1）独立购买股票行为：投资者甲在 A 经纪公司开立保证金账户，并签订同意 A 公司将用保证金购入的股票出借给其他投资者的合同，A 公司在 7 月 15 日为其购入 100 股某啤酒公司股票，并存放在 A 公司，以后 A 公司将把这些股票贷放出去。

（2）卖空行为：8 月 10 日，投资者乙认为这家啤酒公司的股票价格将会下跌，但他本身没有这家啤酒公司的股票，于是他通过 A 公司卖空 100 股。另一个投资者丙则认为该啤酒公司的股票值得购买，于是通知 A 公司来执行购买委托。这样，A 公司把属于甲的 100

股啤酒公司的股票借给乙卖空，同时为丙购买。

(3) 执行买卖交割：8 月 15 日，乙把借入的 100 股股票通过 A 公司交给丙，此时乙处于卖空地位。而 A 公司交割后，向乙收取出售股票的价款。丙则获得 100 股股票。

(4) 卖空行为结束：9 月 10 日，股票价格下跌到乙所希望的水平，于是乙就以该日的市场价买回啤酒公司股票 100 股，归还给 A 公司。A 公司为乙执行购买股票的委托。

(5) 归还借来的股票：原属于甲的 100 股啤酒公司的股票回到了甲的账户上。整个卖空过程并不影响甲的利益。

(三) 卖空交易的相关规定

对卖空交易的行为一般有一些规定：如果为了稳定股票市场，原则上是禁止在市场出现疲软时作卖空交易，一般规定对那些价格上涨的股票进行卖空；如果贷出股票期间有派发股利，应归原持有者所有；如果股票原持有者在卖空者卖空期间需要其股票，卖空者应及时买回股票归还给原持有者；与保证金交易一样，卖空交易也需要向证券公司交存一笔保证金，即原始保证金。如果股票市场价格不是下跌而是上涨，当其上涨幅度超过维持保证金的最低要求时，卖空者应及时向经纪公司交保证金。维持保证金计算公式为：

$$\text{维持保证金}(\%)=\left(\frac{\text{卖空时价格}+\text{原始保证金}}{\text{股票市场价格}}-1\right)\times 100\%$$

增加保证金的最高限价格的计算公式为：

$$\text{最高限价格}=\frac{\text{卖空时价格}+\text{原始保证金}}{(1+\text{维持保证金})\times\text{股票股数}}$$

当股票价格涨到按上式计算的结果时，就需要增加保证金。

本章小结

本章主要介绍了证券交易市场。首先介绍了证券交易所的特征、功能、组织形式、上市及退市制度等；其次，介绍了场外交易的特征和功能、交易场所、创业板和中小板市场情况；再次，介绍了证券交易的程序等；最后，介绍了证券交易的方式。

关键术语

证券交易市场	证券交易所	OTC 市场	证券上市
场外交易市场	第三市场	第四市场	集合竞价
连续竞价	现金现货交易	保证金购买	

习题

1. 证券交易所的主要功能是什么？
2. 什么是证券上市？请分析其利弊。
3. 什么是场外交易市场？它有哪些特征？
4. 请简述证券交易的程序。
5. 如何理解保证金购买的杠杆效应？并分析其作用。

第三部分

证券投资分析

第八章

证券投资的基本分析

本章要点：

- 宏观经济分析的基本方法和内容
- 行业分析的基本方法和内容

导入案例

1929年股灾

1929年10月24日，在历经10年的大牛市后，美国金融界崩溃了，股票一夜之间从顶巅跌入深渊。股指从363最高点跌至1932年7月的40.56点才宣告见底，最大跌幅超过90%，金融危机逐渐转化为全球性的经济危机，此后，美国和全球进入了长达10年的经济大萧条时期。从中我们看到的是：

第一，"繁荣"孕育泡沫，股指一泻千里。

20世纪20年代被称为"新时代"，财富和机会似乎向刚在一战中获胜的美国人敞开自己吝啬的大门。通用汽车公司总裁表示"人人都应该富裕"。胡佛总统也认为，"我们正在取得对贫困战争决定性胜利的前夜，贫民窟即将从美国消失。"耶鲁大学经济学教授费希尔在1929年10月22日的《纽约时报》头条表示，"我认为股票价格还很低。"可是，没过几天股市泡沫就开始破裂。其中，1929年10月的最后10天集中了证券史上一连串"著名"的日子：

10月21日，纽约证券交易所开市即遭大笔抛售，全天抛售量高达600多万股，以致股市行情自动记录器到收盘1小时40分后才记录完最后一笔交易。

10月24日，是股市灾难的开始，史上著名的"黑色星期四"，纽约数家主要银行迅速组成"救市基金"，纽约证券交易所总裁理查德·韦尼亲自购入股票，希望力挽狂澜。

10月25日，胡佛总统发表文告说："美国的基本企业是立足于健全和繁荣的基础之上的"，力图以此刺激新一轮投资。

10月28日，史称"黑色星期一"当天道琼斯指数跌幅达13%。

10月29日，史上最著名的"黑色星期二"，道琼斯指数一泻千里，当天股市创造了1 641万股成交的历史最高纪录。

然而，这一切还仅仅是开始，道琼斯指数与此前9月3日曾达到的386的历史高点相比，12月20日股指已跌至230点，下降了近40%；至1932年末时收盘指数下跌了84%，市值损失超过70%。

第二，股灾连锁反应引发经济危机。

由于整个国家的经济基础在过去10年股市扩张中受到严重伤害，可怕的连锁反应很快发生：疯狂挤兑、银行倒闭、工厂关门、工人失业、贫困来临、有组织的抵抗纷纷来临。

经济水平倒退10年。从1929年第四季到1933年第一季，连续出现了14个季度的经济负增长，累计负增长为－68.56%。从1929年到1933年，有5 000家银行倒闭，至少13万家企业倒闭，其中汽车工业下降了95%。

失业率创纪录。股市崩溃的1929年，失业率为2.5%，之后失业率迅速上升，到1933年达到创纪录的25%，这意味每四个人中就有一人失业。

经济危机向全球扩散。1929年经济危机另一显著特色是危机很快从美国蔓延到其他工业化国家。世界国际贸易从1929年的686亿美元下降到1933年的242亿美元。

第一节　宏观经济分析

一、宏观经济分析的意义

证券投资与国民经济的发展状况有着十分密切的关系。良好的宏观经济环境是宏观经济持续、稳定增长的基本条件，也是证券市场发育完善的基础。证券作为一种虚拟资产，其价格的形成和变动往往受到很多因素的影响。国际和国内政治经济形势的变化、国内宏观经济的运行、产业结构的升级调整、投资者的心理活动等等，都可以促使证券市场的走势发生变动。其中，国内的宏观经济运行状况是影响证券市场价格水平变动的决定性因素。因此，要进行证券投资，宏观经济分析是投资者必做的功课。

对宏观经济进行分析可以把握证券市场的总体变动趋势。宏观经济对证券市场具有长期性和普遍性的影响，市场利率、消费价格水平、储蓄与投资等经济变量的变动，构成宏观经济总供给与总需求的基本指标，这些变量又是构成证券市场价格变动的基本要素，它们相互作用，形成稳定的经济态势，通常会持续相当长一段时间，左右社会经济生活。成熟的证券市场是机构投资者和战略投资者博弈的大战场，场内每一个机构所操控的资金均以数十亿计，在场内运作的时间也是持续和长期的，因此，它们十分关注影响证券市场价格的普遍性和长期性因素。

宏观经济分析可以判断整个证券市场的投资价值。证券市场的价格取决于其内在价值和市场供求关系。以股票为例，其内在价值是股票的未来收益的现值，取决于股利收入和市场收益率，即一定宏观经济背景下的上市公司效益。投资者对宏观经济的预期判断是影响股票市场供求关系的主要因素。证券市场有一句谚语：股市从来不缺资金，缺少的是投资者的信心。投资者对股票买和卖的选择，就是对投资价值的认可与否，就是对宏观经济有无信心的表现。

宏观经济分析可以掌握经济政策对证券市场的影响力度和方向。宏观经济政策是个风向标，政府对宏观经济调节的各项政策即刻会在证券市场上显现效应，宏观经济政策在一定程度上，抑制或激发投资者的热情，驱赶或吸引证券市场的资金，使证券市场价格出现波动。

二、宏观经济分析的主要内容

宏观经济分析可以从宏观经济运行、经济政策和其他因素等三个方面进行分析，投资者以此把握证券市场的运行方向和趋势。

（一）宏观经济运行对证券市场的影响

目前，无论国外还是国内经济分析专家学者在评价宏观经济运行状况时，采取的分析指标不外乎以下这些：经济增长率、国内生产总值（GDP）、失业率、通货膨胀率、货币供应量、利率、汇率、财政收支、国际收支和固定资产投资规模等。本章仅就其中一些核心指标对证券市场的影响做较为详细的阐述。

1. 国内生产总值及其经济增长速度对证券市场影响的分析

经济增长率也称经济增长速度，它是反映一定时期，一个国家或地区经济发展水平变化的动态指标。衡量计算一个国家或地区经济增长速度的主要指标有：国内生产总值、国民生产总值、国内生产净值。目前，我国在计算经济增长速度时，通常运用国内生产总值指标。国内生产总值是指在一定时期，一个国家或地区境内所生产的最终产品和劳务的市场价值。那么，经济增长速度的不同表现形态对证券市场影响如何呢？

（1）持续稳定高速的经济增长。在一定时期，当国内生产总值指标持续稳定高速增长时，社会总需求和总供给协调增长，经济结构逐步趋向平衡。这表明经济发展势头良好，对证券市场产生正面影响。经济发展状况好，促使上市公司利润增长，股利不断增加，企业经营不断向好，投资风险较小，市场引导公司股票、债券价值上升，股票价格节节攀高。在这种情况下，社会公众对经济形势的良好预期，使得投资需求增加，证券价格上扬。随着经济形势的良好运转，国民收入和个人收入都会不断提高。收入水平的提高，则会激发投资者的投资热情，刺激证券投资的需求，引发证券市场的良性循环。

（2）高通货膨胀下的经济增长。一定时期，当社会经济处于严重失衡下的高速增长时，总需求大于总供给，社会经济就会表现出较高的通货膨胀。其对证券市场的影响是：由于经济凸显供给小于需求的局面，生产资料和消费资料价格增长较快，资金需求大，通货膨胀，货币贬值，从而引发证券价格下跌；随着时间的推移，企业经营面临困境，利润下降，投资风险加大，投资者在资本市场卖出证券，抽离资金，导致证券价格下滑。高通货膨胀下的经济增长，居民实际收入是下降的，其投资热情也会减退，投资需求减弱，流入证券市场的资金减少，证券价格下跌。

（3）宏观调控下的减速增长。政府对高通货膨胀下的经济增长一定要采取宏观调控措施。如果调控目标能够顺利实现，且国内生产总值仍以适当的速度增长，而未导致 GDP 的负增长和低增长，说明宏观经济调控有效，具备稳定增长的趋势，因而证券市场的价格将进入平稳渐升的态势。

（4）转折性的经济增长。国内生产总值由负增长向正增长过渡时期，表明宏观经济态势渐渐转好，证券市场趋势也会由下跌转为上升。如果国内生产总值由低增长转向高增长时，经济结构调整合理，预示新一轮经济增长已经到来，证券市场会加速上扬。

从根本上讲，国内生产总值指标与证券市场是同方向变动的。但有时证券市场因受到投资者心态和其他因素的影响，证券市场也会在一定时期出现与国内生产总值变动方向不一致的情况。

2. 通货膨胀与通货紧缩对证券市场的影响

通货膨胀与通货紧缩对证券市场的价格影响比较复杂。在分析时，要从通货膨胀与通货紧缩的不同阶段、不同程度等方面具体分析。

（1）不同阶段的通货膨胀对证券市场的影响。在经济学上，通常将通货膨胀分为三个阶段，即早期、中期和晚期。早期通货膨胀的特点是：宏观经济还处在上升期，物价有一定的上涨，但市场没有强烈反应，不会影响市场的交易行为。企业之间的购销正常，就业形势也没有大的波动，居民收入呈上升趋势，证券市场成交活跃；从技术上看，证券市场价格正在构筑"头部状态"，市场参与者还希望证券市场能一涨再涨，有更高的回报，然而，这种预期回报已潜伏着巨大的风险。

随着供需关系严重失调，通货膨胀加剧，商品价格已经明显超过均衡价格水平。与此同时，大部分企业产品库存增加较快，因销售不畅，企业利润大幅度下降，企业为减少亏损，保全资本，不得不选择减员减薪。企业销售收入的减少和效益降低，使处于头部的证券价格呈下降态势，部分证券在市场上加速下跌，投资者信心遭受重挫，有清醒头脑的投资者会逐步将资金撤离市场，证券价格在低价位区持续低迷盘整，大部分投资者对经济前景迷茫，证券市场冷清异常，证券价格如陷泥牛。

（2）不同程度通货膨胀对证券市场的影响。经济学研究认为，温和、稳定的通货膨胀对证券价格的上扬有推动作用，而严重的通货膨胀对证券市场有一定的破坏作用。

温和、稳定的通货膨胀是指年通货膨胀率在2%～3%左右，能对证券市场起到推动作用。这种条件下的社会经济既处于景气阶段又不过热，促使消费需求增加，部分商品价格明显上升，公司利润也相应增长。这是因为公司的生产要素和产品价格均增加2%～3%，且产品价格高于生产成本，使得产品价格上涨2%～3%的收入大于生产成本增加2%～3%的支出，公司利润绝对量增加，从而推动股票价格上涨。由于通货膨胀适度平稳上升，消费者的货币收入会有所增长；同时，适度平稳上升的通货膨胀，使得消费者的价格预期看涨，在收入增长和价格预期看涨的共同作用下，消费者通常会选择加大即期消费支出，导致消费需求增加，推动厂商的供给也随之增加，从而推动股票价格上升；与之同时，也使得财政收入和支出同步提高，通货膨胀促使市场产品的价格水平、厂商利润、居民货币收入都以相应幅度提高，政府的税收也会提高；财政收入的增加又会带动财政支出的增加，进而促进整个社会经济的有序增长，这样，就会拉动股票价格的上涨。

恶性通货膨胀不但对社会经济产生破坏作用，也对证券市场产生消极影响。因为这一阶段的社会价格体系被严重扭曲，货币大幅贬值，居民为使手头资金保值，采取的策略是盲目抢购商品，购置房产。此时，受利益驱动，资金大量流出资本市场，证券价格步入跌势状态。

扭曲的经济失去效率。企业难以筹集生产性资金，加之原材料、劳动力价格飞涨，迫使企业经营受困，盈利水平下降，纷纷走向倒闭。政府为保持社会稳定，必须治理通货膨胀，必须运用宏观经济政策抑制通货膨胀，其结果是置企业于紧缩的怪圈中，在短期内，这又势必加剧企业利润下滑，大量资金抽离资本市场，证券市场的价格又进入新一轮下跌。

（3）不同程度通货紧缩对证券市场的影响。通货紧缩是指物价水平普遍持续下降的经济现象。从表面上看，物价水平的下跌可以提高货币的购买力，增加公众的消费能力，但是物价的持续下跌，将导致商品销售的减少和企业收入下降，企业为维持生产，只好缩小规模，裁减员工。在通货紧缩的初期，由于货币购买力的增强，公众的消费和投资增加，引导证券市场的活跃。然而，随着失业率的提高，公众对未来的收入预期趋于悲观，人们将会减少支出，企业库存增加，失业率上升。这时，房地产和商业疲态尽显，直接累及这些行业股票价格先于市场下跌，投资这一行业的投资者将遭受惨重损失。随着通货紧缩加剧，需求不足的现象可能扩散到各行业，全社会企业整体经营状况出现恶化，反映在证券市场上，大部分投资者被套牢，市场交易长期低迷。

3. 经济周期对证券市场的影响

从理论上讲，市场经济是周期循环经济。经济周期的规律是经济循着危机、萧条到复苏、繁荣四个阶段运行，周而复始。它直接表现为一定时期市场的产出、价格、利率、失业率等经济指标，总是从高到低、再从低到高循环往复运转。证券市场价格领先于经济的实际表现，证券市场综合了投资者对经济前景的预期，它全面地反映着经济发展过程中的各类信息。这种预期必然反映到投资者的投资行为中，从而影响证券市场价格。

当经济走向衰退末期时，市场萎靡，大多数投资者远离资本市场，这时，有战略眼光的投资者开始在底部默默吸纳，股票价格则缓缓从底部爬升。当经济预期向好的各种信息在媒体上广泛传播时，经济复苏来临之际，股票价格已经上了一个台阶。市场上的绝大多数投资者对经济的复苏认识趋同，证券市场交投日渐活跃，需求不断扩大，推动股价节节攀升。这时，市场的投资者会借机造势，渲染投资气氛，过分放大利好消息，大幅哄抬某些行业股价。笼罩在这种气氛中的一般投资者心里浮躁，陷入盲从，跟风炒作。股价不断创出新高，使市场少数先知先觉者在综合各种经济形势的信息后，会悄然地抛出股票。股价仍在继续虚涨，但是，供需关系已悄然转化。当越来越多的投资者意识到经济形势已发生变化时，他们争相抛出手中的股票，股价开始下泻。这就是股价波动与经济周期的相互作用。它启示投资者：①经济增长的规律表现为特有的周期性，证券市场作为国民经济的一个有机组成部分，它肯定围绕经济发展的中轴波动，但是，证券市场价格总是超前实体经济而率先表现，给人们提示经济趋势的变化。②不同行业、不同类型企业的股票与经济周期的关联程度是有差异的。投资者要区别对待各类股票的投资时机，才能赢得经济增长带来的收益。从操作技术上看，繁荣阶段领先大盘上涨的股票在上涨初期有突出表现，但大盘进入调整市时，其抗跌性也差。③在资本市场，投资者盲目从众是投资之大忌。独立的研判能力、娴熟的宏观经济分析和经济政策把握能力是投资者的必修课。

4. 国际收支状况对证券市场的影响

（1）贸易顺差的影响。一定时期一国出口增加，提供出口产品的行业和产业景气度就高，与其配套的相关企业的产出和效益也会比较兴旺。如果一个国家在某一时期能保持较好的贸易顺差，则能带动该国的国民生产总值有比较明显的增长，居民的收入有较大幅度的提高，证券市场的价格也会有所表现。

（2）贸易逆差的影响。一定时期一国商品出口受阻，出现国际收支逆差，势必会波及到提供这些出口产品的企业效益，轻者，订单减少；重者，迫使其倒闭。如果是上市公司处于这种境地，其发行的证券在市场上必将遭到投资者的冷遇，与这些企业相关联的上司公司也不会被投资者重视。

（3）国际收支顺差的影响。一般来说，国际收支顺差总比逆差要好一些，但长期较大规模的顺差不一定对该国或地区经济发展有利。长期大幅度顺差，势必会造成外汇储备过多，政府为收购这些外汇而抛出本币，致使国内通货膨胀压力增加；长期顺差也会使本国经济受到国际投机资本的攻击，因为大规模的顺差难免会有投机资本混杂其中，一旦发生逆向流动，难免会使经济形势变得混乱复杂。所以，一国应根据本国的外汇储备和企业产出情况及时调整国际收支状况，而不应片面强调国际收支顺差。国际收支正常与否肯定会通过货币数量效应和企业效应来影响证券市场。

（二）经济政策对证券市场的影响

1. 财政政策对证券市场的影响

财政政策是指政府根据宏观经济运行规律制定的指导财政工作和处理财政收支关系的一系列方针、准则和措施的总称。财政政策实施的手段主要包括：国家预算、税收、国债、财政补贴、财政管理体制等。这些手段既可单独使用，也可配合协调使用。它们都会对社会经济运行和证券市场交易产生很大的影响。证券投资分析就是要判断财政收支影响证券市场的途径和力度，以及对证券市场的短期和长期效应。

国家预算作为政府的基本财政收支计划是国家实施财政政策的主要手段，并能全面反映国家财力规模和平衡状态，是各种财政政策手段运用的综合结果。国家预算的收支规模和平衡状态可以影响社会供求总量的平衡；国家预算的支出方向可以调节社会社会总供求的结构平衡。如果采用赤字财政政策，财政支出放大，就使社会总需求扩大，从而刺激投资，扩大就业。政府通过增加购买和公共支出来增加商品和劳务的需求，激励企业增加投入，提高产出，获得利润，促使股票、债券价格上涨，居民收入增加，增强投资者的信心，引导资金流向资本市场，证券价格就会上扬。

税收是国家凭借国家机器参与社会产品分配的重要形式，它具有强制性、无偿性和固定性等特征，它是国家筹措财政收入的主要工具，也是调节宏观经济的重要手段。税收可以调节不同类型企业、不同阶层的收入分配。“区别对待”和“公平税负”可以对不同的企业或行业起到鼓励发展或限制生产的作用；税收还可以根据消费需求和投资需求的不同对象设置税种或制定差别税率，以控制需求数量和调节供求关系；税收还可以促进国际收支平衡，运用差别税率等工具鼓励或抑制进出口商品的数量和品种。

国债是国家按照有偿信用原则筹措财政资金的一种有效形式，同时也是实现政府宏观经济调控的重要工具。国债具有有偿、信用、到期偿还的特征。国债可以调节国民收入初次分配形成的格局，将部分企业和个人收入以信用形式集中在国家手中，扩大财政支出规模，调节国民收入的使用结构和产业结构。国债的发行直接导致社会货币量的减少，使总需求缩小，致使证券市场价格下跌。

财政补贴是国家为实现既定的控制目标将一部分财政资金无偿拨付给某些企业和个人的一种再分配政策。它能明显增加部分社会群体的收入总量，调节产业结构，扶持、发展不具有优势但又对经济发展起制约作用的产业，促使该行业的证券价格上涨。

转移支付制度是将中央财政的一部分财政资金按照一定的标准拨付给地方财政，以调整中央政府财政与地方政府财政之间的纵向不平衡，以及地区之间财力的横向不平衡。这种工具的应用，会直接惠及受益地区的上市公司，促使企业经济效益提高，股票价格上扬。

综合来看，财政政策可分为扩张性财政政策（即积极的财政政策）、紧缩性财政政策和中性财政政策。

当社会总需求小于社会总供给时，采用扩张性财政政策。具体措施包括：减少税收、降低税率、扩大减免税范围等，从而使居民收入增加、企业经营环境改善、利润增加、投资者信心增强，引发资本市场价格上扬；扩大财政支出，加大财政赤字，使得投资增加，企业产出提高，利润增加，居民收入增加，使得股票、债券价格上扬；减少国债发行，可使债券市场证券数量减少，供应量下降。货币资金充裕，流入资本市场的资金增加，推动股票、债券价格上扬；增加财政补贴，也会使社会总需求扩大，刺激供给增加，社会资金增加，引导资金流入资本市场，使得其价格上扬。

当社会总供给小于总需求时，可采用紧缩的财政政策。具体措施有以下几类：增加税收，提高税率，缩小减税范围等。以此使居民收入减少，企业利润下降，股票债券价格下跌；缩减财政支出、财政赤字，使得财政投资减少，企业产出降低，利润减少，居民收入降低，带来股票债券价格下跌；扩大国债发行，可使债券市场证券数量增多，供给量扩大，带来股票、债券价格下跌；减少财政补贴，引发社会总需求缩小，股票、债券价格下跌。

财政政策的变化对证券市场的影响是非常广泛和深远的。在证券投资决策中，投资者必须密切关注政府财政政策的推出时机，以适时调整投资策略。

2. 货币政策对证券市场的影响

货币政策的运用直接关系到证券市场资金量的充裕或匮乏。证券投资分析中，投资者尤其会注意这一政策的动态。

(1) 货币政策的含义及运作工具。货币政策是指政府为实现一定的宏观经济目标而制定的有关货币供应量和货币流通组织管理的基本方针和基本准则。货币政策工具是指中央银行为调控中介指标，实现货币政策目标所采用的政策手段。其中主要包括法定存款准备金率、再贴现政策和公开市场业务三种工具。

①法定存款准备金率。当中央银行提高法定存款准备金率时，商业银行可运用的信贷资金减少，贷款能力下降，货币乘数变小，市场货币供应量相应减少。发生通货膨胀时中央银行大多采用提高法定存款准备金率的调控措施。反之，则降低这一比率。这项工具对市场的作用十分明显，一方面，在很大程度上限制了商业银行体系创造再生派生存款的能力，相当于冻结了一部分商业银行的超额储备；另一方面，它对商业银行的资产总量的影响也很大，它所对应的数额庞大的存款总量，通过乘数作用，对货币供应量产生更大的影响。西方国家的实践经验证明，这项措施过于猛烈，使用时应持谨慎态度。近十几年，我国政府已多次运用法定存款准备金率这一工具，向社会发出信号，效益很快在沪深股市显现。

②再贴现政策。是指中央银行对商业银行持有的未到期的票据向中央银行融资所作的政策规定，一般包括再贴现率的确定和再贴现资格的条件。再贴现率着眼于短期，由中央银行根据市场资金供求状况作出调整，影响商业银行借入资金成本，进而影响社会信用量，调节货币的总供给。中央银行对再贴现资格条件的规定则着眼于长期市场的抑制或扶持作用，起到改变资金流向的作用。

③公开市场业务。是指中央银行在金融市场上公开买卖有价证券，以此来调节市场货币供应量的市场行为。当中央银行认为应当增加货币供应量时，就在金融市场买进有价证券（主要是政府债券）；反之，就售出所持有的有价证券。

(2) 货币政策对证券市场的影响。货币政策直接作用的是货币供应量和利率两个指标，这两个指标是影响证券价格的重要因素。①货币供应量增加或减少直接影响上市公司业绩。中央银行增加货币供应量，企业就可从商业银行更容易获取更多的贷款，上市公司也更容易补充生产性资金，为提高公司业绩打下基础。在证券市场上，形成业绩浪，推动股票价格上扬。反之，央行减少货币供应量，通过传导机制，可影响上市公司优先获得贷款的条件，进而对其效益的提高产生不利影响。减少货币供应量势必减少社会总需求，最终导致证券市场行情走低。②利率的波动直接影响证券市场的价格。银行利率上升，使得公司贷款成本增加，利润率相对下降，引起股票价格下跌；利率上升，投资于证券市场的机会成本增加，投资者将资金抽离资本市场，导致股票价格下跌。③汇率变动会对证券市场产生多方面的影响。一个国家的经济开放程度和证券市场的国际化程度越高，证券市场受汇率的影响就越强。④综合货币政策是对各种货币政策工具运用效果的总体评价。这种总体评价根据其运作方向可分为紧缩的货币政策和宽松的货币政策。紧缩的货币政策一般在社会总需求大于总供给时采用。此时，市场物价上涨，需求过旺，经济过热，经济秩序混乱，国家通过提高准备金率、调高再贴现率、在公开市场卖出证券等手段，抑制经济过热增长，实现总供给与总需求的平衡。市场货币量的减少，使得证券市场价格下跌。宽松的货币政策是在社会总需求小于总供给时采用。此时，市场产品销售不畅，经济运转困难，资金短缺，生产设备闲置，为刺激经济增长，中央银行会适时采取降低准备金率、降低再贴现率、在公开市场买入证券等措施，迫使市场利率水平下降，缓解企业融资难的问题，降低企业融资成本，提高企业的利润。市场利率水平的下降，也导致消费储蓄倾向降低，从而增加消费需求，刺激投资热情。银行利率的下降，引导大量货币资金流入证券市场，证券供求关系发生变化，证券价格上扬。

（三）其他因素对证券市场的影响

在证券投资分析时，除了分析以上两大因素外，有时还要考察一些非经济因素对证券市场的影响。所谓非经济因素是指政治因素、战争因素和自然灾害因素。

（1）政治因素分析。国际国内形势和政局的稳定与突变，会直接反映到证券市场，引起股价的波动、走势的逆转。当一国政坛发生人们意料之外的突发事件时，证券市场就会作出即刻震荡反应。国外和国内证券市场都有活生生的事例：苏联斯大林的去世和美国前总统里根被刺事件都引发华尔街股市的恐慌性抛盘和股价下跌。政治因素往往影响投资者的投资信心和对市场前景预期的变化，而扩散到其投资操作上作出市场反应。

（2）战争因素分析。一旦发生战争，无论规模大小，对财富都具有破坏性和毁灭性影响，都会使投资者产生心理阴影和心理恐惧，动摇投资者的信心，导致证券市场价格的下跌。战争引起物资商品的短缺和国际经济秩序的混乱，对有些上市公司有致命的打击。因而，投资者就会作出抛售股票的举动，换得货币和实物以保值，从而导致股市向淡，股价下跌。例如，中东地区的两伊战争和近年发生的叙利亚战争都引发了相关国家股市大跌。战争行将结束的信号又会引领投资的新动向，投资者会从新进入证券市场，优先购买战后率先恢复行业的证券品种，期待投资的高收益。

（3）自然灾害因素分析。大的自然灾害对证券市场也是利空。自然灾害将造成社会财富的灭失和社会经济生活秩序的混乱。政府为抗灾救灾，会花费大量的人力物力，难免会超预算支出。灾害一经发生，证券市场的价格也会作出下跌的反应。例如，1998 年我国南方数省遭受了几十年一遇的特大洪灾，致使沪深股市也沉闷了数月。但在分析灾害因素时，要注意受灾国和地区的经济地位和影响，来判断灾情对证券市场影响的时间长短。同时，还应密切关注一些与灾后恢复相关行业的股票，在一定程度上灾害的降临会刺激这些企业的产出，引发其股价率先上涨。

非经济因素对证券市场的影响通常都是突发的，肯定会导致证券市场暂时的波动，它只是证券市场运行中的一个插曲，而不会扭转整个市场的根本走势。随着这些因素被市场逐步消化，股价会还原到市场原有的轨道中去。

经典案例

巴菲特抄底

在超过半个世纪的投资生涯中，巴菲特留下了无数抄底的经典案例。从宏观大势来看，巴菲特历史上有 4 次抄底最为有名：

20 世纪 70 年代抄底《华盛顿邮报》

20 世纪 60 年代末到 80 年代初期对投资者来说是个艰难的年代。1973 年 1 月 11 日，标准普尔 500 指数最高 121 点。1974 年 10 月 4 日，标准普尔 500 指数最低 60 点。股市暴跌 50%。1974 年 10 月初道琼斯指数从 1 000 点狂跌到 577.60 点，大盘两年下跌 40%。恰恰就是在这两年中，巴菲特投下 1 060 万美元，收购了《华盛顿邮报》12%的 B 股股份，一举成为该报的第二大股东。到 1976 年以后《华盛顿邮报》开始逐渐盈利，这笔投资从 1 000 万美元增长至超过 10 亿美元，涨幅超过 100 倍。

1987 股灾抄底可口可乐

1987 年股灾之前是个大牛市，1984—1986 年，美国股市持续大涨，累计涨幅 2.46 倍，1985 年巴菲特就大幅度减持股票。在牛市的全盛期，巴菲特只保留了三只永久持有的股票，把其余的股票都卖了。1987 年 10 月 19 日星期一，恐慌抛售终于发展成了大崩溃，这成了历史上第一个黑色星期一，道琼斯指数下跌了 508 点，或者说 22.6%。这次大跌之后，1988 年他开始买入可口可乐，1989 年又继续增仓，一共买了 10 亿美元。这次可口可乐的投资增值幅度没有《华盛顿邮报》大，但是由于投入资金大，为巴菲特带来了巨大的财富，时至今日，这笔投资的市值依然在百亿美元以上。

亚洲金融危机后抄底中石油

巴菲特原来就持有中石油 10 多亿股，而在 2003 年 4 月 9—24 日的 15 天内，B.H 基金以低于 1.7 港元/股的价格，七度出击，至少购入中石油 H 股 8.577 亿股。这样，截至 4 月 30 日，巴菲特手中持有中石油股票总量为 23.477 61 亿股，占中石油总股本的 1.33%，买入时市净率 1 倍，市盈率 8 倍。在随后的时间里，中石油 H 股的股价稳步攀升，巴菲特在 2007 年 7—10 月间，在 11～15 港元区间内连续卖出中石油，5 亿美元的本金卖了 40 亿美元左右，获利约 270 亿元人民币，劲赚 7 倍。2007 年 11 月 1 日中石油 H 股创出 20.25 港元的最高价后就一路下跌。卖出时市净率约 3.5 倍，市盈率约 17 倍。

次贷危机后的大笔购买

2008 年 10 月，雷曼银行破产后 1 个月，巴菲特乘机宣布，其掌控的伯克希尔·哈撒韦公司收购价值 30 亿美元的通用电气股票。巴菲特说，尽管美国经济极其糟糕，但他正购买美国股票并期待股市长期上涨。结果，从 2009 年 3 月至 2011 年 7 月，道琼斯指数完成了一轮最高涨幅达 125%的超级牛市。在经历了成功抄底和随后大涨之后，巴菲特再次满载而归。这是巴菲特动用资金最多的一次抄底，动用资金超过 160 亿美元。主要投资如下：对高盛集团投资50亿美元，用于购买高盛集团的永久性优先股，股利率10%。巴菲特还将获得买入50亿美元普通股的认股权证，可以在五年内行使，行使价为每股115美元。

第二节 行业经济分析

一、行业经济分析的意义

行业是指按生产同类产品、具有相同工艺过程或提供同类劳动服务而划分的经济活动类别。证券投资对行业分析的意义表现在以下方面：

投资者具体选择投资领域和投资对象时，必须先进行行业分析。因为宏观经济分析为证券投资提供了背景条件，但没有为投资者指出投资的具体领域和具体对象。在经济运行发展中，国民经济各行业的发展水平和运行周期是不同的，它们与社会经济的发展水平和增长速度并非保持一致。一定时期，一些行业的增长率高于经济的平均增长率，另一些行业的增长率则低于经济的平均增长率，因而，投资者对具体行业发展水平及速度的把握是十分必要的。

行业经济分析主要是为最终确定投资对象提供行业背景资料。具体分析从两方面入手：分析本行业所处的发展阶段和其在国民经济中的地位；对不同行业进行横向比较。行业分析是证券投资分析的重要环节。

二、行业的分类

（一）标准行业分类

1971年，联合国社会事务统计局把国民经济划分为10个大门类，依次是：①农业、畜牧狩猎业、林业和渔业；②采矿业及土、石采掘业；③制造业；④电、煤气和水；⑤建筑业；⑥批发和零售业；⑦运输、仓储和邮电通信业；⑧金融保险、房地产和工商服务业；⑨政府、社会和个人服务业务；⑩其他。

（二）我国国民经济行业分类

我国把整个国民经济分为20个大门类，大门类下再分大类、中类和小类，它们依次是：①农、林、牧、渔业；②采矿业；③制造业；④电力、热力、燃气及水生产和供应业；⑤建筑业；⑥批发和零售业；⑦交通运输、仓储和邮政业；⑧住宿和餐饮业；⑨信息传输、软件和信息技术服务业；⑩金融业；⑪房地产业；⑫租赁和商务服务业；⑬科学研究和技术服务业；⑭水利、环境和公共设施管理业；⑮居民服务、修理和其他服务业；⑯教育；⑰卫生和社会工作；⑱文化、体育和娱乐业；⑲公共管理、社会保障和社会组织；⑳国际组织。

（三）我国上市公司的行业分类

2012年，中国证监会修订了《上市公司行业分类指引》。把上市公司分为19大类，依次为：①农、林、牧、渔业；②采矿业；③制造业；④电力、热力、燃气及水生产和供应业；⑤建筑业；⑥批发和零售业；⑦交通运输、仓储和邮政业；⑧住宿和餐饮业；⑨信息传输、软件和信息技术服务业；⑩金融业；⑪房地产业；⑫租赁和商务服务业；⑬科学研究和技术服务业；⑭水利、环境和公共设施管理业；⑮居民服务、修理和其他服务业；⑯教育；⑰卫生和社会工作；⑱文化、体育和娱乐业；⑲综合。

（四）道琼斯分类法

在19世纪末，纽约证券交易所为选择有代表性的上市公司的股票而对各公司进行了分类，称为道琼斯分类法。

道琼斯分类法将大多数上市公司分为三大类：工业、运输业和公用事业，然后选取有代表性的股票入围，入选股票足以代表该产业的变化趋势。

三、行业经济分析的内容

（一）影响行业兴盛的主要因素

1. 技术进步

技术进步对产业的影响是非常大的。由于技术进步，陈旧的行业可能消失，新的产业会应时兴起。尤其重要的是即使在同一行业中，产品的升级换代也越来越快，也迫使行业内部不停地分化和细分，投资者要时刻关注行业的兴衰。

2. 政府对行业的指导政策

政府产业政策对某些行业的发展也会产生决定性影响。投资者必须综合评价政府对行业的态度。如果政府鼓励某行业发展，就会从资金供给、税收政策优惠、限制进出口额度等方面进行规划，其结果会刺激该行业的快速发展，其行业的股票价格也会同步上涨。相反，如果政府根据发展规划要限制某一行业的发展，就会制定一系列政策法规，如紧缩该行业的融资额度、调高或加征该行业的税收、放开同类产品的进口等，这些政策实施的结果就会使该行业平均利润率下降，其行业股票价格也会下跌。

3. 竞争因素

投资者还应考虑行业之间的竞争状况。若其他行业生产的产品是本行业的替代品，竞争行业产品价格上涨、需求下降，导致本行业的需求上升、价格上涨。若竞争行业生产的是本行业的互补品，竞争行业产品价格上涨、需求下降，则本行业的产品需求也会下降、价格下跌。例如，汽油和汽车，汽车价格上涨、需求下降，导致汽油需求量下降、油价下跌。

4. 社会消费倾向

随着人们生活水平的提高和社会大众普遍受教育程度的提高，将改变其消费心理、消费习惯和社会责任，这将直接影响对某些行业产品的需求，使得该项产品价格出现异动，影响该行业股票价格。

（二）行业经济分析的方法

1. 定性分析

这是一种直观判断法，投资者根据自己的知识、经验和能力对所投资的行业作出判断。具体运用这一方法时，投资者还应该收集行业的历史资料、先行行业的发展资料、领先地区行业资料等，采用个人或集体意见的形式进行分析，确定拟投资的行业。

2. 定量分析

主要包括：（1）比较分析法。选定投资行业的综合指标与宏观经济的综合指标进行比较研究，得出结果。例如，将某行业的销售增长率与国内生产总值的增长率进行比较，若这一行业的指标高于国内生产总值的指标，就可判断该行业属于成长型行业，该行业处于行业生命周期的发展阶段。(2) 数理统计法。即用相关回归分析、时间序列等分析方法，根据以往历史资料，用数学模型描述影响行业发展的因素及行业发展的趋势，以此判断该行业的成长性。

(三) 行业经济分析的内容

1. 行业的市场类型分析

美国经济学家张伯伦和英国经济学家罗宾逊夫人提出市场结构理论。这一理论将市场分为完全竞争、完全垄断、寡头垄断和垄断竞争等四类，这四种基本市场结构的市场行为及效果各不相同。

(1) 完全竞争市场：这是一个理想化的市场，所有的企业都无法控制市场价格或使产品差异化。这一市场结构的特点是：①市场集中程度低，市场由众多的小规模的买者和卖者构成，所有买者和卖者在市场上的供求关系决定价格，单个的买者或卖者只能是价格的接受者，而不是价格的影响者。②不存在任何产品的差别。产业内所有企业生产同质的无差别产品，且产品具有完全的替代性。产品的需求价格弹性趋向无穷大，不存在任何进入或退出壁垒。③市场信息通畅，知识充分。生产者和消费者均具有充分的市场信息，同时具备完全市场的产品方面的知识。因此，厂商的生产、销售及消费者的购买决策都不会失误。

(2) 完全垄断市场：是指行业市场内由一家厂商所控制的状态，与完全竞争一样，这也是一种极端的市场结构类型。在现实社会中并不存在，完全垄断市场结构的特点是：①行业集中度极高。只有唯一一家企业独占产品市场。②产品差别极大。完全垄断的厂商出售的产品没有直接替代品，即产品需求的交叉弹性为零。③进入壁垒高。必要的资本壁垒高，资源的占有壁垒高。④政府法律壁垒高。指政府授予某厂商对产品的专营和许可，没有获得此专营或许可的厂商即使有能力进入该行业，政府也不允许其进入，这类行业主要是指公用事业类。

(3) 垄断竞争市场：这是接近现实市场实际的一种市场结构。这是一种介于完全竞争和完全垄断之间的市场结构，其主要特点是：①市场集中程度较低。行业内厂商数目众多，每个厂商的市场占有率都较低，都对产品市场没有控制力。②产品有差别。产业内不同厂商生产的同种产品不完全“同质”，这些产品之间或多或少存在某种程度的差别，正是这种差别使得各厂商对具有各自特色的产品享有一定的排他权，并在一定程度上具有产品的定价权。③进入退出壁垒低。由于在垄断竞争的市场结构中，各厂商的规模一般都不大，起始资本比较低，新的厂商进入和原厂商退出成本都比较低。

(4) 寡头垄断市场：是指少数大企业抢占行业市场大部分产品供给，具有较高市场占有份额的市场结构，它是介于完全竞争和完全垄断之间，以垄断因素为主，同时又具备竞争因素的一种市场结构。其主要特点是：①市场集中度高。行业内集中了为数不多的几个大厂商，但是这些大厂商却控制了产品生产和销售的大部分。②产品基本同质，但差别很大，个别企业对产品价格的控制程度较高。③进入退出壁垒较高。行业内的少数大厂商在资金、技术、规模等方面占有绝对优势，使得新厂商难以进入。这类行业基本上是资本密集型或技术密集型的。如汽车制造、飞机制造和钢铁冶炼等。

在市场经济条件下，完全竞争和完全垄断是理论上的理想状态，大多数行业却处于两者之间，许多行业往往既有不完全竞争的特征，又有寡头垄断的特征。一般来说，市场的供求关系是影响竞争激烈行业的产品价格和企业利润的主导因素，投资于该行业的上市公司的投资风险相对较大。垄断程度越高，行业的产品价格和企业利润越稳定，其证券投资的收益也相对稳定，投资风险相对较小。

2. 行业的生命周期分析

一般而言，任何行业都要经历由成长到衰退发展演变的过程，经济学称这一过程为行业的生命周期。行业的生命周期分为四个阶段，即初创期、成长期、成熟期和衰退期，每一阶段都有不同的特征。

（1）初创期：高风险，低收益。由于产品刚诞生不久，投资于该行业的企业数量不多，初创期的行业的创立和产品的研发费用较高，成本也高，产品市场需求狭窄，销售收入较低，利润较少，甚至没有盈利，经营风险很大。随着生产技术的不断提高、产品成本的降低和市场需求的扩大，新行业会逐步由高风险、低收益的初创期向高风险、高收益的成长期发展。

（2）成长期：竞争加剧，价格下降，利润上升。新产品经过广泛宣传和消费者的试用，产品逐渐赢得市场的认可，这时，产品需求增加，引发产品销售量的迅速上升，大量的新企业看到这一行业的发展前景，纷纷进入该行业。随着竞争的加剧，产品市场价格的急剧下降，品种多样，质量更优，竞争日趋白热化，厂商已不能单纯依靠扩大产量而增加收入了，而必须依靠追加投资，提高技术，降低生产成本，以及研发新产品获取竞争优势，如此才能战胜竞争对手，维持生存。能够取得竞争优势的企业是那些资本实力雄厚、经营管理有方的企业。相反，那些没有竞争优势的企业，效率低下，逐渐被大企业兼并。最后剩下少数实力雄厚、技术先进、经营有道的主导型企业。由于市场需求基本饱和，产品销售的增长率减慢，获得暴利机会减少，整个行业步入成熟期。

（3）成熟期：产品需求继续增加，销售量也不断增大，但销售量的增长率开始下降，市场价格趋于稳定，竞争更加激烈。在这一阶段，主要由少数大企业控制着整个行业，这些企业经过成长期的竞争，已成为市场上资金实力雄厚、财务状况良好、竞争能力极强的一流企业。它们通过内部筹集资金、扩充业务，完全不依赖资本市场，凭借雄厚的技术力量不断推出新产品，又可以借助规模经济效应以较低的成本进行大批量生产，在较低价格的市场上，还可保持一定的利润水平。

（4）衰退期：产品需求减少，产量下降，销售增长率逐渐降低，甚至出现负增长，企业生存、竞争能力减弱，一些厂商开始向其他利润高的行业转移资金，市场内厂商数目逐步减少，市场慢慢萎缩，利润率不断下降，当正常利润无法维持现有投资折旧时，整个产业逐渐解体。

行业的实际生命周期变化是一个复杂的过程。由于产业性质、政府对产业的政策和业内竞争等因素的影响，各行业的生命周期会存在一定的差异，同一行业在其周期发展的不同阶段也有很大的差异。这些差异决定着该行业上市公司的利润水平，其股价也表现出很大的差异。

分析行业周期是为了描述行业的一般发展过程，更重要的是在一定程度上帮助投资者选择合适的行业进行投资，对投资决策提供一定的依据。

本章小结

本章主要介绍了证券投资宏观经济分析的意义与内容；行业分类和行业经济分析的方法与内容。

关键术语

国内生产总值　　通货膨胀　　通货紧缩　　经济周期　　财政政策
货币政策

习题

1. 影响证券价格的宏观因素有哪些？
2. 国内生产总值的变化对证券市场有哪些影响？
3. 货币政策是如何影响证券市场的？
4. 我国市场利率的调整对上市公司有何影响？
5. 投资者如何在证券市场上选择投资的行业？
6. 有两家生产录影机的企业，其中一家使用高度自动化的程序，而另一家使用工人的生产流水线，并在需求增加工作时支付工人加班费。请回答下列问题：

（1）哪家企业在经济衰退中有更高的利润？在繁荣的经济中呢？

（2）哪家企业的β值更高？

7. 这里有四个行业及对宏观经济的四种预期，将在每种情况下最有可能取得最佳业绩的行业与该种假定情况连接起来。

行业	经济预测
A 住房建筑	（1）严重衰退，低通货膨胀，利率下降，GDP 下降
B 保健	（2）过热经济，迅速增长的 GDP，迅速上升的通货膨胀率和利率
C 金矿开采	（3）适度的扩张，GDP 增长，温和通货膨胀，低失业
D 钢铁工业	（4）滞胀，GDP 下降，高通货膨胀

第九章

证券投资的技术分析

本章要点:

- K 线的基本形态和组合的含义及应用
- 切线理论压力线、支撑线、趋势线、轨道线的含义及应用
- 形态理论的头肩形、双重顶(低)、三角形、旗形的含义及应用
- 主要技术指标 MA、MACD、KDJ、RSI、PSY 和 OBV 等的含义及应用

导入案例

贵州茅台股价判断

2001 年 8 月,贵州茅台(SH600519)股票在上交所挂牌上市,首发当日,股价为 34.51 元。

2005 年 6 月 6 日,沪综指创出 1997 年初以来的历史低点 998 点,当日两市没有百元以上的股票,44.64 元的贵州茅台仍然是当时的第一高价股。

2007 年 1 月 15 日上午 9 点 41 分,贵州茅台报 100 元,这不仅是股改后首只百元股,也是时隔五年多后 A 股市场的第一只百元股。统计显示,从 2007 年第一季度至 2008 年第四季度,基金、保险公司、社保基金、券商集合理财、社保基金和 QFII 五大机构投资者合计持有巨量贵州茅台的股份,占该股流通股的比例在 50%左右。深度介入的机构投资者充当了该股的中流砥柱。在此格局下,2007 年贵州茅台股价连续四个季度上涨,各季度的涨幅分别达到 7.59%、26.65%、26.50%和 52.85%,这使该股的收盘价从 2007 年初的 87.83 元一路上涨到年末的 230 元。

2010 年 11 月 29 日,贵州茅台以 216.43 元报收,在充斥着新面孔的"百元俱乐部"中,显得颇有些特立独行。作为证券投资者,一般可采用哪些方法对其进行分析,找出买入或卖出的最佳点?

第一节　技术分析概述

一、技术分析的含义和目的

（一）技术分析的含义

所谓技术分析，是指对证券市场的市场行为所作的分析，即以证券市场的过去技术指标为基础，应用数学和统计学的方法，探索出一些典型的规律并据此预测证券价格未来变动趋势的一种分析方法。市场行为表现为市场上证券的价格变化、发生这些变化时所伴随的成交量及完成这些变化所经过的时间。

（二）技术分析的目的

技术分析的目的在于探索证券市场的价格变动趋势。证券价格的变动趋势有上升趋势、下降趋势和盘整趋势三种。技术分析主要强调的就是对于大势的判断，价格究竟运行到什么位置关系到完全不同的操作手法。如果是长期的上升趋势，市场表现为价格看涨，行情向好，人气沸腾，交投活跃，视为多头行情。相反，如果是下降趋势，市场表现为价格看跌，行情向淡，人气低迷，交投清淡，视为空头行情。

二、技术分析的理论基础

技术分析作为一种研究证券市场价格变化的实用理论而得以长期存在和发展，主要原因在于它的理论基础是建立在合理的假设上。作为技术分析理论基础的三大假设分析是：一是市场行为涵盖一切信息；二是价格沿趋势波动；三是历史会重演。

（一）市场行为涵盖一切信息

这一假设是技术分析的基础。它的基本思想是：影响价格的每一个因素，包括内在的和外在的都反映在市场行为中，人们不必对影响证券价格的每一因素过多关心。技术分析是对市场行为进行预测，如果市场行为没有包括全部影响价格的因素，也就是说，对影响价格的因素考虑的只是局部而不是全部，这样得到的结论就没有说服力。

（二）证券价格沿趋势波动

这一假设是技术分析最根本、最核心的因素。它认为价格的变动是有规律的，即有保持原来运动方向的惯性，而证券价格的运动分析是由供求关系决定的。在一定时期，供求关系一旦确立，证券价格的变动趋势就会一直持续下去，只要供求关系不发生彻底改变，证券价格走势就不会发生反转。这一假设条件也有其合理性，因为供求关系决定价格在市场经济中是普遍存在的。正是有了这个假设，证券投资的分析者们才会花大力气，试图找出这种证券价格的变化规律，正是有了这个前提，“顺势而为”才成为证券市场中的一条操作名言。

（三）历史会重演

这一假设是技术分析的生命。它的主要思想是：人们的交易行为都是趋于一定的模式，不同时期的投资者在面临相同环境和背景时会有类似的反应，以至于过去出现的价格走势和变动方式在未来也将不断发生。在某种情况下，投资者按某种方法进行操作取得成功以后，那么在今后当遇到相同或相似的情况时，他就会按照同一方法进行操作；如果前一次失败了，那么，后面这次，他就不会按照这一方法操作。证券市场中的某个市场行为给投资者留下的阴影或者快乐是会长期存在的。在进行分析时，投资者完全可以运用这一原理进行历史比较，一旦遇到与过去某一时期相同或相似的情况，则可以与其进行比较研究，用历史上已知结果来分析预测未来。

技术分析的三个假设条件有合理的一面也有不尽合理的一面。如第一个假设存在的前提条件是证券市场是有效的市场，然而众多实证分析指出，即使像美国这样发达的证券市场也仅是弱式有效市场，或至多是半强式有效市场，更何况信息损失是必然的，因此市场行为包括一切信息也只能是理想状态。又如一切基本因素确实通过供求关系影响证券价格和成交量，但证券价格最终要受它的内在价值制约。再如，历史也确实有相似之处，但绝不是简单的重复，差异总是存在的，绝不会出现完全相同的历史重演。正因为如此，技术分析显得说服力不够强、逻辑联系不够充分并会引起不同的看法和争论。

三、技术分析的要素

证券市场中，价格、成交量、时间和空间是进行分析的四要素。这几个因素的具体情况和相互的关系是进行正确分析的基础。

（一）价格和成交量是市场行为最基本的表现

市场行为最基本的表现就是成交价和成交量。过去和现在的成交价和成交量涵盖了过去和现在的市场行为。技术分析就是利用这些资料，以图表分析和指标分析工具来解释、预测未来的市场走势。在某一时点上的价和量反映的是买卖双方在这一时点上的共同的市场行为，是双方的暂时均衡点，随着时间的变化，均衡会发生变化，这就是价量关系的变化。一般来说，买卖双方对价格的认同程度通过成交量大小得到确认，认同程度大，成交量大；认同程度小，成交量小。

成交量与价格趋势的一般关系具体表现为：①股价随成交量的递增而上涨，为市场行情的正常特征。②股价上涨，突破前一波的高峰，创下新高价，而此时的成交量水准低于前一波段上涨的成交量水准，则此波段的价涨令人怀疑，同时也是股价趋势潜在的反转信号。③成交量是股价上涨的原动力，股价上涨，原动力不足，显示股价趋势潜在反转的信号。④股价下跌，向下跌破股价的某条重要支撑线；同时出现大成交量，是股价下跌的信号，强调趋势反转形成空头。⑤成交量是股价的先行指数，当量增时，价迟早会跟上来；当价增而量不增时，价迟早会掉下来，即“价是虚的，而只有量才是真实的”。

（二）时间和空间体现趋势的深度和广度

时间是指价格波动的时间跨度，在进行行情判断时，有着很重要的作用。一个已经形成的趋势在短时间内不会发生根本改变，中途出现的反方向的波动，对原来趋势不会产生大的影响。然而，一个形成了的趋势又不可能永远不变，经过了一定时间又会有新的趋势出现。空间是指价格波动能达到的限度，价格的波动空间与积聚的能量有关。

四、技术分析方法的分类

在技术分析中，由于人们分析的侧重点和分析的角度不同，从而，分析和研究所使用的方法也就不同，按照目前较为流行的说法，可以将技术分析方法分为：K 线派、切线派、形态派、指标派、波浪派、周期派等六类。

(1) K线派。其方法是根据若干天K线的组合情况，推测股票市场多空双方力量的对比，进而判断股票市场多空双方谁占优势，是暂时的还是决定性的。K线图是进行各种技术分析的重要因素。

(2) 切线派。指按一定的方法和原则在由股票价格的数据所绘制的图表中画出一些直线，然后根据这些直线（即切线）的情况推测股票价格的未来趋势。

(3) 形态学派。是根据价格图表中过去一段时间走过的轨迹的形态来预测股票价格未来的趋势情况的方法。

(4) 指标派。是在考虑市场行为的基础上建立一个数学模型，利用数学计算公式，得到一个体现证券市场某个方面内在的实质性数字，即指标值。利用这些指标及其相互间的关系来反映市场所处的状态，并为人们的操作行为提供指导。

(5) 波浪派。波浪理论把估计的波动和不同时期持续上涨下降看成与波浪的上下起伏一样。自然界的波浪起伏遵循自然规律，证券市场价格的波浪变化也有一定的规律。

(6) 周期派。循环周期理论认为价格高点和低点的出现，在时间上存在一定的规律性。正如事物的发展兴衰一样具有周期性，价格的上升和下降也存在某些周期性特征。如果掌握了价格高低出现时间的规律性，对实际操作有一定益处。

五、应用技术分析需要注意的问题

(一) 正确看待技术分析

在运用技术分析时，很大程度上适用于时间较短的行情预测，要进行周期较长的分析必须依靠别的因素。技术分析所得到的结论不是绝对的命令，仅仅是建议的性质，得到的结论都应是以概率的形式出现，不要把它当成万能的工具。

(二) 技术分析应与基本分析结合起来使用

对于刚刚兴起的不成熟证券市场，由于市场突发消息较频繁，人为操纵因素较多，所以仅靠过去和现在的数据、图表去预测未来是不可靠的。事实上，在中国的证券市场上，技术分析仍然有较高的预测成功率。这里，成功的关键在于不能机械地使用技术分析，除了在实践中不断修正技术分析参数外，还必须注意结合基本面分析。

(三) 结合自我实践，注意主要技术分析方法的综合研判

前人和别人得到的结论要通过自己实践验证后才能放心地使用。由于证券市场能给人们带来巨大的利益，上百年来研究股票的人层出不穷，分析方法各异，使用同一分析方法的风格也不同。前人和别人得到的结论是在一定的特殊条件和特定环境中得到的，随着环境的改变，自己在使用这种方法时有可能失败。投资者必须全面考虑各种技术分析方法对未来的预测，综合这些方法得到的结果，最终得出一个合理的多空双方力量对比的描述。实践证明，单独使用一种技术分析方法有相当大的局限性和盲目性。如果应用每种方法后得到同一结论，那么依据这一结论出错的可能性就很小；而仅靠一种方法，得到的结论出错的机会就会大很多。为了减少自己的失误，应尽量多掌握一些技术分析方法，掌握得越多肯定是越有好处的。

第二节　K 线理论

一、K 线图的含义及主要形状

（一）K 线图的起源与发展

K 线，俗称阴阳烛，是一种世界上最古老的图表分析方法。远在 18 世纪中叶，日本德川幕府时代，在大孤堂岛的米市交易中，就有人开始运用阴阳烛的图表分析技术。阴阳烛图表制作虽然简单，但却包含了极其丰富的内容。由于阴阳烛分析方法中同时记录了每日的开盘、收盘、最高及最低价格等信息，远比西方的柱状图完备，因此，当年日本人凭借这种优越的阴阳烛分析技术，成功进行了米市的交易。

（二）K 线图的绘制方法

1. 绘制方法

K 线图的绘制比较简单，它由开盘价、收盘价、最高价和最低价四种价格组成。开盘价与收盘价构成了 K 线的实体，而最高价与最低价则分别组成 K 线的上影线和下影线。K 线实体的长短决定于收盘价与开盘价的差别，而最高价与最低价的高低则决定了上影线和下影线的长短。最高价离 K 线的实体越远，则上影线越长；最低价离实体越远，则下影线越长（见图 9—1）。

K 线实体的颜色要视开盘价与收盘价的具体情况而定。若收盘价高于开盘价，K 线实体用白色或红色绘制；若收盘价低于开盘价，K 线实体用黑色或绿色绘制。收盘价高于开盘价的 K 线称为阳线，表示市场处于涨势；收盘价低于开盘价的 K 线称为阴线，表示市场处于跌势。

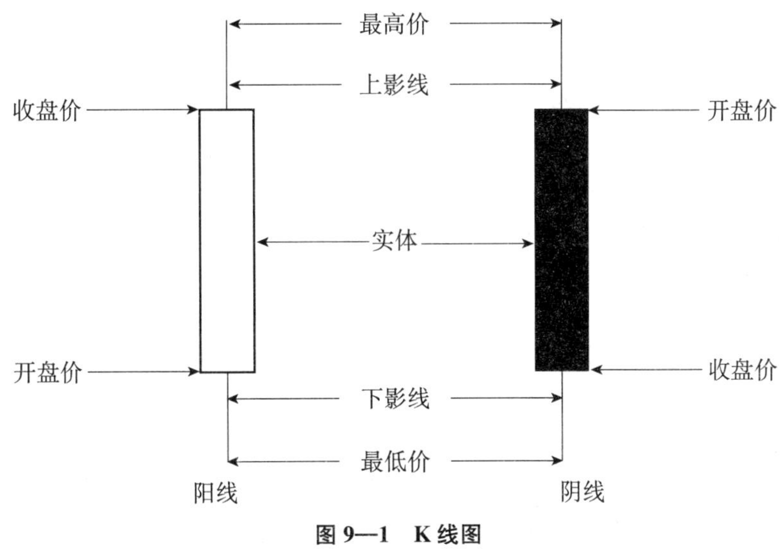

图 9—1　K 线图

2. 优点

通过 K 线图能够全面透彻地观察到市场的真正变化。我们从 K 线图中，既可看到股价（或大市）的趋势，同时也可以了解到每日市场的波动情形。

3. 缺点

阴线与阳线的变化繁多，对初学者来说，在掌握分析方面会有相当的困难，不及柱状图那样简单明了。

(三) K线图的主要形状及其市场含义

从K线图的绘制方法中可知，不同的开盘价、收盘价、最高价与最低价绘制出来的K线形态有着极大的差别。不同型态的K线图形反映了不同的市场态势，只有熟悉了各种形态的K线图形才能对市场走势进行正确的分析。

K线的基本形态如图9—2所示。

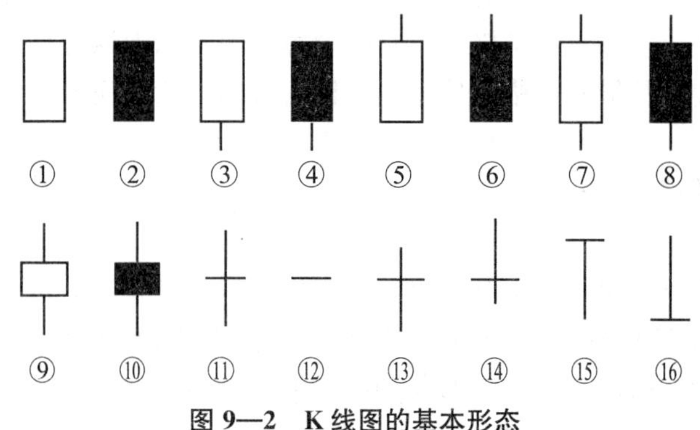

图9—2　K线图的基本形态

(1) 光头光脚的阳线（图中①）。即没有上影线和下影线，只有阳实体的图形。这表示开盘价为最低价，股价呈上升趋势收盘于最高价。阳线表示买方的力量占据优势，阳线越长，这种优势越明显。

(2) 光头光脚的阴线（图中②）。即没有上影线和下影线，只有阴实体的图形。这表示开盘价即是最高价，股价一路下跌，收盘于最低价。阴线说明卖方的力量占据优势，阴线越长，这种优势越明显。

(3) 光头阳线（图中③）。即由下影线和阳实体组成的图形，没有上影线。这种图形表示开盘后，价格一度下探，在最低价位处得到支撑，然后一路上扬，在最高价位收盘，图形属先跌后涨型。图形说明买方经受了抛盘的压力，开始显示出优势。双方力量的对比可以从实体与下影线的长度的比例中看出来。实体越长，买方的优势越明显。

(4) 光头阴线（图中④）。即由下影线与阴实体组成的图形。它表示开盘后，价格顺势下滑，在最低价位受阻后反弹上升，但收盘价仍低于开盘价，为下跌抵抗型的图形。这种图形说明，开始阶段卖方的力量占优，但是在价格下跌的过程中，卖方力量逐渐削弱。在收盘前，买方力量稍稍占优，将股价向上推动。但从整个周期看，收盘价没有超过开盘价。买方的力量仍占下风。实体越长，表示买方力量越弱。

(5) 光脚阳线（图中⑤）。即由上影线和阳实体组成的图形，没有下影线。这种图形说明开盘价为最低价，开盘后股价攀升逐渐受到卖方的压力，到最高价处上升势头受阻，价格掉头回落，但收盘价仍比开盘价高。这种图形表示总体上买方的力量比卖方强，但是在高价位处卖方占有优势。这种图形属上升抵抗型。买卖双方力量的对比可以根据上影线与实体长度的比例来判断。实体越长，上影线越短，说明买方的优势越明显；反之，说明买方的优势越弱。在上升趋势的后期，出现上影线很长、阳线实体很短的图形，往往是上升趋势疲软、逆转的前兆。

(6) 光脚阴线（图中⑥）。即由上影线与阴实体组成的图形。这种图形表明开盘后，价格曾经上升，在最高价位处受阻回落，在最低价位处收盘，属于先涨后跌型的图形。这种形态说明卖方的力量占优，使得买方抬高股价的努力没有成功。实体部分越长，影线越短，表示卖方力量越强。

(7) 有上下影线的阳线（图中⑦⑨）。即带有上下影线，实体为阳线的图形。这是一种价格震荡上升的图形。在总体上，买方力量占优，价格有所上升。但是，买方在高价位处受到卖方的抛压形成上影线；在低价位区，卖方的力量并不占优，因而形成了下影线，对于买卖方优势的衡量，主要依靠上下影线和实体的长度来确定。一般来说，上影线越长，下影线越短，实体越短，越有利于卖方；上影线越短，下影线越长，实体越长，越有利于买方。图中⑦一般称作长阳或大阳线，图中⑨称作短阳或小阳线。

(8) 有上下影线的阴线（图中⑧⑩）。即带上下影线，实体为阴线的图形。这是价格震荡下挫的形态。虽然总体上卖方力量占优，但是买方在低价位区略占优势，遏制了价格的跌势，形成了下影线。上下影线越长，表明买卖双方的较量越激烈，股价上下震荡较大。如果实体部分的比例越大，则说明卖方的优势越大；反之，说明双方力量的差距较小。图中⑧一般称作长阴或大阴线，图中⑩称作短阴或小阴线。

(9) 十字形（图中⑪⑬⑭）。即只有上下影线，实体长度为零的图形。它表示开盘价等于收盘价，买卖双方的力量呈胶着状态，当影线较长时，说明双方对现行股价的分歧颇大，因此，这种图形常常是股价变盘的预兆。

(10) 一字形（图中⑫）。是一种非常特殊的形状。它表示全部的交易只在一个价位上成交。冷门股可能会产生这种情况，或者在实行涨跌停板制度下，开盘后直接到涨跌停板，并维持到收盘时，也会出现这种情况。

(11) T字形（图中⑮）。即由下影线和长度为零的实体组成的图形。它表示交易都在开盘价以下的价位成交，并以最高价收盘，属于下跌抵抗型，说明卖方力量有限，买方力量占有优势，下影线越长，优势越大。

(12) 倒T字形（图中⑯）。即由上影线和长度为零的实体组成的图形。它表示交易都在开盘价以上的价位成交，并以最低价收盘，属于上升抵抗型，说明买方力量有限，卖方力量占有优势，上影线越长，优势越大。

总而言之，指向一个方向的影线越长，越不利于股票价格今后向这个方向变动。单根K线图只反映了一天、一周或一个月内供求力量的对比。进行几根相邻的K线图的组合分析，往往能从价格的连续变化中，动态地反映供求力量的消长。技术分析家经常用几个月甚至数年的日K线的变化来分析股价的长期趋势。

二、K线的分析

K线具有东方人所擅长的形象思维特点，没有西方用演绎法得出的技术指标那样定量，因此运用上还是主观意识占上风。面对形形色色的K线组合，初学者不禁有些为难，其实我们可以把复杂问题简单化，把各类K线的判断归纳为简单的三招，即一看阴阳，二看实体大小，三看影线长短。

(1) “一看阴阳”。阴阳代表趋势方向，阳线表示将继续上涨，阴线表示将继续下跌。以阳线为例，在经过一段时间的多空拼搏后，收盘高于开盘表明多头占据上风，按照惯性价格仍将按原有的方向与速度运行，因此阳线预示下一阶段仍将继续上涨，最起码能保证下一阶段初期能惯性上冲。故阳线往往预示着继续上涨，这一点也极为符合技术分析中三大假设之一的股价沿趋势波动，而这种顺势而为也是技术分析最核心的思想。同理可得阴线继续下跌。

（2）“二看实体大小”。实体大小代表内在动力，实体越大，上涨或下跌的趋势越是明显，反之趋势则不明显。以阳线为例，其实体就是收盘高于开盘的那部分，阳线实体越大说明上涨的动力越足，实体长的阳线的上涨动力将大于实体小的阳线。同理可得阴线实体越大，下跌动力也越足。

（3）“三看影线长短”。影线代表转折信号，向一个方向的影线越长，越不利于股价向这个方向变动，即上影线越长，越不利于股价上涨，下影线越长，越不利于股价下跌。以上影线为例，在经过一段时间的多空斗争之后，多头终于败下阵来，不论 K 线是阴还是阳，上影线部分已构成下一阶段的上档阻力，股价向下调整的概率居大。同理可得下影线预示着股价向上攻击的概率居大。

研判 K 线的简单三招，既可对日 K 线、周 K 线、月 K 线甚至年 K 线进行分析，也可对二根、三根甚至 N 根 K 线进行研判。

三、K 线的组合分析

K 线组合形态分为反转和持续两个大的种类，下面只列举 9 种反转组合形态（如图 9—3 所示）。

（1）锤形线和上吊线。锤形线处在下降趋势中。当天疯狂的卖出行动被遏制，价格又回到了或者接近了当天的最高点。锤形线有牛市含义。上吊线处在上升趋势中。当天的价格行为一定在低于开盘价的位置，之后反弹，使收盘价几乎是在最高价的位置。上吊线中产生出来的长下影线显示了一个疯狂卖出是怎样开始的。上吊线具有熊市的含义。

（2）鲸吞型。熊市鲸吞型处在上升趋势中，收盘比前一天的开盘低，上升的趋势已经被破坏，上升趋势将要反转。牛市鲸吞型的情况与熊市鲸吞型叙述的情况正好相反，是看涨的组合形态。

（3）孕育型。牛市孕育型处在下降趋势进行了一段时间之后，第二天价格的上升建议买进。熊市孕育型处在上升趋势进行了一段时间之后。第二天，价格低开，动摇了多头，引起价格的下降，建议卖出。

（4）倒锤线和射击之星。倒锤线之前已经是下降趋势，潜在的趋势反转将支持上升。射击之星处在上升趋势中，市场跳空向上开盘，出现新高，最后收盘在当天的较低的位置。后面的跳空行为只能当成看跌的熊市信号。

（5）刺穿线与乌云盖顶。刺穿线形成于下降趋势中，第一天的长阴线后，第二天的收盘高于长阴线实体的中点，是反转形态。乌云盖顶是上升趋势的时候，长阳线后的收盘价格降到阳线实体的中间之下，顶部反转的机会越大。

（6）早晨之星和黄昏之星。早晨之星开始是一根长阴线，第二天的小实体显示了不确定性。第三天价格跳空高开，显著的趋势反转已经发生。黄昏之星的情况与早晨之星正好相反，是上升趋势中的反转的组合形态。

（7）三白兵。如果在下降（上升）很长时间后出现，是反转的信号。沪深市场的三白兵阳线之间更多的是有缺口。

（8）强弩之末是发生在上升降趋势末期。小实体和缺口则说明不确定性有阻止向上的移动的必要。强弩之末展示了原来上升趋势的弱化。从图形上看，强弩之末是黄昏之星的“前奏曲”。在上升的过程中，强弩之末的形态出现得越晚，不能继续上升的强弩之末的含义越强。

（9）三乌鸦发生在上升降趋势末期，呈阶梯形逐步下降。由于出现一根长阴线，明确的趋势倒向了下降的一边。

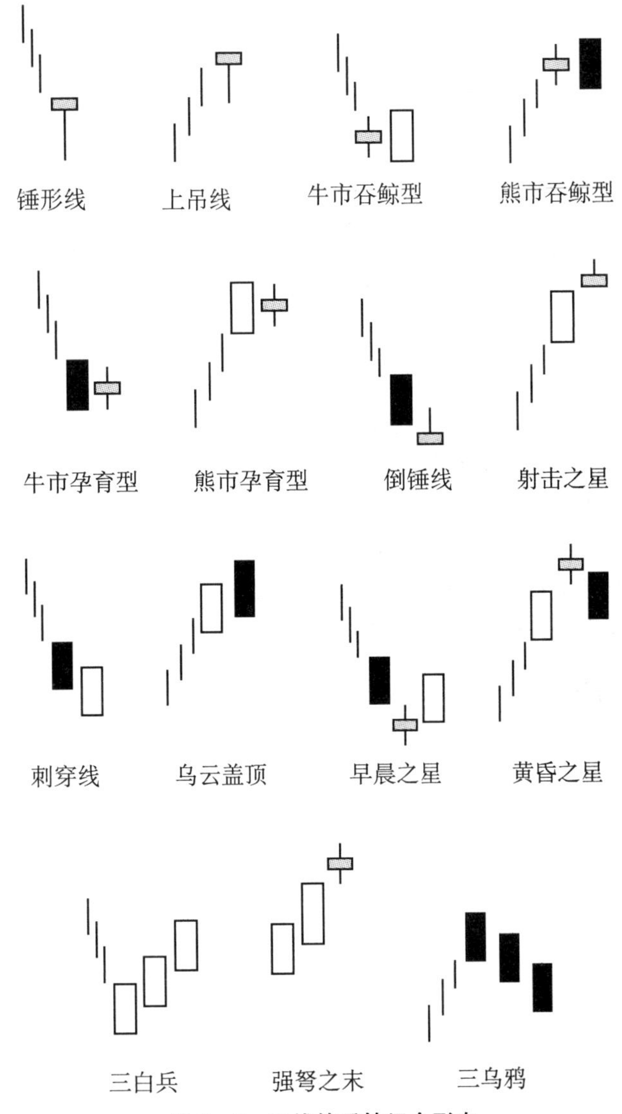

图 9—3　K 线的反转组合形态

无论是一根 K 线，还是两根、三根 K 线以至多根 K 线，都是对多空双方争斗作出的一个描述，由它们的组合得到的结论都是相对的，不是绝对的。对具体进行股票买卖的投资者而言，结论只是起一种建议作用，并不是命令，也不是说，今后要涨就一定涨，而是指今后要涨的概率比较大。

有时候在应用时，会发现运用不同种类的组合得到了不同的结论。有时应用一种组合得到明天会下跌的结论，但是实际没有下跌，而是出现与事实相反的结果。这个时候的一个重要原则是尽量使用根数多的 K 线组合的结论，将新的 K 线加进来重新进行分析判断。

一般来说，多根 K 线组合得到的结果不大容易与事实相反。

第三节　趋势分析

股价波动尽管每日涨跌变化，但在一定时间内总保持着一定的趋势，这是股价的变化规律。

一、趋势线

（一）股市中的趋势

股价趋势从其运动的方向看，可分为涨势、跌势、水平移动三种。涨势表现为各次级波动的低点一点比一点高，若将过去的各个低点相连，可形成一条向上倾斜的直线，这就是上升趋势线。跌势则表现为各次级波动的高点一点比一点低，将各个高点相连，可形成一条向下倾斜的直线，这就是下降趋势线。水平移动则表现为各次级波动的最高点和最低点基本上在同一水平线上或在某一箱形中作横向移动，连结各次级波动的最低点可形成一水平移动线。股价的趋势运动并非始终保持直线的上升或下跌，在一个上涨的趋势中，会出现几次下跌的修正行情，但这种修正并不影响涨势；在下跌的行情中途出现几次暂时的回升，同样也不能改变跌势。股价趋势从其移动时间看，可分为长期趋势、中期趋势和短期趋势。若干个同方向的短期趋势可形成一个中期趋势，若干个同方向的中期趋势又可形成一个长期趋势。当影响长期趋势的因素作用发挥殆尽，长期趋势不能再延续，就会朝相反方向反转而转变成另一长期趋势。股价运动就如此周而复始，循环往复（见图 9—4）。

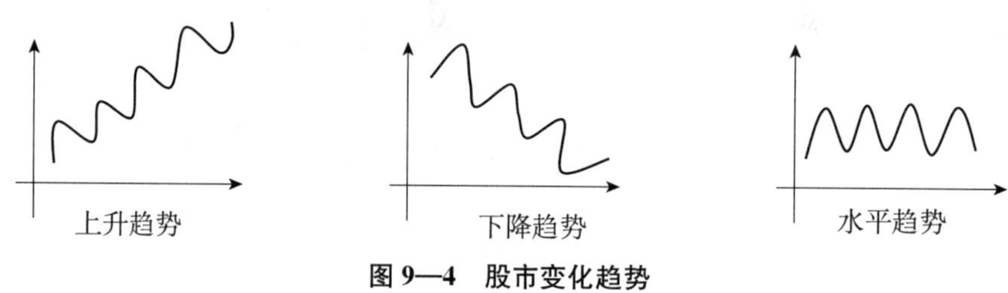

图 9—4　股市变化趋势

（二）趋势线的画法

趋势线的画法有几种：

1. 基本画法

尽早及尽可能准确地画出趋势线对判断未来股价走势有很重要的意义，问题的关键在于选择两个具有决定意义的点。决定上升趋势时需要两个反转低点，即当股价下跌到某一低价，旋即回升，随后再下跌，没有跌破前一个低点，再度迅速上升，将这两个低点连结成直线就是上升趋势线。同样，决定下跌趋势时以则需要两个反转高点，即股价上升到某一价位开始下跌，随后回升却未能突破前一个高点，再度迅速下跌，将这两个高点连成直线就是下降趋势线（见图 9—5）。总之，找出最先出现或最有意义的两点是画好趋势线的关键。

最早的趋势线画出以后，有时不能得到股价的确认，还需作出修正。如果股票价格在画出趋势线后的短短几天内跌破上升趋势线或涨过下降趋势线，说明股价仍在盘整。尚未

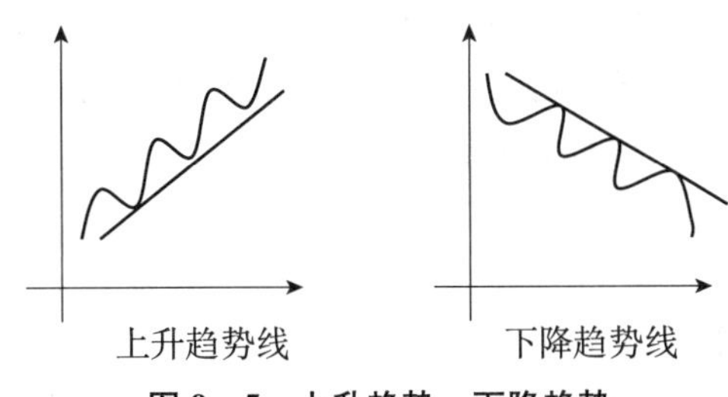

图 9—5　上升趋势、下降趋势

真正形成趋势。真正趋势的形成是股价变动在一定时期内始终在上升趋势线的上方，甚至始终与趋势线保持一段距离，或是在下降趋势线下方或保持一段距离。通常，过于陡峭的趋势线需要修正的机会较多。

2. K 线图形趋势线画法

由于 K 线有开盘价、收盘价、最高价、最低价之分，连结 K 线图形趋势线可按下列原则处理：

第一，上升趋势线可连结两根决定性阳线的开盘价或最低价。

第二，下降趋势线可连结两根决定性阴线的开盘价或最高价。

（三）趋势线的有效性

趋势线画好以后，可从以下几方面验证它的有效性：

（1）趋势线被触及的次数。股价变动中触及趋势线的次数越多，趋势线越可靠，趋势线的支撑及阻力效用越强，一旦被突破后市场的反应也越强烈。

（2）趋势线的倾斜度。趋势线的斜率越大，可靠性越低，阻力作用和支撑作用也越弱，以后很容易被突破或修正。股价变动趋势形成初期如果出现斜率很大的趋势线，即使突破也不会改变股价变动方向，可视为修正。

（3）趋势线的时间跨度。趋势线跨越的时间越长，可靠性越高，支撑或阻力效力越大。

（四）趋势线有效突破的确认

趋势线经过一段时间后终会被突破，关键是要及时确认是改变行情变化方向的有效突破，还是因某一偶然因素作用的无效突破。

（1）收盘价突破。如果在某一交易日的交易过程中，股价曾以最高价或最低价突破趋势线，但收盘价仍未突破趋势线，这种突破不可确认。

（2）连续两天以上的突破。趋势线被突破后市场价格连续两天以上向突破方向发展，突破有效。

（3）连续两天创新价的突破。在上升趋势线被突破后连续两天创新低价或是下跌趋势线被突破后连续两天创新高价，可视为有效突破。

（4）长期趋势线突破。时间跨度很长的趋势线一旦被突破，说明大势反转的可能性大，股价反向变化的力度强，形成新趋势线的时间跨度也大。

（5）与成交量配合的突破。股价从下降的趋势转为上升的趋势，必须要有成交量配合。当股票价格向上突破下降趋势线时，成交量随之放大，为有效突破。但是股价下跌突破上升趋势线则不一定需要成交量增加。当股价向下跌破趋势线后如果跌幅不深，成交量不一定增加，甚至有所萎缩，但是当股价回弹至趋势线下方，成交量明显放大，股价立即快速下跌，可确认上升趋势线已被有效突破。

(6) 趋势线与形态同时突破。趋势线一旦与股价形态同时被突破会产生叠加效应，突破后股价走势力度加大，是一种有效突破。

二、支撑与阻力

(一) 支撑与阻力的意义

在一段时间内股票价格会多次出现上升到某一价位就不再继续上升或下跌到某一价位就不再下跌的情况，这就表明股价运动遇到了阻力和支撑。所谓支撑，是指股价下跌到某一价位附近，会出现买方增加、卖方减少的情况，从而使股价暂停下跌甚至反弹上升。所谓阻力是指股价上升到某一价位附近会出现卖方增加、买方减少的情况，从而使股价上涨受阻甚至反转下跌。在股价得到支撑和受阻的价位附近画出的趋势线称为支撑线或阻力线。有时股价运动在一段时间内会始终在下有支撑上有阻力的空间内行进，在两条平行的支撑线和阻力线之间形成的区间称为轨道。按股价运动方向轨道分为上升轨道、下降轨道和水平轨道（见图 9—6）。

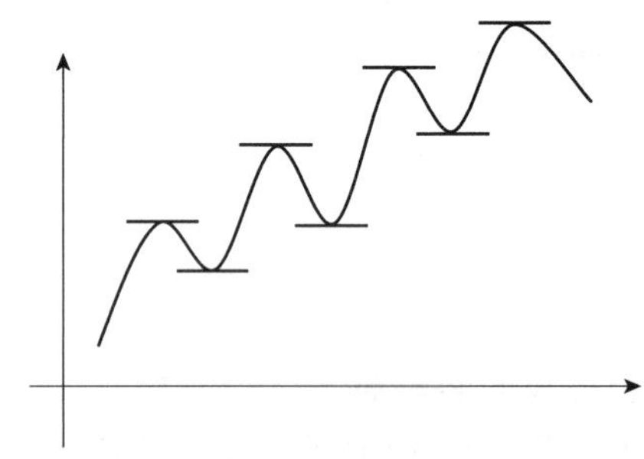

图 9—6　支撑线和压力线

(二) 支撑与阻力的形成

股价运动在某一价位水平附近形成支撑和阻力的依据是：

1. 历史上的成交密集带

股票交易曾在某一区域内出现价格反复波动或交易量巨大的情况，说明在这一区域间换手率高，堆积着大量的筹码，股价再次接近这一区域就会遭到抵抗而形成支撑或受阻。

2. 百分之五十原则

股价上涨到一定程度会有投资者卖出而获利了结，下跌到一定程度也会有投资者逢低吸纳，因此，当股价回复到以前大涨大跌行情的百分之五十左右时就成为技术的出货和入货点，形成阻力线和支撑线。

3. 过去出现过的最高点和最低点

股票价格水平的高低没有绝对标准，都是相对的，投资者都会自觉或不自觉地将当前的股价与过去曾出现的价格相比。当股价下跌到过去的最低价位区域时，买方会增加大量的买盘使股价站稳，当股价上升到过去的最高价位区域时，卖方会增加大量的卖盘形成巨大压力，于是形成支撑与阻力。

(三) 支撑与阻力有效性的判断

在上升轨道中，股价回档至支撑线附近或在支撑线附近盘整，如此时阳线强而阴线弱，支撑线将有效，股价会反弹并继续上扬。反之，若阳线弱而阴线强，支撑很可能会无效。在下降轨道中，股价反弹至阻力线附近或在阻力线附近盘整，阴线强而阳线弱，且成交量没有放大，阻力将有效，股价会再次下跌走软。反之，若阳线强而阴线弱并有大成交量配合，股价很可能会冲破阻力线，结束下跌走势。

（四）支撑与阻力的分析要点

1. 支撑与阻力的原义就是支撑能止住回档，阻力会止住反弹

一个上升趋势的回档回到支撑线附近将止跌回稳，而下降趋势跌至支撑线附近也可得到支撑不再进一步下跌。一个下跌趋势的反弹回升到阻力线附近将受阻回落，而上升趋势升至阻力线附近也会被止住继续上升的势头。一旦形成了支撑与阻力，投资者可在一定时间内预期未来股价涨跌的界限与区间。

2. 支撑线与阻力线的突破是有效突破

当股价上升到阻力线遇到阻力而未跌落，在阻力线附近盘旋数日，接着伴随着大成交量而一举越过阻力线，这是决定性的突破，表明股价将有上涨行情。反之，当股价下降至支撑线附近未能反弹，跌破支撑线可视为向下有效突破。

3. 支撑线与阻力线有互换性

阻力线一旦被突破就转变成上升行情的支撑线，即将来股价回跌到此将止跌回稳。支撑线一旦被突破就转变为下跌行情的阻力线，将来股价反弹到此将受阻回跌。

4. 支撑线与阻力线的突破是观察中期趋势、长期趋势的重要信号

通常股价突破次级支撑或阻力，可视为中级行情反转的第一信号，而突破中级支撑与阻力，可视为长期趋势反转的第一信号。

三、缺口

缺口是指股票价格在大幅度快速上升或下跌的过程中有一段价格没有发生交易而在股价趋势图上表现为一个空档的现象。缺口的形成必是当日开盘价出现跳空高开继续高走或是跳空低开继续低走的结果。在K线图中，若K线实体间有空档而影线相连的情况不能称为缺口。缺口一般都会被未来股价的变动封闭，称之为补空。一般认为缺口会在短期内被下一个次级趋势封闭，如果未能在短期内被封闭就有可能被下一个中级趋势封闭，甚至被下一个长期趋势封闭。

缺口的出现是多空双方力量对比相差悬殊的表现，而缺口的封闭则是双方力量发生转化的结果。缺口分析就是根据股价变动形成缺口的位置及大小，预测股价走势的强弱，判断股价是整理、突破还是已接近涨跌趋势的尽头。

缺口的类型主要有以下几种：普通缺口、突破缺口、持续缺口、终止缺口和岛形缺口。

四、应用趋势分析应注意的问题

趋势线方法为我们提供了很多价格移动可能存在的支撑线和压力线。这些支撑线和压力线对判断行情有很重要的作用。但是，应明确的是，支撑线和压力线有突破和不突破两种可能。在实际应用中会产生一些令人困惑的现象，往往要等到价格已经离开了很远的时候才能肯定突破成功和不成功。用各种方法得到的支撑线和压力线，其价位仅仅是一些参考的价格，不能把它们看成万能的工具而完全依赖它们。证券市场中影响价格波动的因素很多，支撑线和压力线仅仅是这众多因素中的一个，同时考虑多方面的因素才能提高判断

正确的概率。

第四节 形态分析

股价形态是记录股票价格的图形表现为某种形状，这种形状的出现和突破对未来股价移动的方向和变动幅度有技术上的分析意义。

一、反转形态

反转形态的出现表示股价运动将出现方向性转折，即由原来的上升行情转变为下跌行情或由原来的下跌行情转变为上升行情。反转形态出现的前提条件是原来确实存在着股价上升或下降的趋势，而当股价运动打破了一条重要趋势线时，可认为大势将发生反转。通常反转形态的规模越大，即形态中股价波动幅度大、态跨越区域大、形成时间长，则形态潜在的能量也越大，一旦反转后价格变动也越剧烈；反之，则股价变动幅度也小。反转形态主要有头肩顶、头肩底、双重顶、双重底、三重顶、三重底、圆形顶、圆形底等。

（一）头肩顶和头肩底

1. 头肩顶

头肩顶形态的前提条件是，股价在长期上升后堆积了大量成交量，获利回吐压力增强，上升趋势慢慢失去能量，升幅趋缓。头肩顶的形成是左肩（A 点）成交量大，随后出现股价回落至 B 点。股价回升创新高（C 点），价位超过左肩但成交量却有所减少，头部形成。股价第三次上升，价位达不到左肩的高度即回跌，成交量显著下降。在两肩的颈部 B 点和 D 点之间划一条趋势线，即颈线。当股价第三次下跌急速穿过颈线时，头肩顶完成（见图 9—7）。

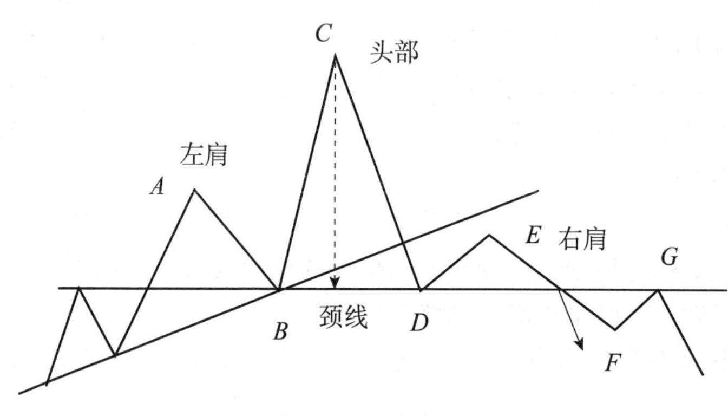

图 9—7 头肩顶

当股票的收盘价或收盘指数突破颈线幅度超过股票市价 3%时为有效突破。股价向下突破颈线时成交量不一定放大，但反弹至颈线附近成交量会放大，并且在以后的下跌过程中成交量会放大。颈线一旦被突破就成为反弹的阻力线，股价反弹一般很难再向上穿破颈线，如果发生这种情况，就是失败的头肩型，前面发出的反转信号有误，股价还会继续上升。股价有效突破颈线后，预计最小的下降幅度相当于头部到颈线的距离。

2. 头肩底

头肩底是头肩顶的相反形态，是股价从长期下跌状态中反转上升的主要形态。头肩底与头肩顶的显著区别在于成交量的变化，股价在形成左肩、头部与第一次反弹时，成交量没有明显增加，甚至有所减少，形成头部后反弹，成交量放大，形成右肩，成交量萎缩，突破颈线上升时必须有大成交量配合，当股票以收盘价或收盘指数突破颈线幅度超过3%，并有大成交量伴随时，为有效突破。此后颈线转变为支撑线，股价回档会在颈线处站稳反弹，突破头肩底颈线后股价的最小上升幅度为底部至颈线的垂直距离（见图9—8）。头肩形是最基本的反转形态。

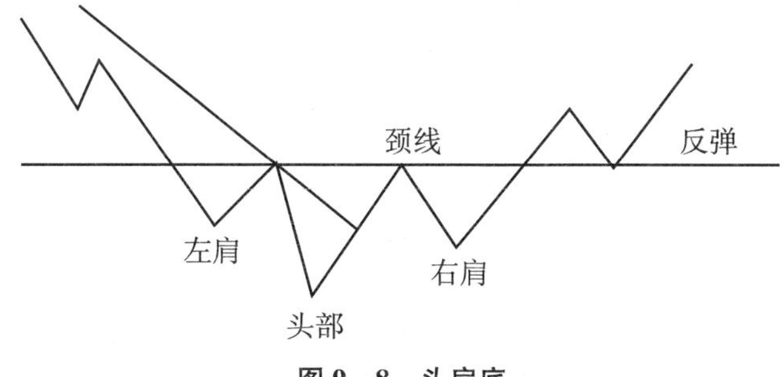

图9—8　头肩底

（二）双重顶和双重底

双重顶和双重底都是基本的反转形态。双重顶又称M头，在它形成前已有一段上升趋势。当股价上升至第一个峰顶（A点），在此价位附近堆积了大量的筹码，股价必然回跌（B点），成交量随之下降，股价再度上升至第一峰顶附近（C点），不能创新高。成交量虽有放大却不及第一峰顶，随后是第二次下跌，双重顶基本形成，连结两峰顶画一水平线，通过两峰之间的低点B画一条与AC线的平行线就是颈线。当股价以收盘价向下跌破颈线超过股票市价的3%时，是有效突破。股价突破双重顶的颈线无须成交量放大，但以后继续下跌时，成交量会放大。颈线一旦被跌破，就成了股价反弹的阻力线，而股价突破颈线后的下跌幅度至少为峰顶至颈线的垂直距离（见图9—9（a））。

双重底又称W底，是双重顶的相反形态。它与双重顶的最大区别在于股价从下向上突破颈线时必须有成交量放大配合，否则它的有效性降低双重顶和双重底两峰之间的时间跨度越长，形态规模越大，反转的力度越大，未来股价反转涨跌的幅度就越大。如果两峰之间间隔很近，它们之间只有一次简单的上升或下跌行情，就很可能是整理形态而非大势反转，即股价还会沿着原来的变动方向继续推进（见图9—9（b））。

（三）三重顶和三重底

三重顶和三重底比双重顶和双重底多一个顶部和底部，完成形态所需时间较长，常出现在长期或中期趋势的反转过程中。三重顶的三个顶峰之间时间跨度不一定要相等，三个顶点的股价水平也不一定要完全相等，只要相近即可，但三个顶峰的成交量有逐渐减少的趋势，当第三个顶峰成交量非常小时就出现了下跌征兆。重要的是当股价跌破颈线，即跌破两个谷底的支撑价位时，三重顶形态才算完成。预计股价跌破颈线后的最小跌幅为从顶部最高价至颈线的距离。

三重底是三重顶的相反形态，当它的第三个底部完成，股价向上突破颈线，并有成交量增加相配合时，突破的有效性才能被确认（见图9—10）。

（四）圆形顶和圆形底

圆形顶和圆形底也是反转形态，但较少出现。圆形底的形态是股价缓慢地下跌，成交

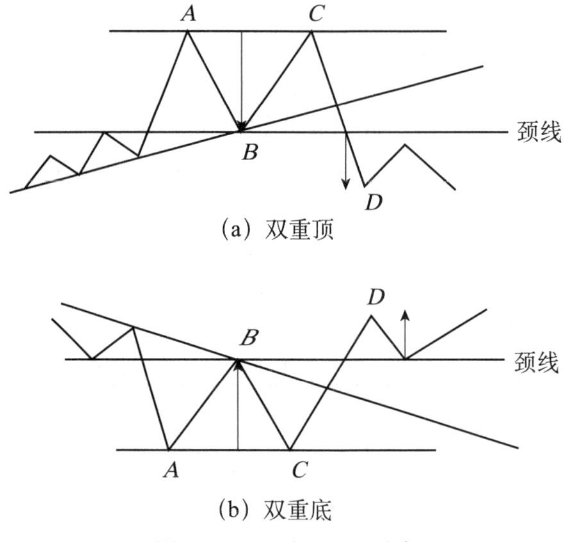

(a) 双重顶

(b) 双重底

图 9—9　双重顶、双重底

量也逐渐萎缩，直至股价和成交量都到无法再下降的水平，股价又渐渐上升，成交量也伴随增加，走出一个圆弧形态。圆形顶则是在股价走势的顶部走出一个圆弧形态，股价随之下跌反转。圆形顶和圆形底的未来股价走势没有精确的测量方法，但圆弧形持续的时间越长，潜在的能量越大，反转后股价走势越强劲（见图 9—11）。

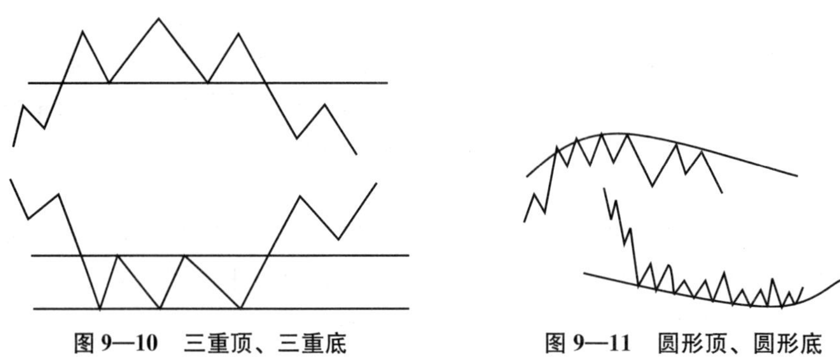

图 9—10　三重顶、三重底　　**图 9—11　圆形顶、圆形底**

二、整理形态

整理形态是不改变股价运动的基本走势，市场仅仅在股价某一水平作出必要的调整，调整完成后股价仍沿着原来的趋势继续运动而不是趋势的反转。整理形态主要有三角形、矩形、旗形等。

（一）对称三角形

这是一种常见的整理形态，在整理形态内股价变动幅度逐渐减小，最高价渐次降低，最低价渐次提高，成交量也相应萎缩，形成一对称三角形形态。整理形态并不改变原来的股价变动方向。如果原来是上升趋势，股价于三角形底部 1/2～3/4 处以长阳线与大成交量配合突破是有效突破，表明股价已脱离盘局，即将展开新的一轮上升趋势。如果原来是下降趋势，股价于三角形 1/2～3/4 处以长阴线向下跌破，跌后不久成交量放大为有效突破，表明股价还将继续下跌。如果股价盘整至超过三角形 3/4 处尚未突破，三角形盘整形态基本失效，表示股价还将盘整。股价突破三角形后，上涨下跌的最小幅度为三角形的高度，显然，三角形形态越大，股价脱离盘整后的走势越强劲（见图 9—12）。

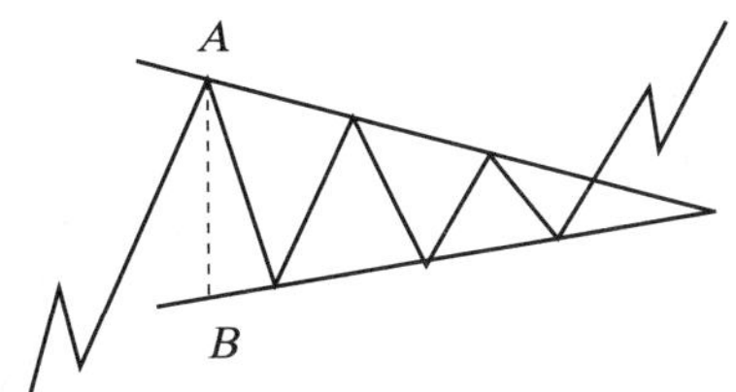

图 9—12　对称三角形

（二）直角三角形

直角三角形分为上升直角三角形和下降直角三角形两种。上升直角三角形是股价上升趋势的中途整理形态，表现为最高价基本为同一水平线，最低价渐次提高，呈斜边向上的直角三角形状。同样，股价在三角形 1/2～3/4 处放量向上突破为有效突破，表示股价将继续上行，突破后的最小涨幅为三角形的高度。下降直角三角形通常发生在下跌趋势中，当确认为有效突破时表明股价走出盘局将继续下跌（见图 9—13）。

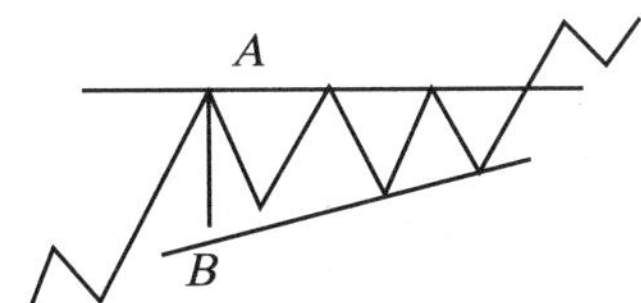

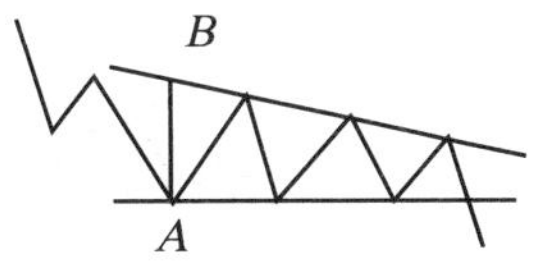

图 9—13　直角三角形

（三）矩形

矩形是股价在两条平行线的区间内横向盘整，成交量也相应萎缩。如果在这一矩形形态中股价上升时的成交量大于下降时的成交量，表示股价有可能向上突破形态；反之，股价则可能向下突破形态。股价向上突破要有成交量放大相伴，突破后股价将继续上升，向下突破则不一定要有成交量放大。股价突破后的最小涨跌幅度为矩形的高度（见图 9—14）。

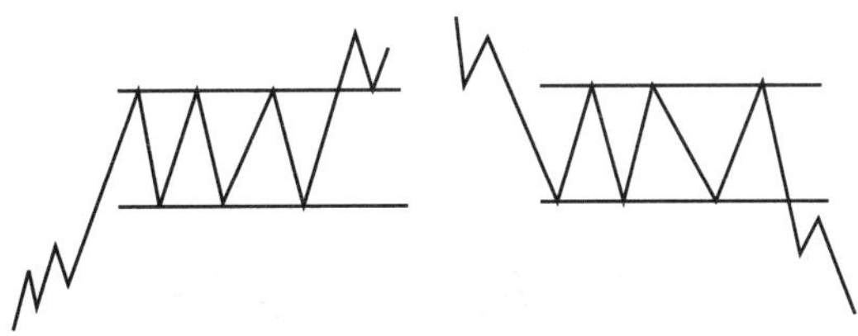

图 9—14　矩形

（四）旗形

旗形是在股价急速上升或下降的中途出现的一种整理形态。在股价急速上升一段后升势受阻，股价开始小幅盘跌，一波比一波低，形成向下倾斜的小平行四边形，成交量很小。股价看似要反转下降，但到旗形末端，突然放量上升，又恢复原来的上升趋势（见图 9—15a）。在股价急速下跌途中跌势受阻，股价开始小幅盘升，一波比一波高，形成向上倾斜的平行四边形，成交量也开始减少，但当股价向下突破时成交量大增，股价又回复至下降趋势，旗形通常在四周之内向预定方向突破，超过三周时，应特别注意。旗形一旦突破，股价又会呈直线快速上升或下跌趋势，上涨或下跌幅度，大约与旗形出现前上涨下跌幅度相同（见图 9—15b）。

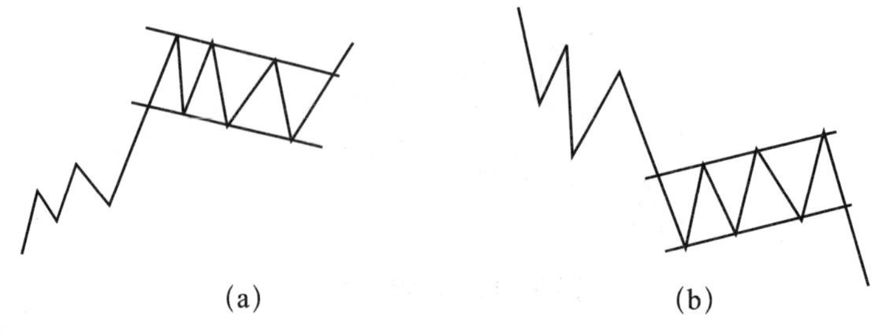

图 9—15　旗形

（五）楔形

楔形与旗形相似，也是一种与原有趋势方向相反的带有倾斜角度的整理形态，只是它的两条趋势线是收敛性的，呈三角形状（见图 9—16）倾斜的楔形是上升趋势中的中期整理。向上倾斜的楔形则是下跌趋势中的中期整理。在形态之内成交量缩小，而突破形态时成交量放大。突破楔形，股价沿原来方向移动。

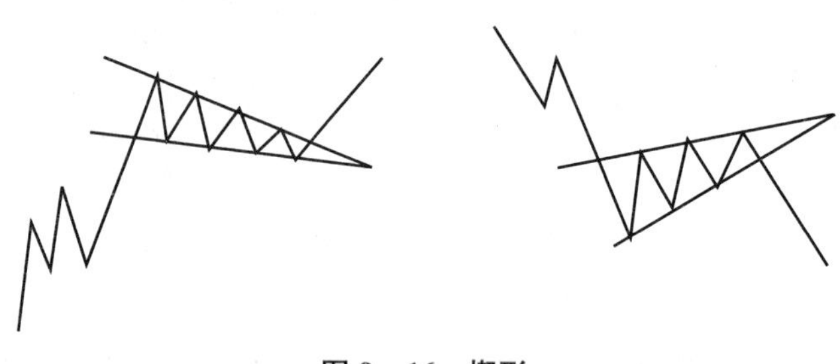

图 9—16　楔形

三、应用形态理论应注意的问题

形态分析是比较早就得到应用的方法，相对比较成熟，尽管如此，也有正确使用的问题。一方面，站在不同的角度，对同一形态可能产生不同的解释，例如，头肩形是反转形态；另一方面，进行实际操作时，形态理论要求完全明朗才能行动，从某种意义上讲，有错过机会的可能。

第五节　移动平均线分析法

移动平均线分析法是指用统计分析的方法，将一定时期内的证券价格（指数）加以平均，并把不同时间的平均值连结起来，形成一根移动平均线，用以观察证券价格变动趋势的一种技术分析方法。

一、移动平均线分析法的基本原理及应用

（一）移动平均线分析法的理论依据

移动平均线分析法的理论依据是道琼斯理论的趋势分析和平均成本的概念。该理论指

出，证券市场价格波动状况可分为长期运动、中期运动和短期变动三种形式。其中长期运动和中期运动是两种主要的形式，其技术分析意义最大，而短期变动的影响相对较小。为了消除短期变动和其他偶然因素对证券价格变动所造成的影响，确认证券价格的变动趋势，可将一定时期内的价格或指数加以平均，即可得到一定时期的平均价格（指数）。它反映了在这一时期内购买该证券的平均成本。将证券的当前价格与平均价格进行比较，可以判断出证券价格的运动趋势。若证券价格在平均价格（指数）之上，则意味着市场的买力（需求）较大，其价格将会继续上升；反之当证券价格落到平均价格之下时，则意味着供过于求，市场卖压较重，其价格将会继续下跌。移动平均理论正是根据上述理论来对未来证券价格的变动趋势作出研判，以作出最佳的投资决策。

（二）移动平均线分析法的计算方法

将一定时期内的证券价格水平运用统计方法加以移动平均，并以此为纵坐标，以时间为横坐标，再将坐标内的各点连结成一平滑的曲线，这就是移动平均线（MA）。

1. 算数移动平均线

证券市场的波动有时是非常剧烈的，短期的振荡使价格差异很大，对研究趋势的走向有干扰作用，为消除这种影响，可以把某个时间段的价格综合起来找一个平均价，则得到一个较为有规律的价格，以日线为例，计算 n 日移动平均线的公式是：

$$\mathrm{MA}_n=\frac{C_1+C_2+\cdots+C_n}{n}$$

以上是计算移动平均线的最常用的基本方法，即算术移动平均线（SMA）。

2. 加权移动平均线

从计算公式可知，在 n 日移动平均线中，每一天价格对平均线的影响均是 n 分之一，这不太符合市场实际情况，以 30 天移动平均线来说，当日价格对未来行情的影响远比 30 天以前的价格对未来的影响重要得多。为使移动平均线能够更确切反映未来趋势，有必要加大最近的日期在移动平均线中的比例，体现其重要性，这就是加权移动平均线（WMA），计算公式如下：

$$\mathrm{MA}_n=\frac{C_1\times1+C_2\times2+\cdots+C_n\times n}{1+2+\cdots+n}$$

3. 指数平滑移动平均线

指数平滑移动平均线（EMA）先计算出第一个移动平均线（或使用起算日的收盘价也可）作为基数，确定移动平均线日数 n。计算从基期起第 t 天的 n 日指数平滑移动平均线的一般公式如下：

$$\mathrm{EMA}_t=\frac{2}{n+1}\times C_t+\frac{n-1}{n+1}\times\mathrm{EMA}_{t-1}$$

移动平均线不仅可用于日 K 线，也可用于周 K 线、月 K 线等等。

（三）移动平均线的种类

根据计算期的长短，移动平均线又可分为短期、中期和长期移动平均线。短期移动平均线代表短期趋势，中期移动平均线代表中期趋势，长期移动平均线代表长期趋势。长期移动平均线方向向上则代表长期趋势上升，可以确定是牛市或叫多头市场；长期移动平均线方向向下则代表长期趋势下降，可以确定是熊市或叫空头市场。

对于短期移动平均线、中期移动平均线、长期移动平均线的具体划分没有确定的说法。试举几种分类法：

（1）短期 MA：0～10 天；中期 MA：10～30 天；长期 MA：30 天以上。

（2）短期 MA：0～15 天；中期 MA：15～60 天；长期 MA：60 天以上。

（3）短期 MA：0～15 天；中期 MA：25～120 天；长期 MA：120 天以上。

经过实践证明，短期移动平均线应在 15 天以下，中期移动平均线在 25～60 天之间，60 天以上为长期移动平均线。西方投资机构非常看重 200 天移动平均线，并以此作为长期投资的依据：若行情价格在 200 天均线以下，属空头市场；反之，则为多头市场。

根据短期线变化快、长期线变化慢的特点可以进行多方面的比较分析，在其他指标中也经常使用短期与长期的比较，所有的短期线都可称为快速线，长期线都可称为慢速线，不局限于移动平均线。

（四）移动平均线的特点

MA 的基本思想是消除股价随机波动的影响，寻求股价波动的趋势。它有以下几个特点：

（1）追踪趋势。MA 能够表示股价的趋势方向，并追踪这个趋势。如果能从股价的图表中找出上升或下降趋势，那么，MA 将与趋势方向保持一致。原始数据的股价图表不具备这个追踪趋势的特性。

（2）滞后性。在股价原有趋势发生反转时，由于 MA 追踪趋势的特征，使其行动往往过于迟缓，调头速度落后于大趋势。这是 MA 一个极大的弱点。

（3）稳定性。根据移动平均线的计算方法，要想较大地改变移动平均的数值，当天的股价必须有很大的变化，因为 MA 是股价几天变动的平均值。这个特点也决定了移动平均线对股价反映的滞后性。这种稳定性既有优点，也有缺点，在应用时应多加注意，掌握好分寸。

（4）助涨助跌性。当股价突破移动平均线时，无论是向上还是向下突破，股价都有继续向突破方向发展的愿望。

（5）支撑线和压力线的特性。由于 MA 的上述四个特性，使得它在股价走势中起支撑线和压力线的作用。MA 被突破，实际上是支撑线和压力线被突破，从这个意义上就很容易理解后面将介绍的葛兰威尔法则。MA 的参数作用实际上就是调整 MA 上述几方面的特性。参数选择得越大，上述特性就越大。比如，突破 5 日线和突破 10 日线的助涨助跌的力度完全不同，10 日线比 5 日线的力度大。

二、移动平均线的应用法则——葛兰威尔（Granvile）法则

了解了移动平均线的概念之后，如何利用这一系统进行市场操作呢？美国技术分析大师葛兰威尔根据 200 天移动平均线与每日股价曲线之间的关系提出了买卖股票的八大法则。

（1）当移动平均线由下跌开始走平，将要转为上涨时，股价线从移动平均线下方向上突破移动平均线，是买入讯号。

（2）股价线向下跌破移动平均线而处于移动平均线下方，移动平均线仍然继续上涨，是买入讯号。

（3）股价线在移动平均线上方，当股价线开始下跌但并未跌破移动平均线时又转向上涨，是买入讯号。

（4）股价线处于移动平均线下方并且出现暴跌，导致股价线距离移动平均线过远时，

是买入讯号。

(5) 当移动平均线由上涨开始走平，将要转为下跌时，股价线从移动平均线上方向下跌破移动平均线，是卖出讯号。

(6) 股价线向上突破移动平均线而处于移动平均线上方，移动平均线仍然继续下跌，是卖出讯号。

(7) 股价线在移动平均线下方，当股价线开始上涨但并未突破移动平均线时又转向下跌，是卖出讯号。

(8) 股价线在移动平均线上方并且出现暴涨，导致股价线距离移动平均线过远时，是卖出讯号。

葛兰威尔移动平均线八大法则共有四个买入讯号和四个卖出讯号，其中的买卖讯号基本是两两对应的，其中第 1 条对应第 5 条，第 2 条对应第 6 条，第 3 条对应第 7 条，第 4 条对应第 8 条。用图形表示八大法则可以更清楚地看到这种对应关系（见图 9—17）。

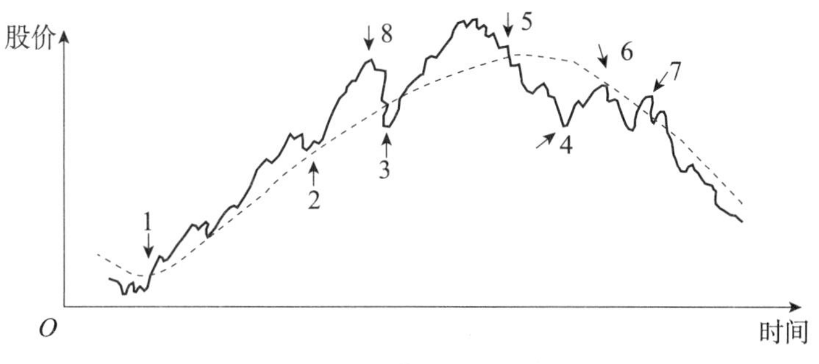

图 9—17　葛兰威尔法则

把八大法则再进行概括，则第 1、5 两条是指股价和移动平均线同方向运行时则趋势确立，MA 上涨则买（第 1 条）、MA 下跌则卖（第 5 条）；当股价和移动平均线反方向运行而股价在移动平均线位置受到支撑则买（第 2 条）、受到阻力则卖（第 6 条）；当股价和移动平均线反方向运行而移动平均线不受股价影响保持原方向时应以移动平均线的方向为依据，MA 上涨则买（第 3 条）、MA 下跌则卖（第 7 条）；当股价和移动平均线之间在短时间内出现拉开距离过远时，股价应向移动平均线回归，靠向移动平均线，向上靠则买（第 4 条）、向下靠则卖（第 8 条）。

现在把葛兰威尔移动平均线八大法则归纳为三句话："同向顺势而为，异向均线为主，太远必回归。"

总之，葛兰威尔移动平均线法则是针对股价和移动平均线的位置关系决定操作方向的，这是依据移动平均线原理进行操作的基础。

在贵州茅台的案例中，我们可采用此方法分析：当平均线从下逐渐转为盘局或上升，股价从平均线下方突破平均线，此为买进信号；当股价突然暴涨，突破且远离平均线，则极有可能回档调整，为卖出时机。

三、平滑异同平均线

（一）指数平滑异同移动平均线（MACD）的原理与计算

指数平滑异同移动平均线（MACD）是以快速移动平均线（短期线）与慢速移动平均线（长期线）相对距离的变化提示买卖时机的指标。它首先以指数平滑计算法（见关于

MA 的讨论）计算出快速移动平均线（一般选 12 日）和慢速移动平均线（一般选 26 日），再以快速线数值减慢速线数值即得到快慢线相对距离的差离值，为使趋势信号更明显并且不受股价过分波动的影响，对差离值也进行平滑计算（一般选 9 日），得到差离值的平均值（简称差离平均值），把差离值和差离平均值画在以时间为横轴、以 MACD 为纵轴的坐标上，通过观察差离值和差离平均值的方向、绝对位置和相对位置关系，把它们的同向、异向和交叉现象作为买卖信号的提示，为使买卖信号更直观，还可以从差离值减差离平均值之差向时间轴（0 轴）引垂直线，得到 MACD 柱状线。MACD 的计算步骤及公式如下：

（1）计算 MACD 首先要选定移动平均线的初值，一般以起始日的收盘价作为指数平滑移动平均线（EMA）的初值。

（2）设 12 日指数平滑移动平均线为 EMA12，26 日指数平滑移动平均线为 EMA26，计算从起始日起的第 n 天 EMA12 和 EMA2：

$$\text{今日 EMA}(12)=\frac{2}{12+1}\times\text{今日收盘价}+\frac{11}{12+1}\times\text{昨日 EMA}(12)$$

$$\text{今日 EMA}(26)=\frac{2}{26+1}\times\text{今日收盘价}+\frac{25}{26+1}\times\text{昨日 EMA}(26)$$

（3）计算差离值 DIF：

$$\text{DIF}=\text{EMA}(12)-\text{EMA}(26)$$

（4）计算从起始日起第 n 天差离平均值（DEA）（即差离值 DIF 的 9 日指数平滑移动平均线）：

$$\text{DEA}=\frac{2}{9+1}\times\text{今日 DIF}+\frac{8}{9+1}\times\text{昨日 DEA}$$

其中，可用第一个 DIF 作为 DEA 的初值。

（5）计算 MACD 柱状线：

$$\text{MACD 柱状线}=\text{DIF}-\text{DEA}$$

（二）MACD 的特性

目前国内外通用 MACD 周期是 12 日移动平均线，在上海证券交易所的实际应用中也功效不凡。此外也有人采用 6 日和 12 日移动平均线计算 MACD，还有以 25 日和 50 日作为周期进行计算者，不同周期的选择取决于不同市场和不同分析者。

在 MACD 图形上有三条线：DIF、DEA 线和 MACD 柱状线。买卖信号就是 DIF 和 DEA 的正负位置和交叉，同时观察 MACD 柱状线的正负和长短。当 DIF 和 DEA 为负值，表明市场目前处于空头市场，即熊市；当 DIF 和 DEA 为正值，表明市场目前处于多头市场，即牛市。

MACD 没有固定的数值界限，其数值围绕零值上下摆动，属摆动指标。一定时期的 MACD 值有一个常态分布范围，其常态数值区间随时期不同会有所改变。

（三）MACD 的意义

MACD 是各种指标中较难理解的，主要原因是它使用了两次指数平滑移动平均的计算，正因为它的两次平滑计算法才更准确地反映了市场的中级趋势走向。在移动平均线理论中有两种重要的位置关系：一种是股价与移动平均线的位置关系，乖离率理论已经把这种位置关系量化了。另一种是短期移动平均线（快速线）与长期移动平均线（慢速线）的位置关系，MACD 理论把这种位置关系予以量化。指数平滑异同移动平均线中的“异同”就是指快速线与慢速线方向相同或相反之意。

MACD 中的差离值 DIF 是快速线与慢速线之差，表示快慢线之间的距离远近。差离平均值 DEA 则表示一定时期内快慢线之间的平均距离。MACD 柱状线表示短期内快慢线距离与一定时期内平均距离的对比。MACD 的买卖信号正是由其代表的意义决定的。

（四）MACD 的应用法则

指数平滑异同移动平均线是利用快速移动平均线和慢速移动平均线，在一段上涨或下跌行情中两线之间的差距拉大，而在涨势或跌势趋缓时两线又相互接近或交叉的特征，通过双重平滑运算后研判买卖时机的方法。

（1）MACD 的计算公式。MACD 是由正负差（DIF）和异同平均数（DEA）两部分组成，DIF 是核心，DEA 是辅助。

DIF 是快速平滑移动平均线与慢速平滑移动平均线的差。在实际应用 MACD 时，常以 12 日 EMA 为快速移动平均线，26 日 EMA 为慢速移动平均线，计算出两条移动平均线数值间的离差值（DIF）作为研判行情的基础，然后再求 DIF 的 9 日平滑移动平均线 DEA，再根据 DIF 与 DEA 的离差 MACD 线，作为买卖时机的判断依据。

（2）MACD 的应用法则：

第一，以 DIF 和 DEA 的取值和这两者之间的相对取值对行情进行预测。其应用法则如下：

① DIF 和 DEA 均为正值，属多头市场。DIF 向上突破 DEA，是买入信号；DIF 向下跌破 DEA，只能认为是回落，作获利了结。

② DIF 和 DEA 均为负值，属空头市场。DIF 向下突破 DEA，是卖出信号；DIF 向上穿破 DEA，只能认为是反弹，作暂时补空。

③ 当 DIF 向下跌破 0 轴线，此为卖出信号，即 12 日 EMA 与 26 日 EMA 发生死亡交叉；当 DIF 上穿 0 轴线时，为买入信号，即 12 日 EMA 与 26 日 EMA 发生黄金交叉。

第二，指标背离原则。如果 DIF 的走向与股价走向相背离，则此时是采取行动的信号。

① 当股价走势出现 2 个或 3 个近期低点时，而 DIF（DEA）并不配合出现新低点，可做买；

② 当股价走势出现 2 个或 3 个近期高点时，而 DIF（DEA）并不配合出现新高点，可做卖。

在贵州茅台的案例中，我们可采用此方法分析：DIF 向上突破 MACD 是买入信号；若 DIF 向下突破 MACD 只能认为是回档，应作获利了结。

（五）MACD 的优点和不足

MACD 的最大优点是比移动平均线提前发出买卖信号，改进移动平均线的滞后反应。它在快速 MA 开始接近慢速 MA 时即发出买卖信号。

MACD 的趋势和买卖信号明显。在移动平均线的买卖信号中有许多时候信号并不明显不易观察，而在 MACD 中的趋势和趋势转折时的买卖信号都十分明显。MACD 图形信号众多，可以提供的参考角度各不相同，使分析者得到的信息量较大，有利于投资决策。

MACD 的买卖信号稳定，较为可靠。在明显趋势中 MACD 的买卖信号一般不会有突然的改变，保证了投资者运用 MACD 时的信心。

MACD 和其他指标一样，有时会发出无效的甚至是错误的买卖信号，事实上这是无法完全消除的，只要依照 MACD 操作的成功概率远大于失败概率，就说明 MACD 是个较好的指标，事实也是如此。为避免 MACD 错误信号的误导，可以采取等待指标“再证实”的手法弥补其不足。“再证实”分两种：“自我再证实”是等待 MACD 第二次发出信号；“其他再证实”是观察其他指标是否发出同样信号。实践证明，“再证实”是弥补 MACD 不足的有力手段。

经典案例

证券投资技术分析案例——江西铜业（600362）

江西铜业股份有限公司（以下简称“公司”）于 2001 年 12 月 21 日发行 2.3 亿股人民币普通股（A 股），并于 2002 年 1 月 11 日在上海证券交易所上市交易。A 股发行以后，公司的股本总额增至人民币 26.6 亿元。公司于 2005 年 7 月 25 日配售增发境外上市外资股（H 股）2.31 亿股，每股面值人民币 1 元。

K 线分析

图 9—18 为江西铜业自 2010 年 8 月中旬以来的 K 线走势图，图中分别选取了几个特点比较明显的 K 线组合进行分析，如早晨十字星、倾盆大雨、射击之星和跳空高开等。

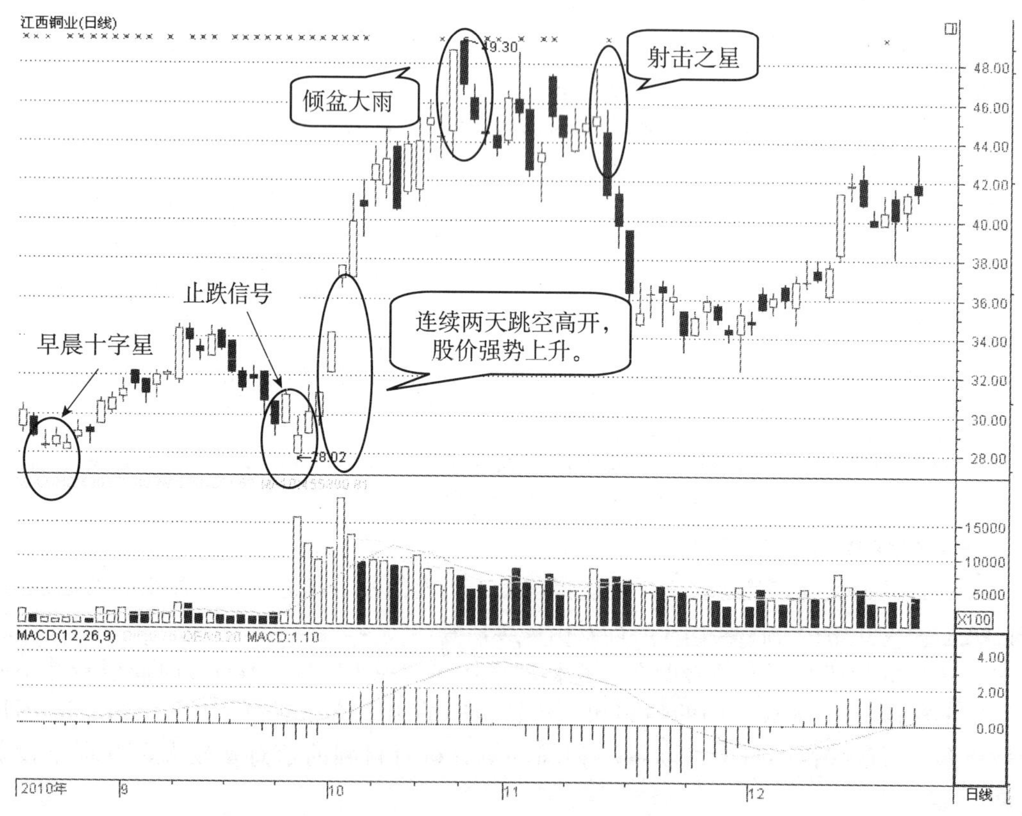

图 9—18 江西铜业的 K 线分析

均线分析

图 9—19 分别选取了 5 日、10 日、20 日和 60 日均线作为分析参考，在对该股的分析中，主要从各均线之间的交叉情况和与股价的偏离情况两方面着手。图中在点 1 处，5 日、10 日和 20 日线互相扭在一起，可知该股在这个时段正处于整理过程中；在图中点 2 处，5 日线从下分别上穿 10 日和 20 日线，10 日线也同样上穿 20 日线，彼此形成金交叉，这是股价上涨的信号；在图中点 3 处，成交量大幅增加，股价跳空高走，使四条均线彼此偏离度较大，说明股价在强势拉升，但是均线与股价的较大偏离，也使这种上升趋势增加了回调的风险。当股价从高位回调至点 4 时，5 日线从上下穿 10 日和 20 日线，10 日线也下穿 20 日线，形成死叉，此时，股价大幅下压，回调至均线之下，这是股价下跌的信号。

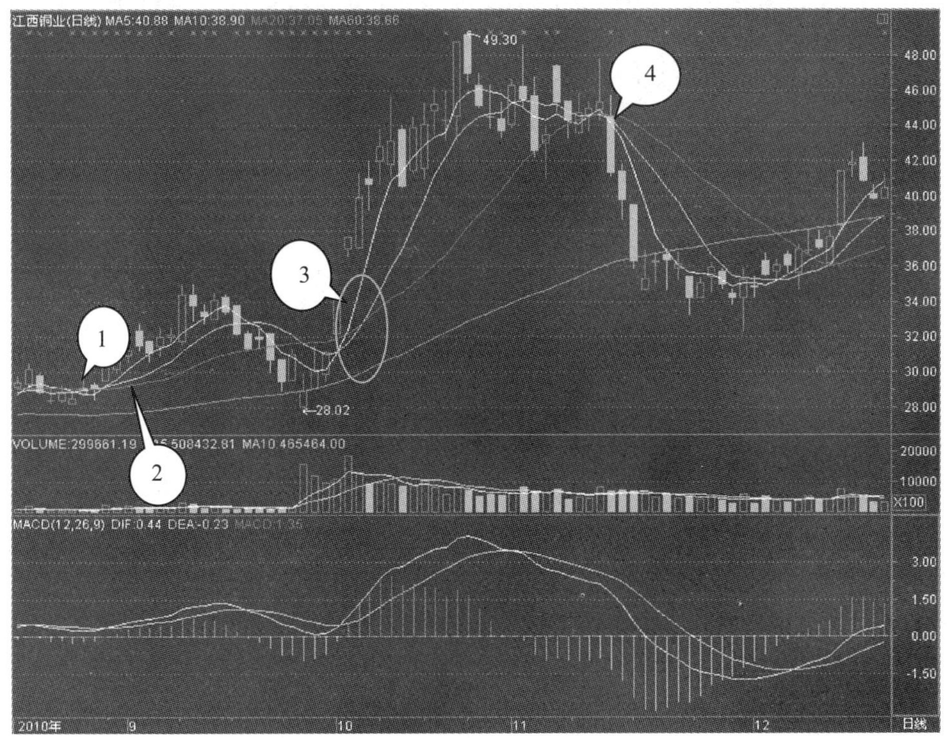

图 9—19　江西铜业的均线分析

轨道线分析

由图 9—20 可知，这是一个上升轨道，该股在此时段内，分别出现了三次比较明显的上升波动，且在最近逐渐形成第四次上升波动。在第三次上升中，巨大的成交量使股价大幅度拉升，偏离了轨道线，但高位整理后，股价终究回调至轨道线内。综上所述，该股在图 9—20 这一时段内，上升轨道的趋势比较明显，股价始终在合理的轨道线内缓慢上升，预计该股后市仍然不改上升的趋势，可以继续持股或者看量做多。

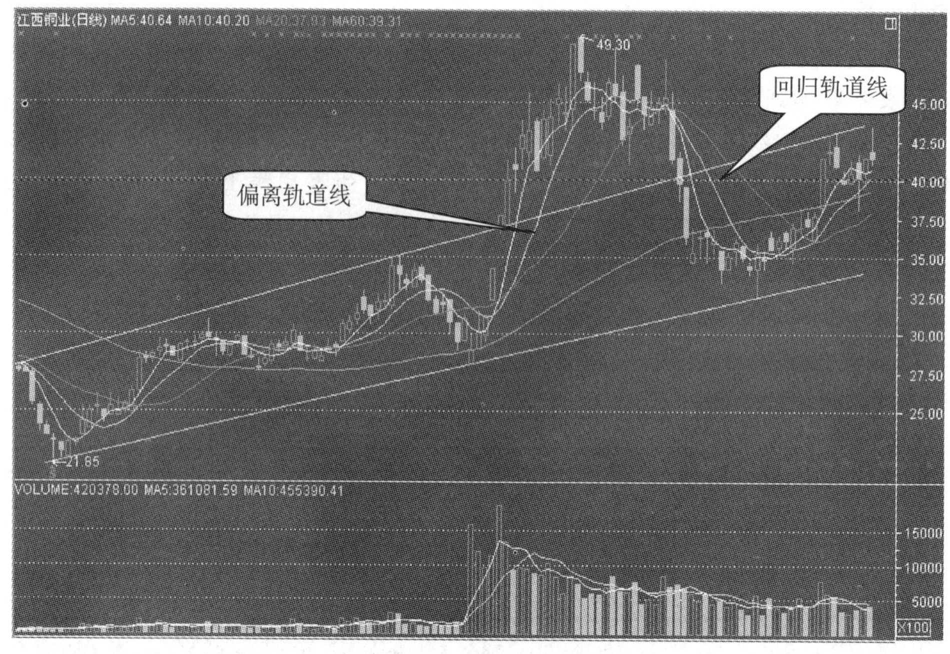

图 9—20 江西铜业的轨道线分析

资料来源：证券之星，http：//stock. stockstar. com/。

第六节 市场指标分析法

在技术分析方法中，股票价格、成交量和时间动态是研究股价趋势的三个重点因素，技术分析专家以这三大因素为依据，提出很多反映市场动态变化的技术指标。这些技术指标有各自的设计依据和变化参数，经实践检验也有程度不同的适用性，但也存在某些方面的局限性。在使用这些技术指标时投资者还要从不同市场特性出发，在实践中修正指标的参数，验证其实用程度，并可用若干指标相互印证，而不可盲目照搬。

一、量价指标分析

在技术分析中，研究量与价的关系占有很重要的地位。一般认为价要有量的支持，甚至认为量在价先，因此，将价与量联系起来分析是一重要方法。对价量的分析可以从股价与成交量、股价指数与成交总额、平均成交量、成交笔数等几个不同角度进行，但它们的原理和意义基本相同。

（一）成交量分析

1. 量价配合分析

成交量是某一交易日中成交的总股数或总手数。一般而言，股价与成交量是同步同向的。成交量增加，表示投资者认同当时的股价，交投增旺，自然将股价进一步推高；成交量递减，表示投资者信心不足，离场观望增多，股价随即回落。当股价持续上升，成交量却没能伴随增加，显得后继乏力时，就出现了量价背离的现象，这往往是股市反转的前兆。在股市处于盘整阶段，股价低迷，成交量极度萎缩，出现低价伴随低量现象。股市要走出盘局必须伴随成交量放大。当股价在低价位区开始出现小幅变动、成交量却明显放大时，很可能会突破盘整局面。

在多头市场的初期，很可能会出现股价急速上涨、成交量也大幅度增加的现象。价格随成交量的递增而上涨，是多头市场的典型特征，这种量增价涨的关系表明股价将继续上升。当股价上升、成交量却无法放大时，可能会出现股价回跌的次级行情。当股价持续上升，不断创出新高价，成交量却无法创新量，甚至出现成交量停顿、萎缩，这很可能是股价趋势即将反转的信号。在股票价格的高价位上，虽然价格仍在高档盘旋，但无法再维持巨大成交量，甚至成交量显著萎缩时，表示股价即将下跌，多头市场已到末期，大势将要反转。

在空头市场的初期，多空双方对大势的认识尚有分歧，部分投资者尚未认识到多头市场已结束，在股价下跌时仍会有很大的成交量。但股价向下跌破股价形态、趋势线或移动平均线，同时又出现大成交量时，就是趋势反转的信号。股价下跌一段时间后，出现恐慌性卖出，成交量放大，股价大幅下跌，成交量萎缩。在空头市场中，成交量随着股价不断创新低而逐渐萎缩，当出现次级反弹时，成交价量略有放大，股价再创新低，成交量也进一步萎缩，直至股价极低、成交量极小时，预示着股市已进入底部。当股市已进入底部，股价回升，成交量并没有递增，说明股价上升缺乏动力，预示着还将跌落。股价跌至谷底附近，成交量再度缩小，是股价将要上涨的信号。当股价在谷底价位区出现大成交量而股价却没有进一步下跌或仅出现小幅度波动时，表示空头市场即将结束，大势将要反转。

2. 股价指数与成交总额分析

成交总额同样是测量股市行情变化的灵敏指标，在多头行情里，成交总额随着股价的上升而增加，这里既有股价因素的作用，也反映了有新的资金进入市场，这是推动股价上升的动力；在空头市场里，成交总额随股价下跌而减少，同样除了股价水平降低的因素外，也有资金撤离市场的影响。所以，分析股价指数与成交额的关系，可从资金的变化上反映价量之间的配合状况。在多头市场里，行情启动时，成交额可能并不是很大，随着股票价格指数的上升，成交总额增加，股价出现回档，成交总额相应减少；股价盘整，成交额再度萎缩；股价上升，成交总额再度扩大，直至当股价上升成交总额不能再扩大，或是股价指数创新高而成交总额却停滞不前甚至有所下降时，上升行情很可能在近期结束。

在空头市场里，股价指数日渐下降，成交总额也急剧萎缩，显示买方日渐衰退；股指略有反弹，成交额相应增加；股价指数盘旋，成交额减少；股价指数再度下降，成交总额进一步萎缩，直至股价指数下跌至极低水平或是虽创新低，而成交总额已不能再萎缩时，下跌行情很可能即将结束。

3. 成交笔数分析

成交笔数分析主要是观察市场人气的聚集和离散，进而研究因人气的变化而可能产生的股价趋势。其分析要点为：当股价处于低价位区时，成交笔数缩小，表示已位于底部，大势可能要反转；当股价处于低价位区时，成交笔数放大，股价上升，表明市场反转，为买入时机；当股价处于高价位区时，成交笔数放大，股价上升，表明仍有一段上升行情；当股价处于高价位区时，成交笔数放大，股价下跌，表明股价即将下跌，为卖出时机。

4. 平均成交量分析

平均成交量是每个交易日的总成交量（或成交额）除以成交笔数的结果。平均成交量分析主要用于观察主力和大户的买卖情况，以此来分析判断近期的价格走势。其分析要点为：平均成交量增大，表示有大额买卖，可能是主力或大户进入市场；平均成交量减少，表明参加交易者多为中小散户。在上升行情启动阶段，股价上升，平均成交量放大，表明有主力入市，行情可能进一步上升；在股价已升至高价位区，平均成交量放大，表明主力开始脱手出货，行情可能下跌；在行情下跌过程中，平均成交量突然放大，表明主力进一步打压，股价可能还会进一步下降；无论在上升行情还是在下跌行情中，平均成交量没有明显变化，表明行情还会维持一段时间。

（二）能量潮（OBV）

1. 能量潮理论

能量潮又称人气指标，由美国投资专家葛兰威尔于 1963 年首次提出。他认为股价走势基本受市场上供求双方力量对比的影响，而成交量的多少是市场人气兴衰的代表，也是股市的动能。因而成交量是股价变化的先行指标，也即常说的先见量后见价。能量潮理论就是利用累计成交量变化来分析市场内人气是否汇集及涣散，进而据以研判股价的走势。能量潮理论成立有三点依据：

（1）交易双方对股票价格的评价越不一致，成交最越大，反之，评价越一致，成交量越小。因此，可用成交量来判断市场人气的兴衰。

（2）股价上升需要的能量大，因而要以成交量放大伴随。股价下跌不必耗费很大能量，因而成交量不一定放大，甚至会有萎缩倾向。

（3）股价波动有惯性可循，但变动到某一点后，总会改变方向。

2. OBV 的计算公式和 OBV 线的绘制

OBV 主要计算累计成交量，其计算方法是：今日收盘价高于上一交易日收盘价，今日成交量为正值；今日收盘价低于上一交易日收盘价，今日成交量为负值；今日收盘价与上一交易日收盘价持平，今日成交量不予计算，然后计算累计成交量。第一次计算 OBV 时，基数可用 0，也可用上一交易日成交量或若干日成交量之和。所采用的成交量可以是成交手数，也可以是成交值，计算的对象可以是股价指数与当日全部成交量，也可以是某一个股的收盘价与成交量（值）。计算公式为：

$$\text{今日 OBV}=\text{上一交易日 OBV}+(\pm 1)\times\text{今日的成交量}$$

式中，±取决于收盘价的高低，当今日收盘价≥上一日收盘价，为+1，否则为−1。

OBV 线是将计算所得 OBV 指标绘于坐标图上，以时间为横坐标、成交量或成交值为纵坐标，将每一交易日计算所得 OBV 值在坐标上标出位置并连结起来成为 OBV 线。

3. OBV 指标与 OBV 线的应用法则

（1）当 OBV 线超过前一波高点时，可视为短线买进信号；当 OBV 线低于前一波低点时，可视为短线卖出信号。

（2）如果股价创新高，而 OBV 线也相应地升至新高点，表明股市会继续目前的上升趋势；反之，若股价持续下跌，OBV 线也相应地下滑，表示目前的下降趋势还将继续。

（3）OBV 线与股价发生背离现象，是判断股市变动是否发生转折的重要参数指标。如果股价继续上升，而 OBV 线却已下降，表明买盘乏力，是卖出信号；如果股价仍在下跌，而 OBV 线已开始上升，表明逢低接手转强，是买进信号。

（4）当 OBV 值从负值转为正值时，有可能形成上升趋势，是买进信号；当 OBV 值从正值转为负值时，有可能形成下降趋势，是卖出信号。

（5）当 OBV 线伴随股价上涨而渐渐上升时，表明买盘逐渐增强，可以买入；当股市已近多头市场末期，股价急剧上升，OBV 线也突然急速上升，表明买盘大量涌入，要考虑卖出股票。

4. OBV 分析的优缺点

OBV 分析的优点是将静态成交量转变为动态指标，投资者可借以分析市场内资金流量的变化。OBV 的指标作为股价的先行指标有一定的预示作用，特别是在 OBV 值与股价发生背离时，其提示作用较明显。例如，当股价处于高价圈或低价圈，突然出现异常的大成交量，或是在股价突破盘局时有大成交量配合都可提示投资者及时研判大势的转折变化。

OBV 分析的主要不足是 OBV 值的计算仅以当日收盘价与上一交易日收盘价作比较，不能反映盘中成交量发生在什么价位区域，尤其是当股价上下剧烈波动时，仅以收盘价计算不能真实反映量价关系，所以也有人提出用最高价、最低价、收盘价的加权平均价来反映当日股市涨跌情况。另外 OBV 分析无法反映成交量变化是否与某些突发消息有关，信号容易失真，所以使用这一方法还要注意股价变动，并要参考其他技术指标同时分析。

二、涨跌指标分析

这一组指标主要是根据股票价格的涨跌来衡量市场买卖双方的力量对比和强弱程度。我们将收盘价的上涨家数、上涨幅度等视为买方力量，收盘价的下跌家数、下跌幅度等视为卖方力量，以它们的对比关系来评估市场供需双方的力量对比及可能的发展趋势。

（一）相对强弱指标（RSI）

1. 相对强弱指标的意义

相对强弱指标（relative strength index，RSI）是目前最流行、最广泛使用的技术分析工具之一。相对强弱指标的依据在于市场的价格走势取决于供需双方的力量对比，当市场上对某一证券的需求大于供给时，价格上扬；当需求小于供给时，价格下降；当供求基本平衡时，价格稳定。相对强弱指标以某一时间内整个股市或某一股票的涨跌平均值作为衡量供需双方力量对比的尺度，并以此作为预测未来股价变动的依据。

$$\mathrm{RSI}(n)=\frac{n\text{ 日内收盘价涨幅平均值}}{n\text{ 日内收盘价涨幅平均值}+n\text{ 日内收盘价跌幅平均值}}\times 100$$

在计算出某一日的 RSI 值以后，可采用平滑运算法计算以后的 RSI 值，根据 RSI 值在坐标图上连成的曲线则为 RSI 线。

RSI 的计算周期和取值区间：计算 RSI 值一般以 10 日、14 日为单位。6 日、12 日、24 日为单位也较为普遍，还有用 5 日、8 日、13 日、21 日为单位的。一般而言，样本数小的 RSI 值易受当日股价变动的影响，图形上下振幅大，而样本数大的 RSI 值受当日股价变动的影响小，图形上下振幅小。计算周期过短或过长发出的信号不是过于敏感就是过于迟钝，对分析股价变动方向都会产生较大误差，所以选择计算周期一般需要根据分析对象价格波动的特性和一般幅度作出决定。

2. 相对强弱指标的研判要点

RSI 值始终介于 1～100 之间，投资者利用 RSI 指标分析的取值区间有人设定在 30～70 之间。有人设定在 20～80 之间，甚至有人设定在 15～85 之间。对取值区间的设定应根据股票市场或个别股票的波动习性以及投资者个人的风险承受能力而决定，对其研判要点简单归纳如下：

（1）当 RSI 值为 50 时，表示买卖双方势均力敌，供求平衡；RSI 在 40～60 之间波动的概率最大，表明市场正处于牛市盘整行情；RSI 在 50 以上表示涨势强于跌势，若 RSI 指标上升至 70 或 80 以上表示已有超买现象，继续上升则表示已进入严重超买警戒区，暗示股价极可能在短期内反转下跌；RSI 在 50 以下表示为弱势市场，若 RSI 指标下跌至 30 或 20 以下，表明已有超卖现象，一旦再度下跌表示已进入严重超卖警戒区，股价有可能止跌回升。

（2）RSI 的最大功能在于图形研判，若将 RSI 线与 K 线等配合分析，可以发现 RSI 线图形能现出清晰的头肩形、头肩底、三角形、M 头、W 底等形状，较容易判断出突破点、买入点和卖出点，还可以利用切线画出支撑线和阻力线以判定股价未来走向。

（3）RSI 指标有比股价指数或个别股票价格先行显示未来行情走势的特征，在股价指数尚未上涨时，RSI 指标已先升，当股价指数未跌时，RSI 指标已先降，尤其在股价峰谷区域特别明显。利用这一特征，可作如下判断：在股市盘整时，RSI 一底比一底高表示多头势强，相反，一底比一底低表示空头势强；股价尚在盘旋，而 RSI 已整理完毕，领先突破趋势线，暗示股价即将突破整理；在股价不断创新高的同时，RSI 也创新高点表示后势仍属强势，可能还会上涨；在股价不断创新低点的同时，RSI 也创新低表示后市仍弱，可能还会下跌；在超买区域 RSI 图形比 K 线图形提早出现顶部或底部图形，如 M 头或 W 底，显示出反转或反弹信号。

（4）背离信号。当 RSI 指标与股价或股价指数呈现反方向变动时，通常是市场即将发生重大变化的信号，当日 K 线图的走势不断创新高，而 RSI 线未能同时创新高甚至出现走低的情形时，表明出现了背离信号，这种背离显示股票价格有虚涨现象，通常是较大反转下跌的前兆；相反，若股价创新低而 RSI 未创新低，暗示股价可能反转上升。

3. RSI 指标的缺点。

RSI 指标虽被普遍使用，但也有些不足之处：

（1）RSI 的计算周期与取值区间要根据市场特征决定，特别是对超买区和超卖区的确定，有时会发生 RSI 信号与实际行情不一致的情形。在特殊的涨跌行情中，RSI 值涨至 95 以上或跌至 5 以下都不足为奇，此时若根据 RSI 发出的信号在 70 附近卖出或在 30 附近买入都隐含着相当的风险。

（2）RSI 值在 40～60 之间变化较为敏感，而 RSI 值在 20 以下和 80 之上区间往往有钝化、失真现象，在使用上要谨慎。

（3）背离信号难以事先确认，有时要二次、三次出现背离信号后行情才真正反转，也有发出背离信号后行情并无反转的情况，因此很难单纯以背离信号确认行情的根本反转。

（二）腾落指标（ADL）

1. 腾落指标的意义

腾落指标（advance-decline line，ADL）是反映股价趋势的常用指标，它利用简单地加减每日股票涨跌家数来计算股市上所有股票的累计涨跌家数。腾落指标不考虑股票发行量或成交量的权数大小，将所有股票等同对待，认为所谓“大势”就是多数股票的共同趋势，即大多数股票上涨就是大势上涨，大多数股票下跌就是大势下跌，通过连续地计算累计涨跌家数反映股票价格走向的趋势。腾落指标的这一特点弥补了加权股价指数的不足。由于大盘股在股价指数中占了较大权数，就给主力操纵大盘创造了条件，让中小投资者产生错觉，有时股价指数上涨而市场上大多数股票价格却没有上涨；有时股价指数大幅下跌而大多数股票价格却跌幅不深。腾落指标以逐个股票的涨跌为依据，计算累计涨跌家数。在多头市场里，不仅股价指数持续上升，每日股票上涨家数也应多于下跌家数，腾落指标也应上升；在空头市场里，不仅股价指数持续下跌，每日股票下跌家数也应多于上涨家数，腾落指标也应下跌。通过将腾落指标与股价指数相互印证，可以分析股价趋势。

2. 腾落指标的计算公式

腾落指标就是将每日股票上涨家数减去下跌家数的累计余额。将每日的腾落指标数值连结起来，就是腾落曲线。腾落曲线走势可用趋势线方式研判，了解其支撑及阻力位。其计算公式为：

$$\text{今日 ADL} = \text{昨日 ADL} + NA - ND$$

即：

$$\text{ADL} = \sum NA - \sum ND$$

式中，NA 为每一个交易日上涨家数；ND 为每一个交易日下降家数。

3. 腾落指标的研判要点

（1）腾落指标与股价指数走势一致时，可进一步确认大势的趋势。当股价指数连续下跌，创新低或是未创新低，ADL 也持续下降甚至连创新低，预计近期内股价还会继续走低。当股价指数持续上升，创新高或未创新高，ADL 也不断上升甚至连创新高，意味着近期内股价还会继续上涨。

（2）当腾落指标与股价指数走势背离时，预示股市可能向相反方向变化。当股价指数持续数日上涨而腾落指标却连续数日下跌时，表示股票涨少跌多，向上攻击动量不足，这种不正常现象难以持久，通常是大势下跌的前兆。当股价指数持续数日下跌而腾落指标却连续数日上升，表示多数股票已止跌回稳，大势底部已近，通常是大势上升的前兆。

（3）腾落指标的变化往往领先于股价指数，如在多头市场里腾落指标领先于股价指数下跌或在空头市场里腾落指标领先于股价指数反转上升，都提示大势可能变化，特别是股价在高价圈腾落指标先形成 M 头，或股价在底部腾落指标先形成 W 底，是卖出买进的信息。

4. 腾落指标的优缺点

腾落指标的优点是计算简便，可弥补加权股价指数的不足，缺点是只能反映大势的变化而不能提示买卖时机和个股的优劣，所以一般不能单独使用而要和其他指标结合运用。

（三）涨跌比率（ADR）

涨跌比率（advance-decline ratio ADR），又称回归腾落指数，采样天数可用 6 日、10 日、14 日、24 日、6 周、13 周、26 周等。采样太小，容易受当日股价变动而产生震荡性变动，从而失去作为重要参考指标的意义；若采样过大，又容易失去敏感性，也无多大参考价值，通常采用 10 日进行移动合计计算。对涨跌比率的研判主要依据以下几点：

$$\text{ADR}(N) = \frac{\sum NA}{\sum ND}$$

① 10 日涨跌比率的常态分布为 0.5～1.5 之间；

② 当涨跌比率值大于 1.5 时，表示股价上涨已超出常态，产生了超买现象，股价容易回跌，是卖出信号；

③ 当涨跌比率小于 0.5 时，表示股价下跌已超出常态，产生了超卖现象，股价可能

会出现反弹或回升，是买进信号；

④ 若股票加权指数与涨跌比率呈背离现象，大势可能即将反转。

三、价差指标分析

（一）威廉指标（WMS%）

1. 威廉指标的意义

这一指标因由拉瑞·威廉提出而命名，主要用于分析多空双方的力量对比，用于判断超买和超卖现象。在运用威廉指标时，首先要决定计算周期。这一计算周期一般是取一个适当的市场买卖循环期的半数。通常一个买卖循环期可取14日、28日或56日，扣除休息日，这些循环期的实际交易日分别为10日、20日和40日，取其半数则为5日%R、10日%R和20日%R。

2. 计算公式

$$\text{WMS}\%=\frac{H_n-C_t}{H_n-L_n}\times 100$$

式中，C_t 为当天的收盘价；H_n 和 L_n 分别为最近 n 日内（包括当天）出现的最高价和最低价；n 为选设时间参数。

3. 威廉指标的研判要点

（1）当WMS%进入80～100区间时，处于超卖状态，表示行情已进入底部，可作为买入时机，WMS%=80这一横线可视作买入线。

（2）当WMS%进入0～20区间时，处于超买状态，表示行情已近顶部，WMS%=20这一横线可视为卖出线。

（3）当股票价格由超卖区（WMS%>80）向上攀升初期，只是表示股价趋势转强，若涨破中轴线（WMS%=50），便开始转为强市，可以买入。当股价由超买区（WMS%<20）回落，仅表示股价趋势转弱，待跌破中轴线方可确认转弱，应予卖出。

（4）当价格进入超买区（WMS%<20）并非表示会立刻回落，在超买区内的波动表示目前仍处于强市，可继续持有股票，直到跌破卖出线（WMS%=20）或跌破过去曾回落至卖出线附近的最低点，便是第一个转向信号，可见机卖出。同样，当股价在底部超卖区（WMS%>80）波动也要等价格突破买入线（WMS%=80）和近期反弹高位，才可以买进。威廉指标计算周期的选择很重要，关系到指标的准确程度，要视市场特点而定。这一指标敏感度较大，比较适合正常波动的股票或股市，对于人为操纵的市场不大合适，最好要与其他指标配合使用方可提高准确度。

（二）随机指标（KDJ线）

1. 随机指标的意义

随机指标或称KDJ线，由乔治·兰恩（George Lane）提出，是一种新颖、实用的技术分析上具。这一指标被广泛地应用于期货市场中，对股票的中短期分析也颇适用。随机指标分析当日收盘价与一定时间内最高价、最低价的比例关系，并以此来分析市场的强弱度，在计算KD值时考虑到近期加权的意义及平滑平均线的意义，是较为敏感的短期指标工。

2. 计算公式

以9日为周期的KD线为例，首先须计算出最近9日内的“RSV”值，即“未成熟随机值”。公式如下：

$$\mathrm{RSV}(9)=\frac{C-L_9}{H_9-L_9}\times 100$$

式中，C 为第 9 日的收盘价；H_9 为最近 9 日内的最高价；L_9 为最近 9 日内的最低价。

其次，对 RSV 进行指数平滑，就得到如下 K 值：

今日 K 值＝2/3 昨日 K 值＋1/3 今日 RSV

最后，对 K 值进行指数平滑，就得到如下 D 值：

今日 D 值＝2/3 昨日 D 值＋1/3 今日 K 值

在介绍 KD 指标时，会附带一个 J 指标，计算公式为：

今日的 J 值＝3D－2K

J 的实质是反映 D 和 K 的差值，使用时就是低吸高抛。

3. 随机指标的应用法则

（1）多空均衡区。当 K、D＝50，为多空均衡区；K、D＞50 为多头市场，当 K 值、D 值回档至 50 时一般会得到支撑；K、D＜50 为空头市场，当 K 值、D 值反弹至 50 时，一般会有压力。

（2）超买超卖。K 值线是短期敏感线，K 值在 90 以上为超买，10 以下为超卖；D 值是中期主干线，当 D 值在 70 以上时为超买，30 以下时为超卖。

（3）KD 线的交叉。K 值大于 D 值，显示目前是上升趋势，当 K 线向上突破 D 线时是较为准确的买入信号；D 值大于 K 值，显示目前是下跌趋势，当 K 线向下跌破 D 线时，是卖出信号。

（4）背离信号。当股票价格创新高或新低，但 K 值、D 值却没有出现相应的新高或新低，便产生了背离信号，这是非常准确的买进卖出时机。

（5）KD 线不仅可用于日线图上，也可用于分时图或周线图，也可短、中、长线兼用。

四、市场指标分析应注意的问题

（1）任何技术指标都有自己的适用范围和应用条件，得出的结论也都有成立的前提和可能发生的意外。因此，不问这些结论成立的条件，盲目绝对地相信技术指标，是要出错的；从另外一个角度，也不能因技术指标有可能出错而完全否定技术指标的作用。每种指标都有自己的盲点，也就是指指标失效的时候。在实际应用中应不断总结，并找出盲点所在，这对应用技术指标时少犯错误是很有益处的。当一个技术指标失效时，应考虑其他技术指标。

（2）在实际应用时，应将多种技术指标结合起来，进行组合分析。应用一种指标容易出现错误，但当使用多个具有互补性的指标时，可以大大提高预测的精度。因此，实际应用时，常常以四五个互补性的指标为主，辅以其他的技术指标，用以提高预测的精度和决策水平。

本章小结

本章主要内容是在一定假设条件下，利用技术手段对市场价格的未来走势作出预测。技术手段包括 K 线、趋势分析、形态分析、移动平均线和指标分析。

关键术语

K 线	趋势线	头肩顶形态	平滑异同平均线
技术指标与价格背离	技术指标交叉	随机指标	相对强弱指标

习题

1. 证券投资技术分析的理论基础是什么?
2. 如何理解交易过程中的价量关系?
3. 什么是平滑异同移动平均线 ?
4. 应用 KDJ 指标应注意哪些方面?
5. OBV 指标在市场分析中有哪些作用?
6. 绘图示意并简要说明支撑线与阻力线的转化。

第十章

证券投资的财务分析

本章要点：

- 上市公司结构分析的内容
- 上市公司财务分析的内容

导入案例

安然财务造假

安然公司成立于1985年，早期主要从事天然气、石油传输等传统业务。进入20世纪90年代后，安然公司进入一个新的发展时期，进行了一系列金融创新，其复杂而又高超的技巧使安然公司得到了“金融创新巨擘”的美称，并且成为美国MBA教材中令人倍加赞赏的案例。安然公司正是利用了这一点，成功地通过会计造假来维持公司不正当的利益。其主要手段有：

第一，构造特殊目的实体（special purpose entity，SPE）。SPE是为了特定目的而构造的实体，是一种金融工具，企业可以通过它在不增加企业资产负债表中负债的情况下融入资金。安然公司为了能为其高速的扩张筹措资金，利用SPE成功地进行了几十亿美元的表外筹资。但是在会计处理上，安然公司未将两个SPE的资产负债纳入合并会计报表进行合并处理，但却将其利润包括在公司的业绩之内。通过这两个SPE，安然公司的合并报表高估利润5亿美元，少计负债25亿美元。

第二，利用复杂的公司体系进行关联交易。安然公司创建的子公司和合伙公司数量超过3 000个，之所以创建这些公司是为了通过关联交易创造利润。媒体所披露的最典型的关联交易发生在2001年第二季度，安然公司把北美3个燃气电站卖给了关联企业，市场估计此项交易比公允价值高出3亿～5亿美元。还将它的一家生产石油添加剂的工厂以1.2亿美元的价格卖给另一个关联企业。而该工厂早在1999年被列为“损毁资产”，冲销金额达4.4亿美元。之所以创建这么多而复杂的公司体系，拉长控制链条，是为了通过关联交易自上而下传递风险、自下而上传递报酬，在信息的披露上把水搅混。

第三，不确定的收益计入本期收益。安然公司所从事的业务，许多是通过与能源和宽带有关的合约及其他衍生工具获取收益，而这些收益取决于对诸多不确定因素的预期。在

IT 业及通信业持续下滑的情况下，安然只将合约对自己有利的部分计入财务报表，并且未对相关假设予以充分披露。

披露虚假会计信息并不能改变公司本身存在的问题，这些问题最终是要败露的。2001 年 2 月 20 日，《财富》杂志称安然公司为“巨大的密不透风”的公司，其公司债务在堆积，而华尔街仍被蒙在鼓里；10 月 16 日，安然公司宣布第三季度亏损 6.18 亿美元；10 月 26 日，安然公司向美联储主席格林斯潘通报了公司的问题；11 月 8 日，安然公司承认自 1997 年以来虚报盈利约 6 亿美元；12 月 2 日，公司股票价格从当年最高每股 90 美元降至每股 26 美分，下降 99%，安然公司只能选择申请破产。是谁对安然的造假提出了质疑呢?

投资者在选择股票之前，一般都会从不同的侧面了解被选股票的公司状况，自觉或不自觉地评价上市公司是否具有成长性，琢磨值不值得投资买入。如何运用一套行之有效的财务分析方法进行科学理性的判断是这一章将要阐述的内容。

第一节　上市公司经营状况分析

一般来说，评价单个上市公司的经营状况可从公司经营管理能力、上市公司的市场状况、公司所属地域和公司在行业发展中的地位等几个方面进行分析判断。

一、公司经营管理能力分析

上市公司经营管理水平对企业的生存和发展至关重要。特别是公司高层核心决策人物的经营管理能力能否得到充分发挥，对一个公司的兴衰具有决定性的意义。例如，1978 年 11 月，美国著名企业家艾柯卡就职濒临倒闭的克莱斯勒汽车公司的第一天，该公司的股票收盘价格比前一天猛升 37.7%。人们预期管理、营销大家艾柯卡带领克莱斯勒汽车公司重新崛起，这就是经营管理带来的变化。考察我国上市公司青岛海尔股份有限公司的成长历史，可以说没有张瑞敏的管理思想在海尔的生根，今天的世界就不会诞生“海尔”这个享誉海内外的知名品牌。先进的管理思想和卓越的企业家管理团队是企业腾飞的双翼。

（一）公司管理人员素质和能力分析

管理人员的素质是指一个人的品质、性格、学识、能力、体质等方面特征的总和。具体包括：从事管理工作的愿望；专业技术和能力；良好的道德品质修养；人际关系协调能力及综合能力。尤其是高层管理人员的综合能力、人际关系协调能力更为重要。朱镕基在国有企业领导人培训座谈会上指出：“企业经济管理者素质的提高，决定着企业的兴衰成败。”

（二）公司管理风格和经营理念分析

管理风格是企业管理过程中所一贯坚持的原则、目标、方式等方面的总称。经营理念是企业发展一贯坚持的一种核心思想、员工坚守的基本信条、企业制定战略目标及实施战术的前提条件和基本依据。若是稳健型的经营理念和管理风格，其企业的成长特点是发展较为平稳、少有大起大落、较难获得高额利润、跳跃性增长的可能性较小；若是创新型的经营理念和管理风格，其企业成长的特点是可能获得超常规的发展，但风险也较大。

（三）业务人员素质和创新能力分析

主要分析公司业务人员业务的熟悉程度、必要的专业技术能力、对企业的忠诚度、工作的责任感、团队合作精神等。对员工的素质进行分析，可以判断公司发展的持久力和创新能力。

二、上市公司的市场状况分析

对上市公司的市场状况分析可以从产品的竞争能力和市场占有率等方面着手。

（一）产品竞争能力分析

产品优势是指公司的产品依靠低成本获得高于同行业其他企业的盈利能力。企业一般通过规模经济、专有技术、优惠的原材料和低廉的劳动力实现成本优势。如格兰仕公司初期以低成本战略成为中国最大的微波炉制造企业。

技术优势是指企业拥有比同行业其他对手更强的技术实力及研发能力。具体表现为公司的技术装备程度、生产能力、产品技术含量、专利商标和知识产权状况、技术人员实力等。企业新产品的研发能力是决定企业竞争成败的关键因素，因此企业一般都确定一定比例的研发费用。对这些费用进行纵、横向对比分析，可以发现公司技术状况的变化以及在同行业中的地位，企业是否有潜在竞争能力等。

$$研发费用比率=\frac{研发费用}{销售收入}$$

$$员工培训费用比率=\frac{员工培训费用}{销售收入}$$

$$广告费用比率=\frac{广告费用}{销售收入}$$

质量优势是指公司的产品以高于其他公司同类产品的质量赢得市场，从而取得竞争优势。消费者在选择商品时，产品质量始终是看重的一个因素。一切成功的企业都无一例外地看重自己的产品质量。品牌是质量、性能、满足消费者效用可靠程度的综合体现。

（二）市场占有率分析

公司的产品市场占有率越高越好。市场占有率是企业的生命之本。如美国的可口可乐产品遍及全球，在每个销售区，其市场占有率都是当地饮料品牌的三强之一。

$$市场占有率=\frac{本企业产品销售收入}{该种产品市场总量}$$

三、公司所属地域的分析

一般来说公司所属的地域，也会成为影响公司股票价格的一个因素。上市公司所从事的行业与当地的自然和基础条件应相符，这样才有利于公司的发展。上市公司的主营业务应符合当地政府的产业政策，如地区内优先发展和扶持的产业，相应的财政、税收、信贷等方面就会有优惠措施。这样，区域内的企业就会获得诸多的政策支持，对上市公司的进一步发展有利，上市公司的发展空间与优势应符合本区域的经济发展环境、条件与水平、经济发展现状等，要有别于其他区域的特色。例如，20 世纪 90 年代中期，深圳本地的上市公司在深圳证券市场的优异表现，就是因为它们享有经济特区的地域优势和多项优惠政策。在后来，中国的长江三角洲、珠江三角洲和环渤海地区也是中国快速发展的主导区域，地处这些地区的主导产业的上市公司也得到迅猛发展。

四、公司在行业中的地位分析

对公司的行业地位分析包括三方面的内容：是否是领导企业、是否有价格影响力、是否有竞争优势，以此判断公司在行业中是否具有领先地位。一般来说，在大多数行业中，无论其行业平均利润如何，总有部分企业比其他企业具有更高的盈利能力。公司的行业地位决定了其盈利能力是高于还是低于行业平均水平，决定了其行业的竞争地位，衡量公司行业地位的主要指标是产品的市场占有率和行业综合排序。

经典案例

彼得·林奇25条股票投资黄金法则

1977—1990年，彼得·林奇成为麦哲伦（Magelian）基金的基金经理人。期间，麦哲伦基金管理的资产由2 000万美元增长至140亿美元，基金的年平均复利报酬率达29%，1977年投资人若投资1万美元在麦哲伦基金，到1990年就可以得到28万美元！基金投资人超过100万人，成为富达的旗舰基金，并且是当时全球资产管理金额最大的基金，其投资绩效也名列第一。取得巨大成就的彼得·林奇，被称为“第一理财家”、“首屈一指的基金管理者”、“投资界的超级巨星”。其投资法则如下：

(1) 投资很有趣，很刺激，但如果你不下功夫研究基本面的话，那就会很危险。

(2) 作为一个业余投资者，你的优势并不在于从华尔街投资专家那里获得的所谓专业投资建议。你的优势其实在于你自身所具有的独特知识和经验。

(3) 过去30多年来，股票市场被一群专业机构投资者所主宰。但是与一般人的想法正好相反，这反而使业余投资者更容易取得更好的投资业绩。

(4) 每只股票后面其实都是一家公司，你得弄清楚这家公司到底是如何经营的。

(5) 经常出现这样的事，短期而言，比如好几个月甚至好几年，一家公司业绩表现与其股价表现毫不相关。但是，长期而言，一家公司业绩表现与其股价表现完全相关。

(6) 你得弄清楚你持股的公司基本面究竟如何，你得搞明白你持有这只股票的理由究竟是什么。不错，孩子终究会长大的，但是，股票并非终究会上涨的。

(7) 想着一旦赌赢就会大赚一把，于是大赌一把，结果往往会大输一把。

(8) 把股票看做是你的小孩，但是养小孩不能太多，投资股票也不能太多，太多你就根本照顾不过来了。因此，我建议，业余投资者在任何时候都不要同时持有股票5只以上。

(9) 如果你怎么也找不到一只值得投资的上市公司股票，那么就远离股市，把你的钱存到银行里，直到你找到一只值得投资的股票。

(10) 永远不要投资你不了解其财务状况的公司股票。让投资者赔得很惨的往往是那些资产负债表很差的烂股票。

(11) 避开那些热门行业的热门股。冷门行业和没有增长的行业中的卓越公司股票往往会成为最赚钱的大牛股。

(12) 对于小公司股票来说，你最好躲在一边耐心等待，等到这些小公司开始实现盈利时，再考虑投资也不迟。

(13) 如果你打算投资一个正处于困境之中的行业，那么一定要投资那些有能力渡过难关的公司股票，而且一定要等到行业出现复苏的信号。

(14) 如果你在 1 只股票上投资 1 000 美元，即使全部亏光也最多不过是亏损 1 000美元，但是如果你耐心持有的话，可能就会赚到 1 000 美元甚至 50 000 美元。业余投资人完全可以集中投资少数几家优秀公司的股票，但基金经理人根据规定不得不分散投资。

(15) 在任何一个行业，在任何一个地方，平时留心观察的业余投资者就会发现那些卓越的高成长公司，而且发现时间远远早于那些专业投资者。

(16) 股市中经常会出现股价大跌，那些没有事先准备的投资者会慌忙低价割肉，逃离股市，许多股票会变得十分便宜，对于事先早做准备的投资者来说反而是一个低价买入的绝佳机会。

(17) 每个人都有投资股票赚钱所需要的知识，但并非每个人都有投资股票赚钱所需要的胆略，有识且有胆才能在股票投资上赚大钱。

(18) 总是会有事让人担心。不要为周末报刊上那些危言耸听的分析评论而焦虑不安，也不要理会最近新闻报道中的悲观预测言论，不要被吓得担心股市会崩盘就匆忙卖出。放心，天塌不下来，除非公司基本面恶化，否则坚决不要因恐慌害怕而抛出手中的好公司股票。

(19) 根本没有任何人能够提前预测出未来利率变化、宏观经济趋势以及股票市场走势。不要理会任何未来利率、宏观经济和股市预测，集中精力关注你投资的公司正在发生什么变化。

(20) 如果你研究了 10 家公司，你就会找到 1 家远远高于预期的好公司。如果你研究了 50 家公司，你就会找到 5 家远远高于预期的好公司。在股市中总会让人惊喜的意外发现，那就是业绩表现良好却被专业机构者忽视的好公司股票。

(21) 不研究公司基本面就买股票，就像不看牌就打牌一样，投资赚钱的机会很小。

(22) 当你持有好公司的股票时，时间就会站在你这一边，持有时间越长，赚钱的机会越大。耐心持有好公司股票终将有好回报，即使错过了像沃尔玛这样的优秀公司股票前 5 年的大涨，未来 5 年内长期持有仍然会有很好的回报。

(23) 如果你有胆量投资股票，却没有时间也没有兴趣做功课研究基本面，那么你的最佳选择是投资股票投资基金。

(24) 在过去 10 年里，美国股市平均投资收益率在全球股市中仅仅排名第 8。因此，你可以购买那些投资于海外股市且业绩表现良好的基金，从而分享美国以外其他国家股市的高成长。

(25) 长期而言，投资于一个由精心挑选的股票或股票投资基金构成的投资组合，业绩表现肯定要远远胜过一个由债券或债券基金构成的投资组合。但是，投资于一个胡乱挑的选股票构成的投资组合，还不如把钱放到床底下更安全。

资料来源：(美) 林奇、(美) 罗瑟查尔德：《彼得林奇教你理财》，宋三江、罗志芳译，北京，机械工业出版社，2010。

第二节　上市公司财务分析

目前，在我国上海和深圳两家证券交易所上市的公司已达两千多家，投资者购买其中的一种股票，就等于选择了这家上市公司。那么投资者投资股市是如何合理规避风险、获得一定的投资收益呢？除了进行宏观经济分析和行业经济分析外，还必须对上市公司本身进行科学合理的分析，其中，上市公司的内部财务状况是构成分析的主要内容。

上市公司财务状况是上市公司经营状况的货币表现，也是投资者评价上市公司股票质量的主要参考依据。按照我国《证券法》财务公开的原则要求，上市公司必须定期把公司财务报表上报证券交易所，并按时在国内指定的主要证券传媒上披露。

一、财务分析的主要依据

进行财务分析的主要依据是企业的三类财务报表。它通常是指上市公司的资产负债表、利润表（或损益表）和现金流量表等。

（一）资产负债表

资产负债表是公司在某一特定时点（往往是年末或季末）财务状况的静态报告。它是公司主要的综合财务报表之一。资产负债表反映公司资产、负债和股东权益之间的平衡关系，它是分析、判断公司财务状况、偿债能力大小、资本结构是否合理和流动资金是否充足的依据。

资产负债表由“资产”和“负债＋所有者权益”两部分组成，每一部分各项目的排列以流动性的高低为序。资产负债表的“资产”部分反映的是公司的各类资产、物资、债权和权利，“负债＋所有者权益”部分，负债表示公司所应支付的所有债务；所有者权益表示公司的净值，即在偿清债务之后公司股东所拥有的资产价值。资产、负债和所有者权益的关系可用公式表示为：资产＝负债＋所有者权益。具体内容见表10—1。

表10—1　　××股份公司资产负债表

×年×月　　单位：元

资产	年初数	年末数	负债及所有者权益	年初数	年末数
流动资产：			流动负债：		
货币资产			短期借款		
短期投资			应付票据		
应收票据			应付账款		
应收账款			预收账款		
减：坏账准备			其他应付款		
应收账款净额			应付工资		
预付账款			应付福利费		
其他应收款			未交税金		
存货			未付股利		
待摊费用			其他未交款		
待处理流动资产损失			预提费用		
一年内到期的长期债券投资			一年内到期的长期负债		

续前表

资产	年初数	年末数	负债及所有者权益	年初数	年末数
流动资产合计			流动负债合计		
长期投资			长期负债：		
固定资产：			长期借款		
固定资产原价			应付债券		
减：累计折旧			长期应付款		
固定资产净值			其他长期负债		
固定资产清理			长期负债合计		
在建工程			所有者权益：		
待处理固定资产损失			股本		
固定资产合计			资本公积		
无形资产及递延资产：			盈余公积		
无形资产			其中：公益金		
递延资产			未分配利润		
资产合计			所有者权益合计		
			负债及所有者权益合计		

（二）利润表

利润表反映企业在某一会计核算期的盈利状况。它与资产负债表的区别是：反映一定时期的不同财务状况。利润表反映企业一个会计期间内的收入、费用、利润变化的情况，是投资者分析公司经营业绩、经济效益和利润分配情况的依据，对公司在行业中的竞争地位、持续发展能力作出判断。利润表主要包括以下几方面内容：

（1）主要业务利润。主要业务利润由主营业务收入减去相关费用得出。

（2）营业利润。在主营业务的基础上，加上其他业务利润，减去营业费用、管理费用和财务费用后得出。

（3）利润总额。营业利润加上投资收益、补贴收入、营业外收支净额后得出利润总额。

（4）净利润。利润总额减去计入损益的所得税费用后得到净利润。

利润表的具体内容见表10—2。

表10—2　××股份公司利润表

×年×月　　单位：元

项目	行次	本月数	本年累计数
一、产品销售收入	1		
减：产品销售成本	2		
产品销售费用	3		
产品销售税金及附加	4		
二、产品销售利润	5		
加：其他业务利润	6		
减：管理费用	7		
财务费用	8		
三、营业利润	9		
加：投资收益	10		
营业外收入	11		

续前表

项目	行次	本月数	本年累计数
减：营业外支出	12		
加：以前年度损益调整	13		
四、利润总额	14		
减：所得税	15		
五、净利润	16		
加：年初未分配利润	17		
盈余公积转入数	18		
六、可供分配的利润	19		
减：提取法定公积金	20		
提取法定公益金	21		
七、可供股东分配的利润	22		
减：已分配优先股股利	23		
提取任意公积金	24		
已分配普通股股利	25		
八、未分配利润	26		

（三）现金流量表

现金流量表综合了资产负债表和利润表提供的财务信息，它反映的是一定会计期间内利润表和资产负债表各要素变动对现金流量的影响。

现金流量表为投资者提供企业在一定会计期间现金和现金等价物流入流出的信息，帮助投资者了解和判断企业获取现金和现金等价物的能力。因此，投资者可以把现金流量表作为评价企业支付能力、偿债能力以及经营周转情况的依据。现金流量表主要包括三部分内容：

1. 经营活动产生的现金流量

这一部分反映的是企业由于正常经营活动导致的现金的收支变化，采取直接法和间接法可以计算获取经营活动产生的现金流量，通过它可以了解企业经营活动产生的现金流量是否可以偿还负债、支付股利以及对外投资。

2. 投资活动产生的现金流量

现金流量表中投资活动不单单包括通常所指的短期投资和长期，还包括企业对固定资产的投资与处置，通过投资活动产生的现金流量，可以了解企业为获得未来收益的现金流量而出现的现金流出程度，以及以前投资所带来的现金流入情况。

3. 筹资活动产生的现金流量

筹资活动产生的现金流入来源于应付票据、长期债务以及所有者权益的增加，现金流出来源于上述账户余额的减少，比如，债务的清偿、股份的回购等等。给股东发放的现金股利同样属于筹资活动的现金流出。

三个部分的现金流量的净值变化被称为企业现金流量的净值，现金流量表提供了资产负债表和利润表所不能反映的一些财务细节性信息。现金流量表的详细内容见表10—3。

表 10—3

××股份公司现金流量表

×年×月

单位：元

项目	行次	金额
一、经营活动的现金流量		
销售商品或提供劳务收到的现金		
投资的现金收益		
实际收到的增值税		
其他的现金收入		
现金流入小计		
购买货物支付的现金		
支付借款信息		
交纳的税款		
其中：交纳所得税		
支付的增值税		
支付职工工资		
其他以现金支付的款项		
现金流出小计		
经营活动产生现金净额		
二、投资活动现金流量		
对外投资取得现金		
出售固定资产收回现金净额		
现金流入小计		
购买固定资产支付现金		
购买股票支付现金		
购买债券支付现金		
现金流出小计		
投资活动产生的现金净额		
三、筹资活动的现金流量		
发行股票收到的现金		
向外借款收到的现金		
现金流入小计		
支付股利付出的现金		
偿还债务付出的现金		
筹资活动发生的费用		
融资租赁固定资产支付的租赁费		
现金流出小计		
筹资活动产生的现金净额		
四、非常性项目的现金流量		
捐赠支出现金		
五、汇率折算差额		
六、现金流量净增加额		
七、补充资料（略）		

二、财务状况分析的方法

（1）比率分析法。就是以同一期财务报表上若干重要会计科目之间的相关数据，用比率来反映它们之间的关系，据以评价公司的经营活动，以及公司目前和历史状况的一种方法。

（2）比较分析法。它是通过对同行业之间、公司不同时期之间各项财务指标进行直接对比，以判断公司财务状况和经营发展趋势的一种方法。

三、财务状况分析的内容

一般来说，投资者利用上市公司财务报表进行分析时，主要从以下三方面分析。

（一）公司的获利能力

获利能力是指赚取利润的能力，它是投资者最为关心的内容之一。因为投资者的证券投资收益中一部分就是从公司的盈利中取得的，加之公司盈利的增加经常是股价上涨的直接原因，股价上涨还可使投资者获得价差收益。衡量公司获利能力的常用财务指标主要有以下几方面：

1. 资产收益率

资产收益率是指企业资产总额中平均每百元所获得的纯利润。它是衡量公司运用资产所获经营效益的指标，数值越高越好，原则上不应低于同期银行利息率。资产收益率的计算公式为：

$$资产收益率=\frac{税后利润}{平均资产总额}\times 100\%$$

式中，平均资产总额=(期初资产总额+期末资产总额)÷2。

2. 资本收益率

资本收益率是指公司税后盈利与资本总额的比率，是衡量公司运用所有资本所获经营效益的指标。其计算公式为：

$$资本收益率=\frac{税后利润}{资本总额}\times 100\%$$

式中，资本总额即所有者权益。

3. 主要业务利润率

主要业务利润率是指主营业务与主要业务成本的比率。它是衡量公司产品的利润幅度大小、产品技术含量高低、业务垄断性强弱的指标。只有当公司主营业务利润率较高时，才能在竞争中占据优势地位。其计算公式为：

$$主要业务利润率=\frac{主要业务利润}{主要业务成本}\times 100\%$$

4. 销售利润率

销售利润率是指税后利润与销售收入的比率，它是衡量在扩大销售的同时，是否提高盈利水平。其计算公式为：

$$销售利润率=\frac{税后利润}{销售收入}\times 100\%$$

5. 普通股每股收益

每股收益是指扣除优先股股利后的利润与普通股总股数的比率，它是衡量股票投资价值最重要的指标。其指标数值越高，股东投资效益越好。其计算公式为：

$$普通股每股收益=\frac{税后利润-优先股股利}{普通股总股数}$$

6. 市盈率

市盈率又叫本益比，是每股市价与每股税后净利的比率，它经常被用来衡量企业的盈利能力，以及反映投资者对风险的估计，即投资者愿意支付多少价格换取公司每一元收益。其计算公式为：

$$市盈率=\frac{每股市价}{每股税后利润}$$

它是市场对公司共同期望的指标，市盈率越高，表明市场对公司越看好，所以发展前景看好的企业，市盈率也就越高，反之亦然。但在市场过热投机气氛浓厚时，常有被扭曲的情况。

7. 投资市盈率

投资收益率是分析股权资本盈利率的重要指标，该指标反映公司利用资金进行长短期投资的获利能力，也是投资者作出投资决策的重要参考依据之一。一般来说，这一比率越大，说明股权资本盈利率越大，对投资者越有吸引力。其计算公式为：

$$投资收益率=\frac{投资收益}{平均长、短期投资额}\times 100\%$$

式中，平均长短期投资额＝（期初长短期投资额＋期末长短期投资额）÷2。

在安然事件中，首先发现其问题的是一家有着良好声誉的短期投资机构老板吉姆·切欧斯，在2001年初，公开对安然的盈利模式表示了怀疑。他指出，虽然安然的业务看起来很辉煌，但实际上赚不到什么钱，也没有人能够说清安然是怎么赚钱的。据他分析，安然的盈利率在2000年为5%，到了2001年初就降到2%以下，对于投资者来说，投资回报率仅有7%左右。切欧斯还注意到有些文件涉及了安然背后的合伙公司，这些公司和安然有着说不清的幕后交易，作为安然的首席执行官，斯基林一直在抛出手中的安然股票，而他不断宣称安然的股票会从当时的70美元左右升至126美元。

经典案例

我国证券市场自建立以来最严重的一起证券欺诈案件——琼民源

1988年7月海南民源现代农业发展股份有限公司在海口注册成立，1993年4月30日，以琼民源A股（证券代码：0508）的名义在深圳证券交易所上市。上市后的第二年，“琼民源”公司便开始走下坡路，经营业绩不挂，其股票无人问津，在1995年公布的年报中，“琼民源”每股收益不足0.001元，年报公布日（1996年4月30日）其股价仅为3.65元。时隔数月，1997年1月22日和2月1日，琼民源在《证券时报》上刊登的年度报告和补充公告称，1996年该公司实现利润5.7亿余元，本年度资本公积金增加6.57亿元。年报登出后，市场反应强烈，琼民源由垃圾股变成了投资者追捧的“绩优股”，加上10送3的题材，取代深发展成为深市走强的领头羊，该公司股价波动异常。从1996年4月1日的2.08元，涨至1997年1月的26.18元，在不到一年的时间里升幅高达16倍！

琼民源业绩的突变，引起管理层和投资者的疑虑。1998年4月29日，由有关部门组成的调查组进行了长达一年多的调查之后，公布：琼民源1996年年度报告和补充公告所称1996年“实现利润5.7亿余元”、“资本公积增加6.57亿元”的内容严重失实，虚构利润5.4亿元、虚增资本公积6.57亿元。其中5.4亿元虚构利润是琼民源在未取得土地使用权的情况下，通过与关联公司及他人签订的未经国家有关部门批准的合作建房、权益转让等无效合同编造的；而6.57亿元资本公积是琼民源在未取得土地使用权、未经国家有关部门批准立项和确认的情况下，对四个投资项目的资产评估而编造的。

1998年11月，北京市第一中级人民法院就“琼民源案”作出一审判决：琼民源原任董事长马玉和因犯提供虚假财务会计报告罪，被判处有期徒刑三年；公司聘用会计班文昭也以同等罪名被判处有期徒刑二年，缓刑二年。据悉，这是1997年10月实施新刑法后，首次使用证券犯罪条款判处的个案。在查处案件的同时，监管部门着手琼民源重组工作。

1998年12月4日，北京住总宣布入主琼民源；1999年6月8日，股东大会通过了“发起设立，定向发行，等量置换，新增发行”重组方案。1999年7月12日，中关村（证券代码：000931）上市，琼民源终止上市资格。

资料来源：赵迪：《资本的崛起》，北京，机械工业出版社，2011。

（二）公司的偿债能力

偿债能力高低即安全性高低。投资者在追求高收益的同时应注意防范风险，以确保投资的安全。有时公司的获利能力与偿债能力并不完全成正比。有时公司当前盈利不错，但资金结构不合理，偿债能力差，因而潜藏着极大的风险，投资者应从短期偿债能力和长期偿债能力两个方面加以分析。

1. 短期偿债能力分析

短期偿债能力是指公司用流动资产支付流动负债的能力。衡量短期偿债能力的主要指标有：

（1）流动比率。该指标反映流动资产与流动负债的比率关系。其计算公式为：

$$\text{流动比率}=\frac{\text{流动资产}}{\text{流动负债}}$$

它说明每元负债究竟要几元流动资产来抵偿，因此，有时也称为“营运资金比率”。一般情况下，较高为好，但不能太高，否则无从体现公司的经营效益。

（2）速动比率。该指标是判断企业短期偿债能力高低的重要工具，而且适用于评价流动资产总体的变现能力情况。其计算公式为：

$$\text{流动比率}=\frac{\text{现金}+\text{短期有价证券}+\text{应收账款净额}}{\text{流动负债}}$$

$$=\frac{\text{流动资产}-\text{存货}-\text{待摊费用}-\text{预付货款}}{\text{流动资产}}$$

速动比率中的速动资产主要由现金、短期有价证券、应收账款等项目组成，而不包括存货在内。在分析时，一般认为这个比率为1.0比较合适，这表示企业有能力在较短的时间内支付全部流动债务。但是，由于地区差异以及行业差异，也允许低于1.0的速动比率。另外，在使用时还要考虑应收账款的变现质量，为保险起见，最好以应收账款的净额作为计算依据。

（3）现金比率。该指标反映各类现金资产对流动资产的比率。其计算公式为：

$$现金比率=\frac{现金及其等价物}{流动资产}$$

式中，现金及其等价物即现金资产，一般认为现金比率越高越好，这说明现金类资产在流动资产中所占的比重也就越大，这时变现损失的风险也就越小，并且不必等待太长的时间。根据经验，这项比率为0.1左右较为合适，但主要应和同行业的平均水平相比较，因为比例高虽然有较强的偿债能力，但也说明了企业资金运用上的低效率。

（4）现金对流动负债的比率。该指标反映现金类资产对流动负债的比值，是分析企业短期偿债能力最为严格的指标，表示每1元流动负债中有多少现金类资产可直接、即时抵付。其计算公式为：

$$现金负债比率=\frac{现金及其等价物}{流动负债}$$

（5）应收账款周转率。该指标反映赊销净额与应收账款全年平均余额的比率，它显示一个会计周期内赊销账款的回收能力。说明在会计年度内应收账款转化为现金的平均次数，比率越高，表明收款速度越快，坏账损失越少，偿债能力越强。其计算公式为：

$$应收账款周转率=\frac{赊销净额}{应收账款平均余额}$$

在计算这个比率时应注意：公式的分子部分是赊销净额，但一般较难在公司的财务报表中找到，所以，可以用主营业务收入来代替。比率的分母部分可以使用应收账款的平均余额表示。

（6）存货周转率。该指标反映特定会计期间内，营业成本对同期存货平均余额的比率关系，用以衡量企业存货周转的速动，以及检验企业的商品销售能力与经营业绩。其计算公式为：

$$存货周转率=\frac{营业成本}{存货平均余额}$$

2. 长期偿债能力分析

长期偿债能力反映企业运用长期债务产生的结果，并在一定程度上影响所有者权益和企业的财务结果。因此，企业面临的是如何确定所有者权益与负债之间比率关系的问题。

（1）所有者权益比率。该指标反映所有者权益与资产总额的比率。其计算公式为：

$$所有者权益比率=\frac{所有者权益总额}{资产总额}\times 100\%$$

一般来说，所有者权益比越高被认为是低风险、低报酬的财务结构；所有者权益比率越低，是高风险、高报酬的财务结构。

（2）长期负债比率。它是从总体上判断企业财务状况的一个指标，是长期负债与资产总额的比率。其计算公式为：

$$长期负债比率=\frac{长期负债}{资产总额}\times 100\%$$

一般来看，对长期负债比率的分析要把握以下两点：首先是与流动负债相比，长期负债比较稳定，要在将来几个会计年度之后才偿还，所以公司不会面临很大的流动性不足风险，短期内偿债压力不大。其次，与所有者权益相比，长期负债是有固定偿还期、固定利息支出的现金来源，但其稳定性不如所有者权益。如果长期负债比率过高，必然意味着所有者权益比率较低，公司的资本结构风险较大，稳定性较差，在经济衰退时期会给公司带来额外风险。

(3) 所有者东权益与固定资产比率。它是衡量公司财务结构稳定性的一个指标，是所有者权益总额与固定资产总额的比率。其计算公式为：

$$所有者权益与固定资产比率=\frac{所有者权益总额}{固定资产总额}\times 100\%$$

该比率越大说明资本结构越稳定。

(4) 利息支付倍数。该指标反映的是一个企业每一期获得的利润总额与所支付的固定利息费用的倍数关系，被用来衡量企业利用所获取的利润总额来承担支付利息的能力。其计算公式为：

$$利息支付倍数=\frac{税息前利润}{利润费用}$$

一般情况下，这个倍数越大越好，表示企业有充足能力偿付利息。

(三) 公司经营能力的分析

经营能力是衡量公司资产运作和管理效率的一种财务指标。这些指标主要有：

1. 现金周转率

该指标反映企业本期收入与现金及等价物的比值。其计算公式为：

$$现金周转率=\frac{经营收入}{现金及其等价物}$$

这里的“经营收入”可以用现行报表中“主营业务收入”来代替。这个比率显示企业运用现金的效率高低。

2. 应收账款周转天数（或应收账款周转率）

该指标反映应收账款在年度内转为现金的平均次数；应收账款周转天数是用时间表示的应收账款的平均回收期，其计算公式为：

$$应收账款周转天数=\frac{360}{应收账款周转率}$$

$$应收账款周转率=\frac{销售收入}{应收账款平均余额}$$

企业应收账款周转率越高，平均收账期越短，说明应收账款的回收管理效率越高，否则企业的营运资金过多地呆滞在应收账款上，影响资金的正常运转。

3. 存货周转天数（或存货周转率）

该指标反映的是在流动资产中存货所占的比重。特别是存货的流动性将直接影响企业的流动比率。存货周转率是衡量和评价企业购入存货、投入生产、销售收回等环节管理状况的综合指标，它是销售成本被平均存货所除而得到的比率，或叫存货的周转次数，而用时间表示（360÷存货周转率）就是存货周转天数。一般来说，存货存货周转速度越快，存货的占有水平越低，流动性越强，则变现能力越强。

$$存货周转率=\frac{产品销售成本}{存货平均余额}$$

4. 营业周期

是指企业从存货开始到销售并回收现金为止的这段时间。其计算公式为：

$$营业周期=存货周转天数+应收账款周转天数$$

一般情况下，营业周期越短，说明企业资金周转速度越快，企业的各方面管理效率都比较高。

5. 总资产周转率

该指标反映的是企业当期经营收入对总资产的比率，它测定总资产对收入所做的贡献程度，判断企业资产运用效率如何。其计算公式为：

$$总资产周转率=\frac{销售收入}{平均资产总额}$$

总资产的周转速度越快，反映企业经营能力越强，而企业也可通过薄利多销的办法加速资产的周转，带来利润绝对额的增加。

总而言之，企业各项资产的周转指标用于衡量企业运用资产赚取收入的能力，经常与盈利能力指标结合使用，以全面评价企业的盈利能力。

6. 利润留存率

是指公司税后盈利减去应发现金股利的差额和税后盈利的比率。利润留存越高，表明公司发展后劲越强；利润留存越低，则公司发展后劲越弱。其计算公式为：

$$利润留存率=\frac{税后利润-应发股利}{税后利润}\times 100\%$$

7. 股利发放率

又称股利支付率、派息率，是指公司派发的普通股股利在其税后净收益中所占的比率。其计算公式为：

$$股利发放率=\frac{每股股利}{每股净收益}\times 100\%$$

股利发放率也是投资者十分关心的指标。对股东而言，在公司净收益相同的情况下，股利发放率越高，就意味着投资收益越高。但绝不能因此简单地认为股利发放率越高越好，股利发放率的高低取决于公司的股利支付方针，公司要考虑经营扩张资金需求、财务风险高低、最佳资本结构来决定支付股利的比例。

四、财务分析中应注意的问题

（1）财务报表数据的准确性、真实性与可靠性。财务报表是按会计准则编制的，它们合乎规范但不一定反映公司的客观实际。

（2）财务分析结果的预测性调整，应当预测公司经济环境和经营条件可能发生的变化，对财务分析结果进行调整。

（3）进行财务比率分析时，要剔除由于公司增资行为而带来的对财务指标的非经营性影响，对财务分析结果进行调整。

经典案例

中国资本市场第一收购案——宝延风波

1993 年 9 月 30 日，一个令人兴奋又不敢相信的消息使人们惊呆了：宝安要收购延中了！中国的证券市场翻开了新的一页。令许多国际企业、金融界人士为之兴奋的事情在中国股市出现了——这便是收购。

背景

上海延中实业股份有限公司，截至1992年末注册资本2 000万元，总计2 000万股，其中法人股占总股份的9%，个人股占总股份的91%，延中实业是当时少见的“三无”股——无国家股、无法人股、无外资股（B股）。公司经营范围：主营文化办公机械、塑料制品，兼营电脑磁盘、录像机、磁带、家用电器、服装鞋帽、日用百货、针棉织品、装潢材料、合成材料等。1992年主要财务指标为：流动比率1.36；速度比率1.26；应收账款周转率4.64；所有者权益比率72.19%；股本净利率20.62%；每股净资产5.25（元）；存货周转率5.80%；营业净利率22%；资产报酬率2.83%；净值（所有者权益）报酬率3.92%；总资产周转率12.7%。从以上指标可以看出，延中实业公司的财务结构偏于保守，由于公司的周转性指标较差，影响了公司的盈利水平。总资产周转率、应收账款周转率和存货周转率全面偏低。公司利润总额中投资收益已超过70%，这也是周转率低的一个原因。但是，无论利润来源于何处，从资产报酬率和净值报酬率的角度看，公司的盈利水平总是偏低的。

宝安企业集团主要经营业务项目包括：房地产业、工业区开发、工业制造和“三来一补”加工业、仓储运输工业、商业贸易和进出口贸易、酒店经营和服务、金融证券业等。1991年组建股份公司，对能源、交通、通讯、建材等基础产业增加了投资，并拓展了电子技术、生物工程等高技术领域的业务，向区域性、多元化、多层次有跨国经营的企业集团迈进。

收购

宝安企业集团选中了延中实业。主观上，宝安公司有足够的经济实力、管理能力和股市运作经验；客观上，延中的“薄家底”和几年来不尽如人意的经营业绩，正给了宝安可乘之机。首先，延中的规模小，股份分散。其次，延中股本小，仅3 000多万元，依宝安实力，收购或控股不存在资金上的问题。第三，延中公司的章程里没有任何反收购条款。延中在经营性质范围上与宝安同属综合性企业，控股之后对改善延中的管理、拓展宝安上海公司的业务有很大好处。

宝安开始行动了。首先宝安集团下属的三家企业——宝安上海公司、宝安华东保健用品公司和深圳龙岗宝灵电子灯饰公司受命，担任此次收购的主角。调集资金，准备9月中旬大规模收购延中股票。

9月14日，延中股价为8.8元，此后，股价每日向上走高，但每日价格上扬不高，一般仅在几分至两角之间。而此时宝安正大量吃进延中的股票，市场上的圈内人士开始流传宝安的秘密计划。

9月29日，宝安上海公司已持有延中股票的4.56%，宝安华阳保健用品公司和深圳龙岗宝灵电子灯饰公司已分别持有延中股票达4.52%和1.657%，合计10.6%，早已超出5%。

9月30日，宝安公司计划下单扫盘，至此宝安公司已拥有延中股票的15.98%。宝安公司发出公告，本公司于本日已拥有延中实业股份有限公司发行在外的普通股5%以上。

几天之内，收购与反购之战愈演愈烈，宝安、延中分别在各自智囊团的支持下，通过新闻媒介展开唇枪舌剑。10月9日，宝安集团董事长曾汉雄在深圳表示，为了顾全大局，为了中国股市蓬勃发展，也为了不损害广大投资者的利益，宝安希望能妥善解决“宝延风波”。曾汉雄还说：“我们持有延中18%的股份，出发点是为了推进转换经营机制，为了推动中国股市健康发展，从根本上说也是按中央有关加速转换企业经营机制合理配置资源的精神做的。这一点大方向应肯定，不要从技术上加以否定。”延中则坚持：“我们认为宝安18%的持股中，除5%以外的股份其余都是不合规范取得的，因此在证券委未裁决前，我们不考虑召开临时股东大会。”

证监会认定，在买卖延中股票过程中，宝安集团及其关联企业在信息披露等方面存在违规行为，比如：当宝安第一次发布公告的时候，它和关联企业实际持有的延中股份已达到了10.65%，远超5%的警戒线。同时，在发布公告的当天下午宝安公司又继续大量买进，将持股量增至17.07%。对此，证监会也认定宝安违规，但也确认宝安所购买的延中股权有效。

当时，中国证券行业发展还处于初级阶段，许多规章制度不够完善，或者说不具备实践性，因此造成两家企业各持己见、纷争不断。

资料来源：赵迪：《资本的崛起》，北京，机械工业出版社，2011。

本章小结

本章主要内容是上司公司结构分析，包括公司经营管理能力分析、公司市场状况分析、公司所属地分析和公司在行业中的地位分析；上司公司的财务分析的主要依据、方法和内容，其中财务分析的内容主要有公司获利能力、公司偿债能力和公司经营能力的分析。

关键术语

上市公司　　资产负债表　　利润表　　现金流量表

偿债能力　　盈利能力　　经营能力

习题

1. 简述公司基本面分析的主要内容。
2. 简述公司财务分析的主要内容。
3. 试推荐一只股票，并简要说明理由。

案例分析

蓝田股份造假

1996年蓝田公司在股票发行申报材料中，伪造了沈阳市土地管理局《关于沈阳蓝田股份有限公司国有土地使用权处置方式的批复》（沈土发［1995］61号）和两份土地证以及三份沈阳市人民政府地价核准批复，对沈阳土地局未批准处置的两块公司土地作了违规处置，按评估结果计入公司总资产，由此虚增公司无形资产1 100万元；伪造了公司及下属企业三个银行账户1995年12月份银行对账单，共虚增银行存款2 770万元，占公司1995年财务会计报告（合并资产负债表）中银行存款额（4 420万元）的62%；在股票发行申报材料中，将公司股票公开发行前的总股本由8 370万股改为6 696万股，对公司国家股、法人股和内部职工股数额作了相应缩减。对上述缩减公司股本的重大事项，公司在申请股票公开发行及股票上市之后，未作公开披露；1993年4—10月，公司将全部内部职工股在沈阳证券登记有限公司集中托管。1995年11月6日—1996年5月2日，公司已托管的内部职工股在沈阳产权交易报价系统挂牌交易。对此，公司未在招股说明书中披露。

思考

1. 蓝田公司为什么要伪造材料和蓄意隐瞒有关信息呢?
2. 蓝田公司虚增哪些财务指标?
3. 对投资者造成了什么影响?
4. 投资者选择股票时应该注意哪些问题?

第四部分

证券投资理论

第十一章

投资组合理论

本章要点：

- 金融风险的概念和分类
- 可行集的定义和图形
- 有效集
- 最优组合
- 无风险借贷

导入案例

情人节——投资理财谁是真爱？

情人节不仅仅是爱人们的狂欢，更有金融机构扎堆挤进了这个市场。在“钱紧”且投资市场疲软的2014年情人节，如何做一个多情又多金的投资者？我们手里高端大气的金钱玫瑰又该投给哪些有“钱途”的“情人”？如果总是斩获微薄，你有没有“累觉不爱”？

余额宝：关心则乱

2014年3月12日早上，微博网友发帖称余额宝一般在早上6点左右就可以看到前一日收益，但当时已7点多依然没看到，一些用户还贴出了截图，上面赫然写着“暂无收益”四个大字。部分网友还担心会不会是余额宝出了问题，甚至一些官方微博也开始出现转载，有的还调侃说：“马云是不是睡过头了？”；“就是存入上百万的土豪也稳不住啊！余额宝还好吗？”一时间，余额宝没有在凌晨发放收益，都成为互联网的大事件了。

上午9点09分，余额宝官方微博发布公告，称“由于系统升级，收益稍后发放。粉儿们别急，一分也不会少。”上午11点左右，余额宝官方微博再次发出一条微博，称收益已经发放完毕，请大家查收。

次新股：爱恨交织

2014年1月份IPO重新开闸以来，新股频频出现大幅上涨，多只股上市首日因涨幅过大而被盘中临时停牌。节后第一个交易日即2月7日，6只次新股涨停；本周一即2月10日，14只次新股涨停；2月11日，11只次新股涨停。12日共有17只次新股盘中出现涨停。这已是次新股在节后第四个交易日现大面积涨停潮。以1月23日上市的众信旅游为例，较之发行价，涨幅已超过1.5倍，是涨势最牛的次新股之一，该股已被停牌核查。

次新股的涨停潮让人目不暇接，采访中，一些散户戏称这跟春晚上小彩旗的旋转一样，“根本停不下来”。有十年投资经验的南京股民王先生昨天告诉记者，他以前被朋友称作打新达人，但是这次IPO重启后，他发现打新时手里要有一定的老股了，门槛提高了，打不起了。因此他把目光投向了频频涨停的次新股，“很想挂到啊！遗憾的是，我最近曾经挂了两次新股，都是在新股上市日或第二天，按涨停价挂单，但没成交。”

思考

如果你目前有一笔资金，是交给支付宝打理还是打新股？作为投资者，应当如何操作才能兼顾好投资的风险和收益之间的关系？

第一节　什么是金融风险

风险是一个十分常见却又十分模糊的概念。经济学界对风险的定义主要有“主观说”和“客观说”两种。前者认为风险是指发生损失的不确定性，后者则认为风险是可以用客观尺度加以度量的客观存在的事物。

一、金融风险的定义

金融风险是风险中最常见、最普遍且影响最大的一种风险，实务界和理论界都十分关注金融风险。关于金融风险的定义也可分为两种，一种认为金融风险是在金融活动中，由于各种经济变量尤其是金融变量发生不确定的变化，从而导致行为人蒙受损失的可能性；另一种认为金融市场的风险是指金融变量的各种可能偏离行为人期望值的可能性及其幅度。从后一个定义可以看出，风险中既包含对行为人不利的一面，也包含着有利的一面，可能值可能低于也可能高于期望值，因此风险绝不是亏损的同义词。换句话说，风险大的金融资产，其最终实际收益率并不一定比风险小的金融资产低，而常常是风险大收益也大，故有收益与风险相当之说。

经典案例

吉林信托又曝兑付危机，涉10亿元矿产项目

中诚信托诚至金开项目30亿元兑付风波（见本章结尾的“案例分析”）总算是有惊无险，在2014年春节前夕刚性兑付，让投资者过了个平安年。但购买“吉信·松花江（77）号山西福裕能源项目收益权集合资金信托计划”的投资者就没那么幸运了，在前三期均逾期兑付的情况下，此款信托项目的第四期又出现了逾期兑付，整个项目共6期，涉及资金近10亿元。

吉信·松花江（77）号的产品推介书显示，信托资金用于山西联盛能源有限公司受让山西福裕能源有限公司子公司投资建设的450万吨洗煤项目、180万吨焦化项目以及20万吨甲醇项目的收益权，募集的资金用于这三个项目建设。

该项目的增信措施为“由山西福龙煤化有限公司提供连带责任保证，由山西联盛实际控制人邢利斌、李风晓提供无限连带责任保证。”实际上，吉信·松花江（77）号并没有任何实物抵押，融资方、担保方实际均为山西联盛实际控制人邢利斌、李风晓。

而在2013年11月29日，山西省柳林县法院召开新闻发布会，宣布受理山西最大的民营煤炭企业——山西联盛能源有限公司及其下辖公司等12家企业的重整申请。根据柳林县法院公布的数据，目前联盛能源金融负债近300亿元，已基本失去债务清偿能力。

对于吉林信托是否会成为打破“刚性兑付”第一家，业内资深人士分析，联盛能源还不上钱是大概率事件，但打破“刚性兑付”概率不大，最终的解决办法很可能效仿中诚信托诚至金开项目，找一家接盘方接盘解决此事。

吉林信托在2012年4月披露的吉信·松花江（77）号的管理报告显示，这一信托计划总共有六期，募集总金额为97 270万元，期限均为两年期。一期成立于2011年11月17日，规模为24 490万元；二期成立于2011年11月30日，规模为13 950万元；三期成立于2011年12月29日，规模为8 940万元；四期成立于2012年2月8日，规模为28 900万元；五期成立于2012年2月20日，规模为10 000万元；六期成立于2012年3月12日，规模为10 900万元。托管方均为建行山西分行。

该项目前三期已于2013年末到期，却迟迟没有兑付。近日到期的第四期项目也出现了延期兑付的情况。

近几年来，矿产类信托项目兑付风险一波未平一波又起。信托公司最早开始涉猎矿产类信托是在2008年，直到2010年在国家积极推动资源整合的大背景下，各信托公司加入到煤矿行业的技术改造和并购融资中，掀起了一波煤炭行业整合潮，矿产类信托开始风靡，近两年发行数量才逐渐减少。

发行量减少但兑付风险却没有减少，业内人士普遍认为，2014年矿产类产品的兑付风波很可能会更多。2014年进入矿产项目集中兑付时间，据用益信托数据不完全统计，2014年到期兑付的矿产类信托产品规模至少在113.33亿元以上。涉及13家信托公司，共计40款矿产类信托产品。其中，中融信托有9款产品，长安信托有7款产品，中信信托有4款产品。

对于矿产类信托项目频频爆出兑付风险的原因，用益信托研究员帅国让表示，由于2012年5月份以来，煤矿行业产能过剩，煤炭市场进入整体低迷，产品入库压港，企业资金回流不畅，导致融资方资金链断裂，到期无法兑付。帅国让还表示，煤炭市场供过于求的现状短期内难以改变，还有一定的下跌空间，煤炭企业的经营状况也将受到很大的考验。所以，大部分信托公司近年来减少了对于矿产类项目的发行。投资者进行此类项目的投资时，也应该保持谨慎。

二、收益与风险的测定

（一）单个证券的收益与风险

投资收益是指初始投资的价值增值量（以税后增值计），该增值来源于两部分：现金收入（股利收入或利息收入）和资本利得（或资本损失）。

投资收益率用投资收益与初始投资额的百分比表示，因此证券投资单期的收益率可定义为：

$$r=\frac{d_t+(P_t-P_{t-1})}{P_{t-1}} \tag{11.1}$$

式中，r 为收益率；d_t 为第 t 期的现金收入；P_t 为第 t 期的证券价格；P_{t-1} 为第 $t-1$ 期的证券价格，而（P_t-P_{t-1}）代表该期间的资本利得或资本损失。

风险投资中，由于风险证券的收益不能事先确知，投资者只能估计各种可能情况、出现的概率及收益的大小，那么风险证券的收益率通常用统计学中的期望值来表示。期望收益率就是各种情况下收益率的加权平均，权数取各种情况出现的概率，其表达式如下：

$$\bar{r} = \sum_{i=1}^{n} r_i p_i \tag{11.2}$$

式中，$\bar{r}$ 为期望收益率；r_i 为第 i 种可能的收益率；p_i 为收益率 r_i 发生的概率；n 为可能情况的数目。

一般情况下，实际发生的收益率与期望收益率的偏差越大，投资于该证券的风险也就越大，因此对单个证券的风险，通常用统计学中的方差或标准差来表示。标准差是指各个收益率相对于期望收益率的方差的平方根，可用公式表示为：

$$\sigma = \sqrt{\sum_{i=1}^{n} (r_i - \bar{r})^2 \cdot p_i} \tag{11.3}$$

式中，σ 为标准差。

（二）证券组合的收益与风险的衡量

证券组合是指投资者将不同的证券按一定比例组合在一起作为投资对象。实际上，投资者很少把所有财富都投资在一种证券上，而是构建一个证券组合。由 n 种证券构成的组合的预期收益率就是组成该组合的各种证券的预期收益率的加权平均数，权数是投资于各种证券的资金占总投资额的比例，用公式表示为：

$$\overline{r_p} = \sum_{i=1}^{n} \omega_i \overline{r_i} \tag{11.4}$$

式中，ω_i 为投资于证券 i 的资金占总投资额的比例或权数，并且 $\sum_{i=1}^{n} \omega_i = 1$；$R_i$ 为证券 i 的预期收益率；n 为证券组合中不同证券的总数。

计算由 n 种证券组成的组合的方差，需要计算 n 种证券情形下方程式（11.5）所表示的双重求和，双加号 $\sum\sum$ 意味着把方阵（$n \times n$）的所有元素相加，从而有 n^2 项相加：

$$\sigma_p^2 = \sum_{i=1}^{n} \sum_{j=1}^{n} \omega_i \omega_j \sigma_{ij} \tag{11.5}$$

式中，n 为组合中不同证券的总数目；ω_i 和 ω_j 分别为证券 i 和证券 j 投资资金占总投资额的比例；σ_{ij} 为证券 i 和证券 j 可能收益率的协方差。

对于 σ_{ii} 协方差来说，由于 $\sigma_{ii} = \rho_{ii}\sigma_i\sigma_i$，任何证券自身的相关系数 ρ_{ii} 可以被证明为 1，这意味 $\sigma_{ii} = 1 \times \sigma_i\sigma_i = \sigma^2$，这恰是证券 i 的标准差的平方，即证券 i 的方差。可见双重求和中包含了方差以及协方差。

第二节　投资组合理论

1952 年，马柯维茨发表了《证券组合选择》。该论文被公认为标志着现代证券组合理论的开端。马柯维茨模型所考虑的问题是单期投资问题。投资者的决策就是要从一系列的可能的证券组合中选择一个最优的证券组合，这样一个决策问题于是被称作（证券）投资组合选择问题。按照马柯维茨的想法，投资者需要找到一个最佳的证券组合。这个最佳组合最能满足投资者对于风险和收益的平衡关系。

一、可行集

从几何的观点看，以期望收益率 r_p 为纵坐标、标准差 σ_p 为横坐标，那么，就可在 $r_p\sigma_p$ 坐标系中确定一个点。因此，每个证券组合都对应于 $r_p\sigma_p$ 中的一个点。反过来，$r_p\sigma_p$ 中的某个点有可能反映一个特定的证券组合。如果投资者选择了全部的可以选择的投资比例，那么，每个证券组合在 $r_p\sigma_p$ 中的点将组成一个 $r_p\sigma_p$ 中的区域。这个区域就是可行集。可行集中的点所对应的组合才是有可能实现的证券组合。可行集之外的点是不可能实现的证券组合。

一般来说，可行集的形状像伞形，如图 11—1 中由 A、N、B、H 所围的区域所示。在现实生活中，由于各种证券的特性千差万别，因此可行集的位置也许比图中的更左或更右，更高或更低、范围更大或更小，但它们的基本形状大多如此。

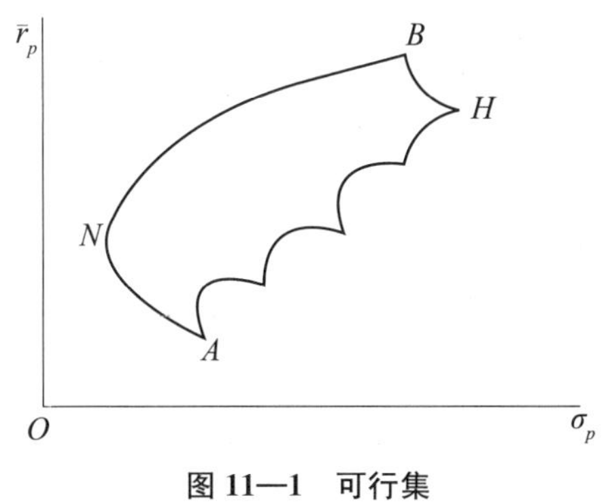

图 11—1　可行集

二、不满足性和厌恶风险

大量事实证明，投资者普遍是偏好高的期望收益而厌恶风险的，因而人们在投资决策时希望期望收益越大越好、风险越小越好。马柯维茨首先对投资者关于收益和风险的态度给出了两个基本的假设：一个是不满足性，另一个就是厌恶风险。

1. 不满足性

不满足性假设意味着，给定两个相同标准差的组合，投资者将选择具有较高预期收益率的组合。

2. 厌恶风险

现代投资组合理论还假设：投资者是厌恶风险的，即在其他条件相同的情况下，投资者将选择标准差较小的组合。

三、无差异曲线

一条无差异曲线代表给投资者带来同样满足程度的预期收益率和风险的所有组合。由于风险给投资者带来的是负效用，而收益带给投资者的是正效用，因此为了使投资者的满足程度相同，高风险的投资必须有高的期望收益率。可见，无差异曲线的斜率是正的，这是无差异曲线的第一个特征，如图 11—2 所示。

无差异曲线的第二个特征是该曲线是下凸的。这表明，所增加的风险越大，要求得到的边际收益补偿越大。在一般情况下，随着无差异曲线族中无差异曲线向右移动，其所增加的风险将增大，而为了补偿增加风险，所需要额外增加的风险溢价将更大。无差异曲线的这一特点是由预期收益率边际效用递减规律决定的。

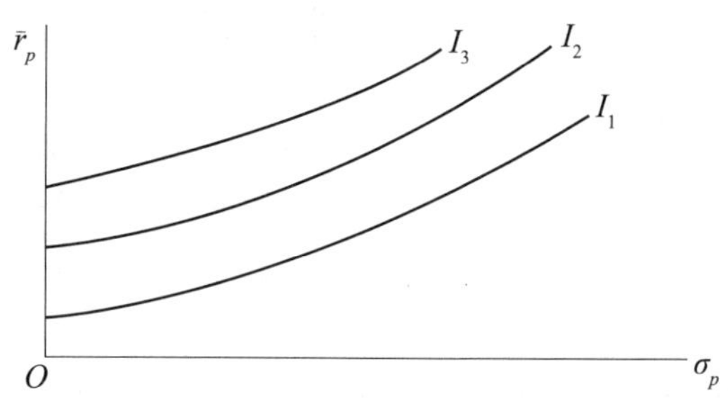

图 11—2　不满足和风险厌恶者的无差异曲线

无差异曲线的第三个特征是曲线的形状（弯曲程度）因人而异。每一位投资者都有自己的无限多条无差异曲线，这意味着对于任何一个风险—收益组合，投资者对其偏好程度都能与其他组合相比。投资者的所有无差异曲线形成一个曲线族，称之为该投资者的无差异曲线族。不同投资者因为偏好不同，会拥有不同的无差异曲线族。由于投资者对收益的不满足性和对风险的厌恶，因此在无差异曲线图中越靠左上方的无差异曲线代表的满足程度越高。投资者的目标就是尽量选择位于左上角的组合。

无差异曲线的第四个特征是，无差异曲线族中的曲线互不相交。我们可以用反证法加以证明，在图 11—3 中，假设某个投资者的无差异曲线相交于 X 点。由于 X 和 A 都在 I_1 上，因此 X 和 A 给投资者带来的满足程度是相同的。同样，由于 X 和 B 都在 I_2 上，因此 X 和 B 给投资者带来的满足程度也是相同的。这意味着，A 和 B 给投资者带来的满足程度一定相同。然而我们从图中可以看出，B 的预期收益率高于 A，而风险却小于 A。根据不满足性和厌恶风险的假设，B 的满足程度一定大于 A，这就产生了自相矛盾。显然上述假设不成立，即两条无差异曲线不能相交。

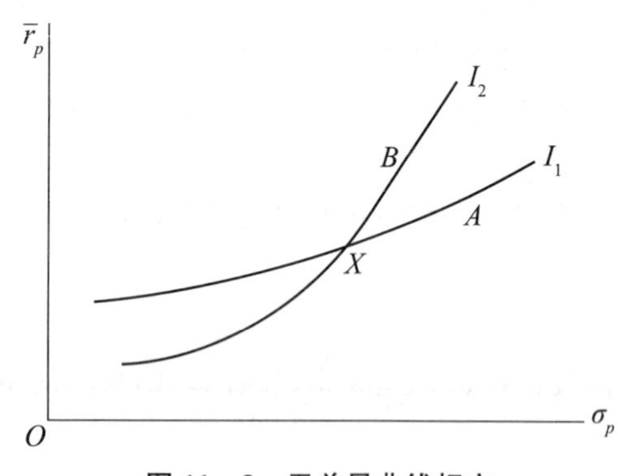

图 11—3　无差异曲线相交

无差异曲线的斜率表示风险和收益之间的替代率。斜率越高，表明为了让投资者多冒同样的风险，必须给他提供的收益补偿也应越高，说明该投资者越厌恶风险。同样，斜率越小，表明该投资者厌恶风险程度较轻。图 11—4 用图形方式表示了三种不同程度厌恶风险的投资者的无差异曲线。

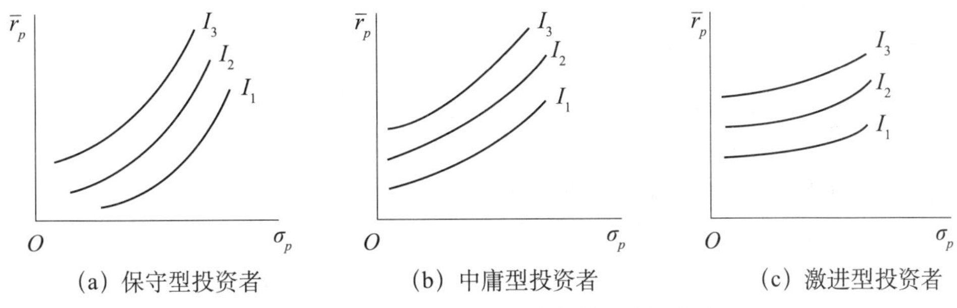

图 11—4　不同程度厌恶风险者的无差异曲线

四、有效集

投资者不需要评估可行集中的所有证券组合，只分析任意给定风险水平有最大的预期回报或任意给定预期回报有最小的风险的证券组合。马柯维茨据此提出了有效集定理，即一个投资者选择他或她的最佳组合时将从下列组合集中进行：对每一风险水平，提供最大预期收益率；对每一预期收益率水平提供最小的风险。

满足这两个条件的组合集被称为有效集（又称有效边界）。处于有效边界上的组合称为有效组合。

可见，有效集是可行集的一个子集，它包含于可行集中。对有效集而言，在各种风险水平一定的前提下能提供最大预期收益率；在各种预期收益率水平一定的前提下能提供最小风险水平。

五、最优投资组合的选择

确定了有效集的形状之后，投资者就可根据自己的无差异曲线族选择能使自己投资效用最大化的最优投资组合了。这个组合位于无差异曲线与有效集的相切点 P，如图 11—5 所示。可以看出，虽然投资者更偏好 I_3上的组合，然而可行集中找不到这样的组合，因而是不可实现的。至于 I_1上的组合，虽然可以找得到，但由于 I_1的位置位于 I_2的右下方，即 I_1所代表的效用低于 I_2，因此 I_1上的组合都不是最优组合。而 I_2代表了可以实现的最高投资效用，因此 P 点所代表的组合就是最优投资组合。

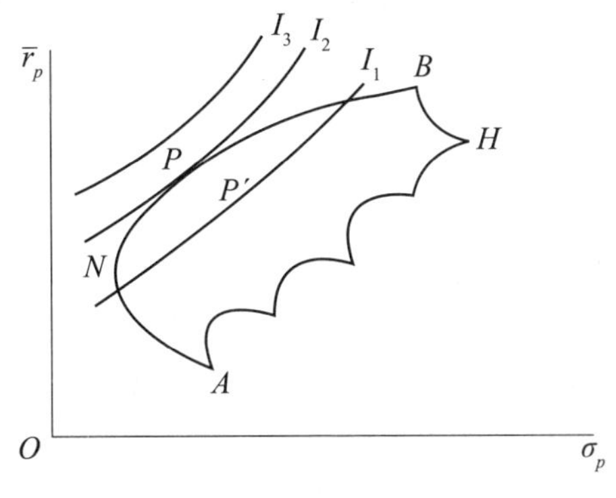

图 11—5　最优投资组合

六、允许进行无风险借贷对最优投资组合选择的影响

马柯维茨有效集使用的证券组合是由风险资产构成的，没有考虑到既投资于风险证券组合又投资于无风险资产的情况，也没有考虑到投资者按无风险利率借入资金投资于风险资产的情况。而在现实生活中，这两种情况都是存在的。为此，必须分析在允许投资者进行无风险借贷的情况下，有效集将有何变化。

（一）无风险借入和贷出对有效集的影响

投资者不仅投资于风险资产而且还投资无风险资产。就是说，投资者购买的证券组合 P 由 n 个风险证券和 1 个无风险证券组成。或者说，P 包含由 n 个风险证券组成的证券组合 P_0 和 1 个无风险证券 r_f。进一步还允许投资者支付一定的利率借款购买证券。

无风险资产是有确定的预期回报和方差为零的资产。每一个时期的无风险利率等于它的预期值。因此，无风险资产和任何风险资产 i 的协方差是零。

现在使用无风险资产改进马柯维茨的有效集。图 11—6 中曲线 AB 是证券组合 P 的有效集，无风险证券 r_f 在纵轴上，因为它的风险是零。从点（r_f，o）做曲线 AB 的切线，切点为 T。此时射线 r_fT 上的任何点都是证券组合 P 与无风险资产 r_f 组成的证券组合，而且马柯维茨的有效集 AB 上除 T 点外不再是有效的，比如证券组合 C 在 AB 上，可以在 r_fT 上找到证券组合 D 比 C 更有效。同样，C 和 r_f 组成的证券组合总能在射线 r_fT 上找到比它更有效的证券组合。

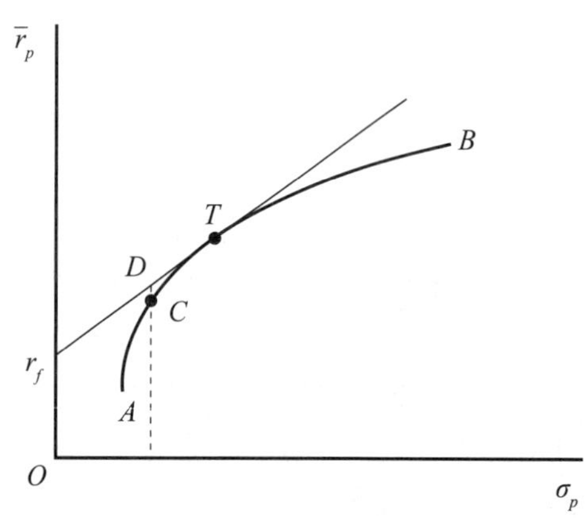

图 11—6　无风险资产和有效集上的风险资产组成的证券组合

由无风险利率处发出与马柯维茨模型有效集相切的射线就代表着有效集。切点 T 特别重要，在引入无风险借入和贷出后，除组合 T 之外，那些曾经是马柯维茨有效集上的组合将不再有效。

（二）无风险借入和贷出对最优投资组合选择的影响

如果投资者较厌恶风险，无差异曲线为 I_1，I_2，I_3所呈现的那样，那么投资者的最佳组合 P 将由对无风险资产的投资和对 T 的投资构成。相反，如果投资者更偏好冒险，具有如图 11—7 中 I_1'，I_2'，I_3'所呈现的无差异曲线，那么投资者的最佳组合 P'将由无风险借入和对 T 的投资（包括借入资金和自有资金）构成。

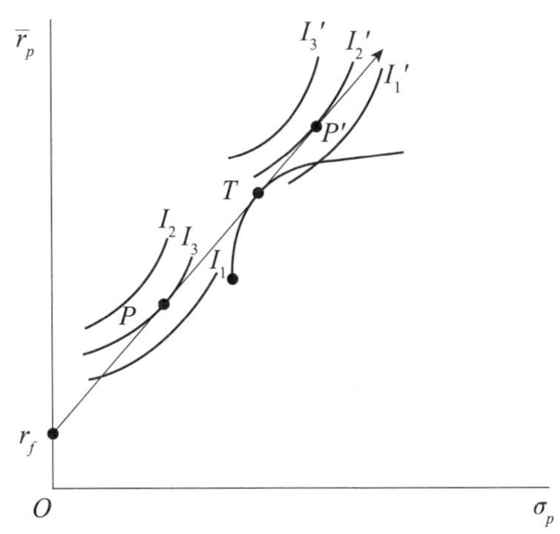

图 11—7　无风险借入和贷出时的最佳组合

本章小结

本章首先从金融风险的概念出发，介绍了什么是金融风险、金融风险的分类等，然后，介绍了投资组合的风险和收益之间的关系。然后，对马柯维茨的资产组合理论进行了重点介绍。从可行集、有效集、最优投资组合等概念层层深入，将理论一步步引向深入。最后，根据马柯维茨理论存在的不足，引入无风险借贷的概念，将理论与现实有机地结合起来。

关键术语

金融风险	系统风险	非系统风险	投资组合的收益率	方差
标准差	可行集	不满足	风险厌恶	无差异曲线
有效集	最优组合	无风险借贷		

习题

1. 什么是金融风险？
2. 金融风险如何分类？
3. 请分别列出单个证券的收益率、风险以及投资组合的收益率、风险的公式。
4. 请根据马柯维茨的投资组合理论，分别绘出当投资者是保守型、激进型以及中庸型的情况下的最优投资组合图。
5. 引入无风险借和贷之后，马柯维茨的最优投资组合会有何改变？

案例分析

信托业遭遇黑天鹅式危机

这两年红红火火的信托业可能正在遭遇一场黑天鹅式的危机。进入 2014 年，中诚信托的一款30亿元的矿产信托项目由于融资方负责人身陷囹圄，目前正在信托圈内和资本市场上引起一场风波。

30亿元矿产信托投向山西煤老板

从中诚信托官方网站可以查到陷入危机的项目“2010年中诚·诚至金开1号集合信托计划”的相关信息。公开信息显示，“诚至金开1号”2011年2月1日正式成立，为期36个月，到期日为2014年1月31日。首期信托计划资金募集规模达到人民币11.117亿元。按照信托合同约定，这一项目又在当月28日启动了第二期扩募，募集规模19.183亿元，总计为30.3亿元，托管银行为中国工商银行。

“诚至金开1号”信托资金用于对山西振富能源集团有限公司进行股权投资，用于该公司煤炭整合过程中煤矿收购价款、技改投入、洗煤厂建设等。原先计划整合完成后振富能源将形成一个年产达到360万吨，开采煤种涵盖焦煤、动力煤、无烟煤的大型综合煤矿集团。

按照中诚信托当初发行产品时的推介材料，振富能源拥有五座煤矿（含一座过渡保留矿井）、一座洗煤厂，其中三座煤矿处于技改状态。

该项目成立之初，原定的预期年化收益率为9%～11%。2013年2月24日，中诚信托发出公告称：鉴于新一轮的加息窗口已经开启，拟对预期收益率上调0.5%，即9.5%～11.5%。这是一个符合当时市场行情的报价。

银行监管账户：仅剩4.85亿元

中诚信托2014年1月17日发布的2013年第四季度季报成了公众了解“诚至金开1号”的最新渠道。

报告显示，截至2014年12月31日，振富能源公司累计使用信托资金25.45亿元，剩余4.85亿元资金仍然存放于监管账户中；保证金监管账户资金余额为6 000万元。

截至2013年末，振富能源公司拥有五座煤矿（含一座过渡保留矿井）、一座洗煤厂，其中交城神宇煤矿已于2011年10月取得开工批复，正在进行井工和地面施工；洗煤厂二期240万吨扩建工程正在建设，主体工程已经全部完毕，主设备也基本安装完毕，当时正处于调试阶段；内蒙古煤矿目前生产运营正常。

此外，根据信托合同的约定，年末前，这一信托计划进行了信托收益分配和募集利息返还，金额共计2.64亿元。

这份报告指出：“本信托计划自成立至今，未发生信托经理变更的情形，未发生信托资金运用重大变动的情形，未发生涉及诉讼或者损害信托计划财产、受益人利益的情形。”

从季报来看，至少在2013年末的时候，一切都还正常，但事情也许从那时起就开始发生变化了。

煤老板被曝50亿元债务黑洞

向中诚信托融资30亿元巨资的振富能源集团，从山西小城柳林发家，是一家典型的家族式企业，注册资本5 000万元，其中王于锁出资500万元，占10%，王平彦出资4 500万元，占90%，两人为父子关系。

虽然集团公司注册时间不久，但王于锁父子的煤炭生意早在当地小有名气。多位柳林当地人士向媒体证实，王家从多年前就开始涉及“高利贷”。直到大批债主上门追讨才使其正式曝光。

据称，王平彦已被当地警方控制，身上背负的债务可能高达50亿元，而父子俩在柳林本地十余年创下的基业也早已停工多时，太原等地公司是否运转正常暂未得到证实。这些情况是否已经在“诚至金开1号”的最新季报中有所体现，还无法得知。

春节前夕，神秘接盘者出手兜底中诚信托“诚至金开1号”信托项目，投资者本金悉数到账，只损失了一小部分利息，30.3亿元的信托兑付危机以“刚性兑付”的形式告终。目前，受托人已与意向投资者达成一致，即与接盘方达成共识。据悉，与代销机构签署了相关协议后，很多投资者已经陆续拿到了本金。

在业内人士看来，尽管此次中诚信托刚性兑付成功，续写了信托业兑付神话，但是刚性兑付并不会永远持续，总有第三方不愿接盘的项目，总有信托公司倾其所有都兜不住的项目，打破刚性兑付只是时间的问题。

影子银行市场蒙阴影

业内人士认为，中诚信托本金兑付可能刺激市场继续追逐高收益资产。“刚性兑付没有打破，短期内会缓和市场对信用违约风险的担心。”有信托公司人士接受《上海证券报》记者采访时如此表示。

中信证券认为，中诚信托兑付风险将推动高收益债市行情，但无须过度高估对债券市场的冲击。由于国内债券市场较强的道德风险预期以及在整体信用体系中相对隔离的地位，无须过度高估此次兑付风险对于债券市场的冲击，该信托产品最终实现兑付，可能更加刺激市场对于政府救助的预期，推动高收益债市场形成一定行情。

不过，有信托人士认为，中诚信托兑付事件将使今后影子银行市场投资蒙上一层阴影。虽然投资者拿回了本金，只损失了一小部分利息，表面看这次事件对于工行和中诚信托的商誉造成了一定影响，背后的影响则是银信合作甚至投资者对影子银行市场的信心出现了裂痕。

瑞银证券特约首席经济学家汪涛撰文评价了中诚信托兑付危机，他认为信托或影子信贷若违约，最主要的负面影响是打击投资者对影子银行市场的信心。

“由于信托公司不同于银行，不能创造货币、没有高杠杆，且几乎没有证券化，因此信托违约对金融体系产生的直接影响（例如通过支付体系产生的影响）应当较为有限。”汪涛指出。

他认为，银行或许会因支持或分销这样的信托产品而遭受相应的损失，但损失规模与其资产规模相比要小很多。但是，违约事件可能会导致投资者对信托和其他影子银行信贷市场丧失信心，致使这些市场上的流动性收紧，从而产生信贷紧缩。

思考

通过本章内容的介绍，结合本案例的分析，谈谈你对金融市场风险和收益关系的认识，并结合中国金融市场现实情况，说明应当如何做好投资组合选择。

第十二章

资产定价理论

本章要点：

- 资本资产定价模型的假定
- 分离定理
- 资本市场线
- 证券市场线
- β系数在证券市场上的应用

导入案例

中石油定价

2007年可以称之为中石油的一年。已在境外上市的中石油回归A股的举动吸引了3.37万亿元申购资金，创下A股最大规模的冻结资金纪录。

2007年10月29日晚，中石油宣布将以其发行价格区间的上限——每股16.7元的价格发行40亿股A股，这成为这只市场翘首以待的股票确定的最终价格，也是中石油上市前最受公众关注的一个细节。

发行后，中石油拟在上海证券交易所上市。那么，这只中国证券史上最令人振奋的股票开盘价格会为多高？各类投资咨询机构给出了不同的估价。

广发证券给出的中石油合理估值区间为26～30元；申银万国给出的合理股价在27.6～31.6元之间；平安证券给出的上市定价为39.50～43.45元；中证指数公司的估算价格为40元。

2007年11月5日，中石油在上海证券交易所挂牌上市，受到市场追捧，股票开盘价48.6元，较发行价16.7元上涨191.02%，收盘报43.96元，上涨163.23%，全天成交高达700亿元，约占当日沪市成交额的一半。中石油股价的首日表现明显超出市场的预期，并一跃成为全球最大市值的上市公司。

根据当时的市场分析，中石油是亚洲乃至世界上最赚钱的企业之一，其公布的数据显示，截至2007年6月30日，中石油股份公司资产总计为8 794.7亿元，上半年实现营业利润约1 059亿元，相当于全部A股上半年总利润的22%。

但是，在A股上市之初高居全球市值第一的中石油，上市以来却一路走低。至2013年6月底，股价缩水超8成多，跌出全球十强；市值蒸发360亿美元；股价最低纪录为7.08元，复权价为8.60元，恰恰是首日最高价的一个零头，以此计算，中石油上市以来跌幅超过82%。

截至2014年2月14日，中石油股价为7.56元。目前，这只中国股票发展史上最令人鼓舞的股票已经变成为令人畏惧的冷门股。

那么，到底中石油的股票价格应当如何确定？

第一节　资本资产定价模型的基本假定

资本资产定价模型（capital asset pricing model，CAPM）是由美国学者夏普（William Sharpe）、林特纳（John Lintner）、特雷诺（Jack Treynor）和莫辛（Jan Mossin）等人在马柯维茨的资产组合理论的基础上发展起来，主要研究证券市场中资产的预期收益率与风险资产之间的关系以及均衡价格是如何形成的，是现代金融市场价格理论的支柱，广泛应用于投资决策和公司理财领域。

资本资产定价模型的假设包括：

（1）投资者通过投资组合在某一段时期内的预期收益率和标准差（风险）来评价这个投资组合的好坏。

（2）所有的投资者都是非满足的。当面临其他条件相同的两种选择时，他们将选择具有较高预期收益率的那一种。

（3）所有的投资者都是风险厌恶者。当面临其他条件相同的两种选择时，他们将选择具有较小标准差的那一种。

（4）每种证券都是无限可分的，投资者可以购买任意数量他想要的某种证券。

（5）投资者可以以无风险利率无限制地借和贷。

（6）税收和交易成本均忽略不计。

（7）所有投资者都有相同的投资期限。

（8）对于所有投资者，无风险利率相同。

（9）对于所有投资者而言，信息可以无偿自由地获得。

（10）投资者具有相同预期，即他们对预期回报率、标准差和证券之间的协方差的判断是一致的。

通过以上假设，资本资产定价模型将情况简化为一个极端的情形。

上述假设表明：第一，投资者是理性的，而且严格按照马柯维茨模型的规则进行多样化的投资，并将从有效边界的某处选择投资组合；第二，资本市场是完全有效的市场，没有任何摩，擦阻碍投资。

第二节　分离定理

由于假设所有投资者对证券的预期回报率、方差和协方差的估计以及无风险利率的大小的看法都是完全一致的，因此，就意味着对所有投资者来说可行域是相同的，这样所有投资者都将面临着相同的有效集，是由无风险利率处发出与马柯维茨模型有效集相切的射线，其有效集是线性的。

线性有效集具有一个性质：在线性有效集上的任何一个证券组合，都由切点处的最优风险组合与不同程度的无风险借入和贷出所构成。

既然所有投资者都将面临着相同的有效边界（图 12—1 中的射线 AT），那么，影响投资者选择不同组合的唯一原因就只有他们各自拥有不同的无差异曲线，也就是对风险的态度。由于每一个投资者对于风险与收益有不同的偏好，不同的投资者将从同一有效边界中选择不同的组合。特别应该注意，尽管最终被投资者选中的组合将因人而异，但在每个投资者所选择的组合中，由风险资产组成的部分具有相同的组成成分。也就是说，如果仅仅考虑风险资产，每个风险资产在组合中所占的比例是相同的。每个投资者将他的资金投资于风险资产和无风险借入和贷出上，而每一个投资者选择的风险资产都是同一个资产组合，加上无风险借入和贷出只是为了达到满足投资者个人对总风险和回报率的选择偏好。

这一特征在资本资产定价模型中常被称为分离定理，这里的分离是指风险组合的选择与风险偏好的分离。一个投资者的最佳风险资产组合，可以在并不知晓投资者对风险和回报的偏好时就加以确定。换句话说，在确定投资者无差异曲线之前，我们就可以确定风险资产的最佳组合。

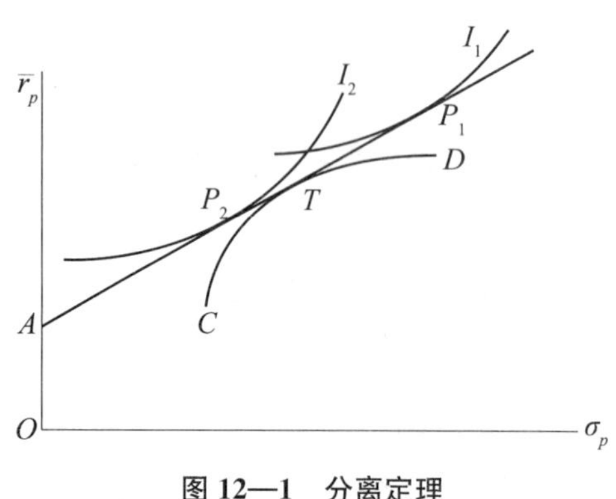

图 12—1　分离定理

从图 12—1 中看出，I_1 代表厌恶风险程度较轻的投资者的无差异曲线，该投资者的最优投资组合位于 P_1 点，表明他将借入资金投资于风险资产组合上，I_2 代表较厌恶风险的投资者的无差异曲线，该投资者的最优投资组合位于 P_2 点，表明他将部分资金投资于无风险资产，将另一部分资金投资于风险资产组合。虽然 P_1 和 P_2 位置不同，但它们都是由无风险资产（A）和相同的最优风险组合（T）组成，因此风险资产组合中各种风险资产的构成比例自然是相同的。

分离定理在投资中是非常重要的。个人投资者研究投资可分为两部分：首先决定一个最优的风险组合，然后决定最想要的无风险证券和这个证券组合的组合。只有第二部分依赖于投资者的无差异曲线。在 T 点左端的点表示投资到利率为 r_f 的无风险证券和风险证券组合 T 的组合。它适宜较保守的投资者。在 T 点右端的点表示以 r_f 借款和自有的资金一起投资风险证券组合 T。它适宜比较喜爱冒险的投资者。

经典案例

格林斯潘的家庭理财观

曾执掌美国经济决策大权18年的美联储前主席格林斯潘被誉为“经济沙皇”、“财神爷”。美国一位经济学家更指出：“他是美国历史上经济持续增长时间最长这一奇迹的缔造者，没有他，克林顿便一事无成。”而格林斯潘的家庭理财观更值得我们借鉴。首先，每月用来分期付款的钱不能超过收入的50%，要合理规划自己的收支，不能不顾自己的收入实际，盲目消费；其次，选择合适的伴侣支持自己的理财计划，家庭的理财计划应该由家人共同支持完成，而不是一个人的冲动决定，只有这样，才能使计划更合理、更长期有效；最后，要有规律而系统地投资。格林斯潘在这点上不仅有经验，更有教训。由于他的工作较忙，投资计划时断时续，因此，大大影响了他财富的积累效率。

格林斯潘任美联储主席后，收入的主要来源是薪水。他的月薪是13.67万美元，比他1987年前担任私人经济顾问的报酬要少许多。格林斯潘的家庭开销并不大，他本人不怎么爱花钱，也不在意衣着打扮，总是戴一副大大的老式眼镜，穿白衬衫、黑西服。但他是个音乐和网球爱好者，他的花费主要用于这方面。格林斯潘在投资方面和家庭开支方面一向比较谨慎。

美联社披露的一份个人财产申报材料表明，美国联邦储备委员会主席格林斯潘在个人投资方面以稳健为首要原则，其财产多用于购买美国国债等低风险产品，并且是短期国债。他的发言人解释说，这是格林斯潘为避免作弊而做的投资选择，因为他负责制定利率政策，这对股市“牛”或“熊”具有决定性的影响。

实际上，格林斯潘为什么选择债券作为增加财富的工具？除了特定时期工作性质的限制外，债券所具有的“控制风险、收益稳定”的特征或许正是他看重的。投资债券相当于贷款给债券的发行人，本金会在债券到期的时候偿还，同时会定期（例如每半年）得到利息收入，是一种比较理想的投资方式。

第三节　资本市场线

从分离定理可知，每一个投资者所选择的证券组合中的风险证券的组成是一样的，他们都选择 T 作为证券组合中的风险证券组成部分。如果每个投资者都购买 T，但是 T 并不包括每一种风险证券，则没有哪一个人会购买 T 中不包含的风险证券，从而，这些证券的价格会下降，导致其期望回报率上升，而这又会刺激投资者对这些证券的需求。这种调整一直持续到切点证券组合 T 中包含每一种风险证券。

每一种证券都将平衡。当所有价格调整停止时，这个市场就已经被带入一种均衡状态。首先，每一个投资者对每一种风险证券都将愿意持有一定的数量。其次，市场上每种证券的现有价格将处在使得对于证券需求与供给相等的水平上。最后，无风险利率的水平正好使得借入资金的总量等于贷出资金的总量。

投资者面临的处境将取决于他的预期以及借入或贷出机会。在资本资产定价模型的假设下，每位投资者作出相同的预期，并且将以相同的利率借入或贷出，所以投资者都面临着完全相同的处境，从而所有投资者都将在射线 AT 上获得一个位置。有些人借入，有些人贷出，有些人则不借也不贷。

前面已经指出，无论是上述哪一种投资者，投入到风险证券上的资金占总资金的比例总是相同的。他们都将把自己的资金以相同的分配比例分散于各种风险证券之上。图 12—1 的 T 点则给出了每个人投资于各种风险资产的具体权数（比例）。综合起来，由于每个投资者均投资于相同的风险组合 T，因而作为一个整体，这个组合必须与整个市场风险证券比例一致。

投资学中把与整个市场风险证券比例一致的证券组合称为市场证券组合。在满足基本假设的均衡状态下，最优风险组合 T 必是一个市场证券组合。

用 M 表示市场组合，x_{Mi} 表示市场证券组合中证券 i 的比例，$i=1$ 表示无风险证券。设市场存在的证券种数为 n，则：

$$x_{Mi} = \frac{P_i Q_i}{\sum_{t=2}^{n} P_t Q_t} \ (i = 2, \cdots, n) \tag{12.1}$$

式中，P_i 为证券 i 的价格；Q_i 为证券 i 的总股数，则 P_iQ_i 即为证券 i 的市场总价值。这里证券 1 表示无风险证券，因而风险证券种数为（$n-1$）种。

市场组合是由所有证券构成的组合，在这个组合中，投资于每一种证券的比例等于该证券的相对市值。一种证券的相对市值简单地等于这种证券总市值除以所有证券的市值总和。

市场组合在资本资产定价模型中具有中心作用的原因在于，有效边界是由对市场组合的投资和无风险借入或贷出两部分构成。于是，习惯做法是将切点组合叫做市场组合，并且用 M 表示。从理论上讲，M 不仅仅由普通股票构成，而且还由其他种类投资，如债券、优先股和房地产等构成。

在均衡状态下，每个人将沿图 12—2 中的射线 FM 选择一点。较保守的投资者将贷出一些资金，而将其余的资金投资于市场证券组合 M 上；喜好冒险的投资者将借入资金，以便将比初始资金更多的资金投资于市场组合上，但所有点都将停留在射线 FM 上。这条线就称为资本市场线（CML）。从这条线出发，我们可以得到对风险和收益关系的完整描述。

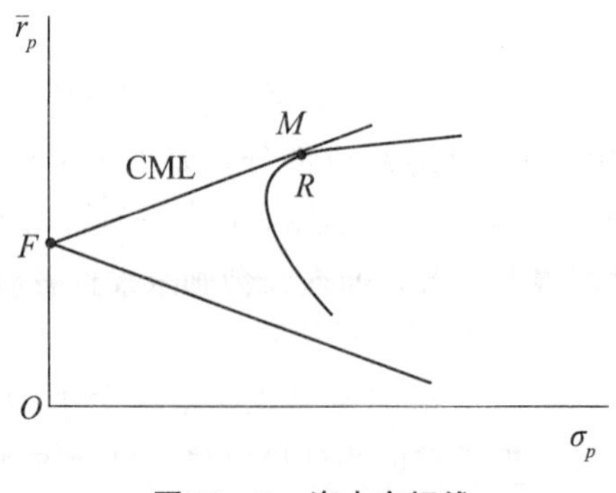

图 12—2　资本市场线

因为所有的有效组合（而且只有有效组合）都落在资本市场线上，那么，在满足基本假设的均衡状态下，所有有效组合的风险和收益将满足一种简单的线性关系。而对于那些无效的证券组合（包括单个证券），其标准差与期望收益率之间则不存在这种关系，它们一定位于该直线的下方。因而资本市场线对有效证券组合的风险和收益的关系提供了完整的阐述。

在资本资产定价模型的基本假设下，有效组合的风险用标准差来度量，这一观念得到了精确的表述。然而，对于无效证券组合（或单个证券），如果仍然用标准差来度量风险，就不能得到无效组合的标准差与期望收益率之间的明确关系。事实上，它们之间并不存在一种明确的关系。

对于无效的证券组合，风险大的证券，其期望收益率并不一定就大。造成这种局面的根源是，单个证券的总风险分成系统性风险和非系统性风险，这两个部分中，实际上只有系统性风险能够得到收益的补偿，而非系统性风险则与收益无关，它通常被人们通过分散投资而消除。

显然，在资本资产定价模型的基本假设下，由于人们均选择有效证券组合，单个证券的非系统性风险对投资者来说无关紧要，与投资者密切相关的是单个证券的系统性风险，因而对单个证券来说，我们实际上需要阐述的是系统性风险与期望收益率之间的关系，这便是资本资产定价模型的核心内容。

在资本资产定价模型的假设下，有效组合的标准差是由各单个证券所共同贡献的，因而对单个证券来说，如果它对有效组合的方差有贡献才获得奖励。因此，在资本资产定价模型的假设下，单个证券的风险中对有效组合的贡献部分才与我们的投资收益密切相关。在有效组合中，我们对单个证券的风险只需测定这部分贡献。

根据资本市场线，我们可以得出市场组合标准差的计算公式为：

$$\sigma_M = \left[\sum_{i=1}^{n}\sum_{j=1}^{n} X_{iM}X_{jM}\sigma_{ij}\right]^{1/2} \tag{12.2}$$

式中，X_{iM}和X_{jM}分别表示证券i和j在市场组合中的比例。可将公式（12.2）展开为：

$$\sigma_M = \left[X_{1M}\sum_{j=1}^{n} X_{jM}\sigma_{1j} + X_{2M}\sum_{j=1}^{n} X_{jM}\sigma_{2j} + X_{3M}\sum_{j=1}^{n} X_{jM}\sigma_{3j} + \cdots + X_{NM}\sum_{j=1}^{n} X_{jM}\sigma_{nj}\right]^{1/2} \tag{12.3}$$

根据协方差的性质可知，证券i与市场组合的协方差σ_{iM}等于证券i与市场组合中每种证券协方差的加权平均数：

$$\sigma_{iM} = \sum_{j=1}^{n} X_{jM}\sigma_{ij} \tag{12.4}$$

如果我们把协方差的这个性质运用到市场组合中的每一个风险证券，并代入公式12.3中，可得：

$$\sigma_M = \left[X_{1M}\sigma_{1M} + X_{2M}\sigma_{2M} + X_{3M}\sigma_{3M} + \cdots + X_{nM}\sigma_{nM}\right]^{1/2} \tag{12.5}$$

式中，σ_{1M}表示证券1与市场组合的协方差，σ_{2M}表示证券2与市场组合的协方差，依此类推。公式（12.2）表明，市场组合的标准差等于所有证券与市场组合协方差的加权平均数的平方根，其权数等于各种证券在市场组合中的比例。

由此可见，在考虑市场组合风险时，重要的不是各种证券自身的整体风险，而是其与市场组合的协方差。这就是说，自身风险较高的证券，并不意味着其预期收益率也应较高；同样，自身风险较低的证券，也并不意味着其预期收益率也就较低。单个证券的预期收益率水平应取决于其与市场组合的协方差。

由此可得如下结论：具有较大 σ_{iM} 值的证券必须按比例提供较大的预期收益率以吸引投资者。由于市场组合的预期收益率和标准差分别是各种证券预期收益和各种证券与市场组合的协方差 σ_{iM} 的加权平均数，其权数均等于各种证券在市场组合中的比例，因此如果某种证券的预期收益率相对于其 σ_{iM} 值太低，投资者只要把这种证券从其投资组合中剔除就可提高其投资组合的预期收益率，从而导致证券市场失衡。同样，如果某种证券的预期收益率相对于其 σ_{iM} 值太高，投资者只要增持这种证券，就可提高其投资组合的预期收益率，从而也将导致证券市场失衡。在均衡状态下，单个证券风险和收益的关系可以写为：

$$\bar{r}_i = r_f + \left(\frac{\bar{r}_M - r_f}{\sigma_M^2}\right)\sigma_{iM} \tag{12.6}$$

公式（12.6）所表达的就是证券市场线，它反映了单个证券与市场组合的协方差和其预期收益率之间的均衡关系，如果我们以 $\bar{r}_i$ 为纵坐标、以 σ_{iM} 为横坐标，则证券市场线在图上就是一条截距为 r_f、斜率为［（$\bar{r}_M-r_f$）/σ_{iM}］的直线，如图 12—3（a）所示。

如果我们用某种证券的收益率和市场组合收益率之间的 β 系数作为衡量这种证券系统性风险的指标。某种证券的 β 系数 β_{iM} 指的是该证券的收益率和市场组合的收益率的协方差 σ_{iM}，再除以市场组合收益率的方差 σ_M^2，其公式为：

$$\beta_i = \sigma_{iM}/\sigma_M^2 \tag{12.7}$$

把公式 12.7 代入公式 12.6 中，得到：

$$\bar{r}_i = r_f + (\bar{r}_M - r_f)\beta_{iM} \tag{12.8}$$

公式（12.8）是证券市场线的另一种表达方式。如果我们以 $\bar{r}_i$ 为纵轴、以 β_{iM} 为横轴，则证券市场线也可表示为截距为 r_f，斜率为（$\bar{r}_M-r_f$）的直线，如图 12—3（b）所示。

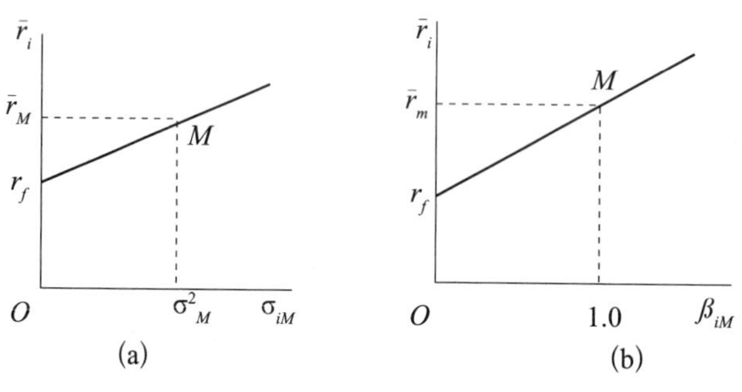

图 12—3　证券市场线

由于任何组合的预期收益率和 β 值都等于该组合中各个证券预期收益率和 β 值的加权平均数，其权数也都等于各个证券在该组合中所占比例，因此，既然每一种证券都落在证券市场线上，那么由这些证券构成的证券组合也一定落在证券市场线上。

比较资本市场线和证券市场线可以看出，只有最优投资组合才落在资本市场线上，其他组合和证券则落在资本市场线下方。而对于证券市场线来说，无论是有效组合还是非有效组合，它们都落在证券市场线上。

既然证券市场线包括了所有证券和所有组合，因此也一定包含市场组合和无风险资产。在市场组合那一点 β 值为 1，预期收益率为 $\bar{r}_M$，因此其坐标为（1，$\bar{r}_M$）。在无风险资产那一点，β 值为 0，预期收益率为 r_f，因此其坐标为（0，r_f）。证券市场线反映了在不同的 β 值水平下，各种证券及证券组合应有的预期收益率水平，从而反映了各种证券和证券组合系统性风险与预期收益率的均衡关系。由于预期收益率与证券价格成反比，因此证券市场线实际上也给出了风险资产的定价公式。

第四节　β系数在资产定价理论中的作用

β系数是资本资产定价模型中的“主角”，是对一个证券或证券组合收益率与市场组合的收益率之间相互联动的一个刻画。

β系数反映了单个证券（或组合）对市场变化的敏感性，反映在证券投资中就是个股或个别基金等投资品与大盘的相关性。因此，β系数（也称为贝塔系数，beta coefficient）是一种风险指数，用来衡量个别股票或股票基金相对于整个股市的价格波动情况。β系数是一种评估证券系统性风险的工具，用以度量一种证券或一个投资证券组合相对总体市场的波动性，在股票、基金等投资术语中常见。

β系数的绝对值越大，显示其收益变化幅度相对于大盘的变化幅度越大；绝对值越小，显示其变化幅度相对于大盘越小。如果β系数是负值，则显示其变化的方向与大盘的变化方向相反；大盘涨的时候它跌，大盘跌的时候它涨。

β系数有几个方面的含义：

第一，β系数反映证券（或证券组合）对市场组合方差的贡献率。

第二，用β系数表示单个证券或证券组合的系统性风险同市场整体风险的关系。具体地说，证券或证券组合的系统性风险$=\beta\times$市场组合的风险。

第三，β系数作为证券或证券组合的特征线的斜率，它刻画了证券或证券组合的实际收益的变化对市场收益（市场组合收益）的敏感性程度。

根据投资理论，全体市场本身的β系数为1，若某基金投资组合净值的波动大于全体市场的波动幅度，则β系数大于1。反之，若基金投资组合净值的波动小于全体市场的波动幅度，则β系数就小于1。β系数越大，通常证券的投机性越强。以美国为例，通常以标准普尔500指数（S&P 500）代表股市，β系数为1。一个共同基金的β系数如果是1.10，表示其波动是股市的1.10倍，亦即上涨时比市场表现优10%，而下跌时则比市场表现更差10%；若β系数为0.5，则波动情况只及一半。$\beta<1$为低风险证券，$\beta=1.0$表示为平均风险证券，而$\beta\geqslant2.0$为高风险证券，大多数证券的β系数介于0.5和1.5之间。

β系数衡量证券收益相对于业绩评价基准收益的总体波动性，是一个相对指标。β越高，意味着证券相对于业绩评价基准的波动性越大。β系数大于1，则证券的波动性大于业绩评价基准的波动性。反之亦然。

β系数被广泛地用于证券分析与投资决策之中。如：

（1）用β系数作为选择证券的依据。

（2）证券组合的β系数的大小反映证券组合对风险的态度。

（3）在明确作出了市场未来的走势后，需要掌握不同β系数的证券组合可能获得的额外收益。

通常情况下，投资者在预期市场将整体出现较长时期的上涨（即大牛市）时，会选择高β系数的证券。而在市场震荡、未来趋势不明显的阶段，更多的投资者会选择低β系数的证券。同时，不同的风险承受能力的投资者会选择不同风险的投资项目，具有高风险承受能力的投资者（被称为风险偏好者）会选择高 β 系数的投资品，而低风险承受能力者（被称为风险厌恶者）会选择低 β 系数的投资品。

在国外，由于证券市场发展时间较长，相对较为成熟，β 系数的应用较为广泛。但由于我国证券市场发展还处于初级阶段，市场并不成熟，证券在市场上表现出的价格信号很多情况下不能反映其真实价值，市场波动性较大，CAPM 模型的应用也会受到很大限制。有不少学者通过实证研究证明，在某些时段我国股票市场的系统性风险与股票收益率相关性很差，相信随着我国证券市场的发展和完善，这种情况会有所改变。

在我国，各大投资咨询机构或证券公司会定期计算公布各上市公司的 β 系数。在这些公司的数据库中可以查询到相关行业、相关证券不同研究样本的 β 系数。

本章小结

本章首先基于投资组合理论，展示出资本资产定价模型的一系列假设条件。然后，介绍了分离定理、市场组合，通过这些内容的介绍试图引出资产定价理论的核心内容。以此为基础，本章重点介绍了资本市场线、证券市场线等内容。最后，介绍了 β 系数在资本资产定价模型中的作用以及应用问题。

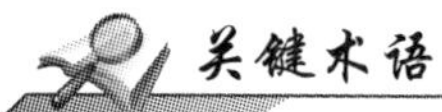

关键术语

分离定理　　市场组合　　资本市场线　　证券市场线　　β 系数

习题

1. 什么是分离定理？
2. 请区分资本市场线和证券市场线。
3. β 系数在资本资产定价模型中的作用如何？
4. 如何根据资本资产定价理论在证券市场上进行投资？

案例分析

巴菲特为何还不卖出已让他少赚百亿港元的比亚迪？

据腾讯财经报道，三周之后（2013 年 4 月底），王传福或许会赶赴美国中部小镇奥马哈，这位比亚迪创始人需要照例去那里参加巴菲特股东大会。作为四年前巴菲特眼中的“红人”，他今年见到“股神”的时候会谈些什么？

王传福必须得解释一下比亚迪糟糕的业绩了。比亚迪刚刚披露的 2012 年年报显示，2012 年公司净利润大降九成，创上市以来最差业绩。

至少目前来看，巴菲特对他还是有耐心的。五年前大量买入比亚迪股票的巴菲特至今一股未卖。实际上，在这五年间，巴菲特曾有机会携十倍盈利退出，彼时，比亚迪 H 股股价一度攀上 88 元港元的高峰。如果以比亚迪股价最高点为参照，4 月 9 日 23 港元的收盘价意味着巴菲特已经少赚 147 亿港元。

但巴菲特究竟是在坚守“价值投资”，还是已被套牢难觅退出机会，却依然充满问号。因为按照当初的设想，比亚迪纯电动轿车应该在2010年便登陆美国，并借巴菲特的影响迅速打开市场；但时至今日，无论是在中国还是美国，比亚迪的电动轿车均是举步维艰，在美国更是仅处于商业试驾阶段，尚未正式销售。

比亚迪电动汽车的唯一亮点是，在面向个人用户推广电动轿车遇挫后，迅速转向公交电动化，通过布局公交系统和出租车公司，曲线推广电动车；目前来看，这一策略让比亚迪的海外推广成绩略有起色。

但这能让巴菲特的投资“起死回生”吗?

的确有一个好消息。比亚迪新闻发言人李云飞向腾讯财经证实，公司于2013年在美国加州建设大巴工厂的计划不会延后。他更表示，虽然在美国推广公交电动化存在难度，但与国内相比则是小巫见大巫。

电动轿车在美推广遇挫

王传福当然也会向巴菲特畅想一下电动大巴的未来。但让投资者感到担心的是，当初比亚迪宣称进军美国市场时的计划就是一变再变，至今仍未能实现其纯电动轿车在美国销售。

从2010年起，比亚迪旗下型号为e6的纯电动轿车就在美国各大汽车展上频频亮相，单价预计在4万美元左右。当时比亚迪表示，将在2010年向美国市场投放这款车。随后，比亚迪美国公司副主席迈克·奥斯丁又改口称，e6将会在2012年末之前正式进入美国市场，而前提是充电站网络建设能够跟上。

但无论是2010年还是2012年，比亚迪定下的计划最终都未能如愿实现。腾讯财经调查发现，时至今日，e6在美国的推广仅限于提供用户试驾，销售市场上依然没有其身影。比亚迪的美国代理商告诉腾讯财经，美国人对中国汽车品牌的接受度不足是比亚迪需要面临的现实情况。

而且针对奥斯丁“充电站网络建设跟上是前提”的说法，业内人士也指出，这仅仅是比亚迪掩饰进度缓慢的说辞。一个有力的论据是：尼桑旗下的一款名为“叶子”的纯电动车，续航能力仅有73英里，不到比亚迪e6的一半，对充电站依赖性更大，却在美国市场上获得了很大程度的认可，2011年全年总共销售出1.1万辆。

位于芝加哥的“绿色方向盘”公司负责人道格·斯诺告诉腾讯财经，仅从车辆本身来看，e6无疑会有很高评价：驾乘感觉很舒适，悬挂很好，噪音小，而且续航能力更强。“而且对于看重驾乘空间的美国消费者来说，比亚迪e6的空间相当于本田CRV，这是一大优势。”斯诺表示。

作为一家专门从事推广电动车和混合动力车的公司，“绿色方向盘”目前代理着多个汽车品牌电动轿车的推广，包括比亚迪。

但斯诺同时也指出，比亚迪这款车在美国市场推广的面临着两大难题：一是美国消费者对中国汽车厂商缺乏了解，而美国的消费者对品牌的认知度恰恰又很强，很多消费者对于中国品牌汽车的印象是低价低质，要让美国消费者逐渐认识并接受中国品牌的车还需要一个过程。斯诺认为，这起码要5～6年的时间。

第二是目前电动车概念还不为大多数人所接受，许多人还仅仅停留在感兴趣上，但真要支付4万～5万美元来买一款电动车时，很多人还是宁可选择其他汽油或柴油动力的豪华车。

转向公交电动市场

面对业绩骤降、电动轿车迟迟无法进军海外的压力，比亚迪的股价自然不再风光。港股数据显示，比亚迪股份在2009年和2010年攀上股价高峰后便大幅下跌，最低点一度接近10港元，最新收盘价也仅20港元出头。与此对应的是，巴菲特投资的账面利润也大幅缩水，从最高的十倍浮盈缩水到目前的两倍左右。

虽然多次得到巴菲特力挺，但比亚迪的业绩却让那些信任“股神”眼光的投资者很失望。年报显示，比亚迪2011年、2012年的净利润分别为人民币13.85亿元、0.81亿元，同比下降45%和94%，滑坡迹象越来越明显。

但出乎大多数人意料的是，巴菲特对于困境中的比亚迪始终选择坚守，并按照当年的承诺一股不卖。这也让市场大呼看不懂：“股神”坚守的逻辑到底是什么？

对此，深圳一家大型券商汽车行业研究员向腾讯财经分析称，巴菲特看中的是整个电动车市场在未来的发展，以及比亚迪在电动车技术方面的优势。而且，尽管比亚迪目前陷入困境，但并非没有一丝亮点，公司在面向个人用户推广电动轿车遇挫后，迅速转向公交市场，希望在公交电动大巴和电动出租车的推广上找到了突破点。

比亚迪新闻发言人李云飞也告诉腾讯财经，目前公司在美国主要以电动公交车推广为主，打开大客户市场。

“通过切入公交市场曲线推广电动车，先把品牌知名度建立起来，再等未来电动车技术或政策上有重大突破时顺势铺开，占领整个市场，这是一种好策略。”上述研究员认为。

事实上，比亚迪的这一招确实让其海外推广工作有了起色。2012年，公司已与国内、欧洲、北美、南美、亚洲等地区的多个城市达成了电动大巴的订单协议；2013年3月份，比亚迪又和美国著名的公交运营公司长滩公司展开合作，在长滩市投放比亚迪纯电动大巴，首批订单金额达到1 400万美元。

在2012年末，比亚迪更是宣布，将在2013年于美国加州全资投建电动大巴生产厂，预计2014年该电动大巴生产厂的年产量为50～100辆，2015年预计年产达500辆以上。比亚迪称，新工厂的管理团队和员工将从当地聘请，部分生产线和模具将引自国内；按照美国政府关于新能源汽车的规划，计划到2015年，美国的电动车保有量将达到100万辆，消化上述产量完全不成问题。

前述券商汽车研究员表示，巴菲特以长期持股和价值投资闻名，目前买入比亚迪才不过5年，而其持有可口可乐已经超过20年，坚守到电动车市场爆发的时刻并非不可能。该研究员笑称，或许明年的伯克希尔股东大会上，巴菲特该乘坐比亚迪加州工厂制造的电动大巴出席，再一次力挺自己投资的公司。

“股神”承诺不减持

巴菲特与比亚迪的缘分始于2008年。当年9月27日，巴菲特通过其投资旗舰伯克希尔·哈撒韦公司下属公司中美能源（Mid American），与比亚迪签署了策略性投资及股份认购协议。根据协议，中美能源将以每股8港元的价格认购2.25亿股比亚迪的股份，约占比亚迪总股本的10%，交易总金额高达18亿港元。

对于双方合作的动机，大多数分析均认为，巴菲特是看好比亚迪电动车未来在美国乃至全球市场的发展空间，而比亚迪则希望借巴菲特的影响力把电动车卖到美国。

证据是，在双方签署投资协议后，比亚迪方面就表示，巴菲特的入股以及中美能源的基础优势将加快比亚迪拓展北美市场的步伐，尤其将加快电动汽车在北美的推广。按照当时比亚迪的计划，2010 年前主要在北美市场展开渠道和网络建设，从 2010 年开始，其纯电动轿车 e6 将率先登陆美国市场，2011 年其双模电动轿车 F6DM 也将出口至美国。

不过，“股神”加盟的影响首先还是在资本市场中爆发。在巴菲特入股后，比亚迪的股价开始了长达一年多的疯狂上涨，到 2009 年 10 月，该股最高冲至 88.4 港元，较启动前完成了十倍跨越。按最高价计算，巴菲特的投资已经收获 180 亿港元的账面利润；而比亚迪总裁王传福也因此一度成为中国内地的首富。

但是，比亚迪的巅峰并没有持续太久。到 2010 年，公司先后爆出“销售低迷”、“经销商退网门”等诸多负面消息，股价也随之开始大幅下滑。与此同时，关于巴菲特要减持比亚迪的传闻也不胫而走，一时间惹得市场议论纷纷。

危难之际，巴菲特选择了站出来为比亚迪撑场。在当年为期四天的访华行程中，巴菲特一反其低调的作风，高调出面力挺比亚迪，不但亲自参加公司一系列眼花缭乱的庆祝活动，更是在接受媒体采访时声称“保证不会卖掉比亚迪股票，会一直持有很多年，甚至会持有到离开人世。”

这还仅是个开始。到 2011 年，面对上一年业绩骤降三成多的不利局面，比亚迪回归 A 股一度堪忧，“股神”也不得再一次为其护驾，只是露脸的人换成了他的老搭档查理·芒格。据当时媒体报道，在伯克希尔记者会上，芒格公开表示，对于比亚迪 A 股上市计划，将会无条件支持。

值得注意的是，尽管比亚迪业绩连续滑坡，但触底反弹的可能性也正在加大。公司高管近期频频释放乐观情绪，王传福就表示，预计太阳能业务在 2013 年亏损会逐步收窄，希望年末达到收支平衡。他预期，2013 年比亚迪的业绩将好过去年，因为中国城镇化会有利于公司的业务。

而最新的数据也在一定程度上挽回了市场的信心。近期比亚迪发布的 2013 年一季度业绩预告称，预计今年一季度将实现 1 亿～1.4 亿元盈利，同比增长 270%～418%。原因为汽车业务销量相比去年同期有较大程度增加。2013 年 1—2 月，比亚迪汽车销量累计达到91 035 辆，同比增加 27.93%，高于行业平均增速。

思考

结合国际新能源汽车的发展趋势，查找比亚迪近年来的财务数据，根据本章所学内容，分析巴菲特投资比亚迪的策略如何？比亚迪的股票的定价到底应当为多少？

第十三章

套利定价理论

本章要点：

- 套利定价理论的基本假定和主要内容
- 套利定价理论的应用

导入案例

巴菲特清仓"中石油"

巴菲特在2003年4月中国股市低迷徘徊的时期，以每股1.6～1.7港元的价格大举介入中石油H股23.4亿股，在2007年10月接受中国媒体的采访中，巴菲特透露是读了中石油的年报决定买入的。他说："我读了2002年4月的年报，而且又读了2003年的年报，然后我决定投资5亿美元给中石油，仅仅根据我读的年报，我没有见过管理层，也没有见过分析家的报告，但是年报非常通俗易懂，这会是一个很好的投资。"

但是，巴菲特从2007年7月12日开始以12港元左右的价格分批减持中石油股票，直到10月19日，他将持有的中石油股票全部清仓。虽然股票抛了，巴菲特对中石油依然很有感情，他说："我们大概投入了5亿美元的资金，我们卖掉了我们赚到的40亿美元，我昨天给中石油写了一封信，感谢他们对股东所做的贡献，中石油的记录比世界上的任何石油企业都要好，我很感谢，所以我给他们写了一封信。"

那么，既然他认为中石油是家好公司，为什么要把股票卖掉呢？巴菲特说："你知道的，有很多这样很好的企业，其实我希望我买了更多，而且本应该持有更久，石油利润主要是依赖于油价，如果石油在30美元一桶的时候，我们很乐观，如果到了75美元，我不是说它就一定会下跌，但是我就不像以前那么自信。中石油的收入在很大程度上依赖于未来十年石油的价格，我对此并不消极，不过30美元一桶的时候我非常肯定，到75美元一桶的时候我就持比较中性的态度，现在石油的价格已经超过了75美元一桶。"

从这个回答中，我们可以理解巴菲特买入中石油和卖出中石油的股票，一个很重要的原因是油价。当石油价格较低的时候，他认为石油价格将会上升，石油公司自然会从中受益，所以他买入了中石油的股票；而石油价格很高的时候，他认为油价继续上涨的可能性较小，那么，石油公司的利润再要大幅增长将会很困难，所以选择了卖出股票。

巴菲特并没有违背自己的投资原则，他说："我通常是在人们对股票市场失去信心的时候购买"，而现在中国股市的热度很高，他说："我已经不像两年前那样，容易找到被低估的股票了。"

套利定价理论（arbitrage pricing theory，APT）由美国学者罗斯提出，是 CAPM 的拓广，APT 给出的定价模型与 CAPM 一样，都是均衡状态下的模型，不同的是 APT 的基础是因素模型。

套利定价理论认为，套利行为是现代有效率市场（即市场均衡价格）形成的一个决定因素。如果市场未达到均衡状态，市场上就会存在无风险套利机会，并且用多个因素来解释风险资产收益，并根据无套利原则，得到风险资产均衡收益与多个因素之间存在（近似的）线性关系。而前面的 CAPM 模型预测所有证券的收益率都与唯一的公共因子（市场证券组合）的收益率存在着线性关系。

套利定价理论的意义是导出了与资本资产定价模型相似的一种市场关系。套利定价理论以收益率形成过程的多因子模型为基础，认为证券收益率与一组因子线性相关，这组因子代表证券收益率的一些基本因素。事实上，当收益率通过单一因子（市场组合）形成时，将会发现套利定价理论形成了一种与资本资产定价模型相同的关系。因此，套利定价理论可以被认为是一种广义的资本资产定价模型，为投资者提供了一种替代性的方法，来理解市场中的风险与收益率间的均衡关系。套利定价理论与现代资产组合理论、资本资产定价模型、期权定价模型等一起构成了现代金融学的理论基础。

传统的风险收益理论认为，如果市场中有任何一只股票的价格偏离均衡价格，所有的投资者都会根据自己的风险厌恶程度进行一些调整，最终使该股票的价格重新回到均衡价格水平上来。而根据套利定价理论，一旦有股票的价格背离均衡价格，就会产生套利机会，也许只有很少的投资者观察到这个机会并加以利用。但是，由于他们套利的规模巨大，少数投资者规模巨大的套利活动可以起到同样的作用，使偏离均衡价格的股票的价格回到均衡水平上。

第一节　研究思路与假定

套利定价理论要研究的问题的思路是：首先，市场是否处于均衡状态；其次，如果市场是非均衡的，投资者会如何行动；再次，投资者的行动会如何影响市场并最终使市场达到均衡；最后，在市场均衡状态下，证券的预期收益由什么决定。

套利定价理论认为，套利行为是现代有效市场（亦即市场均衡价格）形成的一个决定因素。所谓套利行为指的是利用同一实物资产或证券的不同价格来赚取无风险利润的行为。最典型的例子就是利用同一种货币在不同市场上价格的差异，在价格水平较低的市场买入该种货币，再在价格水平较高的市场上卖出，以获取价差收益的行为。这种套利行为直接改变着这两个市场上该种货币的供求，最终导致二者供求实现均衡。在一个高度竞争的、流动性很强的市场体系中，这种套利机会一经发现，就会立即引起市场的反应，机会稍纵即逝，也正是这种套利行为推动着有效市场的形成。

套利定价理论认为，如果市场未达到均衡状态，市场上就会存在无风险的套利机会。由于理性投资者具有厌恶风险和追求收益最大化的行为特征，因此，投资者一旦发现有套利机会就会设法利用它们，随着套利者的买进和卖出，有价证券的供求状况将随之改变，套利空间逐渐减少直至消失，有价证券的均衡价格得以实现。因此，这种推论实际上也隐含了对一价定律的认同。

套利定价理论有以下假定：

(1) 投资者并不把预期回报和回报率的方差当作是其投资的重要考虑，相反，假定投资者只考虑是否获得较多的财富，只关心投资者的资产增值潜力。

(2) 假定证券的收益率与多个因素线性相关，但并没有明确说明这些因素是什么。

(3) 市场存在买空卖空，投资者可以将任意比例的资金投入到证券组合中，在市场上可以进行套利活动。

由于这一理论是建立在套利模型基础上的，所以又称为套利定价模型。

套利定价模型的假设条件和价格形成过程与 CAPM 都是不同的。其中最重要的一点在于，套利定价理论不像 CAPM 那样依赖于市场组合，也没有假设只有市场风险影响资产的预期收益，套利定价理论认为资产的收益可能会受到几种风险的影响，而到底是几种风险、这些风险具体是什么则无关紧要，因此，套利定价理论的限制条件不像 CAPM 那样严格。此外，套利定价理论也没有下列 CAPM 所需要的假设：只是一个时期的投资水平；不考虑税收因素；以无风险利率借贷；投资者根据预期收益和方差选择资产组合。

套利定价模型与 CAPM 相同的假设包括：投资者都有相同的预期；投资者追求效用最大化；市场是完美的，收益由一个因素模型产生。套利定价理论的最基本假设就是投资者都相信证券 i 的收益受 k 个共同因素的影响，证券 i 的收益与这些因素的关系可以用下面这个 k 因素模型表示出来：

$$r_i = E(r_i) + \beta_{i1}F_1 + \beta_{i2}F_2 + \cdots + \beta_{ik}F_k + e_i \tag{13.1}$$

式中，r_i为任意一种证券 i 的收益；$E(r_i)$ 为证券 i 的预期收益，包含了到目前为止所有可知的信息；β_{ik} 证券 i 相对于 k 因素的敏感度；e 为误差项，也可认为是只对个别证券收益起作用的非系统因素；F_k（k=1，2，…，M）为对所有资产都起作用的共同因素，也称系统因素。

由于已知的信息部已包含在 $E(r_i)$ 中了，所以，这里的 F 因素都是不可测的，将来发生的纯属意外。有意外发生，就会改变 r_i和 $E(r_i)$ 之间的关系；没有意外发生，从 $\beta_{i1}F_1$ 到 $\beta_{ik}F_k$就将都是零。由于 F_k是随机变量，所以 $E(F_k)=0$。不过，套利定价理论并不在意一共会有多少因素和这些因素是什么之类的问题。

经典案例

“隐形人”朱长虹辞别外管局

2014 年 1 月 28 日中国国家外汇管理局（SAFE，简称外管局）表示，“按照计划的安排，朱长虹总监在国家外汇管理局中央外汇业务中心的工作到 2014 年 1 月底就结束了。四年来，朱总监在系统建设、资产配置、组合管理、交易执行、研究分析等方面为外汇储备经营管理作出了重要和突出的贡献。中央外汇业务中心对他的辛勤付出表示衷心的感谢。”

朱长虹此前是负责管理中国 3.8 万亿美元外汇储备的国家外汇管理局的首席投资官。

他曾在全球最大债券投资机构——美国太平洋投资管理公司（Pimco）取得骄人业绩，但在2009年末离开该公司，转投中国外管局。

曾是物理专业高材生的朱长虹，因极不情愿公开露面而获得“隐形人”的绰号。他从不接受媒体采访，网上找得到的唯一照片是他在学生时代拍的模糊的大头照，以及一张未经证明的他回到中国时拍的照片。

尽管朱长虹个人行事低调，但其投资风格却相对“辛辣”，操作手段多变，投资时点精准，其加入外管局之后最主要的特色就是多元化的投资标的，降低对美国国债的投资占比，扩大对美国公司债、股票的投资，同时增加对其他国家国债的投资。有业内人士计算，2012年朱长虹在日本国债方面的投资收益高达9%～10%。

有业内人士描述朱长虹的投资风格为“稳重与强悍随机结合、据势而行”。从其工作经历可以看出，朱长虹低调的行事风格及其强悍的投资风格源于其在华尔街衍生交易中的历练。

外管局的投资已从美元转向更为多元化的货币。该机构已降低以往主导其资产组合的美国国债的比重，转而加大对公司债务、私募股权甚至房地产的投资。

据美国财政部数据分析显示，截至2012年6月底，美元资产在中国外汇储备中所占比重降至49%，远低于三年前他未加入时的69%。

《第一财经日报》援引业内人士的话称，他对日本股市在过去一年大幅上涨的踩点非常精准。

第二节　证券市场曲线和套利组合

现在考虑市场投资组合P是一个充分分散化的投资组合，我们把系统因素看作是市场投资组合的意外收益。市场投资组合的贝塔值为1，即$\beta=1$，我们可用它来决定该曲线的方程。如图13—1所示，曲线的截距为r_f，斜率为$E(r_M)-r_f$，该曲线的方程为：

$$E(r_p)=r_f+[E(r_M)-r_f]\beta_P \tag{13.2}$$

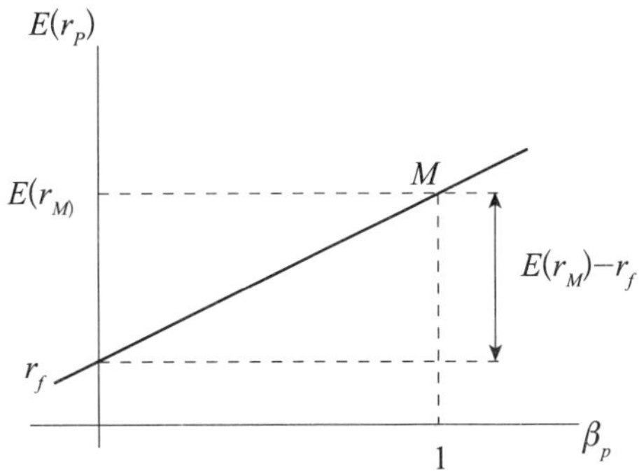

图13—1　证券市场线

在没有严格的CAPM假设的情况下，我们已经用无套利条件得到期望收益—贝塔之间的关系等同于其在CAPM中的关系。这表明即便没有CAPM的严格假设，CAPM的主要结论，即证券市场曲线期望收益—贝塔关系，至少是基本有效的。

值得注意的是，与 CAPM 相反，套利定价理论并不要求证券市场曲线关系的基准资产组合为真实市场投资组合。任何一个位于证券市场线上的充分分散化投资组合均可作为一个基准资产组合。例如，我们可以将基准资产组合定义为一个与任何可影响股票收益的系统因素高度相关的充分分散化的投资组合。相应地，套利定价理论比 CAPM 具有更大的弹性，因为那些与一个难以观测的市场资产组合有关的问题对它来说并不是很重要的。

根据套利定价理论，投资者会发现构造一个套利组合的可能性，以便在不增加风险的情况下，增加组合的预期收益率。一般而言，套利组合必须同时具备以下三个特征：(1) 它是一个不需要投资者任何额外资金的组合。(2) 套利组合对任何因素都没有敏感性，因为套利组合没有因素风险，也就是说组合的风险为零。(3) 套利组合的预期收益率必须是正值。

本章小结

本章在资本资产定价模型的基础上，介绍了套利定价理论。首先对套利定价理论与资本资产定价模型的关系进行了说明。然后，对套利定价理论的分析思路和研究假设进行了介绍。最后，介绍了套利定价理论的核心内容。

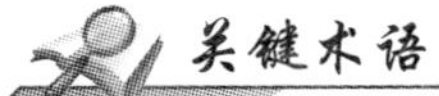

关键术语

市场均衡　　套利　　市场组合　　因素模型

习题

1. 套利定价理论与资本资产定价模型之间的关系是什么？
2. 套利定价理论的核心内容是什么？

案例分析

中航油案

一个因成功进行海外收购曾被称为“买来个石油帝国”的企业，却因从事投机活动造成 5.54 亿美元的巨额亏损。

一个被评为 2004 年新加坡最具透明度的上市公司，其总裁却被新加坡警方拘捕，接受管理部门的调查。“押大押小”的金融赌注行为，为中国航油集团新加坡公司设下陷阱。

新加坡公司是中国航油集团公司的海外控股子公司，其总裁为陈久霖，兼任集团公司副总经理。

经国家有关部门批准，新加坡公司在取得中国航油集团公司授权后，自 2003 年开始做油品套期保值业务。在此期间，陈久霖擅自扩大业务范围，从事石油衍生品期权交易。陈久霖和日本三井银行、法国兴业银行、英国巴克莱银行、新加坡发展银行和新加坡麦戈利银行等在期货交易场外签订了合同。陈久霖买了“看跌”期权，赌注每桶 38 美元。没想到国际油价一路攀升，陈久霖“押了小点开盘后却是大点”。

中航油损失总计 5.54 亿美元

2004 年 10 月以来，新加坡公司所持石油衍生品盘位已远远超过预期价格。根据其合同，需向交易对方（银行和金融机构）支付保证金。每桶油价每上涨 1 美元，新加坡公司要向银行支付 5 000 万美元的保证金，导致新加坡公司现金流量枯竭，2004 年 10 月 26 日，被迫关闭的仓位累计损失已达 3.94 亿美元，正在关闭的剩余仓位预计损失 1.6 亿美元，账面实际损失和潜在损失总计约 5.54 亿美元。

中航油事件始末

2003 年下半年：中航油公司开始交易石油期权（option），最初涉及 200 万桶石油，中航油在交易中获利。

2004 年一季度：油价攀升导致公司潜亏 580 万美元，公司决定延期交割合同，期望油价能回跌，交易量也随之增加。

2004 年二季度：随着油价持续升高，公司的账面亏损额增加到 3 000 万美元左右。公司因而决定再延后到 2005 年和 2006 年才交割，交易量再次增加。

2004 年 10 月：油价再创新高，公司此时的交易盘口达 5 200 万桶石油，账面亏损再度大增。

10 月 10 日：面对严重资金周转问题的中航油，首次向母公司呈报交易和账面亏损。为了补加交易商追加的保证金，公司已耗尽近 2 600 万美元的营运资本、1.2 亿美元银团贷款和 6 800 万元美应收账款资金。账面亏损高达 1.8 亿美元，另外已支付 8 000 万美元的额外保证金。

10 月 20 日：母公司提前配售 15%的股票，将所得的 1.08 亿美元资金贷款给中航油。

10 月 26 日和 28 日：公司因无法补加一些合同的保证金而遭逼仓，蒙受 1.32 亿美元的实际亏损。

11 月 8—25 日：公司的衍生商品合同继续遭逼仓，截至 25 日的实际亏损达 3.81 亿美元。

12 月 1 日：在亏损 5.5 亿美元后，中航油宣布向法庭申请破产保护令。

2005 年 6 月，新加坡高等法院正式批准中国航油（新加坡）股份有限公司的债务重组计划。中航油由此避免了破产清算的厄运。

中航油案的启示

中航油案暴露出我国从事境外期货交易的公司在监管、内控以及市场操作方面存在的一些漏洞，具体表现在三个方面。

首先，内控制度缺位。作为从事境外期货的公司，内控制度主要体现在三方面：事前风险防范、事中风险预警和及时处理；事后风险事故的报告、评估、处理；备案以及其他相应措施。

中航油在能源期货市场的操作从一开始就偏离了正确的方向。作为航空燃料的中间商，在期货市场进行操作的主旨在于通过衍生品工具锁定价格上涨带来的成本增长风险，而只有在相应的衍生品（期货、期权或者掉期合约）做诸如买入期货合约的操作，才能锁定现货价格上涨后的风险，使公司的经营成本得到控制。

但根据公开报道的材料，中航油公司在原油期货上涨之时却做卖空操作，这和期货保值操作背道而驰，成了彻头彻尾的投机行为。这样一来，本来是要锁定原油价格上涨的风险，但当原油价格上涨时，仅现货采购成本激增，在期货市场上更是出现巨亏。这充分说明了中航油在事前风险防范上缺乏相应的内控措施或者即使有也是形同虚设。

其次，当投机操作造成亏损后，中航油并未及时做止损处理，而是孤注一掷，冒着国有资产流失的风险，将全部身家赌在原油价格回落上，造成一错再错。事实上，此次万幸的是中航油公司只有几亿美元的家当，亏到实在遮不住的时候才申请破产，事实真相才公之于众，如果其他参与境外期货的企业也是如此，后果不堪设想。

最后，内控制度还体现在及时有效地对风险事故进行评估和报告方面。此次期货投机巨亏出现在 2004 年 10 月份甚至更久之前，而一直到了 12 月份尚未对事故责任有明确的说法，这也充分说明了，即便是中航油这样在海外上市的公司，由于缺乏内控制度或者有制度而没有遵守，一旦面临巨大风险，企业就会受到致命的一击。作为期货市场，本身蕴涵着巨大的风险，更需要完善的内控来管理资金，管理这些从事期货交易的业务人员。中航油事件凸显出的第二个漏洞就是，仅靠企业自身自觉主动是远远不够的。衍生品交易这种复杂而专业的工具，需要有专业、权威的部门进行实时而充分的监管。

思考

从 2005 年以来，中国证券市场上的套利行为不断出现，特别是沪深 300 股指期货推出以来，套利交易更是普遍，请问今后应当如何避免此类事件的出现?

第十四章

有效市场假说

本章要点：

- 有效市场假说的基本假定和理论基础
- 有效市场假说的主要内容
- 弱式有效、半强式有效、强式有效市场的含义
- 有效市场假说面临的挑战

导入案例

投资者谈茅台：不以股价论英雄

进入2014年2月中旬，网宿科技股价超茅台，成为“A股第一高价股”，受到了媒体的广泛关注，不过股民们却对此淡然处之。“在国内股市，股价并不能代表一切。”一位资深股民表示，虽然茅台暂时丢掉了第一高价股的宝座，但从每年茅台股票的收益、分红等方面看，坚信茅台重回A股第一高价股仅是时间问题。事实证明也的确如此，如今贵州茅台再度夺回国内A股市场第一高价股的宝座。

网宿科技股价超过贵州茅台，但对贵州茅台的股价未造成什么实质性影响。据了解，自2014年2月10日至11日，贵州茅台股价未出现较大波动，且融券也始终保持低位平稳。用贵州茅台股民的话来说，贵州茅台是中国股市价值投资的样本，值得长期持有。

深圳市榕树投资管理有限公司董事长翟敬勇曾表示，以价值投资的角度来看，一家企业是否具备价值，并不在于它的股票在市场上能涨多少，而在于公司的业绩是否能持续增长，公司是否愿意与投资者分享业绩增长的成果。对于前者来说，茅台当之无愧；对于后者来说，茅台的价值更是显露无遗。

自登陆A股市场以来，贵州茅台保持了年年分红的习惯，且近年来的分红金额连创新高，2010—2012年，贵州茅台还连续3年突破由自己创下的A股每股现金分红纪录，成为A股市场中现金分红最慷慨的公司。特别是2012年度，更是以每10股派64.19元，共派发股利约66.64亿元（含税）的大手笔，再度打破由自己创下的A股每股分红纪录。根据统计，公司自2001年上市以来，始终坚持现金分红，到2012年已累计向投资者派发现金分红178.37亿元，为上市公司发行股票所募集资金净额的8.93倍（公司上市募集资

金19.98亿元，扣除发行费用)，是中国白酒上市企业中分红最多的一家公司。

尽管白酒行业景气度大不如前，和已发布快报的白酒上市公司业绩深度下滑不同，茅台股份的业绩增幅虽不及2012年，但和去年前三季度相比，颓势已大幅扭转，2013年营收和净利润增长大局已定。

2014年1月18日，董事长袁仁国在贵州茅台酒个性化定制营销公司揭牌仪式上透露："2013年茅台集团销售收入（含税）突破402亿元，同比增长13.77%，实现利税311亿元，同比增长10.62%；利润总额222亿元，同比增长12.75%；上缴税金140亿元，同比增长21.59%。"前三季度茅台股份公司的增速一直快于集团公司，可以估算出股份公司2013年净利润增长很可能超过20%，而且，预付款也有相当程度的增加。

"茅台毛利率92%，净利率50%以上，才10倍的PE。"作为中国价值投资代表人物之一，深圳市东方港湾投资管理有限责任公司董事长但斌非常坚定地看好茅台，他表示，茅台是一个非常好的企业，所以从来没有卖过，一直在加仓。"巴菲特投资一个企业要二三十年，我们也希望复制，用同样的方法，持有某只股票5年、10年，甚至更长时间。"但斌笃定地说。

第一节　理论基础

有效市场假说在近30年来金融市场理论中占据了非常重要的地位。早期的研究者主要是沃金、坎德尔、罗伯茨、萨缪尔森等，但在领域作出的最大贡献者则是法玛。

法玛（Eugene Fama）对有效市场假说的定义是，有效金融市场是指这样的市场，其资产价格已经反映了所有可以得到的有用信息。例如美国的债券市场和股票市场实际上就是符合这一定义的有效市场。有效市场假说排除了建立在现在可以获得的信息基础上的交易行为获得超过均衡的预期收益的可能性。也就是说，一个具有平常资质的投资者，不可能一直期望战胜市场。投资者分析、挑选和买卖证券以期望获得超额收益都是不可能的。被动地持有市场资产组合比主动地资产管理更好。

有效市场假说建立在以下三个假设之上：

1. 理性投资者假设

投资者被认为是理性的，他们能对证券作出合理的价值评估。

2. 随机交易假设

即使在某种程度上某些投资者并非完全理性，但由于他们之间的证券交易是随机进行的，他们彼此之间的交易对价格产生的影响会相互抵消。

3. 有效套利假设

假如某些投资者非理性且行为趋同，他们的交易行为不能互相抵消，理性的套利者也会消除他们的行为对价格的影响。

第二节　有效市场假说的实证检验

有效市场假说的实证检验可分为两种思路：一是当有关某种证券价值的消息传播到

市场上时，该种证券的价格是否会迅速准确地作出反应，并将这些消息的影响体现于价格之中。“迅速”是指那些较晚得到消息的人，比如说阅读报纸或公司报告较迟的人，将不可能从这些消息中获利；“准确”是指由于这些消息所引起的价格调整应该是恰到好处的，既不会反应过度，也不会反应不足。在最初的信息冲击发生之后，不应该形成价格变动的正向趋势性，也不会形成逆向的趋势性。二是既然证券的价格必须等于证券的价值，如果没有影响证券价值的消息变化，也就不会有价格的变化。这也就是说，如果只有证券供给与需求的变化，而没有事关基本价值的消息变化，证券的价格就不会发生变动。对信息快速准确地作出反应和无信息变化时价格保持不动是有效市场假说的两个主要论点。

一、有效市场假说的形式

“价格对信息迅速、准确反应”隐含了这样一个重要命题：已知的信息对获利没有价值，陈旧信息不会创造利润。在这里，利润是指经过风险调整后获得的超额利润。也就是说，如果在某一段时间内，投资者以过去的信息为基础采用某种投资策略获得了正的现金流，并不能证明市场是缺乏有效性的。

对于陈旧信息，法玛将其分为三类，从而引出了有效市场假说的三种形式：(1) 弱式有效市场。在符合这种假设的市场中，陈旧信息对应的是过去的价格和收益。投资者不能依靠过去的价格和收益的信息获得风险调整后的超额收益。(2) 半强式有效市场。在这种市场中，投资者不能依靠任何公开的可得信息获得经风险调整后的超额收益。半强式有效实际上也是一种弱式有效，因为证券过去的价格和收益属于公开信息。(3) 强式有效市场。在这种市场中，投资者不仅不能通过已公开的信息获利，想通过内部信息来获取超额收益也是不可能的。因为内部信息会很快泄露出去，并会及时在证券价格上得到反映。在这里，任何人包括内幕人员都无法拥有对信息的垄断权。

二、对弱式有效市场假说的检验

早期对有效市场假说的检验大多是对弱式有效的检验。投资者通过分析历史价格的变动趋势，能否寻找到获取额外利润的机会呢？如果证券价格波动呈现出随机游走的状态，对这个问题的回答就应该是否定的，从而弱式有效市场假说就是成立的。

在《经济的时间序列分析》中，肯德尔分析了 1928—1938 年间金融、工业、铁路、酿酒、石油以及公用事业等 19 个产业的股票每周平均资料，同时也分析了 1883—1934 年间，芝加哥商品市场小麦的月平均价格和 1816—1951 年间纽约商品交易所棉花的资料。研究结果表明，价格“事实上处于漫游状态”。

1964 年，亚历山大（Sidney Aloxander）对趋势分析中的过滤器法则作了详细的分析。所谓过滤器法则，是指投资者应在股价上涨一定幅度后买进，在股价下跌一定幅度后卖出。如果价格的波动呈现一定的趋势，并且这种趋势能保持一定时间，通过看到股票价格上涨之后买进、看到股票价格开始下跌之后卖出的策略，投资者应该能够获得超额利润。亚历山大发现这类过滤器法则并不能真正实现交易利润。

法玛在《股票市场价格的行为》中指出，股票价格确实几乎都服从随机游走，技术性交易策略不能获得超额利润，基于以往收益率的预测不能获得超额利润。

所有以上结论与弱式有效市场假说是一致的。

三、对半强式有效市场假说的检验

对于半强式有效假说，法玛等人提出了一种典型的检验方法——事件研究法。这是针对某个公司公布的新信息来检验股票价格是否很快进行调整。与公司有关的多种重要消息事件，如：盈利分红公告、公司的并购、新股发行与股票回购、管理人员报酬的变更等事件，对股份产生何种影响都被付诸过检验。

基翁和平克顿（Keown and Pinkerton）的一项研究是考察当有收购公告发布时，持有目标公司股票所获收益的情况。研究表明，在消息公布之前，目标公司的股价就开始上升，这表示信息进入价格；在消息公布的当天，股价发生向上阶跃，反映出目标公司的股东所获得的接管溢价；而在消息公布以后，价格没有继续上升或者发生反转，说明价格对信息的反应是正确的。这个结论与半强式有效假说一致。

没有影响证券价值的消息变化就不会有价格的变化这一推论，在实证研究中也获得同样的支持。斯科尔斯（Scholes）运用事件研究法对在一些公司内大股东之间的大宗股票交易对股价的影响进行了检验。他的研究涉及有效套利假设的核心，即某种股票能否获得近似的替代品。某种证券的最佳替代品是另一种在其他情况相同时带来相同现金收入流量的证券（或证券组合）。近似的替代证券（或证券组合）是指在其他情况非常相似时带来相同现金收入流量的证券，也就是说，它们的风险特征也非常相似。能否为某种既定的证券找到完全相同的或近似的替代品，是套利活动能否发挥作用的关键所在，如果有这样的替代品，套利行为就可以保证市场有效。当近似的替代品存在时，对于一组给定的风险集合，无论持有哪一种（或几种）股票对投资者都是一样的。卖出大宗股票，特别是由无特别信息的投资者卖出，对股价不会有实质性的影响。如果有人在市场上大量抛售股票，其他的投资者会在股价稍微下跌时（如果有的话）乐意吸纳这些股票，为了保持证券组合的风险不变，他们同时也会抛出其他可替代的股票。尽管不了解情况的卖出者在降价出售，潜在购买者之间的竞争使得股票价格的下降幅度不会太大。在该项研究中，斯科尔斯发现股价对于大宗股票买卖反应平淡。这一结果与有效市场理论的第二条假定，即股价在信息真空时会保持不变的说法相吻合。

另外，鲍尔和布朗（Ball and Brown）检验了会计收入对价格的影响，帕蒂特（Pettit）检验了股利政策对股市的影响，福斯特（Foster）检验了股市对每股期望收入的反应，他们的研究都表明股票的价格已经反映了所有公布于众的有关消息。沃尔夫森和帕特尔（Wolfson and Patell）还发现，股市对于任何有关新消息的反应几乎是瞬时的，一般在5～10 分钟左右。随着现代通信手段的发展，这一速度将会不断加快。

四、对强式有效市场假说的检验

在强式有效形式下，内部人员也不能获得超额利润。对于这种形式，金融学家采取了一种比较间接的方式，他们通过考察那些机构投资者的表现来检验。因为只有机构投资者才有实力对一个公司、一个行业甚至整个经济作长期研究，它们所掌握的信息应该是最充分的。如果能够发现某一机构投资者能够持续地获得超额利润，就表明它具有预测股价的能力，它的研究成果也没有体现在市场价格之中。

詹森（Michael Jensen）曾研究了 115 只共同基金从 1955 年到 1964 年的 10 年间的绩效纪录。研究结果表明：平均而言，投资者持有共同基金 10 年，其报酬率会比在相同的风险水准下、广泛分散投资普通股的投资者足足少15%。在115只共同基金中，只有26只的绩效超越市场的表现。如果扣除收取手续费对绩效的影响，情况只是稍有改观，基金投资者的报酬率从原有落后15%变成8.9%，有43只共同基金的绩效超越市场的表现。

马尔基尔（Malkiel）计算了大量的共同基金样本1972—1998年间的风险调整收益率，结果表明，该收益率在图上呈现出关于0值左右对称的不规则的钟形，均值是比较小的负数，这说明与市场的平均情况相比较，共同基金并没有超常的表现。

以上研究表明即使是共同基金这样的拥有信息最为充分的机构投资者也没能具有持续超越市场的表现，这就说明股价已经反映了市场中所有的信息，因而间接地证明了强式有效市场假说。

经典案例

"铁公鸡"预案震动证券市场

2013年7月，在股市中以"烧钱王"和"铁公鸡"形象出名的京东方，推出非公开发行融资不超过460亿元的融资预案，震动了证券市场。

据查，之前A股上市公司中最大规模非公开发行案例属2010年的浦发银行，当时公司融资390亿元。京东方抛出募资不超过460亿元的非公开增发方案，一举刷新A股最大融资计划。令人疑惑的是：京东方的460亿元再融资，为何选择在大盘摇摇欲坠的时间点上?

有力提升话语权

京东方非公开发行预案显示，公司以2.10元底价发行95亿股～224亿股，拟募集资金净额不超过460亿元，用于投建鑫晟光电8.5代线、触摸屏生产线、源盛光电5.5代AMOLED生产线、重庆京东方8.5代线等项目及补充流动资金。

公告称，北京国有资本经营管理中心以其所持京东方显示48.92%的股权认购公司本次非公开发行的股票。公司本次非公开发行股权认购部分的初步评估值为85.33亿元，预计本次非公开发行扣除发行费用后可募集现金375亿元。

全球液晶面板快速成长，京东方A将斥资328亿元投建重庆第8.5代新型半导体显示器件及系统项目，利用募集资金152亿元。其中，重庆市政府通过制定投资平台以非公开发行股票和直接投入方式向项目公司投入108亿元，其余89亿元通过非公开渠道筹集。另外差额的131亿元将由项目公司申请银团贷款解决。

据介绍，项目采用新型半导体显示技术生产OxideTFT-LCD产品，建设周期为24个月。经测算，重庆8.5代线项目税后内部收益率为11.18%，正常生产年销售收入为271.93亿元。

另外，面对全球触摸屏市场快速成长的巨大市场需求，公司拟通过合肥鑫晟光电科技有限公司投资建设触摸屏生产线项目。该项目总投资53.97亿元，拟利用募集资金30亿元。经测算，触摸屏生产线项目税后内部收益率为10.39%，正常生产年销售收入为53.77亿元。

公司认为，上述项目建成后，公司产业链将进一步完善，总体规模、整体竞争力得到进一步提升，有利于提高公司液晶显示屏产品的综合竞争实力，有利于提升公司抵御市场波动风险能力，并将有力提升国内平板显示产业在国际市场中的话语权。

巨额融资引争议

该方案一经披露，就引发了极大的市场反响，质疑声不断。除因涉及融资金额巨大，与京东方多年来“烧钱王”和“铁公鸡”的形象也有很大关系。

据报道，京东方A在液晶显示器（LCD）项目上的投资，一直以来无法摆脱“越投越亏，越亏越投”的怪圈。资料显示，京东方2003年斥资3.8亿美元收购韩国现代的液晶显示屏业务，斥资12亿美元打造北京TFTLCD5代线项目；2007年，京东方斥资34亿元投资成都京东方4.5代TFT-LCD生产线项目；2009年，京东方再次募资120亿元建设6代线。

京东方烧钱越来越猛，盈利却遥遥无期。2008年，公司亏损8.08亿元；2009年虽盈利但利润仅4 968万元，这还包括政府补贴8.3亿元；2010年，公司亏损高达20亿元；2011年，通过套现地方政府“补贴”的煤炭资源获得36亿元转让款、巨额退税以及贷款贴息，公司成功“扭亏”，盈利5.61亿元。

2013年4月23日，京东方公布2012年年度财务报告，公司全年实现营业收入257.7亿元，完成净利润2.58亿元。但财报显示，剔除公允价值变动及投资收益的影响，京东方全年经营性亏损金额达7.07亿元（税前）。不过在9.25亿元政府补助的援助下，弥补亏损的同时，使公司全年盈利2.58亿元。

有分析直指，如果不是靠政府补贴，京东方这家A股市场最会烧钱的上市公司恐怕难逃退市。而在对投资者回报方面，京东方从2005年以来就没有现金分红，只在2005年度、2010年度有过两次公积金转增股本，玩了把数字游戏，是不折不扣的“铁公鸡”。

“只会圈钱烧钱，不讲分红。证监会规定三年不分红，不能公开发行股票再融资。而京东方一个非公开发行，就规避了证监会条文。上市至今12年，多数年份是巨亏，却进行过5次增发，募资超过270亿元，现在又要融资460亿元。”昨晚公告后，京东方在网络上被网友和媒体评为“A股最奇葩的公司之一”。

第三节　对有效市场假说的挑战

简洁明快的有效市场假说体现了经济学家一直梦寐以求的东西，那就是竞争均衡。有效市场假说实际上是亚当·斯密“看不见的手”在金融市场的延伸。它是现代金融经济学的基础。自20世纪60年代这一假说提出之后，有效市场假说无论在理论方面还是在实证检验结果方面都取得了巨大的成功。学术上通过强有力的理论推理证明了这一假说的成立，更引人注目的是，大量随之涌现的实证检验结果也几乎都支持这一假说的成立。事实上，金融理论绝大多数的研究领域，尤其是证券分析理论，都是在这一学说及应用的基础上建立起来的。詹森在1987年声称：“迄今为止，没有任何一个经济学命题能像EMH那样获得如此坚实的实证检验的支持。”

詹森的言论发表不久，有效市场假说在理论与实证检验两方面同时受到了挑战。最初的挑战主要来自于实证方面，由此人们开始怀疑它的理论基础。下面，我们将对这些质疑从理论和实证两方面进行介绍。

一、对有效市场假说的理论挑战

（一）对理性投资者假设的挑战

假设一般大众特别是投资者为完全理性，这很难令人信服。明显的例子是许多投资者经常依据一些并不相关的信息来做购买决策。正像布莱克（Black）指出的那样，他们购买所依据的是“噪音”而非信息。一般投资者易受金融专家建议的左右，他们不会分散投资，经常自以为是地进行买卖并且频繁地变换手中的证券组合，不会认识到卖出有盈利的股票而后捂牢亏损股票也提高了他们自身的应税收入，他们会冲动地买进卖出那些管理并不怎么样的共同基金，跟随股价变化和其他模型来进行交易，等等。总之，他们并非像有效市场理论认定的那样：作为一般的信息缺乏者，应采取被动的交易策略。

卡尼曼和里普（Kahneman and Riepe）认为人们会在很多方面偏离标准的决策模型，在许多基本假设方面，人们的行为与标准的决策模型是不一致的。对投资者行为的影响因素包括三个方面：

1. 对风险的态度

与获得收益相比，人们往往更不愿意承担损失，损失的效用函数比收益的效用函数陡得多。

2. 非贝叶斯预期的形成

人们经常根据过去较短时期的历史来判断将来，而忽视了这段历史可能是由于偶然因素造成的。

3. 决策对问题构想和表达方式的敏感性

人们会根据问题提出的方式作出不同的回答。

（二）对随机交易假设的挑战

有效市场理论的第二道防线就是针对缺乏理性的投资者的，如果存在缺乏理性的投资者，他们之间的交易将会随机进行，所以他们的错误会相互抵消。卡尼曼和特维斯基的理论推翻了这一论点。心理学的研究已经清楚地表明，人们并不只是偶然偏离理性，而是经常以同样的方式偏离。入世不深的投资者在多数情况下是按照自己的投资理念来买卖股票的，他们的买卖行为之间有很大的相关性。他们之间的交易也并非随机进行，而是在大致相同的时间，大家都试图去买或卖同样的股票。由于受传言的影响，或者大家都去模仿周围人的行为，噪音交易者的行为就有一定的社会性，大家就会犯同样的错误，这时情况就比较严重了。

个人投资者并非唯一在投资策略方面不符合理性要求的投资者。我们知道，在金融市场中，绝大部分资金是由代表个人和公司理财的养老基金和共同基金的职业管理人员来调度的。这些管理人员也是普通人，影响个人投资者的偏见同样会影响他们。他们同时又受人委托替人理财，相对于掌握充分信息的出资人的要求，这种代理人的角色使他们在决策时更易出错。专业管理人员可能选择与他们的评估业绩标准一致的资产以减少比标准低的风险；同时他们也倾向于选择其他管理人员所选择的资产以避免落后；在年末时，他们会不约而同买入最近业绩好，抛掉业绩差的股票以使得基金的业绩看上去好一些。在某些时候，他们其实也是标准的噪音交易者。

（三）对套利行为假设的挑战

支持有效市场理论的最后一组理论是关于套利的理论。尽管入世不深的投资者的心态会相互影响，但套利者也许没有心理偏见，他们正好与那些入市不深的投资者做对手交易，所以可以将价格稳定在基本价格上。有效市场理论要依赖于这种套利机制的有效发挥。

套利机制作用是否有效，关键要看能否找到受噪音交易者潜在影响证券的近似替代品。为了回避风险，套利者在卖出或卖空价格高估的证券的同时，必须能买进同样或相似且价格没有高估的替代证券。对于许多所谓的衍生证券来说，如期货、期权，尽管套利需要的交易量很大，但替代品还是很容易找到。但在大多数情况下，证券并没有明显合适的替代品，所以，套利者不能从总体上对股票和债券设定一个价格水平。大量的证券没有替代组合，所以一旦由于某种原因它们出现“定价偏差”，套利者将无法进行无风险的对冲交易。即使个别套利者发现总体股价已经高估，他们也无法卖空并买进替代的证券组合，因为找不到这样的组合。套利者只能简单地卖出或减持风险已高的股票，以期获得较高的收益，但是，这种套利已非无风险套利了，特别是当股票的平均预期收益很高且为正值时。如果一个套利者是风险回避者，他并无兴趣进行这类套利。如果再考虑到套利者整体承受风险的能力有限，他们将很难把大量股票的价格维持在符合基本价值的水平上。

相对于整个市场来说，单只股票的替代品也许好找，但是与股票的基本价值相关的风险对套利还是形成了很大的障碍。最重要的一点是，不可能找到完全相同的替代品。当一个套利者依据相对价格的变化购进或卖出股票后，他要承担与这种单只股票相关的风险，如：当他卖出股票后出现了特大利好消息，或买进某只看好的股票后出现了特大的利空消息。我们举这样一个例子来说明。某个套利者相信福特汽车公司的股票相对于通用汽车和克莱斯勒汽车公司的股票来说股价已经被高估。这时，如果他卖空福特股票而同时增持另外两种股票，他化解了汽车行业的一般风险，但仍无法避免福特股票由出人意料的利空消息的风险所引起的损失。由于没有完全的替代品，套利活动也就充满了风险。这种套利通常被称为“风险套利”，因为它只考虑了相对价格在统计上可能的趋同现象，而此种趋同现象与确定性相悖。

即使能找到完全的替代品，套利者也面临其他更多的风险，这种风险来自未来再次出让时价格的不可预知性，或者换句话说，价格偏差在消失前继续错下去。即使是两种基本价值完全相同的证券，价高者可能会继续走高，而价低者也会继续走低。尽管两种证券的价格最终会走向一致，但套利者在这种交易中将不得不遭受暂时的损失。如果套利者能承受这种亏损，他最终会补亏为盈，但有时他无法熬过亏损期。在价格继续下跌走出低度谷前，如果套利者不得不担心其资金状况以保持现有的套利规模，他的套利就将面临很大的约束。这种类型的风险被称为“噪音交易者风险”。由此看来，以套利为基础的有效市场理论自身也有缺陷，即使是在本质上有相同的替代品的情况下也不例外。

当我们认识到套利充满风险时，弗里德曼关于市场选择的观点就有问题了。当噪音交易者和套利者都承受风险时，他们各自的预期收益将依赖于他们各自对风险的承受能力和市场对承受风险给予的补偿来决定。而且，即使套利者的平均收益超过噪音交易者，从长期来看，前者也并不一定会强者恒强，而后者也不会弱者恒弱。从长期来看，某些类型的噪音交易者，可以有像套利者一样甚至更好的机会把财产保持在一定水平上。

二、对有效市场假说的实证挑战

从时间顺序上看，实证检验对有效市场假说的挑战比理论上的怀疑要领先一步。下面我们介绍与弱式有效市场假说、半强式有效市场假说以及无信息变化时价格保持不动推论相悖的现象。

（一）与弱式有效市场假说相悖的市场现象

弱式有效市场假说表明股价已充分反映历史信息，即投资者无法根据所谓的股价走势图获取额外收益，但有的实证研究结论并不支持弱式有效市场假说。

1. 逆转效应

德邦特和塞勒（DeBondt and Thaler）比较了两组公司的收益情况，一组是亏损最严重的公司，另一组是盈利最多的公司，他们从 1933 年开始算起，把前 3 年表现最好的公司和最差的公司分别编组，各自作为一种组合，然后他们看此后 5 年投资于两种组合所得到收益的情况。他们发现：基期的“失败”组合（投资业绩最差的 35 只股票）的表现要比“优秀”组合（投资业绩最好的 35 只股票）的表现好 25%。这种“失败”组合出现反弹、“优秀”组合出现衰落的逆转效应说明了股票市场对相关消息过度反应。亏损公司股票由于太便宜，所以在今后一段时间会出现反弹，而绩优公司的股价已经被推至高位，所以今后的收益会逐渐走低。这说明了反向投资策略的可行性，即尽量投资于近期表现不佳的股票，而避免投资于表现较好的股票。

2. “冲量”理论

贾格迪什和蒂特曼（Jegadeesh and Titman）对价格冲量的研究发现，从统计意义上讲，股票价格变化的趋势将在未来 6～12 月内持续，即在相对短期的时间内，股票价格表现出与以前的价格趋势相同的变化。可见，以往的价格和收益率对于将来都具有预测作用。

（二）与半强式有效市场假说相悖的市场现象

1. 小公司的 1 月效应

班兹（Banz）发现随着公司相对规模的增长，无论总收益率还是经风险调整的收益率都会下跌。其中，公司中的相对规模是用公司股票的市场价值来衡量的。将纽约股票交易所中的股票按照规模划分为五个等级，他发现规模最小的一类公司的平均年收益率为 19.8%。远远高于规模最大的一类公司。在 1926—1996 年期间，纽约证券交易所中最大 10%的股票的年平均年平均复合收益率为 9.84%，而最小 10%的股票的年平均复合收益率为 13.83%。后来的研究发现，小公司效应在 1 月份的前两个星期表现得最为明显。这个月小公司股票的收益要比大公司股票平均高出 4.8%。我们知道，公司的规模和日期的更替是市场预先了解的，也就意味着，小公司股票的超额收益是基于无时效的信息获得的，这显然不支持有效市场假说半强式有效类型的观点。

2. 账面值/市值比率效应

法玛、弗伦奇与日甘曼的研究证明公司股本的账面价值与市场价值之比是预期股票价格的重要工具。法玛、弗伦奇按照公司股本价值与市场价值的比率将公司划分为 10 个层次，并对它们在 1963 年 7 月至 1990 年 12 月的月度收益率进行了分析。该比率最高的一类公司的平均月度收益率为 1.65%，而该比率最低的一类公司的月度收益平均值仅为 0.72%。这说明该比率较高的公司的股票价值是被低估的，投资于有投资价值股票的高收益现象并不像传统理论所认为的那样与高风险相对应。

（三）与“无信息变化时价格保持不动”推论相悖的现象

首先是对 1987 年美国股市崩溃的研究。该年 10 月 19 日，星期一，道琼斯工业平均指数下跌了500多点，跌幅达22.6%，远远超出1929年10月28日12.82%的下降率，是近70年来最高的。但在消息面上却是风平浪静。许多研究试图找到造成股市崩溃的消息，但是并没有获得满意的结果。卡特勒（Cutler）等人对美国股市二战后50个最大的日波动进行了研究，发现大部分的市场巨幅振动并没有相应的信息公布。这证明除了信息之外还有其他的力量在推动股市价格的运动。

指数加入事件的研究也引起了许多学者的关注。在美国，标准普尔500指数包含了全国的500家大公司股票，每年有少数公司因为被兼并而从指数中删除，同时替代进其他公司。将一个公司加入指数本身并不增加公司的价值，因此不传递任何有价值的信息。但是，当一个公司加入指数，指数基金将增加对其股票的需求量。另外，专业的基金管理人员为了使自己的资产组合和指数接近，也将增加对这种股票的需求量。所以，纳入标准普尔500指数的事件对纳入股票产生了大量的无信息变化的需求。武格勒和朱娃夫斯卡娅（Wurgler and Zhuravskaya）对1976—1996年的统计研究表明，加入指数事件伴随了平均互联3.5%的股票价格上升。1998年12月，美国在线（America Online）公司——20世纪90年代末互联网类股票中的"明星股"——在其被纳入标准普尔500指数的消息发布后，股价上涨了18%。这些表明，需求的变化使资产价格移动，套期保值者的存在并没有消除价格的偏差。

理查德·罗尔（Richard Roll）考察了气象消息是否对橙汁的期货价格有影响的问题。因为美国的橙汁产地集中，消费者口味稳定，所以气候因素应该是影响橙汁期货价格的主要因素。他发现，尽管与气候相关的信息可以解释价格的变动，但也仅仅只能解释其中的一部分。罗尔又将这一分析扩展到对具体股票价格的分析。他计算了宏观经济情况、投资于同一时期同一行业其他股票的收益情况和公司自身消息变化对大型公司股票收益变化影响的几种情形，他发现每只股票的价格波动中的大部分不能由公开信息或潜在替代品价格的变动来解释。

本章小结

本章介绍了有效市场假说，指出有效市场假说的理论基础包括：理性投资者假设、随机交易假设和有效套利假设。有效市场假说分为三种类型：弱式有效市场假说、半强式有效市场假说和强式有效市场假说，并对有效市场假说的理论和实证检验进行了介绍。

关键术语

理性投资者假设	随机交易假设	有效套利假设
弱式有效市场	半强式有效市场	强式有效市场
逆转效应	小公司效应	账面/市值比效应
事件研究法		

习题

1. 有效市场假说的理论基础是什么？形式及含义各有哪些？

2. 有效市场假说受到哪些挑战？与有效市场假说相悖的市场现象有哪些？试举例说明。

中国股票市场的定价效率如何？

2014 年下半年以来，中国的股票市场可以用“任性”两个字来形容，上证综合指数从 2 050 点一路攀升，到 2014 年 12 月 31 日以 3 235 点收盘，涨幅约 60%。进入 2015 年，中国股票市场风起云涌，一开年便拉开了巨幅波动的大战，在宏观经济基本面没有明显改变的情况下，上证指数上摸至 3 404 点，而 1 月 19 日一开盘，上证指数便掉头下探，比上一个交易日下跌 8%以上，走出了一个典型的“黑色星期一”行情（见图 14—1）。

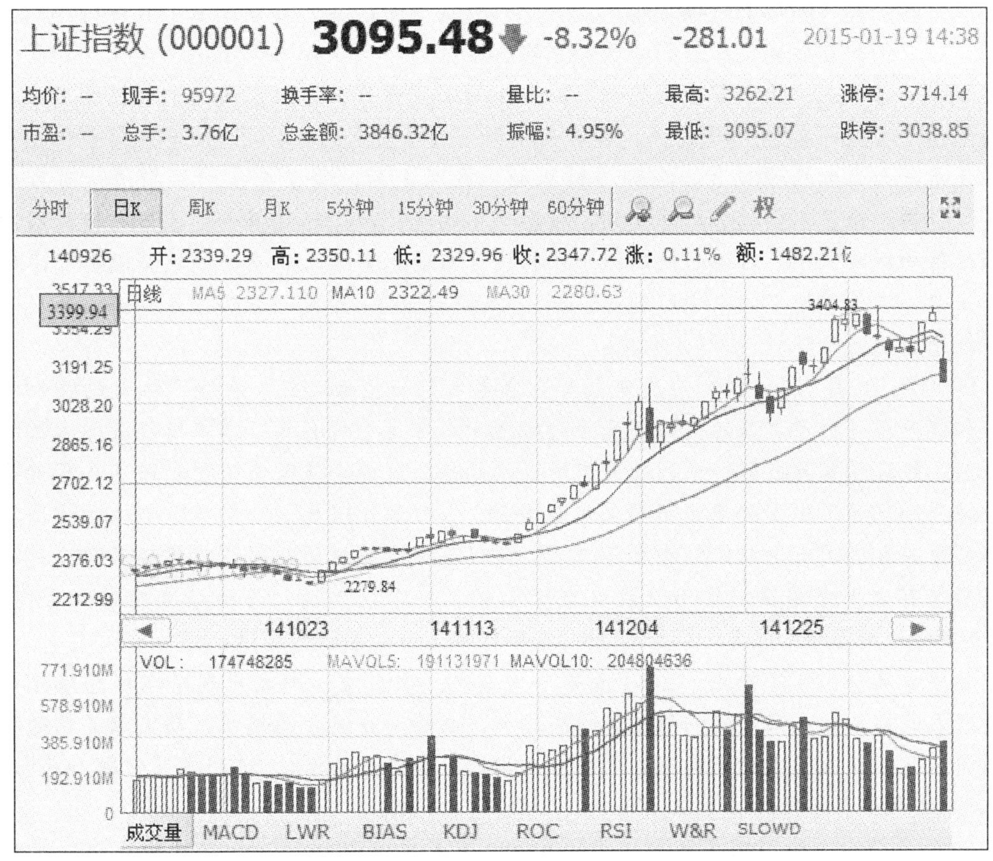

图 14—1　上证指数日 K 线

作为经济的晴雨表，股票市场仿佛在告诉大家经济疯狂上行的预期，可惜不是。业内专家普遍预测，2014 年全年经济增速为 7.4%，未能完成 7.5%的目标，而 2015 年多家机构预计经济增速将为 7.0%。独树一帜的“中国股票市场”给了冷静的人们一个巨大的谜面：中国的股票市场到底怎么了？

中国股票市场从诞生的第一天就是“怪胎”，只不过它这次又“献丑”一次罢了。上海和深圳的两个证券交易所始创之初，制度构建十分简单，几乎没有顶层设计，第一批上市的公司大多为华东及华南两地的地方中小公司，沪市的所谓“老八股”中好几家是注册资本在50万元的区属企业。

1992年8月，深圳发生120万人争购股票认购证事件，场面火爆失控。两个月后，证监会成立，股票发行权逐渐上收，至1997年，两所划归证监会统一监管，在这一时期，决策层形成了一个非常诡异的战略设计：中国资本市场应该为国有企业的脱困服务。大量陷入困境的国企“搓泥洗澡”，打扮成白富美的样子被挂到了市场上，在财务报表上打扮得很漂亮，但体制和制度几无改变，掀开假面，当然不堪一睹。在上市数年之后，企业很快再度陷入泥潭，成为了所谓的“壳资源”。这时候，在二级市场上就出现了狙击手，他们被叫做“庄家”。庄家们通过低价收购未流通的“内部职工股”，成为这些企业的实际控制人，然后在二级市场上大兴波澜。用新题材重装壳资源，具有强烈投机色彩的庄家经济渐渐形成。

1999年5月19日，沉寂多年的股票市场突然井喷，构成“5·19行情”，一些从来名不见经传的企业，如亿安科技、银广夏、中天科技等等，忽然日日狂涨，激荡得人人心旌荡漾，在它们的背后则是庄家们的贪痴狂欢。这时第一代庄家出现了，K先生的粉墨登场掀起了以炒作为主角的股票市场热潮。K先生的名字叫吕梁，他常用这个古怪的名字在证券类媒体上写股评文章。1992年，吕梁去深圳闯世界时正好碰上了“8·10”事件。那时的他还是一个好奇的旁观者，与那些排队的民众交流后，写了长篇纪实报道《百万股民“炒”深圳》，赚了不少稿费，并受到了股票市场的洗礼，开始凭借一支笔炒作概念股。股票市场第一代庄家中，吕梁与他的操盘手将股票市场完全纳入麾下，能够纯熟并精准地操纵其走势。在他掌控下的“中科创业”和“中西药业”等股票，涨势一片向好，形成了中科系概念，风光无限。

2000年10月，《财经》杂志发表《基金黑幕》一文后，公众表达了极大的关切和义愤，但揭开还是捂住黑幕的交锋还处于对峙之中，在几乎所有的股票市场经济学家三缄其口之时，经济学家吴敬琏将中国股票市场直接比喻为赌场，甚至认为前者还不如后者有规矩，他进而揭示了中国股票市场的制度性缺陷：“由于管理层把股票市场定位于为国有企业融资服务和向国有企业倾斜的融资工具，使获得上市特权的公司得以靠高溢价发行，从流通股持有者手中圈钱，从而使股票市场变成了一个巨大的‘寻租场’，因此必须否定‘股票市场为国企融资服务’的方针和‘政府托市、企业圈钱’的做法。”

吕梁等第一代庄家折戟于2001年春季之后的一次股灾，随之出现了以德隆唐万新等人为代表的第二代庄家，他们的手笔越来越大，高举混业经营的旗帜，动辄以并购题材拉抬股价，靠高额民间吸资来构筑资本平台，用唐万新自己的话说，“用毒药化解毒药”，最终在2004年的另一次股灾中玉石俱焚。

2007年前后，为了探寻上市公司的真相，有人特意选择了五六家股价表现非常优异的公司做样本调查，发现这些公司的业绩波动与它们的股价波动几乎没有任何对应关系。有人提出疑问：赌场遵循的是你输我赢的零和博弈，而股票市场是一个融资→生产→回报股民的内外流动市场，有各种分红、配股等双赢制度。但是，这一说法立即遭到股民和学界的嘲讽，因为正是中国股票市场中分红回购等惠及投资者的制度缺失，才让中国股票市场像个赌场，甚至不如赌场。

在2014年第四季度以来的股票市场大波澜中，有些股票的表现更证明了“劣币驱逐良币”的能力，很难想象，一个正常的投资者可以在这样的环境中作出理性的投资决策。在十几年前提出股票市场赌场论的吴敬琏教授就这波火热的股票市场行情提出了担心。他认为，现在所谓“牛市”的制度基础是不稳当、不牢固的，股票市场的缺陷还没有得到根本的改善。这需要我们非常谨慎地对待，而且应该把主要的注意力放到如何建立股票市场的正常秩序上。吴敬琏认为，中国股票市场最容易出问题的地方在于信息不对称，监管部门主要的责任就是改善一般投资者信息弱势的状态，要执行严格的信息披露制度，防止信息不对称带来的风险损失，甚至内幕交易。

思考

根据以上描述，请运用有效市场假说理论对中国股票市场进行分析。

第十五章

行为金融理论

本章要点：

- 行为金融理论产生的背景
- 行为金融理论的理论基础和主要内容
- 行为金融理论的应用

导入案例

中美投资者谁更理性?

在美国，投资者进入股市的主要目的就是为了分红，由于投资者持有股票得到的分红高于银行利息回报，股市越跌，就越有投资者购买。美国民众不喜欢储蓄，除了花钱大方以外，跟股票投资分红超过利息有关，股票投资成了他们另外一种形式的储蓄。

这与美国股市分红制度的逐渐发展不无关系。分红比例的提高过程，也是股市投资的吸引力逐渐强于银行储蓄的过程，同时，也是股市对新资金保持着持续的吸引力的过程。现金分红是美国上市公司最主要的股利支付方式。相关数据显示，美国上市公司的现金股利占公司净收入的比例在 20 世纪 70 年代约为 30%～40%；到 20 世纪 80 年代，提高到 40%～50%。到 21 世纪，不少美国上市公司税后利润的 50%～70%用于支付股利。

在美国，绝大多数上市公司都是按季度对投资者进行分红的。相反，按年度或按半年度分红的上市公司则比较少见。当然，也有不分红的公司。此外，一些上市公司有时还有“额外”分红或“特别”分红，这类分红一般是有针对性的、偶尔的或一次性的，而且分红水平超高。

美国投资者对公司是否分红十分敏感，美国股民中长线投资者占绝大多数，大多数的投资者购买股票后长期持有，着眼于每年的分红或 5 年后的资本所得。仅有少数的股民会在短期获利后卖出股票。收到现金分红是投资者收回投资成本的一个重要方式，而不仅仅是卖出股票。同时美国的上市公司也乐于用分红来吸引投资者，在信息不对称的情况下，股利政策的差异是反映公司质量差异的极有价值的信号，公司可以通过股利政策向市场传递有关公司未来盈利能力的信息。如果公司连续保持较为稳定的股利支付率，投资者就可能对公司未来的盈利能力与现金流量抱有较为乐观的预期。愿意更多地投资于高股利的公司。

在中国，投资者投资股票的主要目的是希望股价格上涨，而对上市公司的分红不太注重。一般来讲，我国上市公司分红的形式主要有：送红股、派现金。另外，还有被很多投资者认可的配股。在以上三种形式中，送红股和配股所占比重较大，而派现金的比例远没有美国上市公司高。其中，“有红不分”的“铁公鸡”仍然比比皆是。不少具备分红能力的上市公司，借企业研发或扩大再生产等名义逃避分红责任，“一毛不拔”。

与此同时，由于很多投资者长期以来轻视现金分红，投资者更看重的是上市公司的送红股和增发新股，这也给那些“铁公鸡”留下了钻空子的机会。

行为金融理论认为人们决策时的实际心理活动决定了投资者的投资决策行为。投资者在进行投资决策时常表现出过分自信、损失回避、避免后悔等心理。投资者往往过分相信自己对股票价值判断的准确性，过分偏爱自己掌握的信息；对于收益和损失，投资者更注重损失带来的不利影响；委托他人投资以减少因自身决策失误而后悔，及仿效多数投资者的投资行为进行投资等。因而他们的实际决策过程并非如现代金融理论所描述的最优决策过程，进而导致证券市场上证券价格的变化偏离有效市场假说中所描述的状态。

例如对于“小公司效应”，行为金融理论是这样解释的：投资者认为股票的贴现率是股票过去业绩的函数，如果上市公司过去的业绩都很好，投资者会认为这个股票的风险较低，从而用较低的贴现率贴现未来的现金流量。在这种情况下，因为较低的贴现率会提高股票价格和股票股利的比例，所以导致下一期的报酬较低。同时投资者认为成长性股票和大公司的股票在过去通常表现较好，投资者认为其风险较小而要求较低的回报。而价值型的股票和小公司的股票在过去通常表现比较差，投资者认为是高风险的，因而要求回报较高。

希勒（Shiller）曾指出，市场中的许多特征（如价格、交易量）都是人的行为和人与人之间的相互作用产生的结果。金融市场的价格移动基本上是由流行心态和狂热心理决定的。此话虽然过于偏激，但不无道理。因此，对人的行为的理解有利于对价格、交易量本质的深刻理解。

行为金融理论从实际出发，对于原有理性框架中的现代金融理论进行了深刻的反思，从人的角度来解释市场行为，充分考虑市场参与者心理因素的作用，建立能够反映投资者实际决策行为的理论框架，说明投资者实际上是如何决策的及市场价格实际上是如何确定的，它为人们理解金融市场提供了一个新的视角。正因为行为金融理论更接近市场的假设和对现代金融理论不能解释的异常现象的分析，使之受到越来越多的关注，尽管行为金融学还存在着许多不足，但行为金融学的引入为金融市场的决策研究、金融资产的定价机制以及投资管理开拓了新视野、提供了新方法。因此，行为金融理论的研究无疑非常有意义，而有效市场假说与行为金融理论的争论也将对金融理论与实践产生越来越大的影响。

第一节　行为金融学的发展历史

随着金融市场上各种异常现象的累积以及心理学等相关科学的发展，传统的“理性人”假定已经无法解释现实人的经济生活与行为。越来越多的研究人员开始尝试从实验心理的角度来研究经济行为问题，试图以此来修正传统理论的假设。在这种情况下，行为金融理论开始悄然兴起。行为金融较为系统地对现代主流金融理论提出了挑战并有效地解释了众多市场异常行为，它突破了传统金融理论研究的窠臼，以心理学的研究成果为依据，从投资者的实际决策心理出发，重新审视主宰金融市场上人的因素对市场的影响。行为金融理论使人们对投资者行为的研究由“应该怎么做决策”转变到“实际是怎样做决策的”，它揭示了投资者心理因素在决策行为以及市场定价中的作用和地位，从而使得研究更接近实际。

事实上，19 世纪勒邦（Gustave Lebon）的《群体》（*The Crowd*）和麦基（Mackey）的《非凡的公众错觉和群体疯狂》（*Extraordinary Popular Delusionandth Madness of Crowds*）两本书就已经开始研究投资市场行为了。1936 年，凯恩斯的“空中楼阁理论”开始关注投资者自身的心理影响。该理论主要从心理因素角度出发，强调心理预期在人们投资决策中的重要性。他认为决定投资者行为的主要因素是心理因素，投资者是非理性的，其投资行为是建立在所谓“空中楼阁”之上的，证券的价格决定于投资者心理预期所形成的合力，投资者的交易行为充满了“动物精神”（animal spirit）。

真正意义上的以研究现实金融市场中的投资者如何对各种外界刺激作出不同心理反应为对象的行为金融学早在 1951 年就由布鲁尔（O. K. Burell）进行了开创性研究，并由伯曼（W・Scott Bauman，1967）、斯拉维奇（Slovic，1972）等人进行了进一步完善。但令人遗憾的是，这些行为金融学研究成果并没有引起学术界重视，而诞生于同时代的马柯维茨（H. Markowitz，1952）资产组合理论却由于托宾（J. Tobin，1958）的风险收益理论、夏普（W. Sharpe，1964）的资本资产定价理论、法玛（E. Fama，1968）的市场有效性假说等而发扬光大，逐渐繁荣起来，并被视为现代主流金融学理论。由于其缜密的理论推论和完善的数学表达为人们理性投资提供了“科学”的理论指导，从而成为投资者进行投资决策的必备知识。在各类金融学教科书中，现代资产选择理论早已被作为主流金融学写进了不同的版本中，而行为金融学理论却未能占有一席之地。

1951 年俄勒冈大学金融学教授伯勒尔（Burrell）发表了《投资研究试验方法的可能性》，提出对投资行为的心理影响进行“科学”研究。在近 20 年的时间里，伯勒尔教授的建议差不多被忽视了。20 世纪 60 年代晚期，又是在俄勒冈大学，一小群学者开始从事投资活动的心理倾向的研究。这一努力的中心人物是斯洛维克（Slovic）博士，其论文《人类判断的心理学研究对投资决策的意义》是首次试图在心理学和金融学之间搭起一座桥梁的学术研究。然而这些发表在主要学术性商业期刊上的论文并没有引起任何注意，行为金融学一直未能成为金融研究的主流，也没有获得传统金融学那样辉煌的成就。

行为金融学的真正兴起是在 20 世纪 80 年代末。威斯康星大学的邦特等许多学者都发表了各自金融行为学的研究成果。这一研究高潮的到来主要是受以下三个因素的影响：一是越来越多的实证经验发现主流金融理论在某些基本方面存在缺陷，因而对现实中的某些问题无法给出合理的解释；二是预期理论在这一时期的发展，该理论主张用建立在更为现实的行为假设上的模型来代替建立在主观预期效用理论上的模型；三是 20 世纪 70—80 年代中期，会计理论研究者在心理活动对财务决策的影响上作了非常广泛的研究，为 80 年代末行为金融学的兴起奠定了基础。

20 世纪 90 年代以来，大量学者将注意力投向这个领域，行为金融学研究进入深化阶段，其影响力也与日俱增。1994 年，谢夫瑞（Shefrin）和斯塔特曼（Statman）提出了行为资本资产定价模型（BCAPM），2000 年，他们又提出了行为组合理论（BPT）。随着影响的日益扩大，行为金融理论已经开始为主流经济学家们所关注并逐渐接受。

2002 年诺贝尔经济学奖颁发给在行为金融学研究方面有突出贡献的丹尼尔·卡尼曼（D. Kahneman）和弗农·史密斯（V. Smith）后，立即引起了学术界对行为金融学理论的高度关注，并标志着一门古老而又崭新的学科正式步入了主流经济学理论的殿堂，成为金融学研究领域的一个重要分支。从此，学术界关于行为金融学的研究突然升温，研究成果也一下子多了起来。

第二节　投资者心理预期的行为金融学解释

当主流金融学逐渐占据了人们思维的整个空间后，经济学家却痛苦地发现，投资者要按照主流金融学理论理性投资非常困难，因为该理论有两个基本假设：信息的完全性和投资者的完全理性。但在现实生活中，金融市场上的信息并不完全，投资者也顶多是有限理性者。由于这两个假设条件的限制，人们在具体的投资实践中很难做到按照经典理论有效进行投资组合，从而产生了“理性的困惑”（见表 15—1）。

表 15—1　　证券市场信息与投资者理性程度组合

	信息完全	信息不完全
投资者理性	Ⅰ（理想状态）	Ⅲ
投资者非理性	Ⅱ	Ⅳ

对于现实生活中的投资者为什么不能够做到完全理性，经济学家进行了多角度的研究。进入 20 世纪 80 年代，将心理学的最新研究成果引入经济学范畴，专门研究现实经济中投资者心理的行为金融学逐渐流行起来。该理论认为，现实生活中的投资者不可能做到像经典理论所描绘的那样从理性出发，对未来进行科学预测，因为投资者的心理往往是非理性的：

第一，投资者的计算能力和信息分析能力有限。投资者在现实的证券市场操作中往往既缺乏切实可靠的信息，又缺乏去伪存真、正确分析和利用信息的能力。即便信息是真实的，人们往往也很难根据这些信息来进行因果关系的判断和未来收益的预测，对众多投资对象进行比较和权衡更非易事。

第二，投资者天生具有主观认知偏差。大量的行为金融学研究发现，人并不是良好的直觉统计处理器，人的心理状况可能会扭曲推理过程而犯下投资错误，人的大脑通常会将某些表面上具有相同特征而实质内容大相径庭的东西归为一类，即事件的典型性思维，这会引起投资者对旧的信息的过度反应；同时，人的大脑在解决复杂问题时往往会选择一个初始参考点，然后根据获得的附加信息逐步修正答案，即抛锚性思维，它常使投资者对新的信息反应不足；人类心理学还表明，如果某些事件的发生概率很小，而一旦发生则影响很大，对于这种事件，人们通常会高估其发生的概率，即显著性思维；不同于人脑会接收感官所有的输入信息这一假定，人们事实上只会关注感兴趣的对象，即选择性关注。

第三，投资者对风险的认识存在多面性。与主流金融学假定投资者都是风险厌恶者不同，行为金融学认为，投资者在不同情况下对风险的态度是不同的，在有损失的情况下通常是风险偏好的，而在有盈利时才是风险规避的。

行为金融学对证券市场异常现象的解释是，正是由于人们认识的非理性决定了其投资行为的偏差，才导致证券市场存在一系列主流金融学无法解释的异常现象，如小公司效应、股票溢价之谜等。

①对“小公司效应”的解释。投资者认为股票的贴现率是股票过去业绩的函数，如果上市公司过去的业绩都很好，投资者会认为这个股票的风险较低，从而用较低的贴现率贴现未来的现金流量。在这种情况下，因为较低的贴现率会提高股票价格和股票股利的比例，所以导致下一期的报酬较低。同时投资者认为成长性股票和大公司股票在过去通常表现较好，投资者认为其风险较小而要求较低的回报。而价值型股票和小公司股票在过去通常表现比较差，投资者认为是高风险的，因而要求回报较高。

②对“股票溢价之谜”的解释。回避损失的心理导致一单位投资损失带来的效用减少是同样一单位收益带来的效用增加的两倍；而风险大小取决于其评估风险状况的频繁程度。股票的投资期限较短，投资者对其的风险评估就比较频繁，这样，投资者认为股票相对于没有违约的政府债券的风险要大得多。因此，股票必须要有非常大的收益才能吸引投资者。比如，如果一个投资者每天检查他的投资组合的价值，由于股票价格每日升降的可能各占一半，而投资损失对投资者效用的影响两倍于投资收益，这会使投资者感到股票投资的风险很高、很不可取。相反，如果另一个投资者买完股票后 20 年置之不理，则他几乎不会感受到价格下跌（投资损失）的影响，从而会觉得股票投资的风险很低，是一项很吸引人的投资。由于投资者过分频繁地评估手中股票的价值，使股票投资的心理风险大大增加，从而不能正确认识股票投资的真正风险的大小，对股票投资要求了过高的投资回报或对企业债券投资要求了过低的投资回报。

③对“股利之谜”的解释。自我控制是指人们对自己情绪的控制，当存在自我控制时，人们无法依据理性来作出决策。例如，投资者认为股利是收入而不是资本，他们就会把股利作为生活费花掉，但他们不会花掉固定资产，所以有很多投资者购买发放高股利的股票。一般来说，投资者的年纪越大，越害怕失去控制而越倾向于购买发放高股利的股票，这就在一定程度上解释了为什么在 1973 年纽约城市电力公司决定取消过去稳定的股利政策时引起的轩然大波。

专　栏

1973—1974 年能源危机期间，纽约城市电力公司准备取消支付股利，在 1974 年该公司的股东大会上，许多中小股东为此闹事，有人甚至扬言要对公司董事会成员采取暴力举动。

按主流金融学理论，在不考虑股利税与交易费用的情况下，1 元股利与 1 元资本利得（或市值）并没有什么差异，投资者随时可通过卖出股票自己制造“股利”，若考虑到股利税的存在，分红甚至可能减少股东利益。但现实中投资者强烈要求分红的愿望，却与主流金融学理论明显背离。

对此，逐渐崛起的行为金融学理论的解释是：投资者习惯于将其资产组合放入不同的意识账户，包括应对资产价格下跌的意识账户（持有现金等）和应对资产价格上涨的意识账户（持有股票等）；投资者对这两类账户的风险偏好特性，恰是马柯维茨资产组合理论所不能解释的，受情绪等影响，投资者并非主流金融学框架下的完全理性人。

④对“年末效应”、“周五现象”的解释。行为金融学认为人们根据资金的来源、资金的所在和资金的用途等因素对资金进行归类，这种现象被称为“心理账户”。如果人们把年末视为结算时间，而把新年视为新的开始，他们倾向于在年度之交改变他们的行为模式，这就解释了年末效应。行为金融学通过研究也发现人们通常在星期五以及假日之前情绪都比较高，而在星期一的情绪却比较低落，这在一定程度上也解释了“周五现象”。

第三节　行为金融学的基础理论和主要内容

一、理论基础

期望理论是行为金融学的重要理论基础。期望理论的思想最先是由马柯维茨提出的，但推动这一理论发展的是行为经济学先驱卡尼曼和特沃斯基（Kahneman and Tversky，1979）。他们通过实验对比发现，与预期效用理论（expected utility theory）相反，大多数投资者并非标准的金融投资者（standard financial investor），而是行为投资者（behavioral investor），他们的行为并不总是理性的，他们的效用不是单纯财富的函数，他们也并不总是风险规避的。标准金融投资者的效用依赖于财富或消费的绝对水平；而行为金融投资者的“效用”则反映在期望理论的价值函数（value function）中。

（一）确定性效应

相对不确定的局面来说，个人对于结果确定的局面过度重视。他们通过设计两个问题来说明。

第一，假设有两个赌局，第一个赌局有33%的机会得到2 500元，66%的机会得到2 400元，另外1%的机会什么也没有。第二个赌局是确定得到2 400元，问卷的结果显示有82%的受访者选择第二个赌局。

第二，假设有两个赌局，第一个赌局有33%的机会得到2 500元，67%的机会什么也没有。第二个赌局有34%的机会得到2 400元，66%的机会什么也没有。问卷的结果显示有83%的受访者选择第一个赌局。

可以看出，在特定情况下，人们的效用函数会低估一些只是可能性的结果而相对高估确定性的结果，它直接导致面临条件相当的盈利期望时更倾向于接受确定性的结果。

（二）反射效应

如果在赌局中考虑负的结局，也即损失，可发现个人对利得和损失的偏好刚好相反。个人在面对损失时有风险偏好倾向，而对于利得则有风险规避倾向，这与预期效用理论也不一致。

假设有两个赌局，第一个赌局有80%的机会得到4 000元，第二个赌局是确定得到3 000元，问卷的结果显示有80%的受访者选择第二个赌局。

若将赌局的结果改成负的，即第一个赌局有80%的概率损失4 000元，第二个赌局是确定损失3 000元，问卷的结果显示有92%的受访者选择第一个赌局。

反射效应告诉我们，人们在面对收益时对不确定性表现出的是厌恶，在面对损失时刚好相反。

（三）分离效应

人们在分析评估不同的“待选择期望”时，经常暂时删除各种期望中的相同因子。但在通常情况下，一组“待选择期望”可以用不止一种方法被分解成相同和不同的因子，这种分解方式的多样性会导致人的偏好和选择的不一致性，即分离效应。

卡尼曼和特沃斯基设计了一个两阶段赌局和一个普通赌局来说明分离定理。

两阶段赌局：在赌局的第一个阶段，各人有75%的概率会得不到任何奖品而出局，只有25%的概率可以进入第二阶段。到了第二阶段有两个选择：一个是有80%的概率得到4 000元，另一个选择是确定得到3 000元。从整个赌局来看，个人有20%（25%×80%）的概率得到4 000元，有25%的概率得到3 000元，对于这个有两阶段赌局的问题，有78%的受访者选择3 000元。

普通赌局：“两个选择：20%的概率得到4 000元和25%的概率得到3 000元”，大部分人选择前者。

由此可见，在两阶段赌局当中，个人会忽略第一个阶段而只考虑到第二个阶段的选择，即有短视（myopia）。若只考虑最后的结果和概率，个人面临的是两个不确定的期望，这两种情况的预期值相同，如果从预期效用理论的观点来看，因为两个赌局是相同的，个人的选择也应该相同。但实际上却不相同。由此可知，个人会因为问题描述方式的不同而有不同的分解方式和不同的选择。这就是框架性依赖现象。

二、主要内容

卡尼曼和特沃斯基在一系列心理实验结果的基础上提出了主要观点：人们更加看重财富的变化量而不是最终量；人们面临条件相当的损失时倾向于冒险赌博，而面临条件相当的盈利时倾向于接受确定性盈利；盈利带来的快乐与等量损失带来的痛苦不相等，后者大于前者。结合这些结果和观点，他们给出了解释人们在不确定条件下的决策行为模型。

他们将个人的选择和决策过程分成两阶段，并且利用两种函数来描述个人的选择行为：一种是价值函数（value function）；另一种是决策权重函数（decision weighting function）。

（一）决策模型

决策模型是指投资决策者的大脑自动编辑各种信息的过程。因此，编辑阶段的主要作用是收集和整理信息，并进行相应的预处理，包括数据的简化、重新编码以及整合等。所以，编辑阶段主要包含四部分：编码、合并、分解、删除。决策者对每一个被编辑过的期望加以价值评估并作出决策，然后选择最好的期望（见图15—1）。

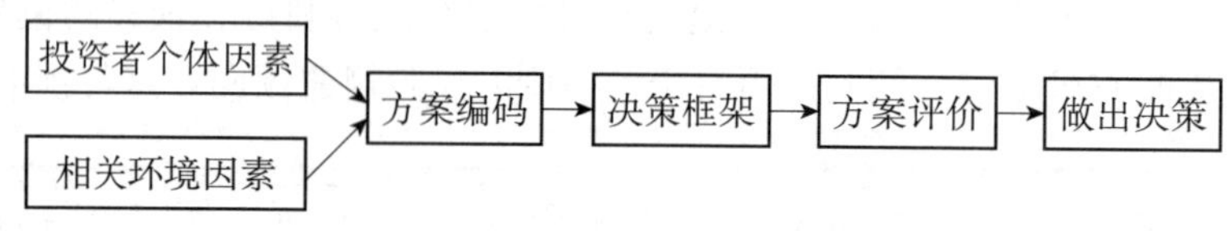

图15—1 期望理论下的投资者决策框架

（二）价值函数

可以看出，价值函数是一条中间有一拐点（称为参考点）的S形曲线（横轴的正半轴表示盈利、负半轴表示损失）——在盈利范围内通常是凹的，在损失范围通常是凸的，而且曲线的斜度在损失范围内比在盈利范围内要陡（见图15—2）。也就是说，根据期望理论，行为投资者在损失的情况下通常是风险偏好的，而在盈利时则往往是风险规避的，并且投资者损失时所感受到的痛苦通常又远大于盈利时所获得的愉悦。这与现实中的情况是基本一致的。

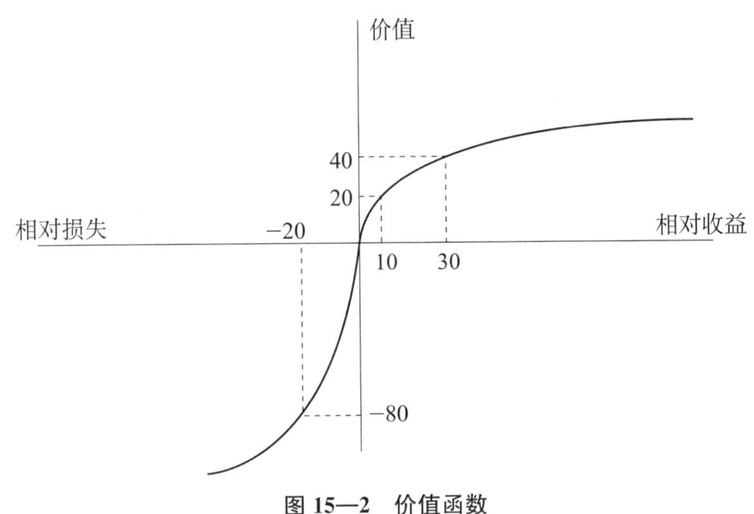

图 15—2　价值函数

价值函数有如下特征：

第一，对于个人来说，任何情况下收益总是比损失要好，收益越大，价值越高（或损失越小，价值越高）。因此，价值函数应该是一个单调递增的函数。

第二，价值函数是定义在相对于某个参考点的利得和损失，而不是一般传统理论所重视的期末财富。

第三，根据反射效应，价值函数应该是以原点为中心，向收益和损失两个方向偏离的反射形式，即呈 S 形。

第四，价值函数在损失部分的斜率要比收益部分大。

（三）参考点

参考点非常重要。因为人们在评价一个事物或作出某种评价时，总是会有意或无意地将其与一定的参照物作对比，当对比的参照物不同时，即使是相同的事物也会得出不同的结论。参考点作为一种评价标准，是个人主观确定的，而且会因评价主体、环境、时间等的不同而发生变化。卡尼曼和特沃斯基指出："我们可以通过改变参考点的方法来操纵人们的决策。"

塞勒和约翰逊（Thaler and Johnson，1990）发现，在某些情况下，利得会增加个人参加赌局的意愿，这被称为"私房钱效应"（house money effect）。

一个实验：

A 组学生，假设其刚刚获得 30 美元。现有一个抛硬币的赌局，正面可以获得 9 美元，反面要输掉 9 美元。实验结果表明 70%的学生选择接受赌局。

B 组学生，假设其在刚开始时没有赢得任何钱，再提出抛硬币的赌局，如果是正面可以获得 39 美元，反之可以得 21 美元。如果不参加赌局可以稳获 30 美元。实验结果表明只有 43%的学生愿意参加赌局。

实验结果表明，尽管两组学生面临的最终选择组合是一样的，即正面 39 美元，反面 21 美元，不参加则确定有 30 美元，但是，开始拥有财富的同学选择参加赌局，而开始没有钱的同学则放弃赌局。这说明，个人在做决策时会受到前一次收益的影响，在这里，开始状态的 30 美元和 0 美元成了他们各自的参考点。

三、期望理论的应用及相关研究

期望理论自提出以来，赢得了广泛的影响。通过价值函数和权值函数，许多异常现象都可以用期望理论来得出合理的解释，如阿莱悖论、股权溢价之谜以及期权微笑（布莱克-斯科尔斯期权定价模型低估深实值和深虚值期权的现象称为“波动率微笑”）等等。然而，由于卡尼曼和特沃斯基在期望理论中并没有给出如何确定价值函数中的关键——参考点以及权值函数的具体形式，在理论上存在很大的缺陷，从而极大地阻碍了期望理论的进一步发展和应用。

专 栏

阿莱悖论（同结果效应）

最早的彩票选择实验由诺贝尔经济学奖获得者、法国经济学家阿莱（Allais）于 1953 年作出。由此产生了著名的阿莱悖论（Allais Paradox）。关于个人选择行为的试验，不仅可以用来检验个人选择理论，而且还可以用来说明个体选择中的理性行为。

例如：

实验中，被试者要求在两组彩票组合中分别进行选择：

方案 A1：100%的可能性获得 100 万法郎；

方案 A2：10%的可能性获得 500 万法郎，80%的可能性获得 100 万法郎，10%的可能性一无所获。

方案 B1：11%的可能性获得 100 万法郎，89%的可能性一无所获；

方案 B2：10%的可能性获得 500 万法郎，90%的可能性一无所获。

根据预期效用理论，如果在 A1 和 A2 所形成的偏好关系的结果中同时减去 0.89u（100），而在 B1 和 B2 所形成的偏好关系的结果中同时减去 0.89u（0），两组彩票组合的偏好关系应当是完全一致的。但实验结果是，绝大多数被试者在 A1 和 A2 的组合中选择了 A1，而在 B1 和 B2 的组合中选择了 B2。显然，实验结果违背了预期效用理论中关于偏好的独立性、传递性以及替代型等公理化假定。需要指出的是，被试者中大都通晓概率知识，甚至预期效用模型的创立者之一 Savage 本人也作出了形成悖论的选择。

由于阿莱悖论反映的是相同结果的不一致偏好情形，故也称同结果效应。

人们将资金放入不同的心理账户。该理论可用于解释股利之谜。理性投资者知道资金股利是没有区别的，因为他们不依赖股利作为收入，而是靠高价出售股票赚取收益，特别是在对股利征税比对资本利润多时，理性投资者会认为公司不分派股利对他们更有利。而公司分派股利主要是因为股利中的 1 美元与资本金中的 1 美元不同，投资者将美元分配在两个完全不同的心理账户。股价下跌，是投资者资本金心理账户的损失，若不发放股利，则是股利心理账户的损失。

人们对待不同的心理账户风险的态度不一样。投资者通常对于放入保值心理账户的资金具有较强的风险厌恶特点，而对放入升值心理账户的资金具有较弱的风险厌恶特点，有时甚至主动寻求风险。一个典型的例子是人们同时购买保险和彩票。

（一）机会成本和原赋效应

传统经济学认为，个人对待实际成本和机会成本的态度应当是一样的，塞勒（Thaler，1980）发现，相对于实际成本，机会成本往往会被低估。因此，决策者在项目中通常比较重视改项目的实际支出，而往往忽略了其用于该项目资金的机会成本。

塞勒用期望理论作解释，假设将实际成本视为损失、将机会成本视为收益，按照期望理论，价值函数在损失部分的斜率大于在收益部分的斜率。因此，这就意味着实际成本每增加一单位所带来的价值变动要大于机会成本每增加一单位所带来的价值变动。相对而言，机会成本就不那么重要了。实际上，机会成本可以用“后悔厌恶”来解释。

另外，还有一个与机会成本相类似的现象，即“原赋效应”（endowment effect），指个人一旦拥有某项物品，那么他对该物品价值的评价要比拥有之前大大增加。还有与之相关的“安于现状偏误”。

（二）后悔厌恶与处置效应

后悔指个人因为做了某一个决定，使得自己丧失原本较好的结果而带来的痛苦。卡尼曼和特沃斯基发现，在购买股票过程中，虽然出售一个价格已经上涨的股票从而实现盈利会带来成就感，但随着该股票价格持续上涨，其成就感就会逐渐下降，并产生责怪自己抛售太早的想法。

塞勒认为，个人因为后悔自己的决策，而觉得自己应该为做错事负责。

实验：

A先生排队买票，戏院老板说他是第100 000位顾客，可以得到100元，B先生在另一个戏院排队买票，结果排在B先生前面的顾客是该戏院的第100 000位顾客，可以得到1 000元，而B先生得到150元。问：受访者希望自己是A先生还是B先生？

结果显示，大部分受访者宁愿自己是A先生。

这表明人们倾向于避免后悔，这种心理就称“后悔厌恶”。

谢夫瑞（Shefrin，2000）提到，后悔对个人来说比损失还要痛苦。为了避免后悔，投资者会倾向于持有实际上已经损失了的股票，而且急于套现价格已经上涨的股票。他们将这种现象称为“处置效应”（disposition effect）。

例如，某投资者月初买入一股票，价格50元，月底价格为40元，预期未来该股票不是上涨10元就是下跌10元。投资者应如何操作？

谢夫瑞和斯塔特曼认为，投资者会将决策过程编辑成两个赌局的选择：一个是立即出售该股票，马上确认10元的损失；另一个是继续持有该股票，有50%的可能性再损失10元，另外50%的可能性可以扳回损失（breaking even）。因为根据期望理论，价值函数在损失阶段是凹函数，此时投资者是风险偏好者。所以，投资者不会选择确认损失，而要选择可能的扳平机会。这种心理与赌徒在赌输情况下希望翻本的心理是一样的。

（三）沉没成本

传统理论认为，沉没成本是决策非相关成本，不会影响个人对该问题将来的选择。但事实上，个人会受沉没成本的影响。

例如，某人为参加网球俱乐部支付了300元入会年费。两个星期后他不小心扭伤了手肘。本来在这种情况下他不应当打网球，但考虑到已经交纳了300元，他还是忍痛继续打球。这里300元年费是沉没成本，它明显地影响了个人决策。

（四）投资者个体行为分析

行为金融学认为，个体投资者的心理偏差形成过程有：

（1）启发式偏误：一般来说，人们常用的解决问题的策略可分为算法（algorithm）和启发法（heuristic）。所谓算法是指解决问题的一套规则，它精确地指明解题的步骤。启发法是指人们不是严格理性的收集所有信息并进行客观分析和概率计算，而是试图在头脑中寻找捷径，依靠直觉或以往的经验制定决策，也称为经验法则或拇指法则（the role of thumb）。

心理学研究表明，人们在面对复杂、不确定的、缺乏现成算法的问题时所采取的是启发式决策过程（heuristic decision processes）方式进行决策，寻找解决问题的捷径。这种方法会导致人们形成一些经验规则，这些经验规则往往会导致人们在处理问题和作出决策时采取一些相对迅速、简单的方法和标准。在简单情况下，这种方法十分有效，但当遇到复杂的投资行为时，人们并不是良好的直觉统计处理器，人的心理状况会扭曲推理过程，并常常导致一些不自觉的偏误，即“启发式偏误”（heuristic bias）。

（2）易获得性偏误：容易使人联想到的事件会让人误以为这个事情经常发生。

（3）代表性偏误：一是指过于注重事件的某个特征而忽视了其出现的无条件概率，二是指忽视了样本大小对推理的影响。

（4）锚定与调整启发法：人们在评估和判断中，往往先设定一个容易获得的信息作为估计的初始值或基准值（锚点），目标价值以锚点为基础结合其他信息进行一定程度的上下调整而得到。

（5）框架依赖：指个人会因为情境或问题表达的不同而对同一组选项表现出不同的偏好序列，从而作出不同的选择。

心理偏差在证券市场中的表现为：

（1）过度自信：源于人们的乐观主义，大多数人对自己的能力知识和对未来的预期能力表现出过分的乐观自信。德邦特和塞勒（DeBondt and Thaler 1995）认为，过度自信或许是人类最为稳固的心理特征，他们列举了大量证据显示人们在作决策时对不确定事件发生的概率过分自信。而且，由于自我强化的归因偏差（self-confidenced biased self-attribution），人们常常将好的结果归因于自己的能力，而将差的结果归因于外部因素，所以，人们不能通过不断的理性学习过程来修正自己的信念，导致人们动态的过度自信。

（2）反应不足：是指投资者如果对自身的判断过度自信，或是一味依赖过去的历史经验作为判断的参照依据（即抛锚性错误），就有可能对市场中出现的新趋势和新变化反应迟钝，从而丧失获利的良好时机。以美国著名的老虎基金管理公司为例，该公司创建于1980年，旗下管理着众多的对冲基金，极盛时每年的投资回报率高达32%，但是该公司却被迫于2000年正式结业，其中有一个重要的原因就是基金主管罗伯逊投资决策发生了严重失误。罗伯逊一向坚持“价值投资”理念，依据公司盈利能力确定合理价位，低价买入，高价卖出。但是1999年后在金融市场中出现了科技股的热潮，在这种情况下，罗伯逊仍然坚持自身的投资策略，依照过去的经验操作，低价买入了大量“旧经济”的传统型企业股票，先后沽空了两大热门科技股份朗讯（Lucent Tech）和镁光科技（Micron Tech）。这种反应不足的错误给整个老虎基金管理公司带来了灾难性的后果。仅以老虎公司持有22%股权的美国航空为例，12个月内下跌了近5成的市值。由于老虎基金的每股资产从高峰的154万美元跌到2000年2月底的82万美元，跌幅达47%，最后导致不得不清盘。

（3）反应过度：与反应不足相反，过度反应是指未出现需要采取某种行动的事实时，投资者由于主观判断错误，以为事实已经发生并采取行动，从而出现投资失误。例如，某一公司的收益水平的增长率实际上是围绕期望值做随机波动，因此，该公司未来收益增长率上升和下降的可能性实际上是相同的。但是，如果在前一段时间内该公司收益增长率趋于上升，根据显著性原理，此时投资者对该公司未来就有可能过分乐观，从而在公司收益增长率并未明显改善时投资于该公司股票。仍然以老虎基金管理公司为例，由于较长一段时间内买入的"旧经济"的股票价格持续下跌，沽空"新经济"股票价格持续上涨后，老虎基金管理公司开始改变对于"新经济"股票价格的预期，并且在1999年末时在高价开始大量买入已成强弩之末的英特尔、戴尔等高科技股票，最终使得老虎基金的资产大幅度亏损。

（五）投资者群体行为（羊群效应）分析

1. 概念及分类

羊群行为（herd behavior）通常指在不完全信息环境下，行为主体因受其他人行动的影响，进而忽视自己的私人信息而模仿他人行动的决策行为。

证券市场的羊群行为是指投资者在交易过程中观察并模仿他人的交易行为，从而导致某段时期内买卖相似的股票。羊群行为是证券市场股价异常波动的一个重要行为特征，它的出现极大地改变了股票市场的面貌及其作用发挥。金融市场中的羊群行为是一种特殊的非理性行为。本质上看，它是投资者群体所表现出来的一种认知偏差。

最早提出羊群行为的是凯恩斯（Keynes，1934），他指出，在"投资收益日复一日的波动中，显然存在着某种莫名的群体偏激，甚至是一种荒谬的情绪在影响着整个市场的行为"。其后费斯廷格（Festinger，1957）也指出，当遇到冲突时，我们的思想会潜意识地剔除那些与整体关联性最弱的看法，不自觉地寻求平衡。这种现象被称为"认知的不一致递减"（cognitive dissonance reduction）。谢里夫（Sherif，1934）设计的实验证实了群体所拥有的看法、准则及观点会对个人的思想起到不可估量的影响。近年来，科学家试图用定量模型来刻画这种特殊的群体行为。

金融市场中的羊群行为概念内涵非常丰富。羊群行为是指在同一时间段，与其他投资者一样购买或出售相同的股票（Lakonishok，Shelifer and Vishny，1992）。这一概念是狭义的。事实上，投资者不仅购买或出售股票，还有其他金融资产。沙尔夫斯坦和斯坦（Scharfstein and Stein，1990）认为，羊群行为是指投资者违反贝叶斯理性人的后验分布法则，只做其他人都做的事情，而忽略了私有信息。

关于羊群行为的分类，不同学者从不同角度提出了不同的类别。一种常见的分类方法是将羊群行为分为两种：一类是非理性的羊群效应；另一类是理性的羊群效应。区分两者的标准是看投资者是否通过参加羊群行为增加了其经济利益。

非理性的羊群效应主要研究行为主体的心理，认为行为主体只会盲目地相互模仿，从而忽视了理性分析的重要性。而理性的羊群效应认为，由于信息获取的困难，行为主体的激励因素以及支付外部性的存在，使得羊群行为成为行为主体的最优策略。理性的羊群效应有利于投资者作出正确的投资选择，而非理性的羊群效应的特征是：率先作出决定的投资者的行为作为新信息进入市场，对后面大多数投资者的投资决策具有举足轻重的影响；证券投资的羊群效应往往导致投资者作出逆向选择，形成错误的投资决策；当投资者发现决策错误之后，会先后根据更新的信息或已有的经验作出相反的决策，这一过程看上去却产生了新一轮的羊群效应。非理性的羊群效应的这些特征加剧了证券市场的波动，在涨时助涨、在跌时助跌，容易引发高度的投机和市场泡沫，使市场达不到优化资源配置的作用。

从投资者对私有信息的利用程度分，羊群行为又可分为两种：当投资者对他人的行为表现出明显的模仿和跟从时，这种行为就是真羊群行为（genuine herding 或者 intentional herding）。而伪羊群行为（pseudo herding 或者 spurious herding）是指群体中的成员面临相同的决策问题时，拥有相同的信息因而采取了相似的行为。伪羊群行为是信息被有效利用而产生的结果，而真羊群行为并不一定是有效的。对于外部观察者而言，如果不知道决策者的私有信息，所观察到的真羊群行为和伪羊群行为表现出来是相同的。因此，要区分两者并不容易。

依据投资者的决策次序，羊群行为还可分为序列性、非序列性和随机性羊群。班纳吉（Banerjee，1992）提出序列决策模型来分析羊群行为，在这个模型中，每个决策者在进行决策时都观察其前面的决策者作出的决策，对该决策者而言，这种行为是理性的，因为前面的决策者可能拥有一些重要的信息，于是他可能模仿别人的决策而不使用自己的私有信息，但由此产生的均衡是无效的。因为投资者通过典型的贝叶斯过程从市场噪声以及其他个体的决策中获取自己决策的信息，这种依次决策的过程就产生了市场中所谓的“信息瀑布”。非序列羊群行为模型也是在贝叶斯法则下得出的，模型假设任意两个投资主体之间的模仿倾向是固定相同的，当模仿倾向较弱时，市场主体的表现是服从高斯分布，当模仿倾向较强时，市场主体的表现是市场崩溃。康特（Cont，1997）提出的随机性模型则假定相互联系的一群人相互产生影响，形成一个组，但同时组与组之间的决策相互独立。

2. 羊群行为的成因

（1）基于理性缺陷的羊群行为。希勒认为，在经济主体拥有有限理性的情况下，投资者会在不同时点采用相似的模式进行投资决策，这种模式可称为大众模式。它可能是由经验法则、直觉、小道消息、大众意见等组成，但内容常会随时尚、潮流、社会动向或某一事件而突然集体改变。而股票的价格也随之剧烈变化。

（2）基于信息不完全的羊群行为。传统金融理论大多隐含完全信息的假设，但事实上，即使在信息传播高度发达的现代社会，信息也是不充分的。在信息不完全和不确定的市场环境下，投资者无法直接获得别人的私有信息，但可以通过观察别人的买卖行为来推测其私有信息，此时就容易产生羊群行为。

埃弗里和泽姆斯基（Avery and Zemsky，1998）的研究结果认为，当且仅当前面进行投资的人数比不投资的人数多两个或两个以上时，个人投资者处于一个投资决策的“瀑布”，一旦一个投资决策瀑布形成以后，投资者的决策就难以反映出其自身获得的信号。这时，公共信息将停止累积，因为投资还是不投资的“瀑布”将使所有的后续投资者忽视他们的私有信息，因而无法加入到公共信息集中。另外，决策或行为“瀑布”对微小的变动非常敏感，具有快速出现、特殊以及快速消散的特征。投资者整体上是投资还是不投资取决于路径依赖。

（3）基于声誉和报酬的羊群行为。这种现象在基金经理中相当普遍。为了避免因投资失误而出现名誉风险，基金经理最好的办法就是和其他专家保持一致，因为这样至少可以保持平均业绩而不是与损害自己的声誉。如果许多基金经理都采取同样的行为，羊群行为就发生了。

同时，基金经理采取模仿行为不仅关系到名誉问题，而且还关系到报酬问题。在存在道德风险和逆向选择的条件下，基金持有人（委托人）的最优决策是和基金经理（代理人）签订与基准挂钩的报酬合约，使基金经理的报酬根据其所管理的基金和指数或其他基金的相对表现来确定。玛吉和奈克（Marg and Naik，1996）指出，在与基准挂钩的报酬结构下，如果基金经理的表现落后于基准，那么基金经理将面临极大的压力，甚至职位不保。谨慎的决策是舍弃自己的信息或信念，尽量避免使用过于独特的投资决策，以免业绩落后于指数或同行。

3. 羊群行为的市场效应

由于羊群行为者往往抛弃自己的私人信息而追随别人，这会导致市场信息传递链的中断。但这一情况有两面性：一则，羊群行为由于具有一定的趋同性，从而削弱了市场基本面因素对未来价格走势的作用。当许多投资者在同一时间买卖相同股票时，对该股票的超额需求曲线将会向下倾斜，从而导致单个股票价格大幅度波动，破坏了市场的稳定运行。这一点是人们极不愿意看到的。二则，如果羊群行为是因为投资者对相同的基础信息作出了迅速反应，在这种情况下，投资者的羊群行为加快了股价对信息的吸收速度，促使市场更为有效。

如果羊群行为超过某一限度，将诱发另一个重要的市场现象——过度反应的出现。在上升的市场中（如牛市），盲目地追涨越过价值的限度，只能是制造泡沫；在下降的市场中（如熊市），盲目地杀跌只能造成危机的加深。由此我们不难理解，为什么近年来在历次危机中饱受责备的金融管理当局对羊群行为如此讳莫如深。金融管理当局将羊群行为视为导致危机的最重要的直接因素是有客观的经济原因的。

所有羊群行为的发生基础都是信息的不完全性。因此，一旦市场的信息状态发生变化，如新信息的到来，羊群行为就会瓦解。这意味着羊群行为具有不稳定性和脆弱性。这一点也直接导致了金融市场的不稳定性和脆弱性。

本章小结

本章在有效市场假说等经典理论的基础上，介绍了行为金融学的相关内容。首先，介绍了行为金融学的发展历史。然后，行为金融学视角对市场异常现象和投资者心理预期进行了解释。最后，重点介绍了行为金融学的基础理论和主要内容，包括确定性效应、反射效应、分离效应、价值函数、参考点、投资者个体行为分析、投资者群体的羊群行为分析等。

关键术语

市场异常现象	确定性效应	反射效应	分离效应
价值函数	参考点	小公司效应	股票溢价效应
账面市值比效应	羊群行为	认知偏差	过度自信
股利之谜	股票溢价之谜	机会成本	沉没成本

习题

1. 行为金融理论产生的背景是什么？
2. 行为金融理论对市场异常现象的解释是什么？
3. 行为金融理论的核心内容是什么？
4. 行为金融理论都可以用于哪些方面？

第五部分

证券市场监管

第十六章

证券市场监管

本章要点：

- 证券市场监管的目的和原则
- 证券市场监管的手段
- 证券市场监管的理论基础
- 证券市场监管的内容
- 中国的证券市场监管

导入案例

李旭利“老鼠仓”案

2013 年 10 月 29 日，备受关注的基金经理李旭利“老鼠仓”案在上海市高级人民法院二审公开宣判，法院认为，李旭利涉嫌利用未公开信息交易罪名成立，维持一审原判，判处李旭利有期徒刑 4 年，罚金 1 800 万元人民币，违法所得一千余万元予以追缴，此判决为终审判决。

据公诉机关指控，2009 年 4 月 7 日，李旭利指令五矿证券深圳金田路营业部总经理李智君在其控制的“岳彭建”、“童国强”证券账户内，先于或同期于其管理的蓝筹基金买入工商银行和建设银行两只股票，于 2009 年 6 月份悉数卖出。两个月时间，上述两只股票的累计买入金额约 5 226.4 万元，获利总额约为 1 071.6 万元。此前的一审中，李旭利自称作为基金从业人员，曾经炒股，但 2008 年上投摩根唐建“老鼠仓”事件后，他就不再买卖股票。直至 2009 年 4 月 6 日，五矿证券深圳金田路营业部总经理李智君给其太太打电话，询问是否要买股票。

尽管李旭利一直表示自己不合适买股票，但在对方请求帮忙“做成交量”的前提下，他通过电话示意李智君可以买一点工行、建行的股票，但李旭利表示他对“一点”究竟是多少并不清楚，事实上，李旭利的账户在涉案期间持有价值 5 000 多万元的工行、建行股票。

一审法院认为，李旭利利用未公开信息交易罪名成立，判处有期徒刑 4 年，罚金 1 800 万元人民币。同时，其违法所得一千余万元予以追缴。

这一震惊业界的“老鼠仓”案件二审时，李旭利当庭翻供，称在案件审理过程中，一陆姓刑讯员曾对他多次威胁，称如再不承认事实就羁押其妻子。由于担心妻子被采取强制措施，担心孩子失去亲情，他编造了与时任五矿证券深圳华富路证券营业部总裁助理的李智君通话买工行和建行股票的故事，事实上，他根本就不认识李智君，之前的证词是在恐惧的状态下配合警方作出的不真实证词。李旭利及其辩护人作了无罪辩解和辩护。

对此，庭审中，合议庭依法就侦查人员收集李旭利有罪供述和袁某证言的合法性问题进行了法庭调查。根据对李旭利供述认罪过程和相关录音录像资料的审查，结合法庭调查查明的事实和证据、李旭利及其辩护人提供的相关线索材料，合议庭评议决定，对李旭利及其辩护人提出排除李旭利有罪供述的申请不予支持。

从 2005 年加入交银施罗德，到 2009 年 5 月离职，大约四年时间，李旭利的“老鼠仓”获利高达数千万元，共涉及数十只股票，包括北京城建、东百集团等。其间，从“老鼠仓”入刑到李旭利离开公募基金业的这段时间内，即从 2009 年 2 月 28 日到 5 月 25 日期间，根据证监会的通报，李旭利利用职务便利，通过其控制的两个证券账户，先于或同期于其管理的基金买入和卖出相同股票两只，非法获利 1 000 余万元。

思考

“老鼠仓”严重扰乱了我国证券市场公开、公平、公正的秩序。应该如何监管才能杜绝此类事件的发生，从而维护投资者利益和证券市场公平竞争呢?

第一节　证券市场监管概述

一、证券市场监管的内涵

（一）证券市场监管的含义

证券市场监管是指证券监管部门为了消除因市场机制失灵而带来的证券产品和证券服务价格扭曲以及由此引起的资本配置效率下降，确保证券市场高效、平稳和有序运行，通过法律、行政和经济手段，对证券市场运行的各个环节和各个方面所进行的组织、规划、协调、监督和控制的活动过程。

证券市场监管是金融监管的重要组成部分，具体包括两方面内容：第一，对“证券机构”的监管，也就是对以证券市场各类经营主体资质要求为中心的市场准入管理；第二，对“证券业务”的监管，也就是对证券经营活动的监管。

证券市场各类经营主体，即证券机构，按其在证券市场中的职能分为：

（1）证券商（简称为券商）；

（2）自律机构，主要是证券交易所和证券业协会；

（3）为证券发行和证券投资提供各种服务的中介机构，即证券服务机构，如会计师事务所、资产评估机构、证券投资咨询机构、证券登记结算机构等。这样，证券机构监管也就相应地称为券商监管、自律机构监管和服务（中介）机构的监管。

根据证券市场主要经营活动的主体——证券公司和上市公司所从事的证券业务来看，可以将证券市场业务的监管大体划分为证券发行监管、证券交易监管、市场主体监管、公司并购与重组监管以及证券业务创新监管等五大类型。本章将重点介绍前三项监管。

（二）证券市场监管的目的

为了发挥证券市场的经济功能，必须建立一个公平、有秩序、有效率的证券市场，也就需要对证券市场加以监管，其主要目的在于以下五个方面：

1. 保护中小投资者利益

证券投资是高收益、高风险的投资，特别是企业债券和股票的投资风险更大。证券市场除了企事业单位、银行及其他金融机构之外，个人也是重要的投资者。为了使投资者能正确地选择投资，减少因为对筹资者经营情况和证券市场行情不够了解，以及缺乏投资知识带来的风险，国家应该通过立法和各种管理措施，监督筹资者向社会如实公开经营和财务状况，组织专门机构对筹资者的资信公正地进行评级，对弄虚作假的行为要相应给予处罚。另外，投资者的合法收益也应该通过立法加以确认和给予保护，对侵害投资者利益的行为加以制裁。

2. 保护正当交易，维护证券市场正常秩序

证券市场的健康发展有赖于一个完善的竞争机制，由于市场供求规律的作用，市场价格经常会发生波动，可能有少数投资者采用不正当手段来哄抬价格，买空卖空，牟取暴利；有些公司伪造各种文件骗取公众的资金，有些证券商利用受客户之托的机会，运用客户资金为自己牟取暴利；有些证券从业人员与投机分子内外勾结进行内幕交易，操纵市场。为此，国家必须加强对证券市场的监管，对其活动进行检查监督，对非法的证券交易活动进行查处，督促证券交易机构依法经营，禁止违法交易行为，防止个别企业垄断操纵和扰乱证券市场，以维护证券市场的正常秩序，促进证券市场的健康发展。

3. 健全证券市场体系，促进证券市场体系协调发展

证券市场按金融商品可分为债券市场和股票市场，按功能的不同可以分为发行市场和转让交易市场，按组成证券市场的机构职能可以划分为投资机构、发行机构、交易机构、咨询机构等。证券市场体系中的不同市场和机构各有其运行的规律和特点，又相互联系和制约。这就需要国家根据它们的不同特点和运行规律，以及它们之间的客观内在联系，根据整个经济发展的需要，进行统筹规划，只有加强监督和管理才能促进整个证券市场体系不断完善和协调发展。

4. 及时提供信息，提高证券市场效率

及时、准确和全面的信息是证券市场参与者进行证券发行和交易决策的重要依据。一个发达高效的证券市场必定是一个信息灵敏的市场，它既要有现代化的信息通信设备系统，又必须有组织严密的信息网络机构；既要有收集、分析、预测和交换信息的制度与技术，又要有与之相适应的、高质量的众多信息人才。这些只有通过国家统一组织管理才能实现。我国新《证券法》的实施，标志着我国证券市场的发展进入了一个新阶段，对我国的证券市场监管也提出了更高的要求。

5. 加强宏观管理，充分发挥证券市场支持经济发展的作用

管理当局可以根据国家宏观经济管理的需要，采用多种方式来调控证券市场的交易规模，引导投资方向，支持重点产业，促进国民经济持续快速健康发展，充分发挥证券市场的积极作用，限制其消极影响，保障证券市场的健康发展。

（三）证券市场监管的原则

为实现证券市场监管的目的，证券市场监管一般要坚持下列基本原则：

1. 依法管理原则

依法管理原则是指证券市场监管部门必须加强法制建设，必须依法办事，明确划分各方面的权利与义务，保护市场参与者的合法权益，即证券市场管理必须有充分的法律依据和法律保障。

2. 保护投资者利益原则

投资者是证券市场的主体，是资金的供给者，是证券市场存在和发展的基石，各国证券市场监管的制度设计都把保护投资者利益放在了重要地位。

3. "三公"原则

(1) 公平原则。证券市场的公平原则，要求证券发行、交易活动中的所有参与者都具有平等的法律地位，各自的合法权益都能够得到公平的保护。这里，公平是指机会均等、竞争平等，营造一个所有市场参与者都能进行公平竞争的环境。按照公平原则，发行人有公平的筹资机会，证券经营机构在证券市场中有公平的权利和责任，投资者享有公平的交易机会。对证券市场的所有参与者而言，不能因为其在市场中的职能差异、身份不同、经济实力大小而受到不公平的待遇，而要按照公平统一的市场规则进行各种活动。具体而言，无论是投资者还是筹资者，只要是市场主体，则在进入与退出市场、投资机会、享受服务、获取信息等方面都享有完全平等的权利。

(2) 公正原则。这一原则要求证券监管部门对一切被监管对象给予公正待遇。根据公正原则，证券立法机构应当制定体现公平精神的法律、法规和政策；证券监管部门应当根据法律授予的权限履行监管职责，要在法律的基础上，对一切证券市场参与者给予公正的待遇；对证券违法行为的处罚和对证券纠纷事件和争议的处理，不应该有偏袒，都应当公平对待。

(3) 公开原则。公开原则的核心要求是实现市场信息的公开化，即要求市场具有充分的透明度。公开原则通常包括两个方面，即证券信息的初期披露和持续披露。信息的初期披露，是指证券发行人在首次公开发行证券时，应完全披露有可能影响投资者作出是否购买证券决策的所有信息；信息的持续披露，是指在证券发行后，发行人应定期向社会公众提供财务及经营状况的报告，以及不定期公告影响公司经营活动的重大事项等。信息公开原则要求信息披露应及时、完整、真实、准确。

信息公开原则是信息公平、公正原则的前提。证券市场中的投资活动是一连串信息分析的结果，只有市场信息能够公开地发布和传播，投资者才能公平地作出自己的投资决策。也只有如此，才能防止出现各种证券欺诈和舞弊行为，保证市场公正。

4. 监督与自律相结合的原则

监督与自律相结合的原则是指在加强政府、证券主管机构对证券市场监管的同时，也要加强从业者的自我约束、自我教育和自我管理。国家对证券市场的监管是管理好证券市场的保证，而证券从业者的自我管理是管理好证券市场的基础。国家监督与自我管理相结合的原则是世界各国共同奉行的原则。

二、证券市场监管的理论基础

现实中，证券市场存在着大量的市场失灵问题，这给证券市场监管提供了理论基础。"政府监管"在经济学文献中可以用来特指市场经济国家的政府为克服"市场失灵"而采取的种种有法律依据的管理或制约经济活动的行为。从理论上看，经济学中关于金融监管的理论主要有公共利益论、保护债权论、金融风险控制论和金融监控论。证券市场作为金融市场体系的重要组成部分，同样适用这些理论。

（一）公共利益理论

这一理论源于20世纪30年代美国经济危机，并且一直到20世纪60年代都是被经济学家所接受的有关监管的正统理论。这一理论认为，监管是政府对公众要求纠正某些社会个体和社会组织的不公平、不公正和无效率或低效率的一种回应。正因为政府的参与才能够解决市场的缺陷，所以政府可以作为公共利益的代表来实施管制以克服市场缺陷，而由此带来的公共福利大于管理成本。

（二）保护债权论

这一理论的观点是，为了保护债权人的利益，需要金融监管。所谓债权人，就是存款人、证券持有人和投保人等。银行等金融机构存在严重的逆向选择和道德风险等问题，投资者必须实施各种监督措施，但是由投资者来进行监督的成本是昂贵的，而且每个投资者都来实施相同的监督也是重复多余的。更为重要的是，很多投资者，如存款人不了解银行的业务，没有实施监督的激励，由此形成了“自然垄断”性质，以上种种造成了“搭便车”的行为，使外部监督成为必要。存款保险制度就是这一理论的实践形式。

（三）金融风险控制论

这一理论源于“金融不稳定假说”，认为银行的利润最大化目标促使其系统内风险活动增加，导致系统的内在不稳定性。这种不稳定性来源于银行的高负债经营、借短放长和部分准备金制度。银行经营的是金融资产，这使得各金融机构之间的联系非常密切，而各种金融资产的可流通性又使得银行体系有着系统性风险和风险的传导性，“多米诺骨牌效应”容易在金融体系中出现，所以金融业比其他行业具有更大的脆弱性和不稳定性。因此，通过金融监管和控制金融体系系统性风险显得异常重要。

（四）金融监控论

以上传统理论针对的都是国别金融监管，即从一个国家的角度，由本国金融监管部门掌握监管的决策权，对本国金融活动进行管理。20世纪30—70年代，世界各国金融监管侧重于稳健与安全，但是越来越强的金融全球化趋势使得这一模式受到挑战。70年代以来，金融监管更强调安全与效率并重，同时对跨国金融活动的风险防范和国际监管协调更加重视。一国的金融管理部门的监管行为不再是单边的而是多边基础上的合作。面对这些变化，监管理论需要改变，有人提出变金融监管为金融监控。金融监控是一种全方位、整体上的对金融业的管理和控制，包括内部监管和外部监管，既有管理部门监督，也有市场施加的约束。

三、证券市场的监管手段

不同国家，不同时期对证券市场进行监管的手段是不同的。如市场体制健全的国家，主要采用法律手段、技术手段和经济手段，而市场体制不发达的国家，更多的是使用行政手段。

（一）法律手段

法律手段即国家通过立法和执法，将金融市场运行中的各种行为纳入法制轨道，金融活动中的各参与主体按法律要求规范其行为。运用法律手段进行金融监管，具有强制力和约束性，各金融机构必须依法行事，否则将受到法律制裁。因此各国监管当局无不大力地使用法律手段，即使是在一些不发达的发展中国家，也都积极完善立法，使金融监管拥有相当的力度。法律手段发挥监管作用，必须树立金融法律的权威性和有效性，立法要超前，且执法要严格。例如，运用法律手段管理证券市场，就是要通过立法和执法抑制和消除欺诈、垄断、操纵、内幕交易和恶性投机等现象，维护证券市场的良好运行秩序，保护投资者的利益。

（二）技术手段

监管当局实施金融监管必须采用先进的技术手段，如运用电子计算机和先进的通信系统实现全系统联网。这样监管当局不仅可以加快和提高收集、处理信息资料及客观评价监管对象的经营状况的速度和能力，而且可以扩大监管的覆盖面，提高监管频率，及时发现问题和隐患，快速反馈监控结果，遏制金融业的不稳定性和风险性。运用电子计算机进行监管，实际上是将监管当局监管的内容量化成各项监测指标，通过资料的整理、分析和对比，最后以监控指标的形式反映金融业务经营活动状况，判断风险程度。

（三）行政手段

行政手段指政府监管当局采用计划、政策、制度、办法等进行直接的行政干预和管理。运用行政手段实施金融监管，具有见效快、针对性强的特点。特别是当金融机构或金融活动出现波动时，行政手段甚至是不可替代的。但行政手段只能是一种辅助性的手段。从监管的发展方向看，各国都在实现非行政化，逐步放弃用行政命令的方式来管理金融业，而更多地用法律手段、经济手段。因行政手段和市场规律在一定程度上是抵触的，虽收效迅速，但震动大，副作用多，缺乏持续性和稳定性。但完全摒弃行政手段也是不现实的，即使是市场经济高度发达的国家，在特殊时期仍然需要它。

（四）经济手段

经济手段指监管当局以监管金融活动和金融机构为主要目的，采用间接调控方式影响金融活动和参与主体的行为。金融监管的经济手段很多，如在证券市场监管中，金融信贷手段和税收政策都是重要的经济手段。

四、证券市场的监管模式及其演变趋势

（一）证券市场的监管模式

证券市场形成以来，各国在不断吸取经验教训的基础上，经过反复摸索和实践，逐渐形成了适合本国国情的监管模式，包括监管层次、监管主体、监管法规、监管内容等。从全球范围来看，一个国家采取何种证券监管模式并无定论。由于各国证券市场发展的成熟程度、政府对经济运行的调控模式以及各国政治与经济体制、历史习惯的不同，各国的监管模式也不相同。综合各国证券市场监管模式，大体上有三种类型：集中立法型、自律管理型和混合型监管模式。

1. 集中立法型监管模式

集中立法型监管体系是指政府通过制定专门的证券市场管理法律和法规，并设立全国性证券管理监督机构来实现对全国证券市场的统一管理。在这种模式下，政府积极参与证券的管理，并在证券管理中占主导地位，而各种自律性组织，如证券交易所、证券商同业协会等只起协助政府管理的作用。这种模式以美国为典型代表，故又称美国模式。

2. 自律管理型监管模式

自律管理型监管模式是指政府除制定一些必要的国家立法之外，对证券市场的干预较

少，政府也不设专门的证券管理机构，对证券市场的监管主要是由证券交易所、证券业协会及证券交易商会等民间组织自行监管。自律组织通过其章程、规则引导和制约成员的行为，对会员的违规行为实施制裁，直至开除其会籍，并有权拒绝某家证券公司成为会员。这种模式以英国为典型，又称英国模式。

3. 混合型监管模式

这种模式是指对证券市场的监管，既强调立法管理，又注重自律管理，即为集中立法型监管模式与自律管理型监管模式的结合。较早实行这种管理模式的国家有德国、泰国等。

（二）国外证券监管模式的演变趋势

当前，全球各国证券监管模式正处在持续演化中，不同证券监管模式呈现出日益融合的趋势。政府主导型的监管模式必然需要行业自律的有效辅助；自律主导型的监管模式同样离不开政府监管的最终支持；而中间型的监管模式则是政府主导型和自律主导型监管的结合。目前证券监管模式演变的另一突出发展趋势是：政府主导型的监管模式得到不断发展，包括注重自律主导型的监管模式也正在向政府主导型的监管模式转变。这后一种趋势集中体现在三个方面：一是美国继续强化政府主导地位；二是绝大多数新兴市场采用了政府主导型监管模式；三是像英国、中国香港这样的市场，也出现向政府主导型监管模式的转变趋势。

由此可见，世界各国的证券市场监管体系虽然各有特色，但有一点是共同的，即都是进行集中统一监管与自我管理相结合的管理，而且都有加强集中统一监管力度的趋势。这样一种证券监管体系，有主有辅，有分工有协作，各有自己确定的任务和职责，又有共同的目标，统筹协调，有机地形成一个有效的证券市场监管体系。

第二节　证券市场监管的主要内容

一、证券发行市场的监管

证券发行市场的监管是指证券监管部门对新证券发行的审查、控制和监督。证券发行的监管是整个证券市场监管的第一道闸门，对证券市场的稳定、健康发展具有十分重要的意义。对证券发行的监管，首要的是对证券发行资格的审核。只有具备了证券发行条件，才能进入市场发行证券。审核制度分为两种：一种是以美国联邦证券法为代表的注册制度；一种是以美国部分州的证券法及欧洲大陆各国的公司法为代表的核准制度。

证券发行注册制，即“公开监管原则”，是指证券发行人在公开募集和证券发行前，需要向证券监管部门按照法定程序申请注册登记，同时依法提供与发行证券有关的一切资料，并对所提供资料的真实性、可靠性承担法律责任。注册制下发行人只需充分披露信息，在注册申报后的规定时间内，未被证管部门拒绝注册，即可进行证券发行，无须政府批准。证券发行注册的目的是向投资者提供证券投资的有关资料，并不保证发行的证券资质优良、价格适当等。

证券发行核准制，即“实质监管原则”，是指证券发行人不仅必须公开有关所发行证券的真实情况，而且必须符合公司法和证券法中规定的若干实质条件。只有符合条件的发行公司，经证券管理机关批准方可在证券市场上发行证券，取得发行资格。实行核准制的目的在于，尽量使管理部门所能保证发行的证券符合公共利益和社会安定的需要。2001年3月17日，我国股票发行核准制正式启动。2005年10月27日，十届全国人大常委会第十八次会议通过了修订后的《证券法》和《公司法》。两法的修订为进一步完善证券发行监管体制，强化市场主体对证券发行行为的约束，提高市场融资效率指明了方向。

证监会的发行审核制度从最早的额度制转变为审批制，后由审批制再转变为核准制，今后在发行机制上的重大突破将由核准制向注册制转变，而股权分置改革的意义则为实现发行机制市场化破除了制度障碍。

经典案例

证监会“王小石”受贿案

王小石，前证监会官员，北京人，生于1971年，财务出身。1996年左右进入中国证监会工作，最早在发行部审核二处（负责企业上市的财务部分材料审核）工作。在被派往深圳进行中小企业板筹备工作一年多后，于2003年下半年从深圳回到北京，进入发审委工作处，且王小石在案发前担任中国证监会发审委工作处副处长，组织发审委委员会议、协调发审委委员会与发行部以及上市公司等工作。

林碧，北京华章投资有限公司执行总裁，福建省福州市平潭县人，1969年出生。在福州上大学，并留在当地一家银行工作，1996年、1997年左右进入福建华兴信托投资公司投资银行二部（后并入华福证券）任职，1997年6月，他负责福建双菱（现漳州发展000753.SZ）上市。离开华兴信托后，林碧转投湘财证券投行部。2000年7月参与了冀东水泥（000401.SZ）的配股项目。之后，林碧进入东北证券，任东北证券上海投行总部福建办事处代表，并为东北证券在福建迅速打开局面，凤竹纺织就是其操作的一个典型案例。2002年12月30日，凤竹纺织正式通过证监会的发审会。也在那时，林碧在福州已经有了一家自己的公司——福州东方纵横企业管理顾问有限公司。后来由于和其妻子张红（北京人，律师）离婚，引发财产分割问题，而被张红举报。

王小石和林碧的密切关系始于深圳。2002年10月，林碧离开东北证券，旋即前往深证。此时，王小石也在深圳。2000年末2001年初，证监会为筹备中小企业板，由发行部副主任王连凤带领王小石等一行借调到深圳证券交易所。2003年下半年，王小石作为回到证监会的最后一批人，回到了北京。而此时，林碧也在北京，且就职于北京华章投资管理有限公司（公司主要业务为：财务顾问、项目融资、企业购并、证券投资、资产证券化、MBO及股权激励等）。王小石与林碧再次在北京相聚。

王小石在担任中国证监会发行部派出代表驻深圳证券交易所“创业板”工作人员期间，利用职务便利，在审批兰州亚盛集团向中国证监会有关部门申报可转换债发行上市的业务中，于2002年间收取该审批项目代理人给予的好处费18万元，据为己有。

王小石主要利用职务之便，掌握大量发审委委员的情况。每次确定哪些委员上会，都是他们安排的，而这些委员的安排都有一定的“潜规则”。预审报告转至发审委工作部（王小石所在部门），由其安排发行审核委员会会议，由其安排哪些企业、什么时候上会，并将需审核的材料送到发审委委员手中。

王小石在证券发行中的受贿行为由于被林碧妻子张红举报而最终案发。2004 年 11 月 4 日，北京西城区检察院反贪局对王小石、林碧立案侦查，11 月 12 日对两人实施逮捕。2005 年 12 月 9 日上午在北京市第一中级人民法院一审宣判中，被告王小石因犯受贿罪，被判处有期徒刑 13 年，并处没收个人财产人民币 12 万元。被告人林碧因犯公司人员受贿罪和介绍贿赂罪，数罪并罚，被判处有期徒刑 10 年，并处没收个人财产人民币 10 万元。

思考

请对证券发行注册制和核准制的优劣势进行分析。在此基础上，结合此案例分析我国目前证券上市制度及其监管中的弊病，并提出改进建议。

二、对证券交易市场的监管

（一）证券上市制度的监管

对证券交易市场的监管主要通过证券上市制度来实施。证券上市制度是证券交易所和证券主管部门制定的有关证券上市规则的总称。政府债券一般可以不经过有关机构审核而直接上市。公司债券和股票上市必须由发行人提出申请，并满足证券交易所规定的条件，经批准后方可在证券交易所公开买卖。新《证券法》第四十八条规定：申请证券上市交易，应当向证券交易所提出申请，由证券交易所依法审核同意，并由双方签订上市协议。第四十九条规定：申请股票、可转换为股票的公司债券或者法律、行政法规规定实行保荐制度的其他证券上市交易，应当聘请具有保荐资格的机构担任保荐人。

上市的证券若不再满足上市条件或遇有特殊情况将暂停上市或终止上市。暂停上市又称“停牌”，有法定暂停上市、申请暂定上市和自动暂停上市。终止上市又称“摘牌”，有法定终止上市、自动终止上市和申请终止上市。新《证券法》第五十六条规定：上市公司有下列情形之一的，由证券交易所决定终止其股票上市交易：

（1）公司股本总额、股权分布等发生变化不再具备上市条件，在证券交易所规定的期限内仍不能达到上市条件；

（2）公司不按照规定公开其财务状况，或者对财务会计报告作虚假记载，且拒绝纠正；

（3）公司最近三年连续亏损，在其后一个年度内未能恢复盈利；

（4）公司解散或者被宣告破产；

（5）证券交易所上市规则规定的其他情形。

（二）信息持续披露制度

信息持续披露制度是指公司公开发行证券后，在经营期间内，依照法律规定或证券主管机关和证券交易所的指令，将其与证券有关的一切真实信息，以一定的方式向社会公众予以公开，以供广大投资者查阅的一项法律制度。该制度既可以使投资者及时了解发行公司的经营状况，判断投资的风险和收益，又有利于强化证券主管机关和社会公众对公司行为的监督，稳定证券市场秩序。

2005 年 10 月 27 日修订通过的新《证券法》第六十三条规定：发行人、上市公司依法披露的信息，必须真实、准确、完整，不得有虚假记载、误导性陈述或者重大遗漏。第六十四条规定：经国务院证券监督管理机构核准依法公开发行股票，或者经国务院授权的部门核准依法公开发行公司债券，应当公告招股说明书、公司债券募集办法。依法公开发行新股或者公司债券的，还应当公告财务会计报告。第六十五条规定：上市公司和公司债券上市交易的公司，应当在每一会计年度的上半年结束之日起两个月内，向国务院证券监督管理机构和证券交易所报送记载以下内容的中期报告，并予公告：

（1）公司财务会计报告和经营情况；

（2）涉及公司的重大诉讼事项；

（3）已发行的股票、公司债券变动情况；

（4）提交股东大会审议的重要事项；

（5）国务院证券监督管理机构规定的其他事项。

第六十六条规定：上市公司和公司债券上市交易的公司，应当在每一会计年度结束之日起四个月内，向国务院证券监督管理机构和证券交易所报送记载以下内容的年度报告，并予公告：

（1）公司概况；

（2）公司财务会计报告和经营情况；

（3）董事、监事、高级管理人员简介及其持股情况；

（4）已发行的股票、公司债券情况，包括持有公司股份最多的前十名股东的名单和持股数额；

（5）公司的实际控制人；

（6）国务院证券监督管理机构规定的其他事项。

第六十九条规定：发行人、上市公司公告的招股说明书、公司债券募集办法、财务会计报告、上市报告文件、年度报告、中期报告、临时报告以及其他信息披露资料，有虚假记载、误导性陈述或者重大遗漏，致使投资者在证券交易中遭受损失的，发行人、上市公司应当承担赔偿责任；发行人、上市公司的董事、监事、高级管理人员和其他直接责任人员以及保荐人、承销的证券公司，应当与发行人、上市公司承担连带赔偿责任，但是能够证明自己没有过错的除外；发行人、上市公司的控股股东、实际控制人有过错的，应当与发行人、上市公司承担连带赔偿责任。

第七十一条规定：国务院证券监督管理机构对上市公司年度报告、中期报告、临时报告以及公告的情况进行监督，对上市公司分派或者配售新股的情况进行监督，对上市公司控股股东和信息披露义务人的行为进行监督。证券监督管理机构、证券交易所、保荐人、承销的证券公司及有关人员，对公司依照法律、行政法规规定必须作出的公告，在公告前不得泄露其内容。

（三）证券交易行为的监管

证券交易行为的监管重点内容是监管证券交易活动中的内幕交易、操纵市场、欺诈等行为，以规范证券交易行为，维护证券市场秩序，保护投资者的合法权益和社会公共利益。新《证券法》第七十五条规定：证券交易活动中，涉及公司的经营、财务或者对该公司证券的市场价格有重大影响的尚未公开的信息为内幕信息。下列信息皆属内幕信息：

（1）本法第六十七条第二款所列重大事件（公司的重大投资行为和重大的购置财产的决定）；

（2）公司分配股利或者增资的计划；

（3）公司股权结构的重大变化；

（4）公司债务担保的重大变更；

（5）公司营业用主要资产的抵押、出售或者报废一次超过该资产的百分之三十；

（6）公司的董事、监事、高级管理人员的行为可能依法承担重大损害赔偿责任；

（7）上市公司收购的有关方案；

（8）国务院证券监督管理机构认定的对证券交易价格有显著影响的其他重要信息。

第七十六条规定：证券交易内幕信息的知情人和非法获取内幕信息的人，在内幕信息公开前，不得买卖该公司的证券，或者泄露该信息，或者建议他人买卖该证券。持有或者通过协议、其他安排与他人共同持有公司百分之五以上股份的自然人、法人、其他组织收购上市公司的股份，本法另有规定的，适用其规定。内幕交易行为给投资者造成损失的，行为人应当依法承担赔偿责任。

第七十七条规定：禁止任何人以下列手段操纵证券市场：

（1）单独或者通过合谋，集中资金优势、持股优势或者利用信息优势联合或者连续买卖，操纵证券交易价格或者证券交易量；

（2）与他人串通，以事先约定的时间、价格和方式相互进行证券交易，影响证券交易价格或者证券交易量；

（3）在自己实际控制的账户之间进行证券交易，影响证券交易价格或者证券交易量；

（4）以其他手段操纵证券市场。操纵证券市场行为给投资者造成损失的，行为人应当依法承担赔偿责任。

三、对证券市场主体的监管

（一）对证券交易所的监管

证券交易所设立的管理一般采用三种不同的管理方式：一是特许制，即证券交易所的设立须经主管机构特许。世界上大部分国家采取特许制。二是登记制，即只要交易所的规章符合有关法规，即可登记成立，美国主要采用登记制。三是承认制，即政府没有专门的审批交易所的机构，只要得到证券交易所协会的承认即可，但必须提供遵守证券交易规章制度及交易所本身规则的保证。英国采用的是承认制。新《证券法》第一百零二条规定：证券交易所是为证券集中交易提供场所和设施，组织和监督证券交易，实行自律管理的法人。证券交易所的设立和解散，由国务院决定。由此可见，我国采用的是特许制。

各国证券交易法均明确规定，证券交易主管机关对证券交易所的场内交易具有检查监督管理权，其措施主要有：审查交易所的章程、细则和决议的内容；对交易所进行定期的检查或要求其提交规定的营业与财务报告；交易所如有违法行为，损害公共利益，主管当局可给予警告、令其停业，甚至解散的处分。

（二）对投资者的监管

对投资者的监管主要是监督证券市场的投资者依照法规和市场规则公平进行投资活动，禁止内幕交易、操纵市场等证券欺诈活动，维护市场的正常交易秩序，保护全体投资者的利益。

（三）对证券从业人员的监管

证券从业人员是指证券中介机构（包括证券公司、证券清算登记机构、证券投资咨询机构以及其他可经营证券相关业务的机构）中一些特定岗位的人员，可分为管理人员和专业人员两类。对证券从业人员的监管主要有证券从业人员资格考试和注册认证制度，并对他们的日常业务行为规定有行为规范和禁止行为的范围。

新《证券法》第四十三条规定：证券交易所、证券公司和证券登记结算机构的从业人员、证券监督管理机构的工作人员以及法律、行政法规禁止参与股票交易的其他人员，在任期或者法定限期内，不得直接或者以化名、借他人名义持有、买卖股票，也不得收受他人赠送的股票。任何人在成为前款所列人员时，其原已持有的股票必须依法转让。

（四）对证券中介机构的监管

1. 对证券经营机构的设立监管

对证券经营机构的设立监管主要有特许制和注册制：

（1）以美国为代表的注册制。美国的证券交易法规定，所有经营全国性证券业务的投资银行（包括证券承销商、经纪商、自营商等）都必须向证券交易委员会登记注册，取得注册批准后，还得向证券交易所申请会员注册，只有同时取得证券交易委员会的注册批准和证券交易所的会员资格的投资银行才能经营证券业务。我国对证券经营机构的管理实行审批制。设立证券公司必须经国务院证券监督管理机构审查批准。国家对证券公司实行分类管理，分为综合类证券公司和经纪类证券公司。

（2）以日本为代表的特许制或许可制。日本的证券经营机构在经营业务前必须先向大藏省提出申请。大藏省根据不同的经营业务种类授予不同的特许证券商申请特许。必须具备一定的条件，如拥有足够的资本，具有相当的经营证券业务的知识和经验，信誉良好等条件。财务省根据实际情况，确定发给证券商带附加条件的特许。

新《证券法》第一百二十二条规定：设立证券公司，必须经国务院证券监督管理机构审查批准。未经国务院证券监督管理机构批准，任何单位和个人不得经营证券业务。

2. 对证券经营机构的行为监管

对证券经营机构的行为监管包括对证券承销商、经纪商、自营商的资格确认和监督检查制度；对承销商、经纪商和自营商的行为规范与行为禁止制度；证券经营机构的定期报告制度和财务保证制度等。

3. 对证券服务机构的监管

主要包括对从事证券业务的律师事务所、资产评估机构、证券市场信息传播机构的资格管理和日常业务监督。我国对从事证券相关业务的会计师事务所和注册会计师实行许可证管理制度，对从事资产评估的机构也实行许可证制度，对律师及律师事务所从事证券法律业务实行资格确认制度，并由国务院证券监督管理机构和有关部门对它们的日常业务加以监督管理。新《证券法》第一百六十九条规定：投资咨询机构、财务顾问机构、资信评级机构、资产评估机构、会计师事务所从事证券服务业务，必须经国务院证券监督管理机构和有关主管部门批准。投资咨询机构、财务顾问机构、资信评级机构、资产评估机构、会计师事务所从事证券服务业务的审批管理办法，由国务院证券监督管理机构和有关主管部门制定。

第三节　证券市场自律管理

与人类生活的其他领域一样，竞争性的市场会自发地形成自律管理机制，市场运行的本质是自律性的。所谓“人生而自由，但无时不在枷锁之中”，市场行为亦如是。“自律是并且一直是对金融市场进行管理的第一步”，这句载在国际证券交易所联盟（FIBV）1992年白皮书中的话是对自《梧桐树协议》以来国际金融市场自律管理三百年实践经验的总结，强调了自律管理作为金融市场基础性制度安排的地位。

一、证券市场自律管理的理论解释

作为一种制度安排，现代意义上的自律管理，其存在的原因显然不仅仅是因其自身的价值品格和道德意义，而是有着深刻的经济学、社会学逻辑背景。

（一）证券市场自律监管产生的一般经济学解释

从新制度经济学的研究范式出发，一项制度的产生、发展和边界均可从科斯（Ronald Coase，1937）和威廉姆森（Willamson，1975）提出的交易成本理论中找到解释。因为有限理性、投机主义、信息不对称、不信任的关系氛围、资产专用性、不确定性与复杂性等“不完备性”，市场主体在获得准确信息、开展谈判、建立经常性契约方面需要花费大量的费用，包括信息搜寻成本、谈判成本、缔约成本、监督履约成本、处理可能违约的成本等等，这均构成了市场的“交易成本”。当交易成本过高时，可能影响交易的达成，损害市场效率甚至带来市场失灵乃至崩溃。而一切的契约、制度、政策乃至基于此产生的组织，其形成的根源就在于为了降低交易成本。

证券市场自诞生之日起，在自发、盲目、无序的市场竞争中就充斥着各类“不完备性”，市场失灵经常发生。仅以证券市场发展的基石信息披露为例，在未建立具有广泛效力的公约、规则之前，仅靠单纯、自发的市场主体行为难以做到真实、准确、完整、及时的信息披露，因为这虽然合乎市场整体利益，但却不符合单一市场主体的利益取向。

对单一市场主体自身而言，即使不考虑内幕交易、隐匿信息可能带来的投机收益，正常的信息披露行为仅从成本—收益角度考虑也是不经济的。因为“信息”作为一种产品具有一定的公共产品性质，即消费的非竞争性和非排他性，单个信息生产者的边际成本为零或很小，即使增加一个信息利用者，其总成本也不会相应增加；同时，信息利用者可以很容易地获取、传播已披露信息，信息的使用很难做到排他。也就是说，信息作为一种产品在使用中形成了“正的外部性”，这种收益为信息利用者而不是生产者所取得。在没有将这种“外部收益内部化”之前，信息利用者（大量的“免费搭车者”）的收益要远大于信息生产者进行披露的成本。换言之，进行信息披露有益于市场其他参与者，却无益于信息披露者本身，在这种模式下进行大范围、持续、规范的信息披露是不可能的。这从一个角度解释了信息不对称所产生的交易成本，自发的市场竞争因此将存在效率损失。

历史事实证明了这一点，1792 年 4 月 21 位经纪人和 3 家经纪公司签订了著名的《梧桐树协议》，该协议确定的三项原则的其中一条即明确“在交易中互惠互利”。该协议通过建立一个具有有效约束的机制，将原本在成员个体间外化的信息披露收益在整体中内化了，解决了因为有限理性、信息不对称所带来的“交易成本”问题，提高了市场效率。从这个角度看，《梧桐树协议》作为国际证券市场从“自发”走向“自律”的第一步，其背后蕴藏的经济逻辑比起其先驱价值，更具有研究意义。

经典案例

紫鑫药业造富神话背后的秘密

吉林紫鑫药业股份有限公司于1998年5月成立，是一家集科研、开发、生产、销售、药用动植物种养殖为一体的高科技股份制企业。2007年3月2日在深圳证券交易所上市。紫鑫药业自成立到上市以来，一直业绩平平，但在2010年公司发布的年报中，业绩开始一飞冲天，实现营业收入6.4亿元，同比增长151%，净利润1.73亿元，同比增长184%。2011年上半年，紫鑫药业再掀狂潮，实现营业收入3.7亿元，净利润1.11亿元，分别同比增长226%和325%。紫鑫亦凭借其惊人业绩为众多券商推荐，股价一路飙升。但好景不长，紫鑫药业经营业绩的暴升使得其被质疑伪造上下游客户，虚构人参相关交易，前五大营业客户均是“影子公司”，成为了投资市场惹人非议的焦点，被质疑是“第二个银广夏”。2011年10月19日，公司因涉嫌关联交易违法违规行为，最终被证监会立案稽查。

据紫鑫药业2010年年报，公司营业收入前五名客户分别为四川平大生物制品有限责任公司、亳州千草药业饮品厂、吉林正德药业有限公司、通化立发人参贸易有限公司、通化文博人参贸易有限公司。这五家公司在2010年一共为紫鑫药业带来2.3亿元的营业收入，占紫鑫药业当年营业收入的比例为36%。但是根据紫鑫药业历年的定期报告，上述公司均未曾被披露。而对比2009年年报，紫鑫药业前五名客户累计采购金额不足2 700万元，仅占当年营业收入的10%。而同样在业绩暴增的2010年，五大客户“横空出世”，且其背景也颇为“神秘”。

《上海证券报》的记者经过调查大量信息后发现，这几大客户与紫鑫药业存在诸多联系。它们在名称、注册时间、注册地点、注册资金、联系电话等信息上竟然极其相似，令人猜疑。多家公司被证实与紫鑫药业存在密切的关联关系，而紫鑫药业的董事长郭春生正是将它们关联到一起的纽带。

思考

请分析紫鑫药业财务造假欺骗投资者的动因及其社会危害，并提出改进信息披露机制的政策建议。

(二) 证券市场自律管理产生的社会学解释

在政治经济学或者说社会学框架下，自律管理及自律组织的产生与“市民社会”思想密切相关。“市民社会”是一个国家或政治共同体内介于“国家”和“个人”之间的广阔领域，由相对独立存在的各种组织、团体构成。可以认为，自律管理组织最初就是构成市民社会的一类组织，代表一定范围的市民利益，在“政府”和“市场”之间的领域发挥着作用。

一般的解释是，强调集体目标的“自律管理”是由强调个体行为的“自律”概念演化而来，在“自律”状态下的个体根据理性形成共同的价值取向，如群体的防卫、发展等福利目标，在共同价值目标的指引下形成公共合意、规则、契约，通过个体权利让渡形成共同的管理规范和约束。在社会生活领域，这种权利让渡所形成的实体的最高层次是政府和法律，充分体现为代表利益、规制范围的全员性；而次级层次则是各类规则、契约、章程以及基于此所构建起来的自律组织，体现为代表利益、规制范围的有限性。

证券市场的自律管理即是这种在共同利益指引下所进行的个体权利让渡的代表之一。历史上，在历经多次经济危机和思潮反复，现代政治经济学在验证“市场的失灵”和“政府的边界”后，对传统的“政府—市场”二元经济模式缺陷的认识逐渐深入，源于“市民社会”的代表组织开始加入并成为联结和制衡双方的力量，“政府—组织—市场”的三元稳定结构得以逐渐成形并最终巩固下来。

专　栏

《梧桐树协议》

1653 年，一群荷兰移民忙忙碌碌地在纽约市曼哈顿岛接近南端的地方竖起了一排高 12 英尺的原木墙，目的是保护自己免于遭受印第安人和英国人的袭击和骚扰。32 年后，一群测量人员沿着这排木墙画下了建设街道的白线，并给这条还不存在的街道起了一个名字——华尔街（Wall Street）。

在此之后的 100 多年里，华尔街一直默默无闻，直到 1792 年 5 月 17 日，美国 24 名经纪人在华尔街的一棵梧桐树下聚会，商订一项协议，约定每日在梧桐树下聚会从事证券交易并订出了交易佣金的最低标准及其他交易条款，这就是《梧桐树协议》（Buttonwood Agreement）。

协议行文十分简短和明了，以下是《梧桐树协议》的原文：

“We the subscribers，brokers for the purchase and sale of public stock do hereby solemnly promise and pledge ourselves to each other，that we will not buy or sell from this day on for any persons whatsoever any kind of public stock at a less rate than one-quarter percent commission on the specie value of，and that we will give preference to each other in our negotiations.” In Testimony where of we have set our hands this 17th day of May at New York，1792.

这是一份被称为包括一切的简短协议，只表达了三个交易守则的合同：第一，只与在《梧桐树协议》上签字的经纪人进行有价证券的交易；第二，收取不少于交易额 0.25%的手续费；第三，在交易中互惠互利。

于是，这 24 位在协议上签了字的经纪人组成了一个独立的、享有交易特权的有价证券交易联盟。这就是后来纽约证券交易所的雏形，1792 年 5 月 17 日这一天也因此而成为了纽约证券交易所的诞生日。华尔街 68 号前的那棵梧桐树于 1865 年 6 月 14 日在闪电和雷鸣中被狂风夹着暴雨所击倒，然而金融华尔街这一现代金融市场中心的“大树”却已经根深叶茂，不断发展和壮大。时至今日，《经济学人》的金融专栏仍名为“梧桐树专栏”。2008 年全球金融风暴以来，《梧桐树协议》中的“联盟与合作”规则，仍然是世界各国应对危机的主要法则。

《梧桐树协议》也被认为是美国金融业排除政府影响，进行行业自律的开始。1791 年，美国联邦政府助理财政部长威廉·杜尔投机案发生，许多纽约市民遭到财产损失。在此背景下，各家经纪商以成立华尔街现代老板俱乐部的方式制定公共管理条例，实现金融市场的自我规范，这样既可以平息公众的愤怒，同时又可以避免政府介入约束机制。

二、证券监管与自律

自律（self regulation）是指证券市场参与者组成自律组织，在国家有关证券市场的法律、法规和政策指导下，依据证券行业的自律规范和职业道德，实行自我管理、自我约束的行为。

证券市场的监管主要有政府的集中监管、自律组织对证券业的自我监管以及证券经营机构内部监管三个层次。政府监管是政府监管机构根据国家的有关法律、法规、规章和政策对全国范围的证券业务活动进行监管，有行政管理的性质，在证券市场监管中发挥主要作用。但政府监管有一定的局限性，不可能深入市场运行的每一个环节，会有许多监管盲区，而且可能使政府监管机构承担本来应当由市场承担的风险。加强自律，可以通过市场主体之间的相互监督和共同减轻市场监管机构的负担，提高市场监管效率，有利于更好地监管证券市场。

自律组织与政府监管应该互为依存、相互补充，二者有机结合、相互协调，有利于促进期货市场的稳定健康发展。一般说来，自律性监管之所以更行之有效，主要表现在以下三个方面：

（1）自律管理具有灵活性。行政监管具有普适性、强制力，其调整震动大，因此不宜频繁调整；自律管理规则可以依据不同的条件、在不同的范围内拟订公约，具有灵活性。

（2）自律管理具有专业性。自律组织来自市场、接近市场、了解市场，拥有直接的市场经验，并储备了大量的专业人士，在自律管理中能够发挥专业优势。

（3）自律管理满足了证券市场监管的多层次性需要。行政监管的规则具有法律的强制性，在起草、修改方面都有刚性，对于社会公众的行为有很强的规制作用；自律组织的规则由于只在会员范围内具有约束力，因此更加具有弹性，修改和调整相对容易，对于社会公众有一定的引导、示范作用，但不具有强制作用。

三、自律性管理机构

（一）证券交易所

证券交易所是证券市场的组织者，为证券发行人提供筹集资金的场所，为投资者提供证券交易的场所，直接面对上市公司、投资者、证券商和广大中介机构，能够对证券交易进行实时监控，这种特殊的角色、职能和优势，客观上要求证券交易所承担起对会员公司、上市公司、证券交易的一线监管责任。

证券交易所的自律主要是通过其市场组织者的有利地位，依照法规和内部规则对会员和上市公司进行监管，对证券买卖行为的合法性进行监管。证券交易所的具体监管内容包括对证券交易活动的监管、对会员的监管和对上市公司的监管三个方面。新《证券法》第一百一十五条规定：证券交易所对证券交易实行实时监控，并按照国务院证券监督管理机构的要求，对异常的交易情况提出报告。证券交易所应当对上市公司及相关信息披露义务人披露信息进行监督，督促其依法及时、准确地披露信息。证券交易所根据需要，可以对出现重大异常交易情况的证券账户限制交易，并报国务院证券监督管理机构备案。

（二）证券业协会

证券业协会是证券行业的自律组织，是社会法人团体。证券业协会的权力机构为全体会员组成的会员大会。新《证券法》第一百七十六条规定，证券业协会履行下列职责：

（1）教育和组织会员遵守证券法律、行政法规；

（2）依法维护会员的合法权益，向证券监督管理机构反映会员的建议和要求；

（3）收集整理证券信息，为会员提供服务；

（4）制定会员应遵守的规则，组织会员单位的从业人员的业务培训，开展会员间的业务交流；

（5）对会员之间、会员与客户之间发生的证券业务纠纷进行调解；

（6）组织会员就证券业的发展、运作及有关内容进行研究；

（7）监督、检查会员行为，对违反法律、行政法规或者协会章程的，按照规定给予纪律处分；

（8）证券业协会章程规定的其他职责。

第四节　中国证券市场监管

一、中国证券市场的监管体制

（一）中国证券市场的历史回顾

中国证券市场监管体制的演进是伴随证券市场的产生与发展而建立起来并随之不断变化的动态过程，其体制变迁是与中国证券市场发展的不同阶段相适应，并与市场发展的客观需要和内在的政府监管目标相吻合。中国证券市场监管体制经历了一个从地方监管到中央监管、从分散监管到集中监管的过程，其大致经历了以下四个阶段：

1. 1981 年 1 月—1984 年 12 月，财政部独立管理国库券时期

国家从 1981 年起开始发行国库券，发行工作由财政部组织和管理，发行方式以行政摊派为主，也没有建立国债的流通市场。这一时期，我国证券市场处于萌芽阶段，基本上不存在股票市场、金融债券和企业债券市场，政府也没有提出要发展证券市场。

2. 1985 年 1 月—1992 年 9 月，以地方政府管理为主，中国人民银行、财政部、国家计委、国家体改委、自律性组织等共同参与管理的证券市场监管体制

随着经济体制改革的加快，除国库券外，金融债券、企业债券、股票相继推出，证券市场逐步发展，但当时证券发行与交易主要限于上海、深圳两地试点，此时的证券市场只是一个区域性市场。中国人民银行负责审批和归口管理证券机构。财政部主要对从事证券业务的会计师事务所和注册会计师的执业资格进行审核。国家计委主要编制证券发行计划。国家体改委负责拟订股份制试点的法规，组织协调有关试点工作，同企业主管部门负责审批中央企业的试点。在实际运作过程中，上海、深圳地方政府分别颁布了一些关于股份公司和证券交易的地方法规，充当了主要管理者的角色。后来，在 1991 年 8 月，自律性组织——中国证券业协会和中国国债协会宣告成立，开始发挥自律性组织的作用。

3. 1992 年 10 月—1998 年 3 月，是以中央集中统一监管为主，同时中央各部门和地方政府共同参与管理的集中型证券市场监管体制的过渡阶段

1992 年深圳发生“8·10 事件”以后，为了加强证券市场的宏观管理，统一协调全国证券市场的有关政策，建立健全证券市场监管体制，政府决定成立国务院证券管理委员会和中国证券监督管理委员会。国务院证券管理委员会作为全国证券市场的主管机关（取代之前的国务院证券管理办公会议制度），中国证监会作为国务院证券委员会的监管执行机

构（取代之前的中国人民银行证券管理办公室）。同时，中央各部门和地方政府仍参与一定的管理。1992 年 12 月 17 日，国务院发布的《关于进一步加强证券市场宏观管理的通知》对各部门参与管理的职责进行了明确的分工。

4. 1998 年 4 月至今，实行政府监管为主、自律监管为辅的集中型证券监管体制

1997 年 8 月，国务院决定上海证券交易所和深圳证券交易所由原地方政府管理改为由中国证监会管理。1997 年 11 月，根据中央金融工作会议将以前由中国证监会授权、在行政上隶属于地方政府的地方证券监管机构收归中国证监会垂直领导，并把中国人民银行的有关证券监管职能也并入中国证监会。1998 年 4 月，根据国务院机构改革方案，撤销国务院证券管理委员会，将其监管职能移交给中国证监会，由中国证监会统一对全国证券期货业的监管。经过这些改革，中国证券会的集中统一管理证券市场的职能得到进一步明确和强化。目前中国证监会在省、自治区、直辖市和计划单列市设立 36 个证券监管局，以及上海、深圳证券监管专员办事处。

2005 年 11 月的《中华人民共和国证券法》第八条规定，在国家对证券发行、交易活动实行集中统一监督管理的前提下，依法设立证券业协会，实行自律性管理。

（二）中国现行证券市场监管体制的主要特征

1. 集权性和一元化

在新的监管体制下，国务院撤销了证券管理委员会，明确了证券监督管理委员会为国务院直属机构，是全国证券期货市场的主管部门，并批准了证监会职能、内设机构和人员编制的“三定”方案，从而使证监会成为中国证券市场上唯一的最高监管机构。

2. 高权威性与高独立性

在新的监管体式下，证监会成为国务院直属正部级事业单位，证券委的宏观管理职能和中国人民银行监管证券经营机构的职权被并入和移交给证监会，从而使证监会具有大一统式的监管权力。尽管国家发改委、体改委、其他政府部门仍从各自角度不同程度地参与市场管理，但现行体制的独立性和主管机构的权威性较以前有了明显的提高。

3. 自律组织的从属性

《中华人民共和国证券法》确立的是以政府监管为主、自律监管为辅的证券监管模式。在国务院证券监管机构集中统一监督管理的前提下，发挥各种自律组织的辅助作用，中国证监会依法对中国证券业协会和证券交易所的活动进行指导和监督。

4. 多层次的证券市场监管法律法规基本建立

我国的证券市场监管法规应借鉴日本、韩国的做法，建立一个多层次、功能较完备的法律法规体系。在这个体系中，综合性的证券法是基础，是证券法律法规的第一个层次。第二个层次的法律法规是与基本法相配套的其他法律法规，如《公司法》（已颁布）、投资公司法、投资顾问法、投资者保护法等。第三个层次的法律法规是各自律组织制定的规章。第二个层次的法律法规是我国的薄弱环节，需加快制定投资者保护法、投资公司法、投资顾问法等法规。

二、中国证券市场发行监管制度

所谓证券市场发行监管制度（此处主要是指股票发行监管）是指证券监管部门对拟发行证券主体的条件和资格进行审查，以确定是否可以发行证券的监管制度。发行监管的好坏，直接影响到上市公司的质量，关系到投资者的切身利益和证券市场功能的有效发挥。

发行监管制度是整个证券市场制度建设中最重要的基础环节之一。

目前中国证监会发行监管部主要负责对证券发行的监管，其主要职责包括：拟订企业在境内发行证券并上市的规则、实施细则；审核企业在境内发行股票的申报材料并监管其发行上市活动；审核证券公司在境内发行债券的申报材料并监管其发行上市活动；审核上市公司在境内发行股票、可转换公司债券的申报材料并监管其发行上市活动；审核企业债券的上市申报材料。

中国证券市场发行监管制度随着我国经济体制改革的推进和证券市场的发展不断变革，大致经历了四个阶段：额度管理、指标管理、通道制、保荐制。其中额度管理和指标管理属于审批制，通道制和保荐制属于核准制。

（一）额度管理阶段（1993—1995 年）

1993 年 4 月 22 日，国务院颁布了《股票发行与交易暂行条例》，确立了我国股票发行的额度管理制度。所谓额度管理是指国务院证券管理部门根据国民经济发展需求及证券市场实际情况，先确定总额度，然后根据各个省级行政区域和行业在国民经济发展中的地位和需要进一步分配总额度，再由省级政府或行业主管部门来选择和确定可以发行股票的企业（主要是国有企业）。

（二）指标管理阶段（1996—2000 年）

所谓指标管理是指由国务院证券管理部门确定在一定时期内应发行上市的企业家数，然后向省级政府和行业管理部门下达股票发行家数指标，省级政府或行业管理部门在上述指标内推荐预选企业，证券管理部门对符合条件的预选企业同意其上报发行股票正式申报材料并审核。证券发行实行“指标控制、限报家数”的做法。

（三）通道制阶段（2001 年 3 月—2004 年 10 月）

1999 年 7 月 1 日开始实施的《中华人民共和国证券法》明确规定，证券发行施行核准制取代审批制。2000 年 3 月 17 日，中国证监会颁发《股票发行核准程序》和《股票发行上市辅导工作暂行办法》。2001 年 3 月 17 日，我国股票发行核准制正式启动。

通道制，又称推荐制，是指由证券监管部门按照各家券商的实力和业绩，向各家综合类券商下达可推荐拟公开发行股票的通道数量，券商按照发行 1 家再上报 1 家的程序来推荐发股公司的制度。各家券商根据其拥有的通道数量遴选拟发股公司，协助拟发股公司进行改制、上市辅导和制作发股申报材料，然后，将发股申报材料上报券商内部设立的“股票发行内部审核小组”审核，如果审核通过，则由该券商向中国证监会推荐该家拟发股公司；中国证监会接收拟发股公司的发股申请后，进行合规性审核，经股票发行审核委员会审核通过，再由中国证监会根据股票市场的走势情况，下达股票发行通知书；拟发股公司在接到发股通知书后，与券商配合，实施股票发行工作。显然，通道制改变了过去行政机制遴选和推荐发行人的做法，使得券商在一定程度上承担起股票发行风险，同时也真正获得了遴选和推荐股票发行的权力。通道制基本摆脱了股票发行在行政机制中运行的格局，但通道制下股票发行“名额有限”的特点未变。

（四）保荐制阶段（2005 年 1 月至今）

2003 年 12 月 28 日，中国证监会颁布《证券发行上市保荐制度暂行办法》，自 2004 年 2 月 1 日起施行。2004 年 1 月 2 日，中国证监会发布《关于实施〈证券发行上市保荐制度暂行办法〉有关事项的通知》。2004 年 12 月 31 日，中国证监会发布了《关于进一步做好〈证券发行上市保荐制度暂行办法〉实施工作的通知》。

保荐制的全称是保荐代表人制度，这是中国证券监管部门目前正在推行的一种股票发行监管制度。保荐制的主体由保荐人和保荐机构两部分组成，满足一定条件和资格的人方可担任拟发股公司的保荐人，凡具有两个以上保荐人的证券公司可成为保荐机构。保荐制下，拟发股公司发行上市，不但要有保荐机构进行保荐，还需要具有保荐代表人资格的从业人员具体负责保荐工作。保荐工作分为两个阶段，即尽职推荐和持续督导阶段。从中国证监会正式受理公司申请文件到完成发行上市为尽职推荐阶段。证券发行上市后，首次公开发行股票的持续督导期间为上市当年剩余时间及其后两个完整会计年度。保荐制的核心内容是进一步强化和细化了保荐机构的责任，尤其是以保荐代表人为代表的证券从业人员的个人责任。与通道制相比较，保荐制增加了由保荐人承担发行上市过程中的连带责任的制度内容，这是该制度设计的初衷和核心内容。实施证券发行上市保荐制度是深化发行审核制度改革的重大举措，是对证券发行上市建立市场约束机制的重要制度探索，将推动证券发行制度从核准制向注册制转变。

三、中国证券市场交易监管制度

(一) 上市制度

申请证券上市交易，应当向证券交易所提出申请，由证券交易所依法审核同意，并由双方签订上市协议。证券交易所根据国务院授权部门的决定安排政府债券上市交易。

根据我国《公司法》规定，股份有限公司申请其股票上市必须符合下列条件：股票经国务院证券管理部门批准已向社会公开发行；公司股本总额不少于人民币 5 000 万元；开业时间在 3 年以上，最近 3 年连续盈利；原国有企业依法改建而设立的或者本法实施后新组建成立，其主要发起人为国有大中型企业的，可连续计算；持有股票面值达人民币1 000 元以上的股东人数不少于 1 000 人，向社会公开发行的股份达公司股份总数的 25%以上；公司股本总额超过人民币 4 亿元的，其向社会公开发行股份的比例为15%以上；公司在最近 3 年内无重大违法行为，财务会计报告无虚假记载；国务院规定的其他条件。

(二) 证券交易方式

1999 年 7 月 1 日开始实施的《中华人民共和国证券法》明确规定，证券交易以现货进行交易，证券公司不得从事向客户融资或者融券的证券交易活动。

随着我国资本市场的迅速发展和证券市场法制建设的不断完善，证券公司开展融资融券业务试点的法制条件已经成熟。2005 年 10 月 27 日，十届全国人大常委会第十八次会议审议通过了新修订的《中华人民共和国证券法》，第一百四十二条规定，“证券公司为客户买卖证券提供融资融券服务，应当按照国务院的规定并经国务院证券监督管理机构批准”；2006 年 8 月 1 日，中国证券监督管理委员会颁布并施行《证券公司融资融券业务试点管理办法》(以下简称《试点办法》)。2008 年 4 月 23 日，经国务院常务会议审议通过公布了《证券公司监督管理条例》，第四十八条至第五十六条对证券公司的融资融券业务进行了具体规定，为我国建立融资融券交易制度提供了法律依据。2008 年 10 月 05 日，证监会宣布启动融资融券试点。2010 年 3 月 31 日，我国融资融券交易试点启动，正式进入市场操作阶段。截至 2014 年 4 月 11 日，融资融券业务余额已达到 4 006.78 亿元。融资融券业务的推出，是推动我国资本市场改革发展的一项重要措施，也为当前的证券市场注入了新的活力，对促进我国资本市场稳定发展与改革创新具有积极意义。

（三）暂停交易、终止交易制度

上市公司有下列情形之一的，由证券交易所决定暂停其股票上市交易：公司股本总额、股权分布等发生变化不再具备上市条件；公司不按照规定公开其财务状况，或者对财务会计报告做虚假记载，可能误导投资者；公司有重大违法行为；公司最近三年连续亏损；证券交易所上市规则规定的其他情形。

上市公司有下列情形之一的，由证券交易所决定终止其股票上市交易：公司股本总额、股权分布等发生变化不再具备上市条件，在证券交易所规定的期限内仍不能达到上市条件；公司不按照规定公开其财务状况，或者对财务会计报告做虚假记载，且拒绝纠正；公司最近三年连续亏损，在其后一个年度内未能恢复盈利；公司解散或者被宣告破产；证券交易所上市规则规定的其他情形。

（四）信息披露制度

信息披露制度，也称公示制度、公开披露制度，是上市公司为保障投资者利益、接受社会公众的监督而依照法律规定必须将其自身的财务变化、经营状况等信息和资料向证券管理部门和证券交易所报告，并向社会公开或公告，以便使投资者充分了解情况的制度。它既包括发行前的披露，也包括上市后的持续信息公开，它主要由招股说明书制度、定期报告制度和临时报告制度组成。

我国在引进证券市场的过程中，由于历史形成的社会经济基础和体制很难立即与全新的证券市场相匹配，造成的后果是现阶段我国证券市场（主要探讨股票市场）虽然具备了现代证券市场的基本要素和发挥着基本的功能，但是该市场仍然存在较大的制度性缺陷，如股票市场发展的产权制度基础没有真正形成；股票发行的规模控制制度带有强烈的计划色彩；我国上市制度存在严重的行政特许性质；证券市场体系不健全；有些甚至是根本性的制度缺陷，这些缺陷制约了我国证券市场的发展，造成了证券市场信息披露的不规范，致使内幕交易、操纵市场、欺诈客户等行为经常发生，助长了证券市场风险的生成和扩散，客观上为国家对证券市场信息披露监管设置了种种障碍。

（五）禁止交易行为制度

禁止证券交易内幕信息的知情人和非法获取内幕信息的人利用内幕信息从事证券交易活动。

禁止任何人以下列手段操纵证券市场：单独或者通过合谋，集中资金优势、持股优势或者利用信息优势联合或者连续买卖，操纵证券交易价格或者证券交易量；与他人串通，以事先约定的时间、价格和方式相互进行证券交易，影响证券交易价格或者证券交易量；在自己实际控制的账户之间进行证券交易，影响证券交易价格或者证券交易量；以其他手段操纵证券市场。

禁止证券交易所、证券公司、证券登记结算机构、证券服务机构及其从业人员，证券业协会、证券监督管理机构及其工作人员，在证券交易活动中作出虚假陈述或者信息误导。各种传播媒介传播证券市场信息必须真实、客观，禁止误导。

证券交易所、证券公司、证券登记结算机构、证券服务机构及其从业人员对证券交易中发现的禁止的交易行为，应当及时向证券监督管理机构报告。

四、中国证券市场监管存在的问题与完善途径

（一）中国证券市场监管中存在的问题

我国目前实行的是集中统一型证券监管体系，在对证券市场具体监管中，在监管体系、监管环节、法律制度、监管手段等方面仍然存在着问题和不足，证券监管体系仍需不断健全。

1. 部分监管环节存在缺陷

从我国现在的证券监管体制来看，部分环节存在着明显的缺陷：其一，股票发行定价监管存在缺陷，导致新股发行市盈率过高情形的出现，抬高了二级市场平均市盈率和股价的依据与原动力，加大了二级市场的风险。其二，市场退出监管不力。目前，我国证券市场的ST和PT制度，仅作为对上市公司的一种警示，没有真正意义上的对市场退出的监管，导致一些本该退市的亏损上市公司通过资产重组和更名又重新在交易所挂牌，给股市的规范化运行带来了一系列严重后果。其三，上市公司遴选监管缺位，使得一些地方将上市看作是获得了一个可永久融资的渠道，只重视股票的融资功能，忽视公司上市后的运行机制转换、经营业绩提高和社会监督。

2. 证券监管法律制度滞后

证券市场正常运行，要依靠法律来协调各种市场主体的利益关系。从我国现在的证券监管法律体系来看，尽管证券监管法律制度在立法层面包括法律、行政法规、部委规章三个层级，但每个居于较低层级的法律法规都是上一层级法律法规的具体和补充，立法滞后、法律规定空白的问题仍然存在。并且现有法律法规之间衔接性差，如《证券法》与《公司法》之间不衔接；《刑法》、《行政诉讼法》对于《证券法》规定的法律责任，也未作出相应的补充规定；对民事赔偿也仅有原则规定，操作性不强；与行政权相配套的市场监、检查、处罚等职权等未能真正实现。以上问题直接导致证券市场内部协调差，监管手段不足，出现有法不依、执法不力、违法不究的现象，影响了监管的效果。

3. 监管手段行政干预过多

从我国现有证券监管的手段来看，主要通过政府行政命令的方式实现对证券市场的监管，行政干预过多，主要表现在：第一，以审批制代替市场机制。证券发行制度中仍离不开证监会对于发行股票的审批，审批成为市场运行的重要环节并代替了市场选择。第二，监管行为短期性，政策短时性。市场的经常性变动造成了政府监管行为和政策短期性，使得行政审批扭曲了市场供求的实际情况，扭曲了金融资源配置的市场机制，同时也削弱了政策的权威性和可信性。第三，监管手段过于刚性，偏向“政策化”。我国股票市场带有浓郁的行政色彩，被称为“政策市”、“消息市”，导致投资者的非理性预期，使得股票优劣难分，导致了投资行为的短期化和投机化，投资者合法权益得不到有效保护。

4. 证券自律功能未充分发挥

目前，我国证券业的自律监管体系不健全，难以发挥其应有的职能作用，主要表现为：第一，自律组织不健全，会员发展速度缓慢。第二，自律管理混乱，各自律主体在实际运行中彼此独立，各有会员又相互交叉，无法形成自上而下的统一体系，难以协调工作。第三，缺少独立性。现有的自律组织大多属于官办机构，机构负责人多由政府机构负责人兼任，无法独立发挥监管职能。

（二）中国证券市场监管措施的完善途径

1. 转变监管理念，完善监管体系

证券监管部门应当在坚持“法制、监管、自律、规范”八字方针的基础上，鼓励和强化市场机制的作用，尽可能用市场手段解决市场失灵的问题。要创造条件，逐步取消各种有可能降低资本流动性和运作效率的人为制度性障碍。要完善集中统一的证券监管组织系统，进一步明确证监会的性质，建立完善系统自上而下的纵向监管体系，在一些证券市场较发达、监管任务较重省份的大区证管办辖内的若干中心城市设立若干直属监管处。从根本上摆脱地方政府对证券监管的行政干预，形成直接受证监会领导、独立行使监管权力的管理体系。

2. 健全法律法规体系，实现监管法治化

作为市场经济最前沿的证券市场，把“依法治市”作为自身发展的基本方略。一方面，要进一步健全法制，确立以《证券法》为基础的证券法律主体层次，确立《证券法》在证券法律体系中的“宪法”地位；在《证券法》基础上形成各个部门法规的辅助系统，并依据《证券法》基本原则，调整现有的法律体系、制定新的证券部门法，形成有关证券发行、交易、服务等一系列的具体法律法规。建立以证券自律组织制定自律性规章制度为主的自律制度系统。同时还要做到“有法必依，执法必严”，加大运用刑事制裁手段，加强对违法者的处罚力度，提高违法成本，使股市在良好的法律环境中，在间接调控引导或较少人为干预的情况下协调运行。

3. 明确监管目的和范围，规范完善政府监管手段

在证券监管中应当明确，证券监管目的是保证市场的公正性和公平性，提高经济运行效率，监管的范围和对象主要是市场秩序和运行环境。因此，作为监管部门不应该直接介入市场、过度介入市场，监管部门尽可能只做规则的制定者和裁决者，否则监管就会失去公正性。在监管手段上，要规范和完善政府行为，采用经济、法律、技术等综合手段，尽量减少行政监管手段。利用市场配置资源的力量进行监管，顺应市场规律而非逆势监管，减少市场的系统性风险。此外，还要把握好监管尺度，既要防止监管过度，又要防止监管不足。监管主体既要认真考虑监督的范围和力度，又要考虑不予干预的各种情形，做到有所为，有所不为，既能减少证券市场动作风险，维护市场稳定和投资者利益，又不抑制证券公司的创新积极性。

4. 完善证券监管自律系统，增强市场监管有效性

依照《证券法》规定，证券行业协会和上市公司协会的法律性质是证券业和上市公司的自律性组织。完善证券监管自律系统，首先，应当在保留对协会的监督权的前提下，减少证监会对两个协会具体活动的干预，给予自律组织充分的一线监管权和自治空间。其次，需要建立和完善证券交易所的发现系统、调查系统、处理系统、报告与公告系统，强化两个协会的监管权力。最后，需要建立证券从业人员自律与证券业协会自律系统。赋予自律机构制定行业规则、监管市场、约束证券经营机构及从业人员行为的权力，使券商在自律机构和证券监管部门的双重规范下运作，弥补政府管理功能的不足，增强市场监管的有效性。

除以上四点外，还需要不断完善证监会的公示制度，定期公布有关监管信息，使监管

内容公开化，增强监管的透明度。理顺监管体制，加强与政府及其有关部门如公安、工商、法院、检察院等部门的协调与配合，形成查处证券违法犯罪活动的合力。健全外部监管机制，启动民事赔偿机制，建立证券业保险机制。通过这些措施，保证证券市场的健康平稳运行。

本章小结

证券市场监管是金融监督的重要组成部分，是国家证券主管机关或者证券监管执行机构根据证券法规，对证券发行和交易实施的监督与管理。本章首先讲述了证券市场监管的概念、原则、理论、监管内容、监管手段等；其次，对证券市场的自律管理进行了介绍；最后，对中国证券市场监管进行了介绍，指出了存在的问题并提出了改进措施。

关键术语

证券市场监管　　集中立法型监管　　自律管理型监管　　注册制
核准制　　信息持续披露制度　　证券市场自律　　证券交易所
证券业协会

习题

1. 如何理解证券市场监管的目标和原则？
2. 证券市场监管的理论基础是什么？
3. 对证券市场主体监管的主要内容是什么？
4. 如何理解证券市场自律的经济学和社会学解释？
5. 请分析证券监管与证券市场自律的联系和区别。
6. 中国证券市场监管中存在的主要问题是什么？如何解决？

案例分析

百度“百发”案件

案件背景

近年来，国内民众的投资理财需求十分旺盛。来自知名金融理财市场服务机构普益财富的数据显示，在中国相关金融产品数量和发行规模以年均40%以上的速度增长。互联网金融的兴起，正好满足了广大民众的需求。百度公司进军互联网金融，百度将金融理财和互联网结合，创新性打造面向大众客户的金融服务平台，将成为互联网用户的理财中心，为各类用户提供安全高收益、简单易操作的理财服务。

从表16—1中我们可以发现，百度金融顺应时代潮流不断发展互联网金融，依靠自己得天独厚的条件，进军网络金融理财产品市场，抢占市场份额。但是，百度金融迅猛发展的背后暴露出了我国金融监管不完善等方面的问题。

表 16—1　　百度金融的发展

时间	事件
2008 年 9 月 25 日	正式推出 C2C 支付平台，百度旗下贴吧、知道等社区平台的 6 万用户成为百付宝首批用户。
2013 年 7 月 6 日	百度公司获得央行发布的第 7 批第三方支付牌照。
2013 年 8 月底	百度金融测试版也悄然上线。
2013 年 9 月	百度在上海设立实体小额贷款公司申请已获批准。
2013 年 10 月 21 日	百度在其网站上推广百度百发理财，称将于 10 月 28 日上线百度金融中心理财平台，并与华夏基金联合推出首项理财计划“百发”，年化目标收益率 8%。
2013 年 10 月 23 日	证监会称，百度联合华夏基金推出的理财计划目标年化收益率 8%，不符合相关法律法规要求。
2013 年 10 月 28 日	“百度金融中心——理财”平台支持的华夏基金上线，不到 4 小时内即抢购 10 亿元。当时百度相关网站也被挤瘫，大量用户抱怨无法登录，实际参与购买用户约 12 万户。
2013 年 10 月 31 日	百度理财平台支持的第二款产品“百赚”持续火爆，人均认购额高于行业平均水平 10 倍。
2013 年 12 月 18—20 日	百度创新营销模式，广大用户可以在百度理财官方平台获取“百发码”。在 12 月 20 日 14 点之后至 22 日持码提前入场参与购买。并于 12 月 23 日正式全网开放。
2013 年 12 月 23 日	百度金融中心理财服务“百发”正式上线。当天，百度金融中心理财平台 8. baidu. com 首页峰值即为此前创造中国基金业销售纪录的“百度理财 B”的两倍，销售异常火爆。销售过程中，有近千万大单涌入，并一度造成银行系统压力。

我们知道 2013 年 6 月阿里巴巴旗下的支付宝与天弘基金联手推出余额宝，据了解，在将支付宝余额转成货币基金后的短短 3 个多月时间里，该产品规模已超过 500 亿元，成为目前规模最大的基金。作为互联网巨头的百度自然不甘落后。

10 月 21 日百度宣布，将在 28 日上线百度金融中心理财平台，届时将在此平台上推出“百发”理财计划。当日，百度金融中心网页上，“百发”理财计划的产品宣传语为“定制产品，限额销售，年化收益率约 8%”，这一说法开创了互联网理财收益新高，也让业内好奇和质疑纷纷。其中为迅速积累用户量及交易量，“百发”理财计划采取了“超高年化收益＋‘1 元’超低门槛”的策略，借华夏基金上线百度平台举办营销活动，持续时间两个月，两个月预期年化收益率 8%，限量金额为 10 亿元。活动期间，百度还引入中国投资担保有限公司对本息提供担保。

百度正在构建一场抢购活动吸引用户关注度，8%的年化收益率是其中最重要的一环，目前百度金融中心还没形成个人用户规模，通过 8%的年化收益率的亮点可以建立“百度出高收益率产品”的形象，投资者为了第一时间购买到“百发”也会纷纷注册，以此壮大百度金融中心注册用户群。“尽管面临着可能赔本赚吆喝的结果，但通过此过程，百度已经达到了其意图。”

不过，10 月 22 日，“年化收益率约 8%”等宣传语从百度金融中心网页上消失了，只有“距离 10 月 28 日理财计划正式发售”的倒计时提示。在 10 月 22 日上午的媒体沟通会上，百度金融中心负责人也向媒体澄清，并没有保证“百发”产品收益率可以实现 8%，也没有承诺保本保收益。

但是在23日11点43分证监会官方微博上发布了一则关于媒体报道百度百发保本保收益理财计划事宜的回应。在回应中证监会表示，媒体报道所称百度联合华夏基金的理财计划目标年化收益率8%，不符合相关法律法规的要求，下一步将根据百度及相关机构报送的书面材料，对该业务合规性予以核查。

8%的收益率被证监会点名后，蛰伏许久的百度理财产品百发将上线。而在12月23日正式发布组合形式理财服务"百发"。该产品主要投资于银行协议存款，是百度金融旗下第三款理财产品。百度未提及该产品收益率。

案件产生的影响

1. 补强传统金融销售渠道，打开互联网导流入口

从销售层面来看，百度金融对传统金融行业的拉动明显，其支持的首款华夏基金产品当日即创造10亿元销量额，百赚首日也获得了高于行业均值10倍的认购额，对于华夏基金而言，不仅赢得了知名度，也赢得了宝贵的客户和销售额。有利于改变过去基金产品销售主要依靠银行渠道竞争，销量取决于理财经理的推荐的状态。通过互联网渠道，提升基金公司的营销手段，找寻互联网渠道创新的突破口。

2. 充分表明搜索基因技术驱动的重要性

从产品体验层面来看，百度等互联网公司进军互联网金融全面增强了金融产品的互联网体验。每日在百度上高达3.3亿次的金融相关搜索就意味着3.3亿种金融需求的集成。百度通过大数据可分析出用户对金融理财的关注方向、产品属性偏好、地域来源等基础信息，精准捕捉当前用户的理财痛点，为传统金融机构提供市场需求标尺，进而改进、升级产品，推出定制化服务，甚至还能描绘出市场规模、预测投入产出，帮助传统金融定量决策发展方向。

3. 推动传统金融互联网化加速变革

从产业层面来看，百度与传统金融的优势互补，将促成中国互联网金融的整体发展与水平提升，驱动行业变革。一些银行也专门设立网络金融部，被视作银行网络金融服务从过去的被动"待客"转变为依靠互联网、大数据的主动"获客"，同时独立于对公、零售等业务部门。

4. 操作过程中不符合金融监管行业规范，暴露出金融监管缺失等问题

从金融监管层面来看，证监会表示，百度联合华夏基金推出的理财计划目标年化收益率8%，不符合相关法律法规的要求。下一步将根据百度及相关机构报送的书面材料，对该业务合规性予以核查。证监会表示，互联网基金销售业务也应遵守基金监管法律法规。《中华人民共和国基金法》规定，公开披露基金信息不得有预测投资业绩、违规承诺收益或承担损失等行为；《证券投资基金销售管理办法》规定，基金销售机构不得采取抽奖、回扣或者送实物、保险、基金份额等方式销售基金。

思考

在互联网金融理财产品快速发展的背景下，请结合本案例从金融监管视角谈谈如何在做到风险可控的前提下，加强对这一市场领域的监管。

图书在版编目（CIP）数据

证券投资学/沈悦主编．—北京：中国人民大学出版社，2015.1
新编21世纪金融学系列教材
ISBN 978-7-300-19965-8

Ⅰ.①证… Ⅱ.①沈… Ⅲ.①证券投资-高等学校-教材 Ⅳ.①F830.91

中国版本图书馆CIP数据核字（2014）第308560号

新编21世纪金融学系列教材
证券投资学
主　编　沈　悦
副主编　王小霞　李　坤　张学峰
Zhengquan Touzixue

出版发行	中国人民大学出版社		
社　　址	北京中关村大街31号	**邮政编码**	100080
电　　话	010－62511242（总编室）		010－62511770（质管部）
	010－82501766（邮购部）		010－62514148（门市部）
	010－62515195（发行公司）		010－62515275（盗版举报）
网　　址	http://www.crup.com.cn		
	http://www.ttrnet.com（人大教研网）		
经　　销	新华书店		
印　　刷	北京宏伟双华印刷有限公司		
规　　格	185 mm×260 mm　16开本	**版　　次**	2015年2月第1版
印　　张	21.75	**印　　次**	2019年2月第3次印刷
字　　数	516 000	**定　　价**	39.00元